證嚴上人佛教思想研究

何日生——著

CONTENTS

推薦序一——

經世致用的文明體系：證嚴法師佛教哲學思想的普世性應用

北京大學哲學系暨國學研究院教授
樓宇烈

佛教就是奉獻人生，奉獻人生就是慈悲，慈悲的定義就是奉獻。從奉獻中來覺悟，從覺悟中來奉獻；奉獻離不開覺悟，覺悟離不開奉獻。證嚴法師開啟慈濟宗門，高揚菩薩精神；菩薩精神，以慈悲為根本，以大愛心關愛眾生。證嚴法師認為，菩薩是在不斷地付出中，最終修得自身的清淨法身。

現在很多佛教導引大家去「求」，求福氣、求事業、求財富、求平安、求健康……往外求，而不是往內尋找力量。中國文化不是向外求，而是向內自我探尋；解決自己的問題，才能夠解決別人的問題，這是中國文化的核心意識。

中國佛教也是一樣的道理。中國佛教的特色就是「人文精神」、「文明意識」。向內求，管理好自己，就是人文精神，人文精神就是文明意識。什麼是文明意識？就是認識自己、管理好自己；自己管理好自己，就是文明，這就是人文。

「文明意識人文也，觀乎人文跨勝天下。」人文的目的就是教化天下，形成良善的習俗、風氣。「人文，就是文明以止。」文明就是打理好自己的儀態，出門穿戴整齊，內心要誠意、精誠。內心一定要有敬、有誠，為人處世就是「誠」、「敬」這兩個字，這是中國傳統的文化。

我經常提起「遺體」這個概念。《禮記．祭義》：「身也者，父母之遺體也。」每個人都是父母的遺體，是父母生命的延續。接著又說：「行父母之遺體，敢不敬乎？」我們運用我們父母的遺體，能不敬畏嗎？每一個活體，都不是一個獨立的個體，是父母的遺體，我是我父母的遺體，父母是他父母的遺體，生命就是一代一代地相傳，這是中國人最核心的生命觀。

證嚴法師就是把佛教的慈悲精神跟中國傳統文化，特別是禮的概念，禮的這種文化，很好地結合起來。證嚴法師教導大家，「行善、行孝，不能等。」最大的孝，就是善用父母給的身體，為人類造福。行善才是大孝，大孝尊敬。不只有血緣關係一再地相傳，整個社會也是一再地相傳。佛教也是一樣，要代代相傳。

我覺得證嚴法師開創的慈濟功德會，近六十年來所做的工作，就是用菩薩的精神，來度化世間的眾生。他的方便法門，我覺得是中國佛教精神的一種體現，佛教在傳入中國以後，跟中國的本土文化相適應，相結合，他把佛陀最初的、創立的佛教精神，可以說是重新發揚起來。

我們不要像在印度後期佛教那樣，只是去拜佛，拜菩薩，求佛，求菩薩；而要去學佛，做佛，學菩薩，做菩薩。這一方面，慈濟給我們樹立了一個很好的榜樣，有那麼多的慈濟菩薩，都是在為社會服務，為眾生服務，為全世界的人類服務。

慈濟證嚴法師的這些理念，是把佛教的精神、菩薩的精神，跟中國儒家的精神緊密結合的，體現出了中國佛教的一種傳統，首先培養人，成為一個完善的人，完美的人。所以，像太虛大師講的，「仰止唯佛陀，完就在人格，人圓佛即成，是名真現實。」這是真的，現實的，我們所景仰的是佛陀，但是怎麼樣完成你這樣的景仰呢？就要落實到你的人格的養成，人格的圓滿；人格圓滿了，也就成佛了。

我們每個人都要向證嚴法師學習，學習他發願要做佛陀、發願要做菩薩。我曾經在佛學院公開演講時，對著在座的每一個人說，要向著做佛、做菩薩的方向努力，不用謙虛，信仰佛教就是要發願做佛、做菩薩。

我跟日生說，證嚴法師的理想、精神，要有人傳承下去；不要等他走了，卻沒有人傳承。哪怕只有一、兩個人傳承也可以，先傳承證嚴法師的精神理念，再慢慢做大。證嚴法師是菩薩、是佛，這樣的情懷當然不容易。

有人傳承，是最重要的。先有傳承，才能談發展；沒有傳承，何來發展？現在大家都在講創新，沒有傳承，就沒有創新可說。傳承，還要懂得選擇。荀子說過：「循其舊制，擇其善者，而明用之。」我們要如何傳承？「循其舊制」，就是繼承傳統；「擇其善者」，要選擇好的；「而明用之」，不只要選擇好的，而且要加以發揚光大。這是傳承的原則。

我們要有堅強的自信力，相信我們所信仰的佛教。漢傳佛教雖然在日本得到很好的發揮，但本質上與中國是分不開的，他們所強調的禪學，其根本核心思想也是從中國流傳過去；但是傳播到日本之後，受到日本的重視，將佛教發揚光大，得到全球關注。而我們自己還在批判我們的傳統，那自然不行。

漢傳佛教若想要有前瞻性的發展，盼望在世界文明裡占有一席之地，必須首先走回自己，我們若還一直在自我批判，別人怎麼可能接受佛教？佛教的生命力就在於它能夠隨著時代的發展，不斷地契理、契機，不斷地重新組織、重新詮釋。而證嚴法師正是具有寬大的包容與高瞻的遠見，立意將佛教思想生活化，力倡佛法是可實踐的、可理性理解的、可以落實在生活中的、可以經世致用的文明體系。

日生皈依證嚴法師逾三十年，全心投入慈濟功德會工作也超過二十年，對證嚴法師的思想與經典詮釋有深入的瞭解和體會。他在《證嚴上人佛教思想研究》這本書中，將他長期聆聽證嚴法師開示，將證嚴法師歷年於各種場合所開示、講述、詮釋的《法華經》、《無量義經》、《藥師經》、《地藏經》、《父母恩重難報經》等佛教經典與義理，整理歸納出證嚴法師的佛教思想，及其思想對於當代影響與時代意義。

證嚴法師尊崇佛陀為大導師，以「佛心己心、師志己志」，遵循傳統佛教的儀軌來教育弟子，提出對於人生、對於社會問題的解方；並在現今多元化社會中，以其獨特的「詮釋中創新」，探討佛教對於這個時代、對於我們人生的啟發與意義，這就是佛教生命力的所在，也是我們亟須傳承的典範。

推薦序二——

建構系統理論，勇爲宗教哲人

玄奘大學宗教與文化學系教授
釋昭慧

世界各大宗教的教主（如：佛陀、耶穌、穆罕默德），大都「從證出教」——先有親證的冥契經驗，再以其實證經驗作為教法根源，展開對追隨者（包括徒眾與信眾）的隨機教化。

這些教主，往往因其冥契經驗的高度成就，加以個人的德行感召、教法的智慧導引，深獲門徒的崇敬、信任與愛戴。他們的言教、身教，被傳誦在門徒之間，他們的生平事蹟、實證成就與應機教化，往往在門徒口耳傳承的過程中，記錄、整理、彙編而集為聖典。其次就著聖典內容，加以複製、傳播，期能延續或擴大其影響力。此中，記錄、整理、彙編而集為聖典，這在佛教史上稱為「結集」（saṃgīti）。

一般而言，結集者會盡量保留教主「遇境逢緣，隨機散說」的特質與樣貌。與此同時或是稍後，另一項腦力工程就必須同步展開，那就是：將這些「遇境逢緣，隨機散說」的神聖教導，經過歸納、分類、演繹、闡述，而建構出邏輯緊密的系統理論（Systematic theory）。再透過這套系統理論，對內進行思想傳承與實踐教學，對外進行溝通對話與論辯攻防。

這項學術工程，在佛家名為摩德勒伽（Mātṛkā）、阿毘達磨（Abhidharma）或優波提舍」(Upadeśa)，在基督宗教則名為神學（Theology）或系統神學（Systematic theology）。其中，基督宗教經院哲學（Scholasticism）進行概念分析的綿密繁複，與佛教的阿毘達磨堪稱伯仲。

進行這項學術工程的，是一群宗教哲人；在基督宗教，稱他們為「神學家」，在佛教的古老傳統，則稱他們為「論師」。

從教主對追隨者進行隨機教化，到哲人將隨機教化的內容加以系統建構，看似歷史的偶然，但若擴大考察並仔細思量，就能發現其間必然的發展軌跡。原來，不只是創教教主及其門徒，在任何宗教內部，你都可以發現：為數眾多的教派、宗派、學派，它們的創始人及其徒眾，也有相似歷程——開山祖師隨機教化，弟子門生彙編教典，宗教哲人引證教典以建構系統理論。證嚴法師、慈濟文史處同仁與本書作者何日生教授，就分別扮演著如上三種角色。

證嚴法師是一位領袖型的宗教家。慈濟志業在她的開創與領導下，業已成為志工人數龐大、志業績效卓著且已蜚聲國際的人道組織。它不但是佛教之光，也是台灣之光、華人之光，而證嚴法師本人，更是令人高山仰止的女性之光、比丘尼之光。

作為宗教界的人格典範，證嚴法師依於佛法的核心價值，本諸悲天憫人的宗教情懷，發為感人肺腑的諄諄教誨，提出簡潔有力的行動宣言。筆者曾在拙著〈「行入」慈濟大藏經〉一文，作了如下分析：

> 「人格典範」的宗教家，當然會有其勸說教導與行動指示，但那未必是邏輯綿密且系統周延的論述分析。由於他們有著強烈的生命情懷與感染能力，因此只要登高一呼，往往能激發起眾人「矢志

追隨」的豐沛能量。[1]

證嚴法師就是這樣一位「人格典範」的宗教家。她以淡泊的生活、潔淨的戒行、豐沛的慈心與堅毅的願力，感召著她的追隨者，形成人數龐大的全球慈濟志工團隊，一步一腳印地擘劃並建置了「四大志業、八大法印」。她對徒眾與信眾的隨機教化，她與各界訪客間的隨緣對談，以及她那些有計畫、有次第的經典開講，都是慈濟人珍愛的文字般若與精神糧食，也是慈濟資料庫中寶貴的智慧資財。

慈濟人非常珍惜證嚴法師的法布施。他們審慎地將這些文字般若加以錄製、保存，在電視台逐日播放，在雜誌中逐期刊載，在網路上隨時登錄。每隔一段時日，他們還會將這些文字般若，彙編成一部部經典講記與專書著作。

然則，將這些隨機散說或開經宣講的文字般若，凝煉成一套邏輯嚴謹的系統理論；在系統理論的框架下，承前啟後以開展出「利他、自利」的實踐哲學，這是慈濟人在「結集上人文字般若」之後的要務。也就是說，慈濟內部要有類似「論師」或「神學家」這樣的人物。這些人不僅要嫻熟上人的文字般若，還要嫻熟慈濟志業體的運作模式與重大績效，另外，他最好是接受過嚴謹的哲學訓練，嫻熟哲學進路的體系建構，方足以承擔這樣的學術工程。

1 釋昭慧：〈「行入」慈濟大藏經——以慈濟落實「社區倫理」的環保志業為例〉，《弘誓雙月刊》第 127 期，2014 年 2 月，頁 31。網路版 URL: https://reurl.cc/NQ3QDQ。

本書作者何日生教授，正是符合如上標準的最佳人選。他在媒體界的成就卓越，歷任四家電視公司的新聞主播及製作人，還曾榮獲金鐘獎，入圍國際艾美獎，可說是媒體界的明日之星。然而在證嚴法師的感召下，他從一介思想敏銳、言詞犀利、光芒四射的媒體名人，竟然蛻變成思想綿密、溫文爾雅、鋒芒內斂的宗教哲人。由此可見，證嚴法師對他個人的影響力，非比尋常！

從傳播學、宗教學到哲學，他的跨領域學術訓練非常豐富而紮實。從媒體圈、宗教圈到學術圈，他因周遊列國而具足全球性與多面向的宏觀視野，他在英美四大名校擔任訪問學人，因此兼備入乎其內而又超拔其外的學術視野。

作者很早就意會到：必須在「上人的隨機教化」與「志業體的實證經驗」中，淬鍊出系統化的「慈濟學」。這在當時可說是眼光獨到，但也難免「先知寂寞」。幸運的是，他所追隨的恩師，正是對他賞識有加的「伯樂」！證嚴法師讓這匹「千里馬」充分揮灑其哲人長才，支持他在這個學術前沿開疆闢土，策馬奔騰。於是，從《慈濟實踐美學》到《慈濟學概論》，他建構了慈濟學的系統理論。於此更進一步，他拈出「善」字作為慈濟志業體的核心價值，揭櫫慈濟人跨越文化差異與宗教藩籬的「共善」精神，輔以慈濟志業體在「利他事行」方面的豐富案例，發表了兩大鉅著——《善經濟：經濟的利他思想與實踐》與《善治理：圓型組織的思想與實踐探究》。前者甚至一舉囊括全球三大獎項，成就非凡。

由於證嚴法師本人，就是慈濟人的精神領袖，慈濟人在她的悉心教導與慈心陪伴下，整合成現代版的「千手觀音」，全球處處尋聲救苦，席不暇暖。職是之故，所謂的「慈濟學」，也是證嚴法師帶領慈濟人所共構的實踐哲學。倘若這樣，那麼慈濟學的系統建構，豈不等同於證嚴法師思想的系統建構？兩者豈不是「二而一」的學術工程？

然而作者卻非常敏銳地看出：此中還有些後設性的研究尚未完成，那就是：作為「佛弟子」的證嚴法師，所言所行必然有其「佛陀教法」與「佛典指引」的心理機轉。如果說，慈濟學是證嚴法師「下化眾生」的實踐哲學，那麼，證嚴法師「上求佛道」的歷程，必然也可從中歸納其思想體系。

作者於是將論述視角，從慈濟志業轉向了證嚴法師其人，在為數龐大的文字般若中，他細心爬梳著法師歷年開講或引述的經典，從而呈顯出法師思想的整體風貌，歸納出靜思法脈的活水源頭，勾勒出慈濟宗門的方法途徑。這番尋根探源的功夫，讓他在完成慈濟志業體的實踐哲學之後，「更上一層樓」地整理出「證嚴法師思想」的系統理論。

筆者有幸，在本書付梓前夕，得以先讀為快，因茲撰為序文，拈出「系統建構」一詞，闡述箇中重大意義，對作者義無反顧地承擔起宗門法脈的「論述」角色，敬表讚佩之情！

推薦序三——

慈濟宗門與人類善文明

南京大學中華文化研究院院長
賴永海

證嚴法師開創慈濟慈善功德會，以佛教無緣大慈、同體大悲的精神，實踐佛教人間化的理想，其影響力遍及一百三十六個國家和地區。這在佛教歷史上可謂絕無僅有，並成為當代佛教全球化的重要成果之一。

證嚴法師以自力更生的精神，創立靜思法脈勤行道，以慈悲利他建立慈濟宗門，為當代漢傳佛教開拓新的里程碑。慈濟的慈善不僅針對佛教徒，還包括基督徒、伊斯蘭教徒等都加入慈濟，成為慈濟志工。證嚴法師以慈悲喜捨四無量心，開創慈善、醫療、教育、人文等事業，強調「以苦為師，付出無所求，付出還要感恩」。

在醫療方面，強調視病如親，甚至以病為師，希望醫生不僅是醫師，也是能關懷病患的人醫、良醫、良師。這正是佛經所講的「拔苦予樂，苦既拔已，復為說法」的最佳寫照。

在教育方面，證嚴法師強調德性與禮的重要性，他推動的「無語良師」計畫，包括慈濟志工及社會愛心人士，在過世後捐贈大體給醫學院學生作為學習之用。證嚴法師的這句話「此身非我有，用情在人間」體現了佛教無我利他的最高境界。

在人文方面，他強調智慧與慈悲能帶給人們真正內在的幸福與喜悅。因此，他創立的大愛臺，致力於淨化人心、祥和社會。此外，證嚴法師也推崇環保，提倡珍惜物命、護生愛地球、敬天愛地的核心理念。他以佛教為基礎，融合儒家的精神，倡議人類必須與地球共生息，這與中國儒家的天人合一，以及佛教「蠢動含靈皆有佛性」的理念完全契合。

在推動慈善近一甲子的過程中，慈濟締造了佛教歷史上非凡的成就。近幾年，在何日生教授的推動下，慈濟投入學術研究，將慈濟的慈善、醫療、教育、人文、環保等經驗加以系統化、理論化，提升為人類善文明的一部分，這是一個了不起的成就。

何日生教授構建的國際學術網絡，包括印證佛學講座，致力於推動當代佛教研究，是佛教學術研究上的一大貢獻。何教授多年來跟隨證嚴上人，接受其指導；並赴北京大學研讀佛教哲學，完成博士學位，也負笈哈佛大學、牛津大學、劍橋大學等知名高校從事佛教等相關研究，對佛教哲學之鑽研卓有成就。何教授將其對證嚴法師的理解及對佛法的融通彙編成《證嚴上人佛教思想研究》，相信這本書對於讀者了解證嚴法師的佛法思想有很大的幫助。

何教授的著作即將付梓，相信該書的出版當能為證嚴法師的慈善志業與佛法思想奠定更為厚實與長遠發展的根基；也相信該書出版後定會得到學界及教界的普遍肯定與稱許。贊歎之餘，隨喜寫上幾句，是為序。

甲辰年仲夏　於南京大學

推薦序四

思想建構與宗門之立

國立政治大學宗教所教授兼所長
李玉珍

經常從證嚴上人在靜思精舍的晨間開示、會議回應中，體會到上人的溫言愛語，很有智慧的對治人性，能關鍵性地指示言說行為的方向。上人的言語能撫慰人心，直指我們的心理處境，卻又能突破我們習慣的認知。曾經有白髮的委員在澎湖海域尋找愛子蹤跡兩週無果，茫然來問上人：「我們的孩子去哪裡了？」哽咽低沉的聲音，充滿白髮人送黑髮人的悲傷，我們不禁全場靜默。上人緩緩安慰：「孩子已經到別人家了，最後不給你們添麻煩，算是孝順。你們如果再掛念流淚，嬰兒的他也會傷心彆扭，在新家不得人疼呀！所以你們為他好，不要再哭，要開心點。」

上人向來如此睿智善解，實踐中亦有其佛法認知和應用基礎，而其從慈悲利他到究竟覺悟，從日常實踐與反思己身，言語行動皆是慈濟宗門的宗旨。何日生先生所撰寫的《證嚴上人佛教思想研究》，從義理論證的層面，全面性的介紹分析證嚴上人對於佛學經典教義的理解與應用。

很早就知道何日生先生是慈濟的發言人，直到二〇〇七年在印度的國際佛教活動中，聽到他以大愛為題，介紹證嚴上人的慈濟志業，才確實認識他做為慈濟人的熱情和智庫特色。宗教團體發言人的工作並非照本宣科，除了流利的外語，還必須具有信仰熱忱與謹密的組織能力，以便在極短時間內有效地介紹本身團體的行動與立意。

隨著二〇二一年後升任副執行長，大家習慣稱呼何日生先生為何副，但是我們既然來往更多的是學術活動，所以總是何老師、何教授隨口而出。其實他在此階段已經展現多年累積的學術功力，著作等身，以深入佛教經藏與世界宗教歷史，更為洽當深切地宣揚慈濟基金會的歷史文化。並且以文筆代替講演，年年出版厚重的書籍，圍繞證嚴上人的行誼，慈濟基金會的歷史發展，成功地鋪陳兩者的緊密關聯。其寫作熱忱與信仰實踐緊密結合而產生的大量作品，令人嘆為觀止。

此次承蒙他賜與《證嚴上人佛教思想研究》此一巨作，本著先睹為快而不自量力，即使早已經抱持學習證嚴上人思想的目的，還是被本書的豐富內容驚嚇到，一再翻閱到插滿標籤貼紙，閱讀速度根本快不了。因為全書充滿證嚴上人的佛教思想實踐以及應用細節，值得一再反覆咀嚼和思考。證嚴上人的行經、做就對了，累積數十年，已然成為龐大的系統，尤其影響慈濟基金會無數成員，眾志成城地成就人間淨土，廣袤覆蓋整個地球村。作為二十世紀迄今大乘佛教的國際代言人，證嚴上人的佛教思想，可以視為證嚴學亦為慈濟學之根砥。

此書名為整理證嚴上人的思想體系，其實也是何日生老師以此為綱領，展現他探詢佛教經典義理、建立論述的巨作。先舉證嚴上人的開示以及實踐，再追本溯源經典本義，然後完整上人解行的意涵。既要熟悉擷取上人的話語以及慈濟在制度上的落實，然後解析佛教經義的線索，舉隅多處又含納消化，最終形成系統性的證嚴上人思想系。

全書分為前言（證嚴上人思想的時代意義）以及十七章。第一部分從第一章至第五章按照佛教史的發展來看證嚴上人的思想根柢，依序為原始阿含、般若、中道、唯識、如來藏思想。第二部分從第六章至第十三章，從證嚴上人所用經典闡釋慈濟宗門思想：常用的《無量義經》、《法華經》、《佛遺教經》、

《藥師經》、《地藏經》、《四十二章經》、《三十七道品》、以及菩薩道思想，基本上一章一經，建立慈濟宗門的思想核心與架構。第三部分從第十四章至第十七章，討論慈濟宗門的修行與儀式，從水懺、行經、四弘誓願到靜思語，涵蓋慈濟近年來的儀式展演和現代弘法傳播工具。全書五百多頁，每章亦附有詳細註釋，可供教學之用。每一章節的標題，不但是重點標示，也是作者提出的小問題。何日生老師嫻熟證嚴上人的思想發展過程以及應用細節，所以他整理出證嚴上人架構思想體系的關鍵問題。

為何老師的《證嚴上人佛教思想研究》寫序，我有些輕忽字書涉及的範圍。此書每一篇章都顯示證嚴上人對佛教實踐義理的某一層面，可容反覆咀嚼，也值得作為案頭書，隨時備查。證嚴上人鎔鑄的佛教義理、慈濟宗門的佛教圖像，以及何日生先生對現代佛教的詮釋，三股線擰成的證嚴上人思想研究，可供拆解地讀，最終還得互證互白。所以此敘寫的不是全書摘要，而是閱讀經驗共享，期待讀者不棄。

我們很難理解一位開山祖師何時方能鎔鑄其宗派信仰，十年、二十年抑或三十年？先立綱領或顧及信眾所需而漸漸深入人世間疾苦，而有根本／方便修行策略之舉？師父講學不輟且有弟子發揚傳承，還是宗風謹嚴，去蕪存菁只守根本。無論如何，此過程中師徒日常相應、文字傳媒的再詮釋、宗門制度化地凝聚共識，皆為成就一大宗門之缺一不可。證嚴上人先出版《法華經》為其思想所本，於二〇〇九年又揭櫫慈濟宗門，顯然已經考慮到上述情況，轉而採取主體性，為後世般正立場方向。證嚴上人的思想研究已經邁入慈濟宗門的階段，「慈濟學」之成立已經沛然成風。

推薦序五——

從「藉事會理」到「理事相應」：證嚴上人佛教思想的時代性與實踐性

佛教慈濟大學宗教與人文研究所特聘教授兼所長

林建德

證嚴上人是當今世界佛教的歷史性人物，此乃毋庸置疑的，其佛教觀點與佛學思想自是相當值得深探。就在不久前，翻讀《慈濟》月刊六九〇期（二〇二四年五月，頁一二二），筆者看到證嚴上人所說的一段話：

> 當我講述經典時，除了會就經文大概談說以外，接下來就是走我的路、說我的話。佛陀出現於世是要教菩薩法，佛陀也是隨緣說法，我把握住佛陀的精神，認為「經是道，道是路」，說的是道要如何走，路要如何開；注重的是人間菩薩，如何把握住佛陀本懷，行走在人間路上。

在掌握經文要義，「走我的路、說我的話」成了證嚴上人解經、講經的風格，其目的是為了「行經」；如上人所說，佛陀出世人間、菩薩教化眾生即重於隨緣說法，如是有所變、有所不變，不變的是佛陀精神，掌握佛陀本懷，以之切身行走於人間（「行經」）。由此可見，證嚴上人以現實人間為關懷的法義詮釋，展現了時代性與實踐性的兩大特色。

佛教思想義理的推陳出新，與時俱進、俱變，這是「人間佛教」發展的共同認知，太虛大師提倡佛教三大革命，其一就是「教理革命」，印順導師曾在《華雨香雲》引太虛大師〈我的佛教改進運動略史〉：「佛教的教理，是應該有適合現階段思潮的新形態，不能執死方以醫變症。」說明「教理革命」要義重於此時、此地、此人的淨化與關懷；印順導師接續太虛大師精神理念，自認佛法真義的闡發可說是太虛大師「教理革命」的延續（見《法海微波》序，頁一），其「契理契機人間佛教」即重於佛法思想的真實開顯與方便適應。

既是因時、因地、因人則不免有新思想的詮解開展，如此原意、本意之外也重於創意和新意，而有創造性的解讀詮釋。一如印順導師之承繼太虛大師的「教理革命」，證嚴上人於佛法義理上時代性與實踐性，似亦循此軌跡，卻又開創與兩位高僧迥然有別的佛學路數。

慈濟慈善起家，以具體行動實踐利他精神，也因此佛學開展自是另闢蹊徑。在慈濟大學任教多年來，筆者偶會被問起慈濟的佛學研究現況，外人認為慈濟既以佛教自我定位，佛學研究應該是被強調或重視的，然而每個團體屬性不同，慈濟重於慈善，進而擴展醫療、教育、人文、環保等各項志業，純理論的佛學研究不是發展的重心，相對於佛學更著眼於「學佛」，因此不是不要佛學而是更重於「學佛」。

事實上，慈濟佛教思想所走的是「另一種佛學」或者「另類的佛學」，有別於學界主流的佛學研究，其結合長年來的「慈濟經驗」，大致走向「行動佛學」、「應用佛學」、「實踐佛學」、「實用佛學」，乃至於「人間佛學」、「現代佛學」等路徑，開拓佛學另一嶄新風貌。

現今佛學研究「學院派」進路位居主流，重於傳統文獻的分析和解讀，強調梵、巴、藏等佛典語文的背景知識；但以「行動佛學」等為未來發展潛勢，關心的是佛法之實際運用，包括結合心理學應用在療癒與諮商領域、展開佛教慈善模型的探討（如「善經濟」等），乃至跨宗教的比較對話、佛學與科學的關係以及佛教生態學、佛教生死學、佛教倫理學等皆是。慈濟式佛學即從宗教或信仰實踐的向度，走出自己的佛學風格，從「從做中學」、「藉事會理」等開啟佛學探究另一種可能。

此外，證嚴上人佛教思想與眾不同，其一在於德行的穿透力；證嚴上人的佛法開演之所以能廣為感召、普受感染，在於人格力量的彰顯（或更應說是「聖格」），其不只是「現身說法」也「以身試法」，高道德標準嚴以律己、切身力行，從身教去展演其言教，也從言教去透顯其身教，使所說的佛學具深刻的生命體驗，所謂的「言行一致」、「知行合一」，在證嚴上人身上看到如是典範。

一代宗師「走我的路、說我的話」，仍需諸多論師的說理證成。慈濟志業奠基自中下階層最質樸的力量（證嚴上人以「草根菩提」稱之），最初以三十位婦人共同響應上人的慈濟志業，如今慈濟已發展到相當規模，所要接受的考驗和挑戰就相形複雜。尤其慈濟「開宗立脈」——「慈濟宗門」、「靜思法脈」創立後，既自許為佛教的一宗，相關論述更是讓人引頸企盼，不管是慈濟內部或外部皆有如是期待。猶似基督教、伊斯蘭教、佛教皆發展出豐富深邃的宗教神學、佛學理論架構，作為一偉大宗教，思想義理層面必不可少。尤其「慈濟人文」作為人類新文明的可能，背後關涉進一步的價值思辨；例如「淨化人心」是證嚴上人心願所在，人心的淨化在於觀念轉變與思想轉化，如何在價值多元、異說並起的年代，正確指引一條通往幸福安樂的道路，此時「行動力」外「論述力」也同等重要，以從「藉事會理」到「理事相應」。

證嚴上人佛教思想特有創發，「善門入佛門」亦是一例。「善門」一念悲心起不忍眾生受苦難，乃人類天性惻隱之心的情感激發，可謂「動之以情」而「以情相牽」；除此之外，「佛門」更關心智慧的解脫，這時「說之以理」之「以理化情」、「以法相會」更顯重要。此「善門入佛門」也相應於《無量義經》所說之「苦既拔矣，復為說法」，顯發「慈悲拔苦」和「智慧說法」的雙重內涵。

慈濟慈善經驗舉世矚目，近來慈濟論述無論圈內、圈外可謂多家爭鳴，慈濟研究暨上人思想之多元詮釋與多重開展，已然是勢之所趨；此徵諸佛教史發展亦復如是，相應「一音演說，隨類得解」的實況，大乘精神之海納百川、兼容並蓄也在於此，何日生教授此書出版即為多音交會中的一種音聲。

何教授早期為知名媒體工作者，數十年慈濟基金會的行政歷練後轉向學術思想研究，尤關注「當代佛教」發展；近年來舉辦「印證佛學講座」、《印證佛學期刊》（中英兩種版本）及各種學術會議等，透過慈濟整合學術資源形成網絡，多方帶領慈濟之思想論述，於法義深化中裨益宗門的世代永續，力推慈濟邁向偉大宗派的進程，而成為慈濟發展史上重要的一頁，此書的出版即是一例。

綜觀全書宏觀而全面，呈現了證嚴上人對佛法義理的獨到見解；從原始阿含到大乘三系（般若、唯識、如來藏）的思想史發展，古代經典講述如《無量義經》、《法華經》、《四十二章經》、《藥師經》、《佛遺教經》、《地藏經》等，重要佛學名相如「真空妙有」、「中道」、「轉識成智」、「慈悲喜捨」等，因應現代人心的《靜思語》教化與《水懺》經藏演繹，以及慈濟宗門菩薩道的入世實踐等，幾乎涵蓋證嚴上人思想的整體，作者學思之博、著述之勤，不得不令人讚佩。此外，本書不只助於證嚴上人佛學的整全認識，厚實的論著更看到一位弟子對於自已師父的虔敬心意，如此師徒情誼彌足珍貴，份外令人動容。

當然，「論盡知識俾便保留信仰之路」（necessary to deny knowledge in order to make room for faith），證嚴上人的佛學特色在於實踐（如《靜思語》：「做中學，學中覺，覺中做」），而不僅是浮談空言，這是作為佛教學者的我們身處慈濟社群，上人殷切的叮嚀囑咐。最後，恭賀之餘也感恩何教授不嫌鄙陋讓我略抒淺見；最感恩的是我們的師父證嚴上人近六十年來蓽路藍縷，引領慈濟志工在苦難的世間點亮了光明的希望！

證嚴上人佛教思想研究

前言——

證嚴上人佛教思想的時代意義

慈濟宗門思想與佛教經典之淵源

以主體思想言，證嚴上人創立「靜思法脈」，以「靜思勤行道」行在世間的種種心得及思想脈絡，來詮釋法華精神，強調五乘皆能歸佛乘的教義。五乘歸佛乘關鍵是行菩薩道，行菩薩道的關鍵是慈悲利他。入群中，度化一切眾生；在度化一切眾生當中，得一切智慧；在度化一切眾生當中，養一切慈悲，直到究竟覺悟的境地。亦即從慈悲利他到究竟覺悟，是慈濟宗重要的實踐及修行法門。

證嚴上人早年就接觸《法華經》，早在皈依印順導師之前，早在剃度之前，他在臺東蓮社的一位朋友家中看到日文版的法華三部。其中《無量義經》給他很深的觸動。靜思法脈是以法華三部為主體，以《無量義經》為其宗經。靜思法脈的思想體系之開展，從原始阿含思想四無量心、八正道著手，以道德實踐修持自身著手，而行於《法華經》所示之菩薩道，強調三乘歸於佛乘，菩薩道為諸佛、菩薩生生世世之願力。

證嚴上人所開展的靜思法脈是人間佛教，但也不僅僅把佛教放諸人間，一切六道眾生都是諸佛菩薩救度的對象。因此，證嚴上人講述《地藏經》，就是以地藏菩薩恆遠深廣之願力，以菩薩「先救他人、再救自己」的大慈悲心度化一切六度有情，最終臻至涅槃常樂我淨之證悟。

在宗門實踐上，證嚴上人以《無量義經》與《藥師經》為志業開展之方法與路徑。《無量義經》強調「性相空寂、濟助群生」，為宗門之宗經。利他度己，眾生的染汙是自性清淨的養料，在利益一切眾生中求得無上智慧。《藥師經》所示之理想境界為人間之淨土。藥師如來十二大願悉欲眾生皆能「身體健康、物質豐厚、心靈富足」，體現出現世淨土的理想。[1]

在個人修行上，證嚴上人以《四十二章經》開示弟子「斷愛欲以識自心，忍辱行以奉正道，清淨心以覺佛性」。以《三十七助道品》教導弟子從日常的生活中勤行正道，漸次契入清淨自性。並輔以《慈悲三昧水懺》之義理，啟發弟子發露懺悔，不只自己懺悔，還要群體共同懺悔，以經藏演繹數萬人共同入經懺，洗滌塵垢。證嚴上人強調行孝之重要，以《父母恩重難報經》引領弟子家庭和睦始於孝道。從家庭到社會團體，以《人有二十難》勉勵對人之信心，圓融人與人愛的關係。最後以勤行精進不懈之願力臻於《菩薩十地》之境界。[2]

表一｜證嚴上人之思想與經典淵源運用表列

	經典依據	經典依據	經典依據	證嚴上人詮述
主體思想	《法華經》	《無量義經》	《阿含經》	付出無所求 行菩薩道 成就佛道 靜思勤行道
實踐法門 淑世理想	《無量義經》	《藥師經》	《地藏經》	利他度己 人心淨化 祥和社會 天下無災 慈濟宗門人間路
實踐法門 個人修行	《四十二章經》 《三十七助道品》	《慈悲三昧水懺》 《父母恩眾難報經》	《人有二十難》 《菩薩十地》	六度萬行 四門四法四合一 真如本性 萬有合一

證嚴上人立意將佛教思想理性化、實踐化、生活化。他所創立的慈濟功德會及慈濟的四大志業，都是以闡揚佛教於人間、於生活中的理想。佛法是可實踐的，可以理性理解的，可以落實在生活中，可以經世致用的文明體系。

佛陀的原初思想正式以道德實踐取代婆羅門的法術與祭拜儀式，以理性思想探索真理，以取代古印度的神化思想。佛教對世間的看法與觀點究竟如何？佛陀覺悟後，示現苦集滅道，教導十二因緣，指向一切世間的短暫，以八正道、四無量心等修行超越輪迴，去向寂靜涅槃之境界。

佛陀教導眾生的究竟是為入世間？抑或出世間？

佛陀當時所處的世間

佛陀生長在一個經濟繁盛但是政治騷亂的時代。極權主義的摩羯陀國[3]與共和體制的跋祇國[4]為兩大強國，彼此對立。政治與經濟的力量對峙，共和與極權在對抗。文明的危機醞釀偉大的智者。

西元前五百多年，大約在佛陀誕生的時期，印度保拉法大帝國分裂了。北部分裂為十六個王國，民主共和制的跋祇國與君主制的摩羯陀王國長年在爭霸中。佛陀的王國伽毘羅衛國臣屬於憍薩羅國，說明釋迦族[5]依附於北方另一個更強大的王國。伽毘羅衛國本身的制度是屬於民主共和的政體，傳統的君王都尊重達磨（Dharma）[6]，亦即公平正義的原則，就受人尊重。當時的民主政體設置議會，實施共和制。

佛陀正處在一個政治與經濟的大變革時期。不只政治動盪不安，新興的財富階級，威脅著君王的地位，君王試圖通過抑制巨商，更好的控制王國。政治與經濟的衝突，使得原本的政治情勢更為動盪。面對如此社會極度紛亂的局面，當時的佛陀——悉達多太子感受到政治與經濟的力量不足以根本地解決社會問題，無法改變人心。因此佛陀選擇的道路是徹底地退出政治、退出經濟、退出社會，並以一種全新的清淨生活方式，示現典範給予他的時代。

佛陀在六年參訪、五年苦修之後，證得無上菩提，所謂無上菩提在初期是苦集滅道之四聖諦。滅生老病死苦，終至證得超越生死輪迴的涅槃。而涅槃是經由八正道，持守戒律，通過十二因緣法、四無量心的實踐所獲致。

佛陀所組織的僧團所到之處，與各國的君王、富商、賢達論證生命的價值與社會的出路。佛陀對於低下階層平等地給予法的喜悅，為無數在動亂中的人指出一條覺悟之道。這覺悟之道在清淨心，在道德實踐。覺悟不在社會之外，而在生活之中，這生活根植於佛陀所倡議的三團之戒律。經由離開社會，而重返社會。因為佛陀與僧團弟子的生活超越於世俗的一切，因此可以站在超然與神聖的立場，面對世間說法。對於在家弟子，佛陀並沒有給予特殊的戒律之要求，但以聞其苦，而給其法藥。

摩羯陀國的阿闍世王想要攻打拔耆國，派了宰相禹舍[7]來見佛陀。佛陀當時正在打坐，阿難在一旁搧扇子。聽了禹舍說明阿闍世王的攻打計畫，佛陀回頭問阿難：

> 「汝聞跋祇國人數相集會，講議正事不？」答曰：「聞之。」
>
> 佛告阿難：「若能爾者，長幼和順，轉更增盛，其國久安，無能侵損。阿難！汝聞跋祇國人君臣和順，上下相敬不？」答曰：「聞之。」
>
> 「阿難！若能爾者，長幼和順，轉更增盛，其國久安，無能侵損。阿難！汝聞跋祇國人奉法曉忌，不違禮度不？」答曰：「聞之。」
>
> 「阿難！若能爾者，長幼和順，轉更增盛，其國久安，無能侵損。阿難！汝聞跋祇國人孝事父母，敬順師長不？」答曰：「聞之。」
>
> 「阿難！若能爾者，長幼和順，轉更增上，其國久安，無能侵損。阿難！汝聞跋祇國人恭於宗廟，

致敬鬼神不？」答曰：「聞之。」

「阿難！若能爾者，長幼和順，轉更增上，其國久安，無能侵損。阿難！汝聞跋祇國人閨門真正，潔淨無穢，至於戲笑，言不及邪不？」答曰：「聞之。」

「阿難！若能爾者，長幼和順，轉更增盛，其國久安，無能侵損。阿難！汝聞跋祇國人宗事沙門，敬持戒者，瞻視護養，未嘗懈惓不？」答曰：「聞之。」

「阿難！若能爾者，長幼和順，轉更增盛，其國久安，無能侵損。」

時，大臣禹舍白佛言：「彼國人民，若行一法，猶不可圖，況復具七？國事多故，今請辭還歸。」

佛言：「可，宜知是時。」時，禹舍即從座起，遶佛三匝，揖讓而退。[8]

跋祇王國集會「講議正事、君臣和順、不違禮度、恭於宗廟、長幼和順、言不及邪、宗事沙門」，此國不可滅。佛陀回答了禹舍的提問，指出一個完美國度的七大法。

在衝突的世界中，佛陀的出世間，並非棄世間。佛陀不加入任何一方，以清淨修行，以道德制高點，闡明世間祥和之道。

慈濟宗所處的當代世間

我們從歷史的觀點看佛陀所處的時代與當代慈濟所處的時代有相似之處。民主的國家與權力集中制的國家在對立著，世界財富的差距不斷地拉大，全世界三十六位富豪的財富總和，等於全球百分之三十九人口財富的總和。不管在東方或西方，政府通過很多手段抑制財富者的擴張。這些都是在佛陀時代的社會現象，也是現在慈濟所處的世界面臨的挑戰。

在這樣衝突的時代，無疑地出現了聖人。過去的佛陀，當今的慈濟創辦人證嚴上人，都是以道德實踐，引領世人走向清淨的覺悟之道。佛陀的解決方式不涉入世俗的政治與經濟，而是以清淨身示現世人。證嚴上人的方式也是不涉入政治，不涉入商業，而是以慈悲行動，利他度己。佛陀建立僧團，證嚴上人是以慈善公益提供平臺，引領對社會有理想的人士得以藉此改善社會。

佛陀時代沒有出現地球生態的危機，慈濟所處的當代環境生態面臨極大浩劫。佛陀的「蠢動含靈皆有佛性」理念，到了證嚴上人以此理念推動以鼓掌雙手做環保，力行素食，節約生活，推動大愛感恩科技，從回收、減量、再使用等，以解決地球的生態與環境危機。

佛陀對於經濟思想提出「四方便具足」[9]，鼓勵商者具足世間智慧並獲致正命觀。佛陀以「六非道」[10]，教導富人如何維持商業原則，回歸清淨的本質。

證嚴上人教富濟貧，以善致富。引領企業家行善行孝，以感恩心、以愛管理員工，並且鼓勵企業家帶領員工一起去愛人，打造愛的循環。這是證嚴上人對於經濟與企業的善之引導。

證嚴上人以佛陀的慈悲心著手，啟發富有的人去濟助貧困的人。在慈濟，富貴中人「以苦為師」，在救濟貧困中領略到自己是如此的幸福，所以應該「知福、惜福、再造福」。許多富有者在加入慈濟之後，開始改變自我生活放逸的氣息，戒菸、戒酒、戒賭，從而也改變家庭的關係，改變自己從事商業活動的風格。

慈濟志工企業家在投入慈善工作的體驗之後，更知道應該感恩員工、感恩家人，感恩這個社會給予他的種種。證嚴上人稱這樣的富有者是「富中之富」。相反地，也有「富中之貧者」，這些人士事業成功之後坐擁金錢，享受逸樂，家庭失和、破碎，企業主與員工衝突對立，引發社會惡名、批評之聲迭起。這即是「富中之貧」，其關鍵在慈悲心的養成不足。

「慈悲心」要從「慈悲行」開始，從做中學、做中覺，在實踐慈悲中，啟發本自的慈悲心，確立慈悲濟世的生命價值觀。慈悲修福，才是永保企業的榮景與個人長久的幸福關鍵。[11]

佛陀與慈濟菩薩道

佛陀時代的菩薩道與慈濟的菩薩道，一者以理想、以思想宣說；一者以真實的入世行動改善社會與人心。佛陀對菩薩的闡述見諸《長阿含經》卷一：

「佛告比丘：『諸佛常法：毗婆尸菩薩當其生時，從右脇出，專念不亂。從右脇出，墮地行七步，無人扶侍，遍觀四方，舉手而言：『天上天下唯我為尊，要度眾生生老病死。』此是常法。」爾時，世尊而說偈言：菩薩唯我獨尊，我即是真理，菩薩唯真理世尊，度化一切眾生超越生死老病之苦。」[12]

菩薩治理國政

阿含經系中描述菩薩，不只給予眾生佛法，更能治理國家政事。如《長阿含經》中描述佛陀有一世為大典尊[13]，大典尊貴為宰相之尊，不僅一國，而是八個王都共同以大典尊為宰相。但是大典尊後來決定出家修行，結果八個王一起同他出家修行。只不過大典尊修的是天人道，那是佛陀的前一世，而佛陀這一世在娑婆世界修的是究竟的佛道。《長阿含經》卷五云：

「如來往昔為菩薩時，在所生處聰明多智。諸賢！當知過去久遠時，世有王名曰地主，第一太子名曰慈悲。王有大臣名曰典尊，大臣有子名曰焰鬘。太子慈悲有朋友，其朋亦與六剎利大臣而為朋友。地主大王欲入深宮遊戲娛樂時，即以國事委付典尊大臣，然後入宮作倡伎樂，五欲自娛。時，典尊大臣欲理國事，先問其子，然後決斷；有所處分，亦問其子。」[14]

焰鬘在父親典尊過世後，被新國王，名慈悲，立為大典尊，處理國政。大典尊一次在聽聞修持「四無量」會有天人降臨，於是開始修持追尋天人道。然而佛陀認為，菩薩修行的終極目標仍是「涅槃」。《長阿含經》卷五云：

「般遮翼[15]！彼大典尊弟子，皆無疑出家，有果報，有教誡，然非究竟道，不能使得究竟梵行，不能使至安隱之處。其道勝者，極至梵天爾。今我為弟子說法，則能使其得究竟道、究竟梵行、究竟安隱，終歸涅槃。」[16]

菩薩最終的修行就是涅槃，究竟覺悟。但是究竟覺悟的歷程，仍是以度化眾生，救濟眾生為志。佛陀在《增壹阿含經》卷十四中敘述，為幫助一隻被惡鬼吞噬的鳥，不惜捨命，這是佛在前世曾為菩薩所為的善行。這隻惡鬼其實過去生中也是一位修行人，但犯戒之後，投入惡鬼道。[17]

菩薩給予眾生身境心的富足

在佛教經典觀之，菩薩化身，具體救助人的記載，包含在《增壹阿含經》之中。佛陀所示現的菩薩道，不只是修清淨梵行，不只是給予佛法，而是給予眾生具體的救助。《增壹阿含經》卷五十一：

佛告大將：「善哉！斯名菩薩之心，平等惠施。若菩薩布施之時，亦不生此念：『我當與此，置此。』恆有平等而惠施，亦復有此念：『一切眾生有食則存，無食則亡。』菩薩行施之時，亦復思惟此業。」[18]

菩薩施行必須考慮眾生「有食則存，無食則亡」。菩薩給予眾生物質的幫助，是菩薩道的方便法門之一。

如同慈濟慈善的目標，安身、安心、安居、安生、安學、安林，六安是具足菩薩的信念，拔苦予樂，苦既拔已，復為說法。不只照顧身，也照顧心。不只照顧人，也照顧自然。

慈濟的菩薩道體現原始佛陀對於菩薩的教法，不只是修清淨梵行，而是能具體地救眾生身心境的苦。部派佛教到大乘佛教的菩薩道，仍然偏向心的清淨與解脫，而非身心境具足的菩薩道。布施的功德與六度的境界，佛陀在《增壹阿含經》中說得很透徹。《增壹阿含經》卷十九云：

爾時，彌勒菩薩至如來所，頭面禮足，在一面坐。爾時，彌勒菩薩白世尊言：「菩薩摩訶薩成就幾法，而行檀波羅蜜，具足六波羅蜜，疾成無上正真之道？」

佛告彌勒：「若菩薩摩訶薩行四法本，具足六波羅蜜，疾成無上正真等正覺。云何為四？於是，菩薩惠施佛、辟支佛，下及凡人，皆悉平均不選擇人，恆作斯念：『一切由食而存，無食則喪。』是謂菩薩成就此初法，具足六度。」[19]

從《增一阿含經》的記載可以看到佛陀所強調的菩薩道。不只是能夠具足六度萬行修得身心清淨的大修行者，更是能夠平等施惠給一切十法界的眾生及修行的聖人。

菩薩平等施

菩薩惠施，無論階級，無論「佛，辟支佛，凡人」，均不擇人，一律平等。這如同證嚴上人的慈善理念，平等視一切眾生的苦，不管階級、種族、膚色、宗教、國籍，一律以平等愛給予救助。慈濟現今已幫助過一百三十六個國家地區以上，在印尼蓋清真寺，在菲律賓蓋天主堂，在新冠疫情期間提供口罩給梵蒂岡、印度靈修會、藏傳佛教寺院，以及無數的國度之物資需求者。

慈濟所創立的骨髓幹細胞中心，實踐佛陀的以身體布施的理想。佛陀對彌勒菩薩說，身體的器官當可以捐出幫助病人，如《增壹阿含經》所云：

> 「復次，菩薩若惠施之時，頭、目、髓、腦，國、財、妻、子，歡喜惠施，不生著想。由如應死之人臨時還活，歡喜踊躍，不能自勝。爾時，菩薩發心喜悅，亦復如是，布施誓願不生想著。」[20]

「由如應死之人臨時還活」，這段話很呼應慈濟的大體捐贈的無語良師。無語良師以身體捐贈醫學生學習，以挽救更多的人。他們是醫學生無語的良師，這似乎是應死而活的實踐。所以慈濟創辦人證嚴上人一再強調，慈濟實踐了佛陀的菩薩道精神。

菩薩最終是要邁向覺悟的。在一切布施之後的修持，最終邁向清淨智慧的覺悟之境。如同佛陀告訴彌勒菩薩：

「復次，彌勒！菩薩布施之時，普及一切，不自為己使成無上正真之道，是謂成就此三法，具足六度。」[21]

佛陀在這裡給彌勒菩薩的心法是「不自為己」，一如證嚴上人給予慈濟志工的心法，強調「付出無所求」，「無私的付出」，並且付出還要感恩。證嚴上人在一九六〇年代功德會成立之初，蓋的第一戶大愛屋是水泥房給李阿抛，一位年老的貧困戶，那個時候的證嚴上人與弟子還住在跟人借來的小木屋，這就是「菩薩先救他人，再救自己」的印證。證嚴上人與佛陀的菩薩道概念有深度的輝映。

佛陀繼續告訴彌勒菩薩：

「復次，彌勒！菩薩摩訶薩布施之時，作是思惟：『諸有眾生之類，菩薩最為上首，具足六度，了諸法本。何以故？食已，諸根寂靜，思惟禁戒，不興瞋恚，修行慈心，勇猛精進，增其善法，除不善法，恆若一心，意不錯亂，具足辯才，法門終不越次，使此諸施具足六度，成就檀波羅蜜。』若菩薩摩訶薩行此四法，疾成無上正真等正覺。是故，彌勒！若菩薩摩訶薩欲施之時，當發此誓願，具足諸行。如是，彌勒！當作是學。」[22]

佛陀告訴彌勒菩薩，布施功德非常廣大，而菩薩行布施也同時要修持自身，發心立願，具足諸行。因此，菩薩行六度，以利他度己，漸次邁向覺悟。慈濟宗立宗的旨趣與修行的法門就是「利他到覺悟」。如同吾人在《利他到覺悟：證嚴上人利他思想研究》一書所言：

「從慈濟宗門的觀點言之，『慈悲心，利他行』是邁向究竟覺悟的關鍵。不只無量劫的慈悲利他行是清淨自心的修行路徑，也是得大智慧的法門。利他，自我欲望低、見著少，故漸次得清淨；利益眾生，眾生性欲無量差別，在度化眾生的無盡願力中，修得一切智慧。」[23]

「慈悲行是清淨與智慧的融合，最終達到無緣大慈、同體大悲，慈悲等視眾生，臻至一切眾生，一切法皆如如的平等空慧。」[24]

慈濟宗的法門，不是得一切智慧，再去度一切眾生。而是度一切眾生得一切智慧，度一切眾生養一切慈悲，直到究竟覺悟。這是佛陀成佛之道，也是慈濟宗的成佛之道。

在原始佛陀經典本緣經系中記載佛陀在過去生中，化身無數身形救助眾生的故事。《六度集經》卷一中有一位阿泥察修菩薩行，佛陀對他說六度無極高行的意義，佛陀說：

「一時佛在王舍國鷂山中。時，與五百應儀、菩薩千人共坐。中有菩薩名阿泥察，佛說經道，常靖心惻聽，寂然無念，意定在經。眾祐知之，為說：『菩薩六度無極難逮高行，疾得為佛。何謂為六？一曰布施，二曰持戒，三曰忍辱，四曰精進，五曰禪定，六曰明度無極高行。』」[25]

「布施度無極者，厥則云何？慈育人物，悲愍群邪，喜賢成度，護濟眾生，跨天踰地潤弘河海。布施眾生，飢者食之，渴者飲之，寒衣熱涼，疾濟以藥，車馬舟輿、眾寶名珍、妻子國土，索即惠之。猶太子須大拏，布施貧乏，若親育子，父王屏逐，愍而不怨。」[26]

布施眾生，「飢者食之，渴者飲之，寒衣熱涼，疾濟以藥，車馬舟輿、眾寶名珍、妻子國土，索即惠之。」佛陀的確是描述了菩薩給予眾生物質性關懷的內涵與願心。

佛陀接著以他過去生，有十一世化身為各種國王、居士之修行者，廣博布施，即使自身受危，亦在所不辭：「慈惠受罪，吾必為之。危己濟眾，菩薩上志也。」[27]「危己濟眾」是菩薩無上的慈悲情懷，這不是一般凡夫所能為。

佛陀有一世為一英明德高之大王，博施濟眾於民，深受人民及天人愛戴。天帝釋擔心大王奪去他的地位，與邊王二人，分別化為鷹與鴿，試探大王的慈悲心。天帝化為鴿，飛到大王身邊，向大王求救，說一隻鷹要取牠為食。大王慈悲立刻答應保護牠。隨後邊王化身之「鷹」到王宮了，向大王索求那隻鴿之肉，大王當然不許。鷹王就說，那隻鴿是我的，如果你不讓我吃那隻鴿，那你就割下身上等量的肉，以補償原屬於我的鴿肉。大王即刻應許，割下身上的肉予鷹王。痛徹心扉，血流滿地，大王仍然捨肉餵鷹。帝釋在旁看到大王的慈悲，此時心生慚愧，遂以天醫神藥，撫平大王的傷口，大王之身，又完好如初。

《本度集經》像這樣的故事一共有九十一則，都是記載佛陀過去生的菩薩行。慈濟宗的菩薩道在現今、在當代、在此時、此刻、此人，真實的菩薩行被記載下來，不管是骨髓移植、大體捐贈，「六安」的慈善行，都是博施濟眾，都是捨己為人。「菩薩先救他人，後救自己」，這是證嚴上人在《地藏經》的開示。慈濟人每逢災難，自己有受災，但是先幫助鄰居，然後才是自己。

這種「菩薩先救他人，後救自己」的精神，證嚴上人以身作則給予慈濟志工典範的身教。在一九六〇年代，證嚴上人剛創立慈濟功德會之際，他有經常性的心絞痛，他的心臟很衰弱。有一次證嚴上人拜訪一位臺東的照顧戶蘇忝成，蘇忝成是一位全身是病的老者，心臟也不好。所以蘇忝成向證嚴上人說，聽說有一種叫「救心」的藥，對心臟不好的人緊急時能救命。過不久，上人的俗家母親專程從臺北送給證嚴上人「救心」的藥。上人想到臺東的蘇忝成需要救心，立刻請人託火車列車長送到臺東，請臺東慈濟志工王添丁校長[28]將「救心」的藥送給蘇忝成。志工王校長事後回憶說：「上人自己需要『救心』這個藥，但是卻立刻請人送給蘇忝成。他自己需要呢！天底下有這樣的聖人嗎？」這是「菩薩先救他人，後救自己」的一項寫照。

佛陀時代菩薩的善行義舉，物質性的施濟，都不是在佛陀的四十九年裡，而是在他的過去生中。即便佛陀弟子修的也是阿羅漢，是自我清淨斷欲為主，比較少看到布施苦難，給予法者有之，物質與佛法同時給予的少之。如印順導師在《唯識學探源》第二章、第二節〈原始佛教與唯識思想〉所述，原始佛教不重視物質的改善，重視心性的解脫[29]。

慈濟宗力行佛陀的菩薩道於此間、此人、此時，是菩薩人間化的理想。證嚴上人稱呼慈濟志工為菩薩，是因為慈濟志工如菩薩般聞聲救苦，哪裡有災難，哪裡就有慈濟人。

慈濟宗的利他菩薩，救人但不害己，而《本緣經》所記載的菩薩是「危己濟眾」。證嚴上人在推動骨髓移植的願心時說，我絕不會因為要救一個生病的人，而去傷害一個健康的人，這是證嚴上人圓融世間法的智慧。利他不害己，利他才是利己。救災時，志工安全很重要，不傷害到志工安全，是救災的原則。

這乍看之下，似乎與佛陀過去生化作魚供養子民，割肉餵鷹意旨大不相同。不過帶著神話色彩的本緣經系的菩薩故事，菩薩最後在布施與捨身之後，身體都具足圓滿。這多少說明利他不害己，利他成就在我慧命的修行理想。

慈濟宗修行法門：無師智、自然智

慈濟宗立宗之旨趣在於它有別於傳統的佛教實踐方法。傳統上，佛教修行者總以修得自性清淨之後，到達兜率天，再回到人間，濟度眾生。通過自利，再去利他，修成佛道，再度眾生。包括淨土宗，包括其他中國各宗派都有如此的思想傾向。

弘一大師說得很明白，他希望到兜率天，再回到人間，再去度眾生。

而慈濟宗立宗的旨趣在於先濟度眾生，在濟度眾生當中淨化自心，提升心靈，去除私欲，縮小自我，達到大我，甚至無我的境地。先他人，後自己。付出，無所求的付出，讓自我不斷地付出，以眾生的煩惱為念，念念為眾生，是為無念。事事為眾生，所以無我。這是從利他到覺悟的歷程。一如印順導師《無諍之辯》〈談入世與佛學〉中談到的：

「真正的菩薩願，是從慈悲中來的。所以說『菩薩但從大悲生』；『未能自度先度他，菩薩於此初發心』見眾生苦而發心，見正教衰（眾生失去了光明的引導）而發心，見世間衰亂而發心，見眾生生死流轉而發心。」[30]

為什麼菩薩未能度己，已能度他？《無量義經》在這一點上說得很透徹。《無量義經》說，船夫身有病，但船身堅固能度人。船夫就是自我，想要度眾生，就是要擺渡乘客，到達覺悟彼岸。我們自我還不完美，但可以在幫助他人，在助人中逐漸讓自己達到完美。而我們擺渡乘客，眾生都上彼岸了，都覺悟了，乘客上岸，船夫也上岸了。這就是證嚴上人對於慈濟宗利他度己的根本思想。

對於慈濟宗而言，修行不是得一切智慧，再度一切眾生；而是度一切眾生，得一切智慧，養一切慈悲。這《無量義經》、《法華經》的精神，「無師智」，眾生無不是老師。「自然智」，在為眾生不斷地付出當中，要把自己的本性智慧，本自俱足的清淨智慧呈現出來。亦如證嚴上人在對如來藏、第九識清淨智所闡述的，要在一切利他行動中，顯現如來藏。在一切利益眾生的實踐中，達到清淨的第九識。是入世的實踐，達到如來藏，達到真如本性。而這入世的實踐是給予眾生身境心的圓滿俱足。

證嚴上人對於慈濟宗的修行法門倡導《法華經》所強調的「無師智」、「自然智」。證嚴上人認為，藏經不只是在經典，每一位眾生都是一部藏經，深入每一個眾生，就是深入經藏。不是得一切智慧再度一切眾生，是度一切眾生，得一切智慧，養一切慈悲。每一個眾生的習氣都是考驗我們智慧與慈悲的契機，每一個眾生的智慧都是我們學習的經典寶藏。所以是「無師智」，眾生無不是老師。

自然智，眾生佛性本具，不過被凡塵所遮蔽。我們往內心對治，自心具備一切智慧與慈悲，心能造萬法，是為自然智。如同佛陀告誡阿難，當自炙燃，勿他炙燃，自度勿他度。自性具備一切的智慧與慈悲能量，心不為識所捆綁即為解脫。萬法唯識，識生滅不已，五蘊生生滅滅。心不入五蘊，心即解脫。心不為事困惑，心即自在解脫，心即能生萬法。證嚴上人說：

> 「我常說一個故事，彌勒菩薩和釋迦牟尼佛同時修行，彌勒菩薩偏向自修，一心求智慧；但釋迦牟尼佛不忍眾生受苦難，所以偏向投入人群去幫助眾生，付出大愛。佛評估這兩位菩薩後說，釋迦牟尼佛會比彌勒菩薩早六十億劫成佛。為什麼呢？因為釋迦菩薩歷劫以來不為自己，只為眾生無所求地付出，所以他廣結眾生緣。」[31]

慈濟宗所強調的慈悲利他行有幾項特點：

第一，利他必須是群體行動，而非個體行為。利他需要整個群體的參與，而不僅僅是個別人的善行。不是獨善，而是共善。在佛法中，萬物皆是相生相依，沒有任何一物、一眾生能夠獨立存在。因此，只有自他不二才能發揮出真正的力量。慈濟強調，利他的修行是以群體為中心，而非個人為中心。利他不僅是為了自己的智慧和修煉，也希望所有眾生都能夠修得清淨的法身。

第二，在愛的行動中，實踐動中靜。無私大愛，是實現「靜定」的關鍵。「靜定」在每一個行動中，都能如如不動，保持清淨，發揮智慧，這就是「動中靜」。大愛能使人們獲得真正的寧靜。當人們處於矛盾、怨恨、嫉妒之中時，無法達到內心的平靜。因此，慈濟宗強調大愛，強調在群體修行中，通過相互理解和包容，才能達到圓融無礙的相處，進而實現真正的定心與清淨。

第三，在實踐中發揮真如的本性。真如本性與萬法合一，認知真理，實踐，才能體現真如本性。以真理為核心，非以神秘體驗為核心。慈濟宗的佛教思想與實踐是植基於真理的體會與實踐，是以真如本性與萬法真理為基礎，圓融無礙地在群體中修利他行。

第四，利他是令眾生得身境心圓滿俱足。通過物質的環境改善，「苦既拔已，復為說法，另諸眾生受於快樂」。慈濟宗門教富濟貧，濟貧之後引導富有的心，讓受助者也成為助人者。體現三輪體空，悉令一切眾生都同等地在利他中覺知本性之清淨與智慧。

第五，利他行是以覺悟為究竟之道。慈悲利他不僅僅是以普世的行善為目標，而是以佛心、如來藏心，入世間，度化一切有情。在利他慈悲的行動中，臻於無私、無我、無所住、能生萬法的最高覺悟為目標。

慈濟宗的發展有其歷史的脈絡與影響。慈濟宗緣起於臺灣，臺灣的特殊地理位置，承繼中國傳統佛教、儒家思想與西方科技理性，這三種文明的交織，構成慈濟宗的體系。尤其近代漢傳佛教的發展，影響著近百年臺灣佛教的發展。

當代佛教人間化的發展

從清末民國初年，太虛大師有鑒於佛教走向衰落，走向死亡的佛教。因此倡議人生佛教。太虛大師改善寺廟管理、僧伽教育以及佛教入世的思想。從慈善、教育、文化與資生等四大發展，建構近當代佛教發展的方向與根基。

太虛大師之後，印順導師致力於佛典的義理探討，在浩瀚的《大藏經》中梳理出「諸佛皆出自人間，終不在天上成佛[32]」，一如導師他在《印度之佛教》的自序當中寫道：「二十七年冬，梁漱溟[33]氏來山，自述其學佛中止之機曰：『此時、此地、此人。』吾聞而思之，深覺不特梁氏之為然，宋明理學之出佛歸儒，亦未嘗不緣此一念也。」[34]一九三七年時，因為中日戰爭爆發，印順導師避難到四川縉雲山漢藏教理院。當時，梁漱溟正在漢藏教理院演講，梁漱溟談到自己從研究佛學轉而研究儒家，關鍵處就在佛教無法關懷「此時，此地，此人」。這給印順導師很大的震撼。直到印順導師因為讀到《增一阿含經》「諸佛世尊皆出人間，非由天而得也。」[35]而落下眼淚，所以印順導師才在一九四一年寫出〈佛在人間〉。自此，確立人間佛教的理路，指向入世間度眾生，是學佛實踐與覺悟的法門。

相較於印順導師宏大的思想研究，導師弟子證嚴上人力行佛法生活化，菩薩人間化，創立慈濟宗，以慈悲利他行，體現佛法對世間的意義與影響。從慈善、醫療、教育、人文等四大志業投入人群，遍及全球的慈濟志業，展現佛法在世間的力量。慈濟宗的法源，源自佛陀原初的理想，以具體的道德實踐，達到清淨與智慧的修行目標。慈濟宗體現四無量心、六度萬行、八正道法等，以具體的社會實踐，達到自我修行的目標。

在太虛大師、印順導師的開闢人間佛教的理想與努力中，第三世代的證嚴上人以無比的人格與精神力量，創立慈濟宗，給予佛教在人間做了最好的見證。

印證法源　依止靜思

證嚴上人在二〇一九年十月十七日清修士授證的典禮上提到「印證法源，依止靜思」。印證法源的意義何在？我們從印證及靜思這兩項義理分別加以闡述。

靜思一詞的因緣為何？證嚴上人在第二次逃離俗家的時候，經過高雄要轉往臺東，他在高雄的車站看了一本畫冊，上面描述佛陀的故事。畫冊中有提到佛陀靜思成佛道，所以證嚴上人就將自己取名為「靜思」。他與修道法師到了臺東，與臺東蓮社的佛友們互動，當時的蓮社的佛友都稱他為「靜思」。今日的靜思精舍、靜思堂，就是證嚴上人自己取的法名。所以靜思的源頭是證嚴上人對自我修行，以佛陀為典範的期勉與惕勵。證嚴上人回憶說：

「靜思」這兩個字，是我離開家庭，還沒有圓頂，在這段時間，我自己取的名字，因為我喜歡它。這是因為我第二次離家時，先到了高雄，不知道要往哪裡。人海茫茫，何處是我家？我不知道。我跟修道法師到車站看車班，看到有臺東，臺東叫做後山，感覺後山好，去後山，決定了。我們在那個地方等巴士，看到人家在擦皮鞋，擦皮鞋的旁邊放著雜誌，有一本雜誌題目很吸引人，〈七十一歲開始學畫畫，二十年後成名〉。哇！七十一歲才開始。我就拿那本雜誌來看。[36]

我翻開來，讀到一篇佛教的故事，描述佛陀在金光座上，菩提樹下靜思，一直到三七日中，開悟成佛。初成佛，靜思成佛，佛陀如此進入靜思的境界，體悟了宇宙的真理。成佛之後，三七日間，「靜思」要如何把這麼奧妙的佛法，能夠推行到人間去？用什麼方法，將體悟的法入人群中？那時候看到這個故事，有好幾次都提到「靜思」這二字。我感覺說，是啊！我已經想要離開家庭，這回一定要成功離開。我應該要重新換一個名字，我就跟修道法師說，我說：「現在開始，你叫我的名字，就是『靜思』這二字。」[37]

靜思成佛道，如畫冊中所言，佛陀靜思成佛，佛陀進入靜思的境界，體悟了宇宙的真理。成佛之後，三七日間，「靜思」要如何把這麼奧妙的佛法推行到人間。靜思，是覺悟者的修行成果，也是面向人間，度化眾生的真實之道。

印證靜思的法源為何？吾人分析有四個法源：

印證佛心

印證法源首先第一是印證佛心，所以證嚴上人說「佛心為己心」，慈濟宗就是希望將佛陀的無緣大慈、同體大悲的胸懷能普遍在現世間。證嚴上人提到靜思法脈勤行道的根源是佛陀的教法：

「靜思法脈的勤行道，與慈濟宗門的人間路，皆來自於佛陀所說的經典，我們要依教奉行。皈依佛，佛陀是宇宙大覺者，人天大導師；佛陀來人間就是為了一大事因緣，教導眾生以佛陀的大慈悲心為己心，故而皈依佛，就要體解大道，發無上心。

皈依法，要深入經藏，並非讀經、念經，而是要『行經』才能實際體會。慈濟人已經行在菩提大道上，周遭的每一個人都是學習的對象——『無量法門，悉現在前』。全球各地的慈濟人能彼此分享用法救人的經驗，每一個人都展現了不同的法門，都是可以學習的對象。能吸收每一個法門，加以運用，則智慧如海。」[38]

強調行經，實踐菩薩道，利他度己，是慈濟宗的重要修行旨趣。其中法華三部的《無量義經》，更是證嚴上人依止的宗經。

「慈濟宗傳承佛法，以《無量義經》作為我們修行的精髓。『靜思勤行道，慈濟人間路』是依循《無量義經》的方向而行，勤修佛陀的教育『慈、悲、喜、捨』四無量心。同時開啟智慧，用心走入人群實踐四無量行——慈，行大慈無悔；悲，行大悲無怨；喜，行大喜無憂；捨，行大捨無求。」[39]

證嚴上人是在未剃度之前，在臺東蓮社的一位朋友家中，看到日本出版的《法華經大講義》。而其中的《無量義經》對於證嚴上人有很深的攝受，特別《無量義經》中的幾段經文：「靜寂清澄、志玄虛漠、守之不動、億百千劫。無量法門、悉現在前、得大智慧、通達諸法。」他以手抄《無量義經》在初期建立靜思精舍之際，作為講述佛法的重要經典之一。

「靜寂清澄、志玄虛漠、守之不動、億百千劫」，這個境界就是證嚴上人所強調的靜思勤行道，內修自立勤行，外行慈悲喜捨。內修要能達到「靜寂清澄、志玄虛漠、守之不動、億百千劫」；外行慈悲，就是以「無量法門、悉現在前、得大智慧、通達諸法」，去救度眾生。慈濟宗門的學佛者，就是要能夠內修外行，自利利他，利他度己。讓自我與眾生都同蒙受佛法的法益。《無量義經》這兩大段經文，同時也是慈濟宗內修依止佛教，靜寂清澄；外行為眾生苦難而付出，需要無量法門。「為佛教、為眾生」是證嚴上人矢志不移的大願。

印證師志

印證法源第二個意義印證師志，所以證嚴上人提出「以師志為己志」。他說，我的師父六個字為佛教為眾生，我終身奉行不已。

「當年我皈依時，印公導師給我六個字：『為佛教，為眾生』；我給靜思弟子八個字：『佛心己心，師志己志』，這就是『靜思法脈勤行道，慈濟宗門人間路』。

靜思法脈『為佛教』，是智慧；慈濟宗門『為眾生』，是大愛。

『佛心己心』就是『靜思勤行道』——『佛心』清淨無染；我們要貼合佛心，使心回歸如佛『靜寂清澄，志玄虛漠』的境界，寧靜而無染，才能真正『為佛教，為眾生』。『師志己志』就是『慈濟人間路』——『師志』是行菩薩道；人人都是一部經，都含藏微妙法，深入其中，則『無量法門，悉現在前』，因此行入人群，為苦難眾生付出的同時，不僅是利他造福，也成就個己智慧。

期待每位靜思弟子都能『以佛心為己心』——若人人心中有佛，看人人是佛，則能對天地萬物常存感恩、尊重、愛；『以師志為己志』——投入人間，為苦難眾生付出。」[40]

證嚴上人不忘師志，「為佛教、為眾生」，成為他一生砥礪自我的重要精神力量之來源。同樣的慈濟志工也是被期勉「以師志為己志」，以證嚴上人對於天下眾生的悲心，無私付出，投入各種苦難的地方，為眾生拔苦與樂。「苦既拔已，復為說法，令諸眾生受於快樂」，達到《無量義經》所期待的，能「無量法門、悉現在前、得大智慧、通達諸法」，用無量的法門度化無量的眾生，讓一切眾生的身境心都能安定與富足。

印證眾生心

印證法源第三個意義是印證眾生心。

慈濟中的菩薩道是強調利他度己。不是在兜率天覺悟了再回來度眾生，而是人間度化眾生當中，達到覺悟的境界。不是得一切智慧再回到人間，度一切眾生；而是在度一切眾生當中得一切智慧，長養一切慈悲。這是慈濟宗「自利利他，利他度己」的修行法門。靜思是自利利他，宗門是利他度己。證嚴上人說：

「靜思法脈就是要『勤』，從『內修誠正信實，外行慈悲喜捨』，回歸心靈靜寂清澄的境界。不只要自修自利、獨善其身，還要利及他人、兼善天下。由此，體現眾生平等，萬物和合相連，以契入真如本性與萬法合一的大智慧。

『慈濟宗門』，是走入人群，去知苦、惜福、造福。以六度萬行，入人群不被眾生煩惱所染，不只不染，還以淤泥為養料清淨自心；不只清淨自心，還要轉眾生的煩惱為清淨，如蓮花清淨汙泥，也淨化自身。

我們要引導天下人入人群中，自度度人，利他度己，這就是慈濟人間路。

『宗』即宗旨，慈濟宗旨，就是人間菩薩道。大家依其出家入慈濟宗門，入此門來就要守住慈濟的宗旨，這就是靜思法脈、慈濟宗門。

『門』，就是修行的法門，修行的道路。我常說：『經者，道也，道者，路也。』我不是要大家只是念經，而是要大家身體力行。

經就是道，道就是道理；道理，我們當路走，人人要身體力行。作為佛陀的弟子，要能體會佛陀在人間出生、在人間覺悟、傳法於人間，就是要開啟運用在人間、度化世人的人間佛法。

『慈濟宗門人間路』，就是為度眾生而行入人群。

慈濟宗門入群眾，無量法門在人間，自性智慧大圓鏡；芸芸眾生，每個人身上都有一部藏經，入人群得見無量法門，虛心納受就能得智慧，進而通達諸法。若道心堅定，心鏡明朗，能夠歷歷照映天地眾生相，才能運用眾生之法而回向、教導眾生。」[41]

印證眾生心的目標還是回歸自我的覺悟。就像《無量義經》所說的，船夫身有病，船身堅固能度人。

一個凡夫還沒有修行圓滿。依止佛法去度化眾生，眾生覺悟了，船夫、自我也能夠覺悟。所以利他的目標仍然是要回到自己的覺悟。為眾生，才能夠覺悟；度眾生，才能夠覺悟。

印證己心

印證法源第四個意義是印證己心。

學佛之目的是要能找到內心的自信佛，找回自我真如的本性，那個具備清淨及智慧的本性。這個本性深埋在煩惱無明當中，而在為眾生付出之際，能撥開無明煩惱，找回自己清靜的本性。因為無私的付出，所以能夠去除小我，成就大我，甚而達到無我的境界。每個念頭，每個行動都是為眾生著想，這就是無我。所以在大愛的慈悲行動中，修行自性，體會佛性，找回真如本性。在行一切真理當中，讓真如本性與萬有的真理合一。這是慈濟宗修行自心的法門及最終目標。證嚴上人說：

「學佛的目標，就是自覺覺他、自度度人，這就是我們的目標。

我們修行必定要有這分『覺性』，這個覺性要啟自無量大悲。無量大悲的良能，就是救濟苦難眾生，就是要當所有眾生的善知識，也是眾生的大良福田，是眾生的不請之師，為眾生所做的一切，使令眾生安穩樂處。

我們所到的地方，就可以讓眾生得到歡喜、得到安穩、得到快樂。眾生有困難，就是要為他們設立了救濟、保護，所以『救處、護處、大依止處』，這是我們修行應該要有的。

眾生與佛本來佛性平等，差別只是在一個字『迷』，迷者就是凡夫。

『覺』，覺者就是諸佛。『眾生迷之而成顛倒』，為什麼叫做眾生？就是你迷了、顛倒了。

> 『諸佛悟之而得自在』，諸佛為什麼那麼自在？因為他覺悟了，他悟之而得自在。『迷悟雖殊』，迷和悟雖然差得很遠，但是『體性恆一』。
>
> 覺和迷，迷的起點其實也是覺，所以修行就是覺一念無明而已，它們同樣是一體。眾生和佛的心還是一體，體性恆一。
>
> 學佛不是一生一世的事，是生生世世的道理。我們若能好好守志奉道，其道甚大。
>
> 眾生根機不整齊，佛陀就設權教，用方便法，但是佛陀不失於實法而施教眾生。真實法，就是要引導我們，從凡夫地行菩薩道，直到終點才是成佛。
>
> 菩薩是我們的目標，是佛陀教育我們，要成佛一定要經過菩薩道；菩薩道就是要自利利他。我們了解了法，要入人群度眾生。
>
> 菩薩是苦難眾生生命中的貴人，人人要發這個心、立這個願，提升我們生命的價值。
>
> 貧窮的人，身心無所依止，所以我一直說，人間菩薩招生。每一個地方若能夠都是菩薩，就是『菩薩所緣，緣苦眾生』，菩薩也就是眾生的依止處，救處、護處、大依止處。
>
> 慈濟宗門是行菩薩道，菩薩先救他人，再救自己；利他同時也是度己。
>
> 慈濟人沒有專事念佛，也沒有參禪打坐，就是入人群行菩薩道，為天下苦難付出，有別於各宗派，且確實依循佛陀教育，走過五十年，普獲肯定，如今立宗，大家要堅定前行。」[42]

慈濟宗是入人群行菩薩道，為天下眾生付出。它是通過社會的實踐，達到自我的實踐。通過對社會各種苦難的改善，達到淨化自心的目的。慈濟的四大志業八大法印：慈善、醫療、教育、人文，以及環境保護、國際賑災、骨髓移植、社區志工等志業的開展，就是要以佛法來改善社會的各種苦，締造人間身境心的富足圓滿。

慈濟宗的未來發展，似應更擴大這項社會實踐的範疇及深度，在回溯過去印度佛教的滅亡，以及中國佛教在明清式微的關鍵，就是缺乏對世俗社會提出一套完整的「知識體系」及「價值體系」。慈濟宗在復興原始佛教的理想當中，更應該提出對世間完整的知識體系及價值體系。佛法與慈濟法能否更廣大地運用在世間各種專業範疇，從而建立一套完整的，以佛法之慈悲利他為基礎的知識結構及價值結構，這才能使得人類社會能平等得到佛法之益處，也是慈濟宗與證嚴上人度化天下：淨化人心、祥和社會、天下無災的使命之完成。

註釋

1 何日生，《利他到覺悟：證嚴上人利他思想研究》，臺北：聯經出版公司，2017 年，頁 162。

2 何日生，《利他到覺悟：證嚴上人利他思想研究》，臺北：聯經出版公司，2017 年，頁 162。

3 摩羯陀國，西元前六世紀，中印度的十六強國之一，後成四大強國，最後統一全印度。佛陀一生多半在此度過，佛教史上的王舍城結集、華氏城結集，都在摩羯陀國。唐玄奘印度取經曾路經此地，《大唐西域記》中專闢卷八、卷九詳述。

4 跋祇國，西元前六世紀，中印度的十六強國之一，首都毘舍離。跋祇族分布區域在恆河以北、雪山以南，離車、末羅、拘利、釋迦族，都是跋祇族的一支。

5 釋迦族，在西元前一千年出現於古印度。西元前六世紀，釋迦族形成小型城邦，依附於憍薩羅國，首都設於迦毘羅衛城（近今日的尼泊爾），此處就是喬達摩．悉達多太子居住二十九年的地方。

6 達磨（Dharma），是「法」的意思，是一個在釋尊時代的古印度就有的用語。印順導師《初期大乘佛教之起源與發展》第五章、第一節、第一項〈法與方便施設〉中談到，因為化導眾生不能沒有名字，所以就用這個印度固有的術語來代表：「『法』──達磨 dharma 是眾生的歸依處，是佛引導人類趣向的理想與目標。自覺自證的內容，不是一般所能說明的、思辨的，而要從實行中去體現的。為了化導眾生，不能沒有名字，釋尊就用印度固有的術語──達磨來代表。」（CBETA 2023.Q4, Y37, no. 35, p. 233a6-8）印順，《初期大乘佛教之起源與開展》，臺北：正聞出版社，1993 年 1 月，頁 233。

7 在《長阿含經（卷第二）》記載，禹舍是摩羯國阿闍世王的大臣，以建築巴陵弗城防禦跋祇國進攻而聞名。又譯為「婆利迦」、「雨勢」、「雨舍」。

8 《長阿含經》卷 2，《新修大正大藏經》（CBETA 2021.Q2, T01, no. 1, p. 11a25-b19）。

9 何日生，《善經濟：經濟的利他思想與實踐》，臺北：聯經出版公司，2020 年，頁 85。

佛教的思維在原始《阿含經》中，強調「四具足」：四具足包括商業專業能力，是為「方便具足」；維護經濟財產安全的智慧，是為「守護具足」；能在生活與心靈上常保歡喜的「善知識具足」；量入為出，收支平衡，有節有度則是「正命具足」。這四種具足，其實涵蓋了所有善經濟、善企業的致富與幸福之道。方便，在佛教就是指一切世間法，世間法能通透，是為方便具足。從事經濟活動必須善於運用各種專業技能及專業知識。一切利益眾生之道，皆能具足，就是「方便具足」。「守護具足」是說從商要保護好自己的經濟果實，就必須從道德生活著手。

10 何日生，《善經濟：經濟的利他思想與實踐》，臺北：聯經出版公司，2020 年，頁 235。
《中阿含經》中，佛陀回答居士提問，以「六非道」言取財物之道：
「居士子！求財物者當知有六非道，云何為六？一曰、種種戲求財物者為非道，二曰、非時行求財物者為非道，三曰、飲酒放逸求財物者為非道，四曰、親近惡知識求財物者為非道，五曰、常喜妓樂求財物者為非道，六曰、懶惰求財物者為非道。」

六非道是商者取財物必須遵守的六大原則。
第一、不戲求，即是不欺騙，不以不正當的手段獲取財富；
第二、非時行求財物為非道，亦即在不適宜的時節累積財富為非道。例如物資缺乏時囤積物品而致富是非道也。
第三、飲酒放逸求財物者為非道，以應酬、送禮、欲望滿足為手段，來拉攏生意，因而致富者為非道也。
第四、親近惡知識求財物者為非道。與惡人相交，獲取財物者，非道也。
第五、常喜妓樂求財物者為非道。賺錢即縱欲，耽溺酒色，以求取財富者，非道也。
第六、懶惰求財物者為非道。不思專業精進、創新求變，怠惰而希欲財富者，亦是非道。
《中阿含經》中，載明佛陀非常詳細地說明「六非道」所引起的種種禍災。

11 何日生，《善經濟：經濟的利他思想與實踐》，臺北：聯經出版公司，2020 年，頁 246。

12 《長阿含經》卷 1，《新修大正大藏經》（CBETA 2023.Q4, T01, no. 1, p. 4c3-11）。

13 在漢傳佛教《新修大正大藏經》的《長阿含經》卷 5《長阿含經．典尊經》（第 1 部第 30 卷）。

14 《長阿含經》卷 5，《新修大正大藏經》（CBETA 2023.Q4, T01, no. 1, p. 31b19-28）。

15 帝釋天手下之執樂神，專門演奏美妙的音樂，會用彈奏樂器的方式來供養佛陀。

16 《長阿含經》卷 5，《新修大正大藏經》（CBETA 2023.Q4, T01, no. 1, p. 34a18-23）。

17 《增壹阿含經》卷 14：「世尊告曰：『昔我未成道時，曾為菩薩，有鴿投我，我尚不惜身命，救彼鴿厄。況我今日已成如來，能捨此小兒令汝食噉？汝今惡鬼盡其神力，吾終不與汝此小兒。云何，惡鬼，汝曾迦葉佛時，曾作沙門，修持梵行，後復犯戒，生此惡鬼。』」（CBETA 2021.Q3, T02, no. 125, p. 616b8-13）

18 《增壹阿含經卷》卷 51，《新修大正大藏經》（CBETA 2021.Q3, T02, no. 125, p. 826b25-29）。

19 《增壹阿含經》卷 19，《新修大正大藏經》（CBETA 2023.Q4, T02, no. 125, p. 645b3-8）。

20《增壹阿含經》卷19，《新修大正大藏經》（CBETA 2023.Q4, T02, no. 125, p. 645b8-12）。

21《增壹阿含經》卷19，《新修大正大藏經》（CBETA 2023.Q4, T02, no. 125, p. 645b12-14）。

22《增壹阿含經》卷11，《新修大正大藏經》（CBETA 2021.Q3, T02, no. 125, p. 645a29-b24）。

23 何日生，《利他到覺悟：證嚴上人利他思想研究》，臺北：聯經出版公司，2017年，頁42。

24 何日生，《利他到覺悟：證嚴上人利他思想研究》，臺北：聯經出版公司2017年，頁42-43。

25《六度集經》卷1，《新修大正大藏經》（CBETA 2023.Q4, T03, no. 152, p. 1a7-13）。

26《六度集經》卷1，《新修大正大藏經》（CBETA 2023.Q4, T03, no. 152, p. 1a14-20）。

27《六度集經》卷1，《新修大正大藏經》（CBETA 2023.Q4, T03, no. 152, p. 1b4-5）。

28 臺東慈濟會務王添丁校長夫婦付出的愛心難量。王添丁校長（法號思安），廿二歲與黃玉女女士結婚，育有子女五人。黃玉女（法號靜觀）與校長乃同鄉人士，兩人一生從事教育的工作。

29 詳見，《唯識學探源》第二章、第二節〈原始佛教與唯識思想〉：「原始佛教的解脫論，確乎不從物質世界的改造起，不從社會的組織求解放，也不作生理機構的改善，主要在內心解脫，不受外境的轉動。戒定慧，本總括一切身心的正行。但後來的一分學者說『五法是道』。除去身、口的行為，偏重內心，佛教這才走上唯心論。這與釋尊的八支聖道，確乎是不合的。」（CBETA 2023.Q4, Y10, no. 10, p. 34a5-9）印順，《唯識學探源》，臺北：正聞出版社，1993年4月，頁34。

30 印順，《無諍之辯》，臺北：正聞出版社，1993年4月，頁193。（CBETA 2023.Q4, Y20, no. 20, p. 193a6-9）

《大集譬喻王經》卷1：「正法欲滅於時有人聞如來阿羅訶三藐三佛陀或時出世。彼人聞已於眾生所而生大悲。生大悲已。發阿耨多羅三藐三菩提心。」（CBETA, T13, no. 422, p. 952, a16-19）

《大般涅槃經》卷38〈12迦葉菩薩品〉：「自未得度先度他是故我禮初發心。」（CBETA, T12, no. 374, p. 590, a22）

31 釋德仉，〈四無量心與四門四法〉，《證嚴法師衲履足跡2003冬之卷》，臺北：慈濟文化出版社，2004年，頁70。

32「諸佛皆出人間，終不在天上成佛」，轉出自《增一阿含經》：「諸佛世尊皆出人間，非由天而得也。」

33 梁漱溟（1893-1988）是二十世紀中國知名哲學家、社會學家和教育家。中國現代哲學和社會科學的重要代表人物之一，對中國現代思想文化產生了深遠影響。

34 印順，《印度之佛教》，臺北：正聞出版社，1994年10月（重版六刷），頁1。（CBETA 2023.Q4, Y33, no. 31, p. a1a8-10）

35《增壹阿含經》（卷26・等見品・第3經）：「世尊便說此偈：人為天善處，良友為善利，出家為善業，有漏盡無漏。比丘當知，三十三天著於五欲，彼以人間為善趣；於如來得出家，為善利而得三達。所以然者，佛世尊皆出人間，非由天而得也。是故，比丘！於此命終當生天上。」（T02n0125_026,p693c28-694a02）
36 證嚴上人板橋慈誠委員聯誼開示，2007年10月14日。
37 證嚴上人板橋慈誠委員聯誼開示，2007年10月14日。
38 釋證嚴，〈靜思法脈　慈濟宗門〉，慈濟全球資訊網資料：https://tw.tzuchi.org/tcstudy/doc/20170627.pdf
39 釋證嚴，〈靜思法脈　慈濟宗門〉，慈濟全球資訊網資料：https://tw.tzuchi.org/tcstudy/doc/20170627.pdf
40《慈濟宗門思想總論》，慈濟基金會文史處編輯。
41《慈濟宗門思想總論》，慈濟基金會文史處編輯。
42《慈濟宗門思想總論》，慈濟基金會文史處編輯。

第一章——證嚴上人的原始阿含思想

證嚴上人佛教思想的發軔

證嚴上人的佛教思想啟蒙從可知的文獻來理解，應該從幼年的跑防空洞開始溯源起。上人的童年正值二次世界大戰期間，臺灣作為日本的殖民地，是美軍空襲的地區之一。每次美軍轟炸機來襲，空襲警報響起，根據上人的回憶，每一個人都拋下手上的事務趕緊跑往防空洞躲避。上人回憶那段刻骨銘心的一刻：

「我七、八歲時候，印象最深刻的一次空襲，看到十多架飛機從頭上飛過，才說完而已，就聽到掃射與炸彈的聲音，從此再也沒有寧靜的日子，聽到警報聲還有緊急敲銅鑼的聲音，就要躲進防空洞去。有天放學回家，看到到處面目全非、死傷遍野，人被炸彈的暴風捲到電線上，實在是血淋淋啊！這種回憶到現在仍是刻骨銘心，因為人禍可怕、戰爭可怕啊！我常常在想，為什麼會走入佛教，應該跟這一幕有關。」

「一次躲在空洞裡，砲彈聲轟隆轟隆聲不絕於耳，隨著防空洞的震動，四周的哀號聲，哭泣聲，就聽到有人說：『觀音媽、媽祖婆怎麼不靈驗，為什麼不把炸彈推到海裡？』當時一位有智慧的老公公，聽到很多人在埋怨後說：『你們不要埋怨觀世音菩薩不靈驗，觀音媽哭到眼淚已經乾了，現在哭出血來了，因為眾生不受教，我們自己造業，所以觀音媽無奈啊。』」[1]

觀音聞聲救苦，是證嚴上人兒時的一個記憶，苦難與佛教，眾生與觀音菩薩，這個印記深植心中。

第二個影響上人接觸佛門的因緣是他的祖母，小時候祖母常常帶他到廟裡燒香。一次母親生病，當時還只有十二歲的上人，跟著祖母去燒香，他在菩薩面前發願茹素，並且折壽給母親，希望母親能夠健康長壽。祖母當時聽到孫女這麼說，回去後跟上人的母親說，你有一個很孝順的女兒。佛教的庇佑思想深植上人心中。

第三緣起於上人的直觀宗教經驗。上人的母親有一次胃潰瘍非常嚴重，病一直未好，上人虔誠祈求母親健康；曾連續三天夢見一尊菩薩給了他藥方，他給了母親，母親病就好了。夢醒來，結果數日之後，母親的病果然好了。那尊觀音，就是日後上人在普明寺旁，供奉在樹下的一尊觀音像。當一九六三年，上人來到花蓮普明寺看到這尊觀音，就覺得似曾相似，如夢中給他藥方的菩薩。

「我還在豐原俗家的時候，師嬤胃出血，我發了願之後茹素，接著連續三天夢到同一個夢境。我夢到自己在一個小房間，媽媽躺在竹床上，我在腳邊煎藥，有個無法形容的聲音，吸引我轉頭去看，就看到一陣像乾冰一樣的雲霧來到門邊，雲開之後就看到觀世音菩薩白紗白衣的形象，我不由得走近跪下，伸手接藥……這個境界，事隔那麼久了，還是無法去形容那個微妙的聲音，總是感覺到在霧中有那種呼吸的聲音。……夢境中的空間，就是如今在精舍後方的普明寺的最初建築，那也是一段奇妙的因緣。」[2]

這是直觀的宗教經歷，讓上人理解諸佛菩薩無所不在，聞聲救苦的願力。這種直觀經驗是不證自明的，如同空襲時看到的人生悲慘之境，而心生追尋離苦之道。

第四個引領上人走向佛教因緣的是父親的突然往生。父親當時正值壯年，事業鼎盛之際，突然間撒手人寰，給予他的心巨大的創傷與疑惑。創傷是因為最親愛的人離去，創傷也是因為他自責地認為自己作主搬動了中風的父親。最大的不解是人生為何如此的虛幻？證嚴上人回憶：

> 父親下葬的那一天晚上，狂風暴雨，父親就在遠處的山頭，他看著路燈，傾盆之雨綿綿不絕，他有無盡的思念與疑惑。「人生所為何來？到山上下葬後，晚上突然風雨大作，雷電交加。當時心想，人生怎是如此而已？父親正當人生最高峰，卻說走就走了，結束得如此快速。儘管送葬行列場面浩大，但此時父親獨自在淒風慘雨的山上，有誰與他作伴？內心在這種思緒中掙扎，奇怪自己為何哭不出來，心整個都空了。父親雖是養父，但非常疼我，待我如此好的父親，忽然間走了，心裡實在無法接受。」[3]
>
> 「當時，我也深深體悟到佛陀所說的『人命在呼吸間』，生命太奇妙了，自父親往生後，我不斷探討、尋找『生命』與『生存』的意義和價值，以及如何才能死得心無掛礙。從此，我開始追求宗教的義理。」[4]

在一連串追逐父親死去後到了哪裡的過程中，最終在慈雲寺[5]為父親做法會期間，上人接觸了《梁皇寶懺》。他真正體悟到了人生的意義與價值，萬般皆空，人生的根本在離苦，在清境解脫。

「《梁皇懺》的懺文非常美，我深深地被吸引住了，一整天，我字字、句句跟著法師拜誦《梁皇懺》。剎那間，突然心開意解——我體會到人生無常、凡事皆是苦空幻滅。我的生命彷彿跟經文相契，感覺到已經不是為父親超度，而是自己的心靈超脫了！所以後來一步步走進佛門。」[6]

第五個因緣是閱讀到「法華三部」的《無量義經》之契理契心。父親過世之後證嚴上人一心求出離世間。他第一次逃家，被母親找到，不得不回去。但是第二次他與修道法師一起逃家，借住在臺東鹿野王母娘娘廟一段時間，這期間曾與修道法師在臺東蓮社講經，因而認識了臺東馬蘭糖廠的王耀民課長[7]，上人在他家中接觸了《無量義經》。

「我們就又去了臺東佛教蓮社，也因此認識了臺東馬蘭糖廠的一群蓮友，其中以糖廠王課長夫人為主要護法。我雖然還未圓頂，但課長的孩子要認我做師父，因此她可說是我的第一個弟子，就是在王課長家，我看到了『法華三部』。」[8]

「在馬蘭糖廠有一位總務課長王先生，他太太是佛教徒，請我們去他家作客。在他家書架上我看到一部日文的《法華經大講座》，這才發現《法華經》的第一部竟然是《無量義經》，而《法華經》的第三部是《觀普賢菩薩行法經》，因此我對這部經就起了很大的歡喜心。」[9]

「隨手拿起開頭的一本《無量義經》，讀了後，眼睛一亮，心頭為之一震，其中『靜寂清澄，志玄虛漠，守之不動，億百千劫』，這十六個字更令我歡喜，心想何時我也能請到一部《無量義經》。」[10]

「《無量義經》是《法華經》的開經，我看了這部《無量義經》比我看到《法華經》更歡喜，因為讓我更透澈了知一切萬法唯心，『一』可以變為無量，無量也是由『一』開始。」[11]

在這之前，證嚴上人在為離世的父親做法會，在臺中的慈雲寺一個偶然的機緣，買下一部七本中文版的《法華經》。他離家時，身上就帶著這部《法華經》。從中文版的《法華經》，到日本版的《法華經》，讓上人看到《無量義經》的契理契心，日後，《無量義經》成為慈濟宗的宗經。

第六個因緣是與花蓮許聰敏[12]老居士的會遇。許聰敏居士籌建地藏廟普明寺[13]，在寺廟落成之際，上人與修道法師一起在普明寺裡說了三天的《地藏經》。一九六二年修道法師被弟子找回去豐原繼續主持慈雲寺，上人獨自一人留在花蓮，許聰敏老居士與夫人接引上人住進他們家。在上人眼中，許老居士的修行完全不亞於出家人。他每天清晨誦課，清淨自持，樂善好施。因此，上人決定在許老居士家自行剃度。證嚴上人回憶說：

「到目前為止，我心中一直很敬佩許老居士，他的修行比出家人還嚴謹。他不但謹守佛教徒的戒律，而且很精進，每天早上三點多，不論天冷或天熱，在我住在他家那段期間，每天都看到他上整堂的課誦。更令人敬佩的是，他以居士身，在社會上做很多好事；地方上的人若有困難，來到他這裡後，都能得到妥善的解決，他是一位真正的長者，非常慈善，非常有智慧，是持戒非常嚴謹的一位老人家。」[14]

「於是，我們就去許老居士家。大家談起法號，他是『普』字輩，修道法師是『修』字輩，原來論起來普和修是同門，修之上是普，因為有這層關係，所以修道法師就稱許老居士為『師伯』。」[15]

「那時，我還沒有出家，是住在許老居士家裡。我在許老居士家中自行落髮，現出家相（一九六二年冬）。後來，臺北臨濟寺要開壇傳戒（一九六三年二月），於是我計畫前往受戒。」[16]

因為許聰敏老居士是在家居士，當時的證嚴上人就這樣圓頂。也可以說證嚴上人是在許老居士的家落髮，這是不如法的落髮。身是現出家形，但是沒有真正歸屬的師父。在許聰敏老居士家，在人家的俗家，那段時間證嚴上人很煎熬。雖然當時解脫家庭的束縛，但是心無定處，沒有師父，沒有道場，還是在俗家寄宿，就像無殼蝸牛。許多學者包括牛津大學的龔布齊教授[17]都認為證嚴上人開拓了當代的居士佛教，這居士佛教的深遠意義應該與許老居士與上人的會遇有相當程度的關聯。

第七個上人與佛教因緣來自他對太虛大師的敬仰。證嚴上人於一九六三年二月前往臺北臨濟寺受戒，當時他沒有皈依師，戒場中的資深比丘建議他皈依戒場中白聖長老的弟子，馬上就能受戒。但是上人執意要找到心儀的師父，才願意受戒，因此他離開了戒場。在回花蓮之前，他前往慧日講堂請購《太虛大師全集》。離開戒場，卻前往請購《太虛大師全集》，代表何種意涵？這個歷程對於了解上人的修行觀，與慈濟開展的佛教方向都有重要的意義。它意謂著上人不會走向傳統漢傳佛教的禪淨雙修的路線，而是趨向人間菩薩行的道路。白聖長老所代表著正是漢傳佛教的禪淨雙修的當時佛教主流，太虛大師以及印順導師是人生佛教、人間佛教的代表。這說明了當證嚴上人看到印順導師出現在慧日講堂之際，他立刻希望皈依印順導師。

第八個因緣就是證嚴上人皈依印順導師的契機。證嚴上人原本是自行剃度，以居士為師。在戒場婉謝隨緣的尋找皈依師父，因而寧願離開戒場。但是當證嚴上人遇見印順導師，他隨即要求皈依。儘管身旁的法師跟他說很困難，導師已經不收弟子，但是上人仍執意一試，希望皈依導師。可見上人心向人間菩薩道的修行早已了然在胸。

皈依導師的歷程，對於上人而言似乎瞬間而永恆。導師給他的六個字，「為佛教，為眾生」，如閃電般打中他的心。那是心與心的印證，印證上人對《無量義經》的契心，對人生佛教太虛大師的景仰，導師的六個字印證他心中早已存在的嚮往與期待。這條人間菩薩大道是他應該行走的道路。

第九個因緣是小木屋修行的覺悟。證嚴上人在小木屋的修行過程當中，獨自唱誦《法華經》，燃臂供佛，一字一拜。最後在《無量義經》的十六個字經文當中得到啟悟。這十六個字是「靜寂清澄、志玄虛漠、守之不動、億百千劫」[18]就是涅槃的境界。這個時候的證嚴上人內心對於禪定、寂滅已經有很深的徹悟，他在這個修行的歷程當中，甚至看到法華臺上佛陀的侍者阿難尊者行走在法華道上的景象，甚至他修行的小木屋在夜裡還不定時的放光。當時他的生活都只是點蠟燭，四周一片荒蕪，也無路燈。上人曾經在媒體詢問下證實小屋放光，但上人說明這只是修行的一個歷程，不是修行的目的。

第十個因緣是目睹一灘血的歷程。上人獨自修行時立下的三個原則是：一、不趕經懺；二、不收弟子；三、不當住持。從這裡可以看見上人在當時仍是以自我修行，清淨、禪寂為其修行的旨趣。趣向人間菩薩行的大因緣尚未到來。一直到他看到一灘血，知道原住民婦女因為繳不起八千元保證金[19]而不得不抬回，生死不明的那分傷痛。上人決心要開始濟助貧困，因此發起成立「佛教克難慈濟功德會」，與他的五個弟子、三十個家庭主婦正式開啟慈濟宗門以慈悲利他行，實現人間菩薩道的理想。

慈濟宗的法源

證嚴上人常說，他不是佛教的創新，而是佛教的復古。我們可以說證嚴上人是以佛陀的根本精神，當代開拓佛教的實踐面貌。佛陀根本思想「緣起法」、「三法印」、「四聖諦」、「四無量心」、「三十七道品」、「四攝法」，乃至「六度萬行」，在慈濟宗都得到具體的實踐。佛陀處在一個婆羅門後期其思想鬆動的時代，佛陀去除當時的迷信、祭祀、咒語，強調道德實踐達到涅槃寂靜。證嚴上人一樣引導弟子從日常道德實踐做起，內修誠正信實，外行慈悲喜捨。如牛津大學龔布齊教授所言，證嚴上人與佛陀一樣，都是以道德實踐作為生命救贖的路徑。

另一方面，證嚴上人繼承了大乘佛教菩薩道的精神，特別是法華三部的第一部《無量義經》，《無量義經》是慈濟宗的宗經。強調「拔苦與樂」，「苦既拔已，復為說法」[20]，慈悲利他不只是給予佛法，而是給予眾生身心境的圓滿具足。在大乘菩薩道的實踐中，證嚴上人也同時體現《藥師經》的精神，藥師如來的十二大願就體現在慈濟慈善與醫療的面向。慈濟宗是入群的，也是度化一切眾生的志業，眾生不止在人間，一切六道眾生都得度化，因此上人強調的《地藏經》，就是在實踐度化六道眾生的大願。

證嚴上人在皈依印順導師之際，印順導師給予他的兩句話，「為佛教，為眾生」，證嚴上人說他終身奉行不渝。如我們先前探討證嚴上人與佛教的因緣，他在皈依導師之前到臨濟寺受戒，卻無皈依師，現場許多大比丘都是白聖長老座下，他婉謝旁人的建議在當場找一位皈依師，直到為了請《太虛大師全集》，才看到印順導師。證嚴上人對印順導師當時是第一次謀面，直接要求皈依表示上人對導師已經有所了解。導師是《太虛大師全集》的主編，上人「捨」淨土法門的臨濟寺比丘，而「就」人間菩薩行的太虛大師及印順導師，其內心歸向人間菩薩行的意念與心情早就預備。我們可以說，證嚴上人承繼著太虛大師人生佛教、印順導師人間佛教的精神，在契機之際，契入其理，開拓慈濟宗法脈的思想與實踐。

證嚴上人的法源除了根本佛教、大乘佛教，以及近代漢傳人間菩薩行的佛教之外，不能忽略上人對儒家的吸納與攝受，特別是孝與禮的含攝與運用。證嚴上人對於孔子的尊重不亞於佛陀，他經常在開示當中提到對孔子的敬重，經常引述儒家經典。證嚴上人善與孝的概念，正是佛儒融合的表徵。

證嚴上人身處二十世紀初的世界大動盪期，臺灣從日本殖民回到民國時代。在歷經數百年的西方及日本殖民統治之後，臺灣的社會深植著西方資本文明與科學文明的種子。臺灣不像中國大陸的知識分子，中西學的論戰早已成定數。科學，是當代人類的必然的文明體系之一。證嚴上人的法源與西方科學理性有很深的關聯，他的很多思想與實踐都源於西方科學理性。理性化，是證嚴上人依止的重要哲學。去除迷信，要正信；福人居福地；生病看醫生，不要求神問卜；學佛，不要求佛。理性化的慈善工作，建立醫院，建大愛電視臺，創慈悲科技，這都是西方科學理性給予證嚴上人不可或缺的影響。

總結慈濟宗的法源有五個面向：

第一、回復原初佛教的根本精神。

第二、大乘菩薩道慈悲度眾的義理。

第三、近代趣向人間的佛教的開展。

第四、儒家思想孝與禮的含攝實踐。

第五、西方科學理性的運用與開展。

證嚴上人與根本佛教

佛教的根本思想就是緣起法，緣起性空是佛教的第一義。證嚴上人對於十二因緣的講述篇幅極多。證嚴上人不是純粹地在哲理上推敲緣起法，而是將緣起法直接導向世間的解脫，導向對眾生的救助與度化。佛陀的本懷就是要在每一個因緣中無我地度化眾生，這才是緣起性空。緣起大悲心，所以大愛，所以是清淨法身。證嚴上人說：

「如經文說：『清淨如虛空，是名法身。』佛陀所證無漏法界之體，名為法身。[21]無漏法身是說，佛陀的慈悲，尋尋覓覓為了度眾生。不只救度人類，還在四生中尋尋覓覓，不論是五道四生，他的本願就是要完全度化，不忍心眾生受苦難，所以緣起大悲心，尋覓度化因緣；尋尋覓覓，看孩子往哪裡去，一直在找，不論孩子在哪裡，就是要找到為止，然後設種種因緣來度化。佛陀的無漏法界之體『亦作眾生身，乃至虛空身』。也是作眾生的身，不論是有形或是有情的東西，乃至無名無相的虛空身，佛的法身都遍及。這就是我們學佛，智慧一定要普遍到這樣的程度，不論是情與無情，我們都要疼惜，都要度。這就是我們要用心，無處不是法。」[22]

緣起法與慈濟宗：付出無所求

證嚴上人創立慈濟宗的核心理念是「付出無所求」。

「付出無所求」契合佛法的第一義緣起論——緣起性空；契合佛法的實踐義——悲智雙運；契合佛法的最終義——涅槃寂靜。

證嚴上人對於佛教思想的體解掌握了原始《阿含經》的思想「緣起性空」之理，以「付出無所求」為其核心思想。「付出」是「緣起」，「無所求」是「性空」。

「付出無所求」就是緣起性空的義理實踐。證嚴上人在建立慈濟宗的歷程中，強調行，菩薩人間行。付出，特別是無所求的付出，是慈濟宗門的關鍵。在無所求中濟助眾生也度化自己身心的清淨無染。證嚴上人用創造性的話語「付出無所求」體現緣起性空，建立慈濟宗的佛教根本思想與實踐。

「付出無求」契合緣起義，又具實踐之意義。在一切緣起處性空，在一切付出中無求，自然清淨無礙。因此「付出無所求」契合佛法的第一義。

證嚴上人以「行」作為修行覺悟的根本，「在做中學，在行中覺」。一切的境界，一切的眾生都是覺悟的契機。主張「依一切緣起修持自心」，在一切境界中轉內心之「一切種識」為「一切種智」。每一境界都是修行的淬鍊，每一個世間的染濁都是覺悟的契機。證嚴上人說，「眾生的染濁就是我們成佛的養料」，啟發修行者於五濁入世間，利他度己。不只是轉染為淨，而是以染作為清淨的利器。將自我的主動性、能動性激發出來，不畏世間之汙濁，不畏眾生之剛強，世間與眾生就是成佛之地。這體現「涅槃即世間」、「染汙即清淨」的不二義。[23]

「付出無所求」契合佛法的實踐義：悲智雙運。證嚴上人對於慈濟人的教導強調慈悲智慧兩足尊，面對災難的賑濟，慈悲為梁，智慧為牆。智慧在前，慈悲在後。「付出」是慈悲，「無所求」是智慧，「付出無所求」即慈悲智慧具足。這契合佛法的實踐義。

「付出無所求」契合佛法的涅槃義，涅槃是清淨及智慧。佛陀的弟子為阿羅漢，阿羅漢斷情感的煩惱，無貪嗔癡慢疑的情感困擾，是修成清淨法身。但是面對眾生的剛強，阿羅漢的智慧仍然不足，所以佛陀強調必須行菩薩道。菩薩入世間度一切眾生，得一切智慧。菩薩道是成佛必經的修行道路。

在《本生經》裡記載佛陀歷經累生累世的菩薩道修行，度化一切眾生，修得無上智慧。佛陀是集智慧與清淨於一身，佛陀與阿羅漢不同，是清淨與智慧兼具。佛陀體驗的境界稱為涅槃，涅槃及清淨加智慧的修行境界。佛陀不是入滅後才取涅槃，佛陀是在娑婆世間就覺悟了、涅槃了、圓滿了，佛陀以生身示現法身，這是有餘涅槃。佛陀入滅後肉身不在，無餘了，只有法身，是為無餘涅槃。佛陀的法身也是無住涅槃，因為佛陀的法身在無窮的時空中持續以智慧度化眾生，引領眾生離欲樂、得清淨，證無上菩提，菩提即為智慧。因此涅槃理解為清淨的智慧。

證嚴上人說：「涅槃不在死後，當下一念欲心不起，愛心不滅，當下就是涅槃。」付出無所求，是為清淨與智慧。付出養成智慧，無所求故能清淨。付出無所求契合佛陀最終視線的涅槃義。

證嚴上人闡述的「付出無所求」，正是佛教三大思想核心的當代表述與實踐。

四無量心與慈濟志業

證嚴上人依四無量心，建立慈濟四大志業。慈悲喜捨，慈是慈善，悲是醫療，捨是教育，喜是人文。

證嚴上人說：

「佛教的精神中心是四無量心，四個『大』字——大慈、大悲、大喜、大捨，慈濟就是以這四大字來成就四大志業；這四大志業也就是佛教的一大事因緣。慈濟的『慈』是慈善，『悲』是醫療，『捨』是教育，『喜』就是人文。」[24]

慈心以佛陀的觀點第一是「不恚」。無論遇到何種境界都不怨，無悔。如同證嚴上人所言，大慈無悔。以慈心對待人，不只是在幫助人，而是對待一切人的同理和順，慈愛柔和。所以上人才說理直氣和，這都是人際慈悲和善的體現。《長阿含經》中佛陀回答梵志言：「彼以慈心遍滿一方，餘方亦爾，慈心廣大，無二無量，無有結恨，遍滿世間，悲、喜、捨心，亦復如是。」[25]

證嚴上人對於慈心的體現也是強調大慈無悔。不只無悔無怨，還如佛陀所說「慈心廣大，遍滿世間」，「無二無量」。等慈，平等地去愛一切眾生，是上人慈善的核心理念。證嚴上人說：

「首先是大慈心無量——無量，就是『普遍』的意思。『一念慈心起，普遍十方界』，就如慈濟愛的足跡，以臺灣為起點，如今已經遍布全球百多個國家，救度的眾生不分國界、種族、宗教；這分從初發心開始，天長地久如一日、持之以恆給予眾生歡喜的動力，正來自於『大慈無悔』的心態。」[26]

慈心在佛陀的教法中第二個意義是「身慈、口慈、意慈」。身口意都必須保持一致的慈悲心。佛唯心的觀點，不是心態好就足夠，而是身行都必須一致以慈待人。所以慈悲不只是心態，是一種行為，行為竟必須是鍛鍊出來的。證嚴上人所言：「心地再好，脾氣嘴巴不好也不算好人。」這就是要眾生修身口意的慈心。律藏裡佛陀告誡過六群比丘這麼說：

> 「佛語六群比丘：『此是惡事。汝常不聞我無量方便，說於梵行人應起恭敬，身行慈、口行慈、意行慈？汝今云何以無根僧伽婆尸沙法謗？此非法、非律、非如佛教，不可以是長養善法。』」[27]

毀謗他人，口不慈，傷害他人，身不慈，心再怎麼慈，也是犯戒。所以慈悲心是在生活中養成，佛陀與證嚴上人都一樣強調日常生活的道德實踐，身口意的慈心。慈心——佛陀教法的第三層意義是慈心面對惡要勸諫。慈心不是自我行善，行慈就好，慈心還要防止他人為惡。慈心面對惡不是一再容忍，容忍錯誤，容忍惡。慈心是必須再三勸諫，不忍眾生為惡，希望他為善向善，這是慈心的本懷之一。《摩訶僧祇律》佛陀言：

> 「『我今慈心諫汝，欲饒益故，汝取我語。一諫已過餘二諫在。汝捨此事不？』若不捨，應第二、第三諫，亦復如是。」[28]

可見佛陀教化眾生，再三勸諫無明煩惱之人。以證嚴上人的話語即為，當你勸誡別人，要問問自己心中是否有愛，有愛就無礙，就容易被人接受。以愛，以慈勸誡他人是一種德性，亦何嘗不是智慧的表徵。

慈悲第四層意義從佛陀的教法言之，是同理與智慧。佛陀在《長阿含經》中繼續說：「慈愍有四事：一者見利代喜，二者見惡代憂，三者稱譽人德，四者見人說惡便能抑制，是為四慈愍，多所饒益，為人救護。」[29]

見利，他人得利，自己未得利，也為他人歡喜；見他人之惡，為他擔憂，這是無緣大慈，同體大悲。時時讚歎別人的德性是慈；遇見有惡德性的，能智慧地予以阻止其為惡，這是慈。

證嚴上人就是透過慈善志業教導弟子這慈心的四大德性。不悔，行慈，勸善，止惡。

在慈善工作中，這四種境界都會經歷。為他人付出，無所求，就無悔。身口意行慈，柔和善順，如上人期許慈濟人穿起制服八正道是柔和忍辱衣。見到有誤解或為惡，能夠以愛勸誡，引導他們向善。或者是內心有罪惡感的人、卑下的人，慈濟人引領他們走向手心向下，在付出的人生中得到自信，這也是勸善。所以慈濟的慈善志業，證嚴上人不只教富濟貧，更要濟貧教富；不只對受苦的眾生慈悲，還要日常生活在家中的柔和善順。著名的資深委員紀靜陽師姊的「無籽西瓜」，就是描述她如何在證嚴上人的教導下，從投入慈善的慈悲，轉化為日常生活對家人、親人的慈悲。

許多慈濟志工進入慈濟之後都經歷這樣的改變，甚至企業家開始將愛與善帶入公司管理，更加愛護員工，也帶領員工行善。如印尼大型企業金光集團的執行長黃榮年，他也是慈濟志工，也是慈濟印尼分會的副執行長。一九九八年五月九日他的父親黃奕聰帶他拜謁上人，隔日全家就皈依，當下向上人發願勸募一百萬會員。證嚴上人叮囑交代，一定要有責任心，要對公司員工負責任。後來，榮年師兄持續帶領員工行善，號召近兩百萬名員工及眷屬成為慈濟會員，其中，上萬名參與慈濟志工培訓，照顧公司所屬的農場（兩千七百多個農場，新加坡面積的七倍大）方圓五公里之內，所有窮困與殘疾人士的生活。

慈心第五個意義，從佛陀的教義言之是——慈心引領眾生最終邁向覺悟與涅槃。《增壹阿含經》中佛陀對比丘說：

「復次，行慈心者，身壞命終，生梵天上，離三惡道，去離八難。復次，其行慈者，生中正之國。

復次，行慈者，顏貌端正，諸根不缺，形體完具。復次，其行慈心者，躬自見如來，承事諸佛，不樂在家，欲得出家學道者，著三法衣，剃除鬚髮，修沙門之法，修無上梵行。」[30]

佛陀告訴弟子，行慈心生梵天，離惡道。慈悲是有福報的，慈悲讓人遠離厄運，慈心者容貌端正，身形健康優美，這是慈心的福。佛陀繼續說慈心的慧，慈心者不好在家，好出家，修梵行，最終超越生死，達到寂靜覺悟的境地。佛陀說：

「比丘當知，猶如金剛，人取食之，終不消化，要當下過。其行慈心之人，亦復如是，若如來出世，要當作道，修無上梵行；生死已盡，梵行已立，所作已辦，更不復受有，如實知之。」[31]

所以過去總有人說，慈濟人只做慈善不懂佛法，是修福不修慧，證嚴上人教導弟子福慧兩足尊，慈心既能修福，也是修慧。幫助人是要智慧的，所以才說在幫助一切人中得一切智慧，養一切慈悲。如阿含部的《七佛經》所言：「常行慈悲心，成就三摩地，通達諸法相，具足大智慧，」[32]慈悲不足，智慧就不持續，幫助人的力量就會退失。慈悲的根本就是愛一切人，教導度化一切人都行善業，無怨無悔。度化人是無止盡的，所以諸佛菩薩願力也是無止盡，證嚴上人也跟他的弟子說，「虛空有盡，我願無窮。」直到一切眾生得度化，自己也成佛。所以吾人主張慈濟宗的根本是以慈悲利他，邁向究竟覺悟。

悲是醫療

悲是醫療，不忍眾生苦。證嚴上人說悲是拔苦，大悲無怨。四無量心的第二是大悲心無量——悲，就是「拔苦」。如果可以付出一分力量去幫助苦難眾生，雖然自己會辛苦一點，但也無怨無尤。

悲在佛陀的思想中的第一層意義是「不害」。希臘的醫療大師希波克拉底（Hippocrates）誓言[33]，是每一位現代醫師行醫前必須信守的誓言，這第一個誓言就是「Do No Harm」，一切醫療行為的前提是無害於病患。阿含部《大集法門經》中佛陀說有悲心者，害心盡除：

「有苾芻，作如是言：『我修悲心解脫觀，隨所作事，皆如實知，發起精進悲心對治，我於害心，而悉能盡。為由如是悲心解脫觀故，所有害心，無處容受。』而但觀彼悲心現前，是故害心不於是處有所生起。何以故？由彼悲心出離因故。」[34]

佛陀是大醫王，有一次他在毘舍離國[35]，國中鬼輩肆虐，百姓得病者多。佛陀以微妙方便法讓國中得病者都能康復。於是鬼輩都跑到摩羯陀國去。佛陀又前往摩羯陀國，鬼輩又跑回毘舍離國。佛陀因此往返兩國七次，為求得百姓去病得醫治。本緣部的《菩薩本行經》記載著：

「爾時，世尊往來七返，即便說言：『我從無數劫以來，所作功德作大誓願，我今以此正真之行，除去一切眾生身病并除意病。』」[36]

佛陀對於悲的第二層意義是「以他為自」，甚至他在前，自己在後。一如證嚴上人所言，「菩薩先救他人，再救自己。」「但願眾生得離苦，不為自己求安樂。」

《菩薩本行經》中記載著，佛陀有幾世都身為國王。國中百姓有病，佛陀自割肉十二年，讓百姓康復。國中辟支佛有病，國王不服藥，將藥給辟支佛服用令其康復。這就是拔眾生苦，大悲無怨。本緣部的《菩薩本行經》中說：

「佛言：『我為尸毘王時，為一鴿故割其身肉，興立誓願除去一切眾生危嶮。摩訶薩埵太子時，為餓虎故放捨身命。舍尸王時，自以身肉供養病人經十二年。阿彌陀加良王時，病自合藥而欲服之。時有辟支佛病，與王同來從乞藥，王自不服，即便持藥施辟支佛，自作誓願，使一切病皆悉除愈。修陀素彌王時，百王臨死而濟其命，令迦摩沙颰王使入正見，十二年惡誓使得銷除。須大拏太子時，二兒及婦持用布施。摩休沙陀太子時，以藥除眾生病，復入大海得摩尼珠，復除眾生貧困。』

摩訶婆利王時，二十四日自以身肉以供病人。

羼提婆羅仙人時，割截手足不起恚意。

迦尸王時，人民疫病，王受八關齋，起大慈心念於眾生，人民病者皆悉除差。

毘婆浮為解呪師時，人民疫病，以身血肉持用解除與鬼噉之，人民眾病皆悉除差。

梵天王時，為一偈故自剝身皮而用寫經。

毘楞竭梨王時，為一偈故於其身上而啄千釘。

優多梨仙人時，為一偈故剝身皮為紙、折骨為筆、血用和墨。」[37]

佛陀大醫王不惜以身救病人，這是現在器官捐贈、骨髓捐贈、大體捐贈莫過於此。證嚴上人創立醫療，從現代的醫療設備，醫療人員的專業，到醫療人文的建立。面對疾病，不只醫病，還要醫心，醫治病人的心，醫治家屬的心。在慈濟醫院的器官捐贈小組，經常面對生離死別的情景，通過器官捐贈，讓家屬心安，讓病人的生命發揮更大的價值。這都是佛陀醫療思想的具體實踐。

捨身為人，終不為己。所以證嚴上人創立大體捐贈時說：「此身非我有，用情在人間。」以自己的身體，去幫助醫生學習，然後能救助更多的病人。如同《菩薩本行經》的跋彌王不忍國民瘡病不絕，化身為魚，讓人民食之而痊癒。

「跋彌王時，國中人民盡有瘡病，王自行見毒樹，此毒樹葉墮於水中，人飲此水令人有病，即拔毒樹根株盡隨以火燒之，人民瘡病半得除差。其中故有不差者。

王問醫言：『眾生瘡病何以不差？』

醫答王言：『此瘡病重，當得魚肉食之乃差。』

王聞其言，即到水邊上樹求願作魚：『今我以身除眾生病，持此功德用求佛道，普除一切眾生無量身病意病。審如所願，其有眾生食我肉者病盡除差。』即從樹上投身水中，便化成魚而有聲言：『其有病者來取我肉噉，病當除差。』人民聞聲，皆來取魚肉食之，病盡除愈。」[38]

慈濟的器官捐贈、骨髓捐贈與大體捐贈是現代版的菩薩本行經。

佛陀對於悲心的第三層意義是善於方便智慧。佛陀對大悲心的大醫王典範要求必須是善為治病，佛陀大醫王成就四德，就是讓眾生脫離一切病苦，根除一切病因。《雜阿含經》記載佛陀在波羅㮈國仙人住處鹿野苑中，與諸比丘闡述大醫王的意義：

「世尊告諸比丘：『有四法成就，名曰大醫王者，所應王之具、王之分。何等為四？一者善知病，二者善知病源，三者善知病對治，四者善知治病已，當來更不動發。云何名良醫善知病？謂良醫善知如是如是種種病，是名良醫善知病。云何良醫善知病源？謂良醫善知此病因風起、癖陰起、涎唾起、眾冷起、因現事起、時節起，是名良醫善知病源。云何良醫善知病對治？謂良醫善知種種病，應塗藥、應吐、應下、應灌鼻、應熏、應取汗。如是比種種對治，是名良醫善知對治。云何良醫善知治病已，於未來世永不動發？謂良醫善治種種病，令究竟除，於未來世永不復起，是名良醫善知治病，更不動發。』」[39]

良醫善治種種病，不只究竟拔除病苦，也拔除病因，不再復發。上醫治未病，這是佛陀對大醫王醫療技術的期許。不只是醫療的能力精湛，佛陀也期許大醫王是一位覺者，希望能夠提供無上之法，給予眾生離苦得樂之正道。證嚴上人期許醫師不要成為醫匠，而是都能成為良醫、良師。良醫治病，良師治心。佛陀在《雜阿含經》裡接著說：

「如來、應、等正覺為大醫王，成就四德，療眾生病，亦復如是。云何為四？謂如來知此是苦聖諦如實知、此是苦集聖諦如實知、此是苦滅聖諦如實知、此是苦滅道跡聖諦如實知。諸比丘！彼世間良醫於生根本對治不如實知，老、病、死、憂、悲、惱、苦根本對治不如實知，如來、應、等正覺為大醫王，於生根本知對治如實知，於老、病、死、憂、悲、惱、苦根本對治如實知，是故如來、應、等正覺名大醫王。」[40]

大醫王透徹人生的各種苦相，能從根本的苦著手，治癒眾生的無明煩惱，這才是真正的「治未病」。大醫王就是要達到「等正覺」，是真正的覺悟者。這是佛陀對大醫王最高的期待。

證嚴上人提出良醫、良師，是體現佛陀對大醫王的期許。苦既拔已，復為說法，令諸眾生，受於快樂。這是《無量義經》的精神，也是原初佛陀的醫療期許，也是證嚴上人對慈濟醫療志業的體現。

佛陀對悲心第四層意義是以大悲心成就圓滿梵行。醫療的核心就是悲心，覺悟的根本也是悲心。發大悲心才能體悟眾生之苦，發大心拔苦厄。佛陀一再強調，大悲心是通向等正覺的道路。

阿含部的《護國經》中描述世尊在俱盧城，出遊化利，到了覩羅聚落，安止在城中。這時候，聚落中有婆羅門大長者在議論著，世尊捨棄王位，成就等正覺，具十名號，在天魔界、梵界、沙門婆羅門、人及非人等界都是無上尊，而其發心之初在於自證自修、又能發大悲心。諸長老讚歎佛陀言：

「以自行願成等正覺，流大悲心宣說正法，初善中善後善，文義深遠純一無雜，具足圓滿梵行之相。」[41]

自我度化覺悟後，還要發大悲心，才能成就圓滿梵行。無緣大慈，同體大悲。眾生與我無異，救助他人，就是救助自己。所以上人說，視病猶親，甚至以病為師，眾生的苦就是我們的老師，我們治癒眾生之苦，也自然解脫超越自我之苦。

佛陀已圓滿自性，發大悲心救助眾生。證嚴上人的菩薩道思想更希望能夠以大悲心在度化他人中，覺悟自性，由他而自。「菩薩未能自度，已能度人。菩薩由此出發心。」與原出的佛陀思想相對應，證嚴上人的醫療志業就是修行的道場。醫院生老病死苦皆具，大醫王在為病人服務中，以病為師，在醫治病苦之際，也解脫生苦。大醫王不但讓他人得解脫，自我也最終得解脫。

喜是人文

證嚴上人說：「第三是大喜心無量。」什麼是「喜」？就是心中沒有煩惱、貪念，沒有人我是非的計較；這分歡喜心，也就是智慧。[42]上人認為人文是喜，為何是喜？清淨自在，得大智慧是真正的喜。大喜無憂，無憂是不為己，清淨故。無憂是得智慧，能解眾生煩惱故。

喜的第一意義，是以法為師。《長阿含經》中佛陀告誡比丘五解脫入，能得歡喜，能聞法歡喜，實踐法歡喜，得法入禪定歡喜，傳法他人也是歡喜。佛陀說：

「謂五解脫入：若比丘精勤不懈，樂閑靜處，專念一心，未解得解，未盡得盡，未安得安。何謂五？若比丘聞佛說法，或聞梵行者說，或聞師長說，思惟觀察，分別法義，心得歡喜。得歡喜已，便得法愛，得法愛已，身心安隱。身心安隱已，則得禪定，得禪定已，得如實智，是為初解脫入。

於是，比丘聞法歡喜，受持諷誦，亦復歡喜。為他人說，亦復歡喜。思惟分別，亦復歡喜。於法得定，亦復如是。」[43]

佛陀的五解脫法首先是得善知識的歡喜。從師長，修行者，善友聽聞法而歡喜。第二是愛上法，從向他人習法，到愛上法。這是一個修行者獨立的過程，從依於人到依於法。得法愛，能學習法，並安於法中，就能身心安穩，身心安穩則能得甚深禪定。禪定與智慧是並行的。得法禪定，能為他人說法，也得歡喜。不只自己歡喜，他人也歡喜，最後與善知識一起得法定，同為法喜。

這就是慈濟人文志業的歷程。證嚴上人說，「人文是守護慧命的磐石。」從自我慧命的覺醒，到覺醒眾生的生命，是慈濟人文志業的使命。所以自我從師長、善知識聞法得歡喜，身心安穩，得甚深禪定，再去教導眾生的清淨安穩，皆樂於法愛，安於法中。

所以人文志業不只是專業技能，而是能夠啟發一切眾生的慧命。啟發眾生的慧命之際，同時啟發自我的慧命。

所以喜的第二層意義是以眾生為師。證嚴上人說：「一切眾生都是經典，深入一切眾生心，深入經藏。」人文志業「以眾生為師」，深入眾生心，體解眾生之一切所需，一切身、心、境的企盼與苦惱，都以法解決，都以法度化。然後再度化一切眾生中，得一切智慧。這契合原初佛陀「五解脫入」的教導。所以喜的第二層意義是以眾生為師。

喜的第三層的意義消除妒忌之心。佛陀在《增壹阿含經》：「當行喜心，已行喜心，所有嫉心皆當除盡。」[44]中國人常說，文人相輕，自古皆然。知識分子容易本位主義，自視甚高，自認才華高，智慧長，相輕、相軋，必以為意，這是人文的弊端。人文以眾生為師，每一個人都值得學習。喜，是人文，人文消除嫉妒之心，才能真正得法益，才是真正修持慧命。得法不為己，得智慧不為己，得才華不為己，而是讓自我的智慧、才華遍及嘉惠一切眾生，都在智慧圓滿中得歡喜。自、他皆歡喜，這是喜——人文的崇高目的。佛陀在《增壹阿含經》中說：

「復以喜心普滿一方而自娛樂，二方、三方、四方亦爾，四維上下，於一切中，一切亦一切，一切世間，以無量無限不可稱計，心無恚怒而自遊戲。以此喜心，遍滿其中，得歡喜已，心意便正。」[45]

人文是自己歡喜，才能讓眾生歡喜，自己感動，才能讓眾生感動，自己真正得法益，眾生才真正得法益。人文要自己實踐，依如證嚴上人所強調，人文必須自己先有人文。人文中的人文，人格成，文化才成。基於自我人格覺醒的人文，才能真正起到慧命磐石的作用，解世間之疑，淨化人心。

喜的第四個意義是離喜，離喜是三禪的境界。佛陀在《長阿含經》中說：「捨喜守護，專念不亂，自知身樂，賢聖所求，護念樂行，得第三禪。」[46]以證嚴上人所言是本分事。超越歡喜，而是成為生命的本質。當度化一切眾生成為自我生命的志向，那是本分事。所以人文的喜之最高境界是離喜。《長阿含十報法經》云：

「第一九法，行者多行九意喜。何等為九？一為聞法喜、二為念喜、三為喜喜、四為樂喜、五為受猗喜、六為安喜、七為定喜、八為止喜、九為離喜。」[47]

從學習法的喜，到念念皆喜，喜在法中，樂在法中，讚歎妙法的喜，安住於法的喜，到禪定的喜，無所求的止喜。最後是離喜，本來就應該做的，本分事，所以捨喜，離喜，是第三禪。人文的喜，在於依止度化眾生的使命，為法忘軀，為眾生忘己。

捨是教育

「捨」從原初佛陀的觀點第一個意義是「去除憍慢」。捨去自我的執著，見解，是捨的第一個要素。佛陀在《增壹阿含經》中言：

「當修行慈心，已行慈心，所有瞋恚皆當除盡。汝今，羅雲！當行悲心，已行悲心，所有害心悉當除盡。汝今，羅雲！當行喜心，已行喜心，所有嫉心皆當除盡。汝今，羅雲！當行護心，已行護心，所有憍慢悉當除盡。」[48]

捨在《增壹阿含經》中也稱為護，維護、愛護之意。為何捨也是護？捨有去除自我之意，也是給予布施他人之意，所以捨也是護、愛護，這是教育的本懷。

教育是捨，教育他人，給予他人知識、思想，還要給予品格。教學者自己必須虛懷若谷，才能教學相長。從證嚴上人的觀點，教者必須有德，自我的修養夠，才能夠作育英才。德是什麼？內能自謙是功，外能禮讓是德。禮讓就是不憍慢，謙沖為懷。證嚴上人認為老師是孩子模，要怎麼教，自己先要做到。所以慈濟學校的老師穿制服，才能要求學生穿制服。以身作則，是教者之德。證嚴上人說：

「天下事匹夫有責，何況老師們都是讀書人，具有為天下育英才、安定天下的理想；理想不能只存於心中，必須付諸實行。不只學而有德，『教』更須有『德』；『德』是來自於內修外行，要在自己的內心下功夫，誠懇地用心吸收，再誠懇地教導孩子，只要感受到老師的『德』，不必多費心設法，孩子就能服於老師的教導。」[49]

證嚴上人曾經說過一個真實的故事，在馬來西亞的一所小學，老師教孩子靜思語，其中有一位老師的脾氣非常大，心高氣盛，上課常發脾氣，結果孩子們童言童語，說了一句靜思語，讓老師頓覺慚愧。

「馬來西亞慈濟教師聯誼會帶動『靜思語教學』，讓當地教育局看了很感動。教育局就派一位督學，帶著六十幾位老師來臺灣，他們先到臺北幾所學校觀摩靜思語教學。參訪之後，回到花蓮本會時，有一位老師上臺分享他在馬來西亞的教學心得，他說：『靜思語教學真有效耶！』而且很快就有成就。」[50]

「他教的是小學四年級的學生，每天教學生背誦一句靜思語，並且應用在日常生活中。有一天，他在黑板上寫『太陽光大，父母恩大，君子量大，小人氣大』，讓學生學習。第二天，當老師叫學生寫出這一句好話時，沒想到有個學生竟寫成『太陽光大，父母恩大，君子量大，老師氣大』，老師說，當時看了差點昏倒。」[51]

他覺得受到很大的震撼，心裡想：『我真的是氣大啊！平常教學生的時候，學生不乖，我不是打，就是罰……』這一句『老師氣大』，有如一面鏡子，照得他慚愧、懺悔不已。」[52]

捨是教育，捨的前提是「去憍慢」，要謙和、養德，以身作則，才能作育英才。

教育是有教無類，不分階級、種族、聰慧或愚鈍，老師都要因材施教。教育也是擺脫階級禁錮最好的管道，脫離貧窮與無知最好的方法就是教育。因此教育應該要超越一切的階級、貧賤、種姓與族群。這也是捨的意義。

「捨」在佛陀的義理中第二意義是「捨家、捨族、捨國」。超越自我的階級與背景，去除壁壘，能夠無分別的教導每一位學子，是教育的目的。這是捨。佛陀是大教育家，他帶領僧眾學法，教導世人去除貪嗔癡，歸向正道。佛陀說，他必須捨，才能真正教導世人。對捨的期許就是要超越自我的家庭、宗族，乃至國家，以救度眾生之心為念。所以佛陀是大教育家。《中阿含經》云：

「漏盡比丘得知梵行已立，法者應如是答：『諸賢！我本未出家學道時，厭生老病死、啼泣困苦、愁慼憂悲，欲斷此大苦陰。諸賢！我厭患已而作是觀，在家至狹，塵勞之處，出家學道，發露曠大。』

『我今在家，為鎖所鎖，不得盡形壽淨修梵行，我寧可捨少財物及多財物，捨少親族及多親族，剃除鬚髮，著袈裟衣，至信、捨家、無家、學道。』

『諸賢！我於後時捨少財物及多財物，捨少親族及多親族，剃除鬚髮，著袈裟衣，至信、捨家、無家、學道。諸賢！我出家學道，捨族相已，受比丘要，修習禁戒，守護從解脫，又復善攝威儀禮節，見纖介罪，常懷畏怖，受持學要。』」[53]

自然我們一般的教學者不如佛陀這樣的大生命教育家，捨棄一切世間的一切家庭、族群、歸屬。不過，這是一種精神，捨，須超越自我的藩籬，超越家庭、宗族、國族的藩籬，才能成就大教育的目的。西方的蘇格拉底、柏拉圖、亞里斯多德，中國的孔子等，這些大教育家思考的都是人類整體的領悟與解脫，不是為一己的宗族、國族。這是教育的終極目標。

捨在原初佛陀的思想中的第三個意義是「捨離疑惑，生正直見」。教育就是要捨離疑惑，生正見，對生命、對世間有正確的認知與見解。學生學習就是要擺脫疑惑，理解萬物之理。因此佛陀對於學習在阿含部《廣義法門經》裡特別提出十六種學習的態度：

「長老！若人欲聽正法，具十六相，乃可聽受。何等十六？

一、隨時聽，二、恭敬，三、欲樂，四、無執著，五、如聞隨行，六、不為破難，七、於法起尊重心，八、於說者起尊重心，九、不輕撥正法，十、不輕撥說者，十一、不輕己身，十二、一心不散，十三、欲求解心，十四、一心諦聽，十五、依理正思，十六、憶持前後而聽正法。佛聖弟子，若能如此，恭敬諦聽，信根生長，於正法中，心得澄淨；

以此為先，則於涅槃，生歡喜心，及求得心；

以此為先，則於涅槃，生喜樂心，離於愛著；
以此為先，則於涅槃，滅除惑障，得一定心；
以此為先，則於涅槃，捨離疑惑，生正直見；
以此為先，則於涅槃，起迴向心，為修觀行，為熾然修，為應隨道法，為滅助道障法，為得安住心，為得第一義。」[54]

佛教教育的最終目的當然還是趣向覺悟。佛陀教導眾生覺悟，證嚴上人也是要學校老師們如佛、如僧，一樣在度化眾生。上人說：

「老師也在『度眾生』。我出家後要去受戒，到戒場時要上戒壇，三人一壇，戒師很威嚴地坐在壇上，戒子來到他們面前時，戒師一定會問：『你為什麼要出家？』戒子們的回答都一致：『為了要度盡普天下的眾生。』那要怎麼『度』呢？眾生懵懂、迷茫，因此，我們要用心追求道理，從心得中去教化眾生。[55]

例如常常有人會問我：『師父，我有煩惱……』我就苦口婆心，慢慢地開導他們。而老師也一樣，也是在度化眾生，老師度化的學生，有如一張白紙，還沒有沾到髒，還沒有煩惱，這張白紙在老師面前，他生命中的詩篇好或不好？會寫下怎樣的生命之歌？就要看老師如何引導？是否有用心指導了。」[56]

當代教育著重知識獲取與思想的辯證，但是不著重心靈的啟迪。慈濟的教育重視慈悲心的啟迪與養成，慈悲利他才是佛教教育的根本。從慈悲利他，才能逐步邁向覺悟。證嚴上人期許慈濟的教育能夠啟發孩子的人格，讓孩子投入慈悲利他是教育的核心。上人說教育的目的不是為著世智辯聰，而是培養學生的智慧和良能，更注重其品德。慈中同學們投入志工服務，至社區掃街、養老院關懷、做環保，家長也共同參與。見苦知福而心生警惕，更發心造福，懂得付出助人：

「教育之使命，應『教之以德，導之以理』，使民德歸厚。自小學而中學，教導孩子從生活中樹立品德，於中學要引導孩子選擇正確的學習方向，精進勤學，畢業並非學習結束，而是邁向進階的學習道路。」[57]

接受慈濟教育人文薰陶後，孩子們行為舉止有明顯的轉變：

「慈中每學期安排三、四次志工服務課程，讓學生至社區掃街、養老院關懷、做環保，家長也共同參與。如原本不會做家事的同學，現在不僅在家會幫忙，在學校也承擔掃廁所工作，更帶動父母一起茹素，並在網路上分享學校點滴，讓更多人了解慈濟教育人文。」[58]

「在完善的教育下，學生們不僅學得專業知識，並富有善良的愛心。所以護專第一屆畢業生，她們在服務的單位，都深受大家的歡迎。這就是護專的教育——以佛教的精神引導學生的智慧，把她們內心的良知啟發出來，進而發揮心中愛的功能來服務人生。」[59]

學習佛陀的精神，引導學生有愛向善，是上人成立慈濟護專的目的。能夠服務人群，才是人生的目的，是教育的目的。慈濟的教育就是要去惡，導善。

捨在原初佛陀的思想中的第四個意義即是「捨不善法」，去惡導善。《雜阿含經》中佛陀云：「有捨善法，有捨不善法……彼不善法捨，即是捨覺分，是智是等覺，能轉趣涅槃。」[60]

捨不善法才能有覺悟的人生。不只捨不善法，最終連善法都捨。何謂捨善法？這不是說不分別善惡，而是超越善與惡的分別，就惡救惡。連惡都要去教化，去感化。這才是教育偉大之處。

因此，捨在原初佛陀的第五個意義是「捨善法」。「彼善法捨，即是捨覺分，是智是等覺，能轉趣涅槃。」[61]捨了不善法，還要繼續捨善法。以世間意義言之，就是以菩薩度化一切眾生為念，即是入地獄也是為救眾生。以出世間的意義，不善法須捨，善法也須捨。為何？因為廓然無聖，心超越一切的境界，無境界可對應，是真正的寂靜涅槃之境界。心，本自俱足，能創造一切萬法，而不落入，不被局限在一切萬法之中。這是原初佛教對覺悟涅槃的闡述。

教育可以到如此高的境界否？佛陀對於捨有許多的詮釋。捨，畢竟是通向最終覺悟的路徑。在闡明這一點之前，我們繼續論述佛陀從捨心入覺悟的歷程。

捨心在佛陀的思想之第六個意義是「捨己」。捨己，是覺悟的根本與起點。佛陀對於「自我」本來就認為無常，無我。因此捨己，才能去貪欲，去執著，才能成為人天導師。《雜阿含經》云：

> 「我此身無常、有為、心因緣生；樂受亦無常、有為、心因緣生。身及樂受觀察無常，觀察生滅，觀察離欲，觀察滅盡，觀察捨彼，觀察身及樂受無常，乃至捨已，若於身及樂受貪欲使者永不復使。」[62]

慈濟的醫療教育大體老師就是捨己。「此身非我有，用情在人間。」慈濟志工在人間為人群付出，往生後還捐大體，讓醫學生能學習，以後救助更多的病人。這是大捨，這是捨己。這種精神用在普遍教育，就是教師不為自己。如同大體老師，捨身教育，終不為私。

教育必須捨己。捨己，施予他人知識與智慧，知無不言。捨己，鞠躬盡瘁，為學生的生命之開拓無怨無悔，孜孜不倦。學生則是廢寢忘食，是捨己。為學日益，為道日損。道，必須捨，捨去執著，捨去繁複，以簡御繁。須捨己之所見，才能不斷地超越自我。最後老師教導學生，是希望學生能超越老師。亞里斯多德所言：「吾愛吾師，吾更愛真理。」禪師教導弟子，弟子覺悟了，禪師就要學生追求自己，獨立去傳法。非一輩子跟著老師，甚至超越老師。這是教育的捨己。

捨心在佛陀的思想之第七個意義是「平等捨」，平等捨是有教無類。聖凡、親疏、貴賤，於我一視同仁，等慈、等悲，等捨。《雜阿含經》中佛告離車：「我知天帝釋……離車！帝本為人時，供養父母，乃至行平等捨。」[63]以及《增壹阿含經》中所說：「施當普平等，終不有所逆，必當遇聖賢，緣斯而得度。」[64]

當代西方的教育是有錢人才能受好教育，私立學校學費昂貴，美國的一流大學都是私立學校，只有負擔得起的家庭才能就讀一流大學。雖說有獎學金，有助學貸款，但是只有少數學生有獎學金，龐大的助學貸款仍是學生日後極大的負擔。哥倫比亞大學諾貝爾經濟學獎得主史迪格里茲（Joseph Stiglitz）[65]就直白地跟他的學生說：「你們父母的教育與財富，決定你們受教育，決定你們日後的成功。」[66]史迪格里茲倡議財富的公平正義，對於資本主義至上的美國教育提出嚴厲的批評。

證嚴上人當時創立慈濟護專，現為慈濟科技大學，其中目的之一就是幫助原住民少女不要被賣掉去從事不當行業。三十多年來，慈濟科技大學一直以慈善大學為宗旨。接受幫助清寒學生，給予全額獎學金，從花蓮、臺東，到印尼，到非洲。從全球的範圍接受貧苦學生就讀，改變孩子的命運，改變他們的一生，也改變他們的家庭甚至社區。

這是平等捨，從近而遠，不獨子其子，不獨親其親。有教無類。慈濟的教育理念體現佛陀的平等捨的理想。

捨在佛陀的第八個意義是「捨離五欲」、「成就五支」。去除諸惡習，持戒清淨，擺脫欲望的綑綁是為解脫。這是佛陀人格教育的理想。佛陀在《雜阿含經》中云：

「佛言：大王！如是沙門、婆羅門遠離五支，成就五支，建立福田。施此田者，得大福利，得大果報。何等為捨離五支？所謂貪欲蓋，瞋恚、睡眠、掉悔、疑蓋，已斷已知，是名捨離五支。何等為成就五支？謂無學戒身成就，無學定身、慧身、解脫身、解脫知見身，是名成就五支。大王！如是捨離五支，成就五支，建立福田，施此田者，得大果報。」[67]

捨五欲，貪、瞋、痴、慢、疑，得學戒身，得無學定身、慧身、解脫身、解脫知見身。守戒完滿，無學，不用再學了，學成了，學成的意義就是捨離五欲，捨離五欲是成就五支的前提。然後得智慧身，得解脫貪瞋痴慢疑身，得大果報。

有別於婆羅門強調祭祀、供養、咒術、咒語等神秘儀式通向個人幸福，佛陀始終是以日常道德實踐得到個人真正的清淨自在的喜悅。上人對於教育同樣重視道德實踐，孩子們培養良好的生活品格，是慈濟教育的核心理念。證嚴上人說：

「老師所授之道，是讓孩子懂得做人的規矩與道理，是建立倫理觀念。」[68]

「在慈小，品學兼優的好孩子，才『有資格』去掃廁所喔！他們把掃廁所當作服務大家的事，以此為榮，所以將廁所打掃得很亮麗、很乾淨。師長教育培養他們的榮譽感，也將這樣的觀念帶入日常生活，隨處看到環境髒了，都自動做清潔，所以他們回家也會幫忙父母做事，生活起居自己來，生活教育很成功。」[69]

「感恩教育志業體同仁與遍布全臺、甚至是國外的教聯會老師們，大家用心在校園、在社區關懷孩子、推行『三好』[70]，為世間廣植希望。」[71]

「身、口、意『三好』，落實於慈濟幼教，慈幼與慈小的孩子們，在師長們用心生活教育、靜思語教學下，好話琅琅上口，也自動自發做好事，單純的心常存善念，常使大人感動，自慚不及幼子。」[72]

「人間的希望在教育，從小就要培養孩子存好心、發好願、說好話、做好事，不只在課堂上做教育，還要帶入日常生活。」[73]

證嚴上人提到教育的宗旨就是捨身教育為良師。良師的典範就是超越生、老、病、死苦，真正用有限的人生，去服務人群，奉獻眾生。

慈濟的教育培養學生品學兼優，無論待人處事，深入慈善訪貧，都是在生活中培養慈悲利他的人格。而老師更是以服務人群為宗旨，在付出中成就自己的慧命，超越生老病死苦，生生世世發願在菩提中。這是慈濟教育的菩薩道。

捨在佛陀的思想中第九個意義是「捨捨」。捨捨是無我、是四禪、是邁向涅槃覺悟。捨心能臻於四禪，這在《阿含經》中佛陀一再闡述。初禪捨欲，二禪喜捨，三禪捨喜，四禪捨捨。佛陀在《長阿含經》中闡明四禪與捨之意：

「時，王即昇法殿，入金樓觀，坐銀御牀，思惟貪婬欲、惡不善，有覺、有觀，離生喜、樂，得第一禪；除滅覺、觀，內信歡悅，撿心專一，無覺、無觀，定生喜、樂，得第二禪；捨喜守護，專念不亂，自知身樂，賢聖所求，護念樂行，得第三禪；捨滅苦、樂，先除憂、喜，不苦不樂，護念清淨，得第四禪。」[74]

捨心，最終通向覺悟。原初佛教的捨趨向欲望的捨離，在定中得喜，得清淨，定中生慧，契入四禪。證嚴上人則將捨心修煉清淨之際，更趨向世間的付出與度化。生生世世能無所求的付出與度化眾生，是捨心的最高目標。證嚴上人說：

「『大慈無悔』、『大悲無怨』、『大喜無憂』，還有一個『大捨無求』。」

「大捨要怎麼捨？如果沒有清淨心，就捨不出去；所以還是要時時保持我們的清淨心。」[75]

「捨無量，就是大捨無求。捨身無求就是『大愛』，能如此，無私的慧命才能夠永恆。做事情如果都想有代價回報，這是有量、有限的愛；我們應該要付出無所求，這才是無量、無私的愛。」[76]

「捨心無求，真實的捨，是不求代價回報。懂得付出無所求，這就是大愛的心，也是無私、沒有汙染的要求。有的人在人群中造福時會說：『我要求福，我要求智慧。』其實，有了求的心，就會求不可得。求福，最多只是天福而已；慈濟人不求天福，我們要求的是福慧雙具，要求的是和眾生結很多福緣。」[77]

「人生，生、老、病、死都是大自然法則，無論捨或不捨，都必須循著法則而行。一般人終其一生汲汲營營於計較，殊不知最後只是留下一堆灰燼。來人世間走一趟，假如沒有發揮生命的價值，豈不是白來？倘若此生不提升自我，總是與人不斷地計較、造作惡業，來生來世還是繼續糾纏，而無法解脫煩惱。」[78]

「什麼樣的人生最美？心中有愛、一心奉獻，就是覺悟的人生，也是最美的人生。什麼樣的人生最幸福？儘管人生離不開生、老、病、死，但只要能夠『無悔』，就能擁有幸福美滿的人生。」[79]

「如何做到無悔的人生？該做的去做、不該做的不做，才能沒有後悔。什麼是該做的事？就是──付出愛。」[80]

「能做人人生命中的貴人，就是人間菩薩，不只利益眾生，也為自己的生命開拓寬度與深度，提升慧命、在人群中廣結善緣，生生世世都在菩提中。」[81]

依據證嚴上人的觀點，靜思法脈，是於勤行中修習靜定法，不斷地在為人群付出中淨化自心。證嚴上人認為靜思法脈就是要「勤」：

「『內修誠正信實，外行慈悲喜捨』，回歸心靈靜寂清澄的境界。不只要自修自利、獨善其身，還要利及他人、兼善天下。」[82]

由此體現眾生平等，萬物和合相連，以契入真如本性與萬法合一的大智慧。上人不斷強調佛陀為「一大事因緣」來人間，這一大事因緣，就是「開、示、悟、入」佛之知見──為眾生開示，期待眾生都能開啟清淨覺悟的智慧。[83]慈濟宗傳承佛法，以《無量義經》作為我們修行的精髓。證嚴上人不斷反覆強調：

「『靜思勤行道，慈濟人間路』是依循《無量義經》的方向而行，勤修佛陀的教育『慈、悲、喜、捨』四無量心。同時開啟智慧，用心走入人群實踐四無量行──慈，行大慈無悔；悲，行大悲無怨；喜，行大喜無憂；捨，行大捨無求。」[84]

「當年我皈依時，印公導師給我六個字：『為佛教，為眾生』；我給靜思弟子八個字：『佛心己心，師志己志』，這就是『靜思法脈勤行道，慈濟宗門人間路。』」[85]

「靜思法脈『為佛教』，是智慧；慈濟宗門『為眾生』，是大愛。」[86]

「『佛心己心』就是『靜思勤行道』——『佛心』清淨無染；我們要貼合佛心，使心回歸如佛『靜寂清澄，志玄虛漠』的境界，寧靜而無染，才能真正『為佛教，為眾生』。」[87]

「『師志己志』就是『慈濟人間路』——『師志』是行菩薩道；人人都是一部經，都含藏微妙法，深入其中，則『無量法門，悉現在前』，因此行入人群，為苦難眾生付出的同時，不僅是利他造福，也成就個己智慧。」[88]

期待每位靜思弟子都能『以佛心為己心』——若人人心中有佛，看人人是佛，則能對天地萬物常存感恩、尊重、愛；『以師志為己志』——投入人間，為苦難眾生付出。」[89]

佛陀在《阿含經》當中所教導的都是以生活的道德實踐，達到清淨的覺悟。從實踐八正道、四無量心、六度萬行、四攝法等，逐步去除心中的無明煩惱。而證嚴上人依循佛陀的道路，以《阿含經》中的教導，以道德實踐入人群，利他度己。通過度化一切眾生，得一切智慧，增長一切慈悲。不是得一切智慧，再去度一切眾生。而是多度一個眾生，多得一分智慧，多增長一分慈悲，是從「利他到覺悟」的菩薩修行歷程。這是以「佛心為己心」，以「師志為己志」，以投入苦難眾生為志，體現佛心師志的慈濟菩薩道。

註釋

1〈慈濟的故事（一）：烽火下誕生的慈悲〉，《證嚴法師菩提心要》第621集，大愛電視臺。2013年5月12日。
2 釋德伃，〈用「真空」轉煩惱，體「妙有」勤精進〉，《證嚴上人衲履足跡2007春之卷》，臺北：慈濟文化出版社，2007年，頁208-209。
3 釋證嚴，〈甘願的人生——國防醫學院中正堂開示〉，《慈濟道侶》，175期，第8版，1993年4月16日。
4 釋證嚴，〈甘願的人生——國防醫學院中正堂開示〉，《慈濟道侶》，175期，第8版，1993年4月16日。
5 慈雲寺，主祀觀世音菩薩。證嚴上人出家前經常前來慈雲寺拜《梁皇寶懺》，並因此萌生出家之意。當時慈雲寺奉行百丈家風，與當時臺灣佛教拜經懺的風氣不同。九二一大地震後，連結慈雲寺所在的中坑、南坑與豐原的橋梁斷裂，後在慈濟功德會的捐助下，得以重建，並命名為「慈濟橋」。「慈濟橋」的重建，背後即蘊含了證嚴上人過去與慈雲寺的一段情誼。《臺中縣志住民志》宗教篇，臺中縣政府，2010年。
6 釋證嚴，〈祝福．感恩的日子——藥師法會的由來〉，《慈濟》月刊，402期，頁8，2000年5月25日。
7 一九六二年，證嚴上人和修道法師在臺東佛教蓮社弘法時，結了很多法緣，其中馬蘭糖廠王耀民課長的夫人顏嘉亨女士，皈依修道法師，王耀民課長的女兒王郁清當時是馬蘭國小的學生，後來皈依證嚴上人。
8 釋德伃，〈往昔出家因緣說分明〉，《證嚴法師衲履足跡2004春之卷》，慈濟文化出版社，2004年，頁398。
9 善慧書苑，〈請「聽」法華坡道「說法」〉，《證嚴法師衲履足跡1999夏之卷》，慈濟文化出版社，1999年，頁285。
10 釋德伃，〈往昔出家因緣說分明〉，《證嚴法師衲履足跡2004春之卷》，臺北：慈濟文化出版社，2004年4月，頁409-410。
11 釋德伃，〈往昔出家因緣說分明〉，《證嚴法師衲履足跡2004春之卷》，臺北：慈濟文化出版社，2004年4月，頁409。
12 許聰敏為花蓮地區近代文人與實業家，經歷日治及戰後兩個時期，為當時實業界及佛教界關鍵人物，影響花蓮本地商業及佛教發展甚大。
13 花蓮新城鄉的普明寺位於靜思精舍後方，供奉的是地藏王菩薩，「佛教克難慈濟功德會」乃從借住普明寺開始而讓慈濟志業逐步成立開展，慈濟的歲末祝福活動，也緣於證嚴上人於 1969 年 2 月 9 日（農曆 12 月 23 日）在普明寺舉辦第一次的「冬令發放及圍爐」，當時由精舍常住師父和志工們，發放物資給照顧戶，祈願平安，延續至今。

14 釋德仉，〈往昔出家因緣說分明〉，《證嚴法師衲履足跡 2004 春之卷》，臺北：慈濟文化出版社，2004 年 4 月，頁 406。

15 釋德仉，〈往昔出家因緣說分明〉，《證嚴法師衲履足跡 2004 春之卷》，臺北：慈濟文化出版社，2004 年 4 月，頁 397。

16 釋德仉，〈往昔出家因緣說分明〉，《證嚴法師衲履足跡 2004 春之卷》，臺北：慈濟文化出版社，2004 年 4 月，頁 399。

17 牛津大學佛教研究中心創始人龔布齊教授（Richard Gombrich）通曉梵文、巴利文，也精熟印度學。他的父親恩斯特·龔布齊爵士（Sir Ernst Hans Josef Gombrich, 1909-2001）是藝術史學研究泰斗，其著作《藝術的故事》（*The Story of Art*, 1950）全球暢銷，至今售出超過八百萬本，是所有學習藝術的學生必讀經典。

18 《無量義經》，〈德行品〉（CBETA 2023.Q4, T09, no. 276, p. 384b17-18）。

19 根據刑事庭判決與民事庭提判決意見：刑事庭法官判定該醫師確有收保證金的慣例，對不認識的人要收保證金。民事庭法官表示八千元性質不明。見證者李滿妹在接受大愛電視臺訪問時，回溯當年，是她向證嚴法師言及原住民繳不起的八千元是保證金。

20 《無量義經》，〈說法品〉：「菩薩摩訶薩安住如是真實相已，所發慈悲明諦不虛，於眾生所，真能拔苦。苦既拔已，復為說法，令諸眾生受於快樂。」（CBETA 2023.Q4, T09, no. 276, p. 385c26-29）

21 〈法身地中以法為身〉，《靜思晨語．靜思妙蓮華》，797 集，大愛電視，2016 年 4 月 4 日。

22 〈法身地中以法為身〉，《靜思晨語．靜思妙蓮華》，797 集，大愛電視，2016 年 4 月 4 日。

23 何日生，《利他到覺悟：證嚴上人利他思想研究》，臺北：聯經出版公司，2017 年，頁 161。

24 釋證嚴，〈用喜施捨 成就智慧——社會公益講座第五場〉，《慈濟道侶》，117 期，第 8 版，1990 年 11 月 1 日。

25 《長阿含經卷》卷 8，《新修大正大藏經》（CBETA 2022.Q1, T01, no. 1, pp. 48c8-49a10）。

26 釋證嚴，〈合「四無量心」，精進不息〉，《幸福本事：無盡藏 2002．2003》，臺北：慈濟文化出版社，2005 年，頁 409-410。

27 《摩訶僧祇律》卷 21，《新修大正大藏經》（CBETA 2022.Q1, T22, no. 1425, p. 395a2-6）。

28《摩訶僧祇律》卷 8，《新修大正大藏經》（CBETA 2022.Q1, T22, no. 1425, p. 368a27-29）。

29《長阿含經》卷 11，《新修大正大藏經》（CBETA 2023.Q4, T01, no. 1, p. 71b17-20）。

30《增壹阿含經》卷 41，《新修大正大藏經》（CBETA 2022.Q1, T02, no. 125, pp. 772c13-773a17）。

31《增壹阿含經》卷 41，《新修大正大藏經》（CBETA 2022.Q1, T02, no. 125, pp. 772c13-773a17）。

32《七佛經》，《新修大正大藏經》（CBETA 2022.Q1, T01, no. 2, p. 151c6-7）。

33 希波克拉底誓詞俗稱醫師誓詞是西方傳統行醫前宣誓的誓詞。希波克拉底乃古希臘醫者，被稱為西方「醫學之父」，這份誓詞列出倫理規範，對現代誓約依然擁有影響。

34《大集法門經》卷 2，《新修大正大藏經》（CBETA 2022.Q1, T01, no. 12, p. 232a20-b27）。

35 毘舍離是一座古老的印度城市，佛陀在世時常在此處說法，在此宣說《寶積經》、《維摩詰經》等經典。佛滅後第二次經典結集也是在這個地方。

36《菩薩本行經》卷 3，《新修大正大藏經》（CBETA 2022.Q1, T03, no. 155, pp. 119a18-120c11）。

37《菩薩本行經》卷 3，《新修大正大藏經》（CBETA 2022.Q1, T03, no. 155, pp. 119a18-120c11）。

38《菩薩本行經》卷 3，《新修大正大藏經》（CBETA 2022.Q1, T03, no. 155, pp. 119a18-120c11）。

39《雜阿含經》卷 15，《新修大正大藏經》（CBETA 2022.Q1, T02, no. 99, p. 105a24-b20）。

40《雜阿含經》卷 15，《新修大正大藏經》（CBETA 2022.Q1, T02, no. 99, p. 105a24-b20）。

41《護國經》，《新修大正大藏經》（CBETA 2022.Q1, T01, no. 69, p. 872a22-b9）。

42 釋證嚴，〈合「四無量心」，精進不息〉，《慈濟》月刊，443 期，頁 8，2003 年 10 月 25 日。

43《長阿含經》卷 9，《新修大正大藏經》（CBETA 2022.Q1, T01, no. 1, p. 53c14-23）。

44《增壹阿含經》卷 7，《新修大正大藏經》（CBETA 2022.Q1, T02, no. 125, p. 581c17-22）。

45《增壹阿含經》卷 6，《新修大正大藏經》（CBETA 2022.Q1, T02, no. 125, p. 574a6-24）。

46《長阿含經》卷 4，《新修大正大藏經》（CBETA 2023.Q4, T01, no. 1, p. 23c21-23）。

47《長阿含十報法經》卷 2，《新修大正大藏經》（CBETA 2022.Q1, T01, no. 13, p. 238c21-24）。

48《增壹阿含經》卷 7，《新修大正大藏經》（CBETA 2022.Q1, T02, no. 125, p. 581c17-22）。

49 釋德仉，〈博觀探究四大八法印——開闊人間視野，修養包容胸襟〉，《證嚴上人衲履足跡 2010 秋之卷》，臺北：慈濟文化出版社，2010 年，頁 429。

50 釋證嚴，〈勤耕學生心田〉，《靜思語教學》，5期，頁1，1997年1月28日。
51 釋證嚴，〈勤耕學生心田〉，《靜思語教學》，5期，頁1，1997年1月28日。
52 釋證嚴，〈勤耕學生心田〉，《靜思語教學》，5期，頁1，1997年1月28日。
53 《中阿含經》卷49，《新修大正大藏經》（CBETA 2022.Q1, T01, no. 26, p. 733a15-27）。
54 《廣義法門經》，《新修大正大藏經》（CBETA 2022.Q1, T01, no. 97, pp. 919c15-920a10）。
55 釋證嚴，〈甘願做、歡喜受、用心教育〉，《靜思語教學》，7期，頁1，1997年3月28日。
56 釋證嚴，〈甘願做、歡喜受、用心教育〉，《靜思語教學》，7期，頁1，1997年3月28日。
57 釋德仉，〈自勵改除惡習積極向善，不辜負身為慈濟學生——慈大、臺南慈中、花蓮慈中畢業典禮〉，《證嚴上人衲履足跡2010夏之卷》，臺北：慈濟文化出版社，2010年，頁692。
58 釋德仉，〈自勵改除惡習積極向善，不辜負身為慈濟學生——慈大、臺南慈中、花蓮慈中畢業典禮〉，《證嚴上人衲履足跡2010夏之卷》，臺北：慈濟文化出版社，2010年，頁693。
59 釋證嚴，〈服務的人生觀——市立高雄女中幸福人生講座〉，《慈濟道侶》，153期，第4版，1992年5月16日。
60 《雜阿含經》卷27，《新修大正大藏經》（CBETA 2022.Q1, T02, no. 99, p. 191c10-13）。
61 《雜阿含經》卷27，《新修大正大藏經》（CBETA 2022.Q1, T02, no. 99, p. 191c10-13）。
62 《雜阿含經》卷37，《新修大正大藏經》（CBETA 2022.Q1, T02, no. 99, p. 268c10-30）。
63 《雜阿含經》卷40，《新修大正大藏經》（CBETA 2022.Q1, T02, no. 99, p. 290c8-19）。
64 《增壹阿含經》卷51，《新修大正大藏經》（CBETA 2022.Q1, T02, no. 125, p. 826b12-23）。
65 Joseph Eugene Stiglitz（1943-），是美國經濟學家、公共政策分析師，哥倫比亞大學（Columbia University）校聘教授。2001年諾貝爾經濟學獎，1979年約翰・貝茲・克拉克獎的得主。
66 Joseph Eugene Stiglitz（1943-）《史迪葛里茲改革宣言 People, Power and Profits》，天下文化出版社，2020年3月。
67 《雜阿含經》卷42，《新修大正大藏經》（CBETA 2022.Q1, T02, no. 99, p. 304a26-b6）。
68 釋德仉，〈自勵改除惡習積極向善，不辜負身為慈濟學生——慈大、臺南慈中、花蓮慈中畢業典禮〉，《證嚴上人衲履足跡2010夏之卷》，臺北：慈濟文化出版社，2010年，頁691-692。
69 釋德仉，〈簡單的心，就能畫出世間的圓融〉，《證嚴上人衲履足跡2006春之卷》，臺北：慈濟文化出版社，2006年，頁466。

70 「三好」意指「口說好話、心想好意、身行好事」。
71 釋德仉，〈簡單的心，就能畫出世間的圓融〉，《證嚴上人衲履足跡 2006 春之卷》，臺北：慈濟文化出版社，2006 年，頁 466-467。
72 釋德仉，〈簡單的心，就能畫出世間的圓融〉，《證嚴上人衲履足跡 2006 春之卷》，臺北：慈濟文化出版社，2006 年，頁 466。
73 釋德仉，〈簡單的心，就能畫出世間的圓融〉，《證嚴上人衲履足跡 2006 春之卷》，臺北：慈濟文化出版社，2006 年，頁 466。
74 《長阿含經》卷 4，《新修大正大藏經》（CBETA 2022.Q1, T01, no. 1, p. 23c18-28）。
75 釋德仉，〈四無量心與四門四法〉，《證嚴法師衲履足跡 2003 冬之卷》，臺北：慈濟文化出版社，2004 年，頁 67。
76 釋德仉，〈四無量心與四門四法〉，《證嚴法師衲履足跡 2003 冬之卷》，臺北：慈濟文化出版社，2004 年，頁 69。
77 釋德仉，〈四無量心與四門四法〉，《證嚴法師衲履足跡 2003 冬之卷》，臺北：慈濟文化出版社，2004 年，頁 69-70。
78 釋證嚴，〈無聲的說法〉，《經典》雜誌，93 期，頁 20，2006 年 4 月 1 日。
79 釋證嚴，〈美麗人生〉，《慈濟》月刊，412 期，頁 6，2001 年 3 月 25 日。
80 釋證嚴，〈美麗人生〉，《慈濟》月刊，412 期，頁 6，2001 年 3 月 25 日。
81 釋德仉，〈善用人生的每一刻，作自己生命中的貴人〉，《證嚴上人衲履足跡 2013 春之卷》，慈濟文化出版社，2013 年，頁 451。
82 釋證嚴，〈敘緣起〉，《靜思妙蓮華・序品第一》，臺北：靜思人文志業股份有限公司，2015 年，頁 67。
83 釋證嚴，〈無盡善意 創造無量奇蹟〉，《慈濟》月刊，527 期，頁 6，2010 年 10 月 25 日。
84 釋證嚴，〈說法品第二〉，《無量義經偈頌》，臺北：慈濟文化出版社，2011 年，頁 254。
85 釋證嚴，〈行遠路 不染塵土〉，《慈濟》月刊，521 期，頁 8，2010 年 4 月 25 日。
86 釋德仉，〈靜思法脈「為佛教」，是智慧；慈濟宗門「為眾生」，是大愛〉，《證嚴上人衲履足跡 2006 秋之卷》，臺北：慈濟文化出版社，2006 年，頁 328。
87 釋證嚴，〈行遠路 不染塵土〉，《慈濟》月刊，521 期，頁 8，2010 年 4 月 25 日。
88 釋證嚴，〈行遠路 不染塵土〉，《慈濟》月刊，521 期，頁 8，2010 年 4 月 25 日。
89 釋證嚴，〈行遠路 不染塵土〉，《慈濟》月刊，521 期，頁 8，2010 年 4 月 25 日。

第二章——眞空妙有：證嚴上人的般若思想

超越分析的空與有

法國文學家易卜生說：「自我像洋蔥，剝到後來是空的。」剝即是分析之意，分析到後來人的自我是空的，世界也是空的，這是世界無本質的見解。佛教的因緣生法就是主張世界沒有本質，一切因緣所生，因緣所滅。那佛教是否是著重分析？佛陀是不重分析，不重哲思，他著重通過道德實踐到超越空有的對立，以八正道，四無量心，清淨斷欲，達到靜定，達到空有不二。證嚴上人說：

「說真空，談妙有法，釋迦牟尼佛在道場所說的話都不離開說真——『真空』；談妙——『妙有』，佛法本來就是真空妙有；說的真理，分析到最後是空。」[1]

真理分析到最後是空，那有無真理存在？真理是存在的，但是真理也是因緣所生。一切萬事萬物都是互相依止，都是在因緣生法之中相契相依。善、惡是相對的，佛教是要超越善與惡，轉化惡，行十善，到達涅槃之境，亦即佛心能印照一切萬法，但不困於萬法之中。原初佛教不偏愛思辨，而是以道德實踐之禪定，直透生命的核心，萬法皆空，唯心是依。這心是真空妙有，妙有真空。如同火一樣，火性無我，寄諸諸緣。火是存在或不存在？因緣聚合，火即現燃光，因緣滅，火即隱沒，但火性不滅。佛心、覺悟的心亦復如是。

在慈濟，那個火性就是慈悲、愛、利他。證嚴上人希望直觀地把握世界的整體，不去分析它、不要過度解析它。在慈悲等觀的前提之下，連善惡都無記。這世上不是沒有善惡，而是你要超越善惡，連惡你都要救度，才是最高的善。上人認為，不管是藍天白雲或烏雲滿天；不管張三或李四；是善、是惡，你越分析，其實沒有道理。對於一個貧窮的人、照顧戶，我們去分析他，他並不會因此就感激你，如此做法，苦能得到解決嗎？不能，不如去愛他、幫助他，就像一個人有過錯，一直分析他的過錯，到最後也沒有辦法找到出路。與其分析心理的問題，知道問題了，又怎麼樣？最後他還是崩潰了，不如不要分析，而是找到一個能夠超越他情感的行動。

彰化慈濟志工高肇良以前吸毒，進入慈濟之後，他開始做慈善，整個人變了。受刑人出獄，我們怎麼跟他相處？要用愛、用慈悲，別用分析。為什麼？你過去吸毒，解決它就好了。從上人的角度來看，他覺得分析那麼多是沒有用的，不如用行動、用慈悲、用愛直接解決。我們可以看到慈濟很少提倡反思，實際做法上很少去分析探討，而是用行動直接去解決它，但這樣依舊有個問題，就好像我們碰到一個結構性的問題時，我們無法思考。面對個人生命的問題時，所有的善惡、自己的罪過、自己的無明，過度去分析都是無用的，不如用愛的行動力去超越，因為那是一個最好的行動。就如上人所提到的，虛空很大，不要只是一直看到烏雲，要看到那個妙有，要善用無窮的妙有、妙用去解決它。

空有的合一在於用

心是「空」，映照一切萬事萬物是「有」，如明鏡照人，人來映人，物來映物，但鏡面是空，這是空的妙用。同樣的，杯子是空，永保裝水的是妙用。執著杯中特定的水，就無法再裝，這是非有，非保有、常用之有。所以佛教的有是用，用之無窮，是為妙有。

用是實踐義，非分析義。原始佛陀的斷欲清淨，到證嚴上人是內修誠正信實，外行慈悲喜捨、四無量心，以慈悲利他，度化眾生，度化自己。利他度己，利他到覺悟。誠正信實是空，「空」對證嚴上人而言是無私的心，而為眾生付出是「有」。誠正信實是無私，是空；慈悲喜捨是有，以妙用無窮的智慧，拔眾生之苦，「苦既拔已，復為說法，令諸眾生受於安樂。」[2]

道理是空　人間是有

拔眾生之苦，最終是賦予生命真正的道理。活在真理當中，這是蘇格拉底的理性主義的說法，也是同時期佛陀去除婆羅門的祭祀、咒術的神秘主義，以道德理性為依歸的信仰。佛陀要弟子皈依法（Dharma），法是客觀存在的，法即是真理。證嚴上人說：「佛陀說人間是苦；道理是『空』，但人間是『有』，『有』才是苦。」[3]這裡所說的：「道理是空；人間是有。」「有」一定是苦。但苦不見得是那種真正的受苦，活在人世間，生、老、病、死是必然的現象，衰老是必然的苦。人間有八苦：「生、老、病、死、怨憎恚、愛別離、所求不得、五陰熾盛苦。」這都是生命必然的現象。上人說人間的「有」，背後還是有一個真理存在，依止在這個道理上，我們的心就不會輕易被這一切的生生滅滅、沉沉浮浮所主宰，不會被它所左右、占據而不斷地受苦。

道理於人間是「總一切法，行一切善」。於出世間是無所生、無所滅。心廓然無我，以一切眾生為我，以一切眾生為念。所以證嚴上人希望人人把握當下自我，為眾生付出。他常說，過去的是空，現在的是有。空有之間就是妙有。所以把握現在，把握當下去愛人，去創造。這是證嚴上人對空有的詮釋。證嚴上人說：

「『說真空』，過去了就是空，求不可得；過去的年輕，現在也求不得再回來了。現在看起來的形態，當年的尤老師（尤振卿[4]），現在還是……？過去的是空，現在的是有；空、有之間，他的人生叫做妙有。所以『真空妙有』，說起來，我們人人不就是都有嗎？」[5]

「過去」的是空；「現在」是有。「現在」很快又變過去了！又空了！那麼，到底生死之間，是「有」？還是「空」？生死之間是「有」的，上人說是「妙有」。為什麼叫「妙有」？而不是「有」？東西隨著因緣的變遷而改變，所以就是沒有。所謂的「所有權」，其實只有「使用權」。為人間付出是「妙有」，自己的存在，最後並非實有，妙有不是實有，不是實在的「有」，是「妙有」，他最後還是「空」，可是這個「空」的過程中，我們已經為眾生付出了，這付出是「有」。

到底我們的「有」，有沒有在很多人的心中？這是不是「妙有」？大體老師的捐贈，他人都走了，可是他還是具備「有」，他在教化學生，他在別的病人身上復活，這是不是「真空妙有」？大體老師是一個很好的「真空妙有」。明明人已經走了，生命都不存在了，但是他還能夠影響他人，他的生命還在別處延續著。

歷史上的孔子已經是過去的人了，但是孔子的思想卻一直在影響我們，他還繼續存在著，這就是「妙有」，妙有無窮的妙用。所以妙有是妙用，是無窮的「有」。這種詮釋當然是人間的意義，儒家的三不朽都在人間，佛教的有，通常指的是假有、假名，非實、非真。直到修成佛道，常樂我淨，有一個真如的本性存在是有，但是這真如的有也是空，因為這真如不是固定的有，不是具體的有，而是萬有，不執著於一固定的形式，而是與萬有合一。這是證嚴上人對於真如的詮釋。

有不離空，因為空才能有。固化的心，執著的心不是有，是假有。只有應用無窮才是有，應用無窮就是要空，如同杯子必須常空才能一直裝水，如同宇宙常虛空，才能包容萬色萬物，這是空有不二的真義。

如幻非有　為利益眾生

世間的一切，我們擁有的一切都是如幻非有，沒有什麼好執著。不執著是空，懂得妙用是有。執著是幻，放不下是苦。證嚴上人說：

「『不要執著啦，如幻非有啊！』但是『非有而有』，我們還是要認真在人間。一切的物質是這樣，不用爭，讓你再如何爭也只不過人生短暫；短暫的人生有真實的妙有，所以『如幻非有而有』。再回過來一句話說，『真空妙有』啊！」[6]

「我們這個『妙有』，『是為利眾生故，雖得深入人群，而不染著塵勞』。我們來人間只是要為利益眾生，我們已經要深入人群，但是在人群中就不可染著塵勞。世間紛紛擾擾，前面就告訴過我們了，一切的事物如幻非有，我們既然要利益人群，我們走入人群了，我們就不要執著在塵勞中，不要去染塵。『塵勞』，應該大家知道，煩煩擾擾人事物，不要起了爭執，也不要貪著，這叫做塵勞。」[7]

換句話說，妙用的前提是你不要染著，你要清淨才能夠妙用，妙用其實就是空的意思。當你杯子裝滿了，能再裝嗎？不能裝的。一旦染著了，杯子裝了水你敢喝這杯水嗎？不敢喝！如果水杯裡面老放著一個固定的東西，就是執著了！你也不能妙用。換句話說，上人認為妙有如幻，幻化之有。妙有就是為利益眾生故，利益眾生的前提是不要染著。上人是肯定生命的本質，實是非實、是非有、也非無。為什麼？因為它能妙有，妙有、妙用是什麼意思？並非為自己而活著，而是自己不間斷為他人活著。你的生命在他人的身上不斷妙用無窮影響他們，要妙用無窮的前提是不能被染著，不要被塵勞染著才能妙有。

「本來我們都沒有『豈有塵沙在見思外』，本來我們都沒有。『哪有無明在二觀後？』哪有什麼無明在空的或是有的呢？是『空觀』或是『有觀』？其實在這個觀念，都經過了我們的心中，是知道或不知道？是長或短？以前如何錯綜複雜去累積來的，所以是空、是有？」[8]

我們要能夠清楚了解「空」的涵義，因為有這個空間，才會有「有」。不管是「無明」也好，「空」也好，「有」也好，無明本身是沒有本質的，所以「空」「有」這二個其實都要破除。本來我們都沒有，「豈有塵沙在見思外」，無明沒有本質的，它也是因緣起，「空」「有」這二個其實都要超越。不著「空」，不執「有」，就不要去想有「空」，也不要去想有「有」，這二個都應該破除。我們本來就無一物。

不執著，任何事情就沒有相對性，若有執著，也是視眾生如己。證嚴上人的意思是要我們把相對性都打破，沒有什麼塵沙，本來就無一物！既不著空、也不執有；也沒有無明、也沒有無無明。我們要打破這二個罪性空觀，罪性本身也是沒有本質的，是不用去執著它。你不要去追尋我的罪是從哪裡來？分析到後來也是只有徒增困惑。佛陀說，若是被箭射到了，就要想辦法趕快拔掉，不要去分析箭從哪裡來的？是誰射傷了我？或追究這個箭毒怎麼來？這在當下是沒有意義的。可是我們的意識總是喜歡分析，佛法告訴我們，事情越是分析就會越顯得無明和困惑。就如同在混濁的水裡，越想釐清它而去攪拌它，水就越混濁，終究還是不會找到答案。所以，不如把這個水倒了重新再裝，「空」、「有」之間是可以不斷地變幻、轉化。

世間空　才有相

慧能大師於《六祖壇經》內有云：「世界虛空能含萬色萬物，一切山川大地盡收其中，世人性空，亦復如是。」屋子是空的，所以能裝下我們，杯子是空的所以能裝水，衣服是空的，所以我們能穿。空，才能有。證嚴上人也如是說：

「常常一句話告訴大家，『真空妙有』，妙有是真空。說虛空、太空、宇宙，同樣我們用不同的名稱，但是它很開闊，我們哪會去看藍天白雲或者是烏雲滿天？其實這全都是在世間空、有相，是我們人去將它分析出來的，去將它分別出來的。所以我們若能夠清楚了解『空』，因為有這個空間，才有『有』。」[9]

世界是一體的，是我們人把它分別出來。宇宙空，所以萬物能夠存在。儘管物理學家發現有暗物質，暗物質也在這虛空之中。有空才有相，我們看分別相，執著分別相，那是我們的妄見，所以有苦。我們能看到空，心如宇宙之空，一切萬象進入我們心中，但心如如不變，還能轉化萬物、萬法，這是妙用，妙有，這是真空。上人繼續說：

「我們明明就是有這個空間，但是我們現在的空間有限，主堂的裡面三、四百人；講堂的外面，中庭應該也上百人；還有我們的『小靜思』大殿，小靜思才二、三十人，三、四十人，就已經很滿了。我們為了這樣，我們再開空間，透過了那個深井過來，就是我們的講堂若再不夠坐，講堂再後面人文講堂。而離這麼遠，如何說話有聽到？那就是經過了科技，透過有線、無線，就是看到相、聽到聲。不只是在我們精舍裡面，還又能夠翻山過海在國際間，到底多少國際間呢？這個時刻同樣聽，聽到師父現在說話的聲音；看，看到同樣現在大家看的影像。這真的是真空，實在也是妙有啊，很奇妙的人世間。」[10]

證嚴上人在這裡用一個很科學的議題來說，其實真空妙有是真實的存在。我們的時間、空間不是一個哲學命題，它是一個真實的世界。為什麼那麼遠的距離，我在這邊講話對方也還聽得到？一個空間大小能夠容納多少事物？就跟心量大小能夠容納多少人是一樣的。這就是空中妙有的道理。

真空妙有放諸「物理」；空中妙有之於科學，理體是「空」，事相是「有」。科學真理是無形無相，但是用於世間卻是妙用無窮。所以上人說，理是空，無形無相，而能顯出具體的事項，妙用無窮。科學與佛法的道理很相契。

「『森羅萬象之事相』。事相、理體，理體、事相，理體是『空』，事相是『有』，所以說『諦理真空而妙有』。這個諦理是真空，但是它會產生了形形色色所有的有相。這樣說來這麼的簡單，到底我們有沒有辦法理解？我們的『心器』能夠裝著萬法，這個器具到底是清淨的嗎？清淨的用的水可以再用，這就是看我們的心有沒有乾淨。乾淨的心，法收來它是法；不乾淨的心器，進來的水不能用，那就不是法。」[11]

真空妙有付諸「心理」；我們的心如容器，心器玻璃要乾淨、要空，才能夠妙有，心器能裝萬法。

上人將空有指向實踐，就是心能夠清淨才能夠裝萬法。當有為法窮盡的時候，沒辦法溝通的時候，要回到無為法，回到虔誠的信念。換言之，把自己的心當作心器，就像是一個一個空的容器要裝東西一樣。心越乾淨，裝的法才能用，才能夠妙用，心不空、不清淨就無法妙用。我們的心器乾淨了，就是一切都空了。

三世有無　空有會合是中道

真空妙有放諸「生理」；生理是生老病死。空有放諸生死的時間之中如何把握？我們常常迷戀今生，不知來生，探索過去生。這是執著，是分別心。以佛法言之，過去、現在、未來都是我們的心虛妄分別。生命是一個長實流動的過程，如急川，如瀑流。我們要把握生命的整體，才不會在生滅之中困惑迷惘。證嚴上人對於生死之間提出「空有和合」的中道義：

「『三惑』，我們到底是什麼呢？是空還是有？我們學大乘法，就是要建立『中道』。『知道了、知道了。』『空』，就是有這個空間的境界，就是我們人有過去的時間，有無量數的空間，所以造成了我們現在人與人之間，因緣果報，都是這樣過來。既然『有』，有我們現在，既然也認證『有』，有過去，那這樣我們應該道理都要清楚，將過去、現在會合在當中，這叫做『中道』——不執空也不執有。其實『空』、『有』會合是一個中道，就是真理。」[12]

證嚴上人所言：「過去、現在、未來合起來就叫中道。」中道是不執空、也不執有，為什麼？他這樣說，「空、有會合就是一個中道。」就是不執空、不執有。不執過去、也不要只看到現在這一切，過去的因緣與現在和合而成。現在的你把握現在的你，那就是中道。不要執著在過去心不可得，現在心也不可得，未來心也不可得。那要點哪個心？禪宗有一個公案。

一位德山大師精通《金剛經》，當時眾人稱為周金剛[13]。當時南方禪學盛行，於是他決心到南方向禪宗挑戰。

在前往的路途中，遇見一位賣點心的阿婆，便放下所挑的擔子，要買些點心充飢。阿婆問道：「你挑的重擔是什麼？」德山說：「是《金剛經》的疏抄。」阿婆說：「我問你一個問題，如若你回答的出來，我就把點心送給你吃，如果答不出來，那你就到別處去買吧！」德山很自負地回答：「儘管問吧，無妨！」阿婆問說：「《金剛經》講：『過去心不可得，現在心不可得，未來心不可得。』那麼你『點』的是哪個『心』？」

德山當下無言以對。

當下它其實是沒有過去、現在、未來的，當下的那個心是不執著，也是一個空性。

證嚴上人講的中道就是真空妙有，每個事情發生的當下，大家都會指著我的觀點、你的觀點、他的觀點，大家在開會的時候，其實都會有這麼多的想法跟執著。可是那個執著裡面，如果我們能夠體會到這一切都不過是當下的因緣和合而已。在這個因緣的當下，有道理的，我就接受它，我就放下了，在那個當下其實就是一個中道。就不再去執著自我的一些觀點的時候，那個空性才會在這個過程裡面慢慢去體驗出來。

生命本身其實是像流水一樣，它沒有一個截點，有無數量的空間才會造成現在人的因緣果報。流水不能以截斷法，去截取一段。抽刀斷水水更流，那流水不停留在過去，甚至不停留在現在，也不停留在未來，它一直都是不斷流動的過程。換句話說，水性本來就是一，是我們把它分別了。空有的相對性也是我們去分別出來的，水的本質是液體的，哪有分別心。它哪有在過去、在現在，它是無處不在的。這一刻，水在這裡流；下一刻又流到他處去了。整個流動的水是生生不息的，是不斷在流逝、在流動的。所以，你沒辦法把心放在過去、現在、未來，它根本都無所不在的。它也沒有移動，它也正在移動，不過就是心不能永遠在過去，你越想過去，自己好像就老了。心永遠要像孔子《論語．子罕篇》所言的「逝者如斯夫！不捨晝夜！」[14]

因緣所生法　我說即是空

佛陀用過一個比喻來說明空有的存在關係。一片土地，我們把它挖出一個大洞的空間來，這個洞的「空」本來就「有」嗎？如果本來有，那挖空之前是平地，這空在哪裡呢？如果沒有空，那平平的土地如何能挖出空來呢？一切空有都是相依相契，本來無，如今有，都是因緣所生。證嚴上人以種子與大樹做比喻，一粒種子還是種子的時候，怎麼有大樹？而種子如何能長成大樹？因緣所生。證嚴上人說：

「『森羅萬象之事相』，就像森羅萬象一切的事相，我們人間所有的事相還是存在。說種子、種子，樹長大，你要再往地下去找那顆種子，了不可得，因為那顆種子已經發芽、抽成嫩芽，已經樹苗而變成大樹了。原來那顆種子找不到了，已經是一棵大樹。這棵大樹它還可以產生與原來的種子一模一樣，這就是妙有。所以，妙有真空，真空妙有，原來的種子已經空掉了，變成一棵大樹，這棵大樹能夠產生無量的種子。所以這樣的循環，粒粒種子同樣還會真空，真空它還會再生妙有。這種，人世間就是這樣。」[15]

身心不離有為善

「我們了解了無為的道理，但是我們也要入這個『身心不離有為善』。有為法，有為的善，有所作為的善，這就是真空妙有。雖然一切都空，什麼都和我沒有關係，但是心沒有離開眾生的苦難，我們還是要投入為人群，而人我是非不會來染著我，這樣才是真空妙有。」16

證嚴上人闡述的佛法，最大的特殊與高妙處就是可以被實踐。聆聽上人的法不會讓信眾一直不切實際地停留在抽象的空間裡。當人達到真空妙有時，他的心就不離開眾生。在不染濁時，我是空的。我的心很空，一旦付出之後，結果就與我無關了（這裡說的無關不是無所謂，而是無所求）。所以，心很踏實、很放鬆，因為用心付出過，沒有辜負自他因緣，就自然不去煩惱結果如何了。

但是，我不離眾生。所以，入人群中真空妙有，入人群中是妙有，心不被染著是真空。在生活上這種境界對人人都是一個考驗。如何把事情做好？我到底站在什麼角色？當我使不上力時，又該怎麼辦？如同證嚴上人所說的，當你不能有所作為時，你要回到虔誠的心。也許會出現不同的因緣。所以不離有為、不離無為。證嚴上人說，當有為法發生困難，要用無為法去對治。

「遇有為法的困難，就要用無為法去治理，心不要綁在那裡，我們用悲智雙運來克服，看能否虔誠。就如剛才說的厄瓜多，能用虔誠地互動，有辦法他們克服了，將物資集中在地方的銀行，可以讓我們順利完成嗎？所以若只是要用有為法，那就是煩惱重重，障礙重重，光是在那裡乾著急，乾煩惱。在那個地方，現在就要用無為法，軟實力，要如何去處理？這就是要了解，佛陀滅度後，五濁惡世中災難偏多，才是在考驗菩薩的悲智雙運。」17

證嚴上人在這裡說到「真空妙有」如何運用？妙有是有為；妙有也是無為法，但是必須用真空來進行。用有為法，煩惱重重，用無為法，就是要回到虔誠的心。有為、無為要互相運用，真空才能妙用；妙有即真空。兩者本來就不依不離，是妙有就是真空；真空就是妙有。無為法要在有為法中體現；有為法不離無為法。換句話說，做事的能力不離虔誠的心，虔誠的心是無為法；做事的智慧是有為法，兩者缺一不可。你光有智慧，你沒有虔誠的心終究會露出破綻。所以老子《道德經．第四十章》講：「反者道之動；弱者道之用。天下萬物生於有，有生於無。」當你做一件事情時，另一個反作用力會同時存在，最後會顛覆你，這就是你的心有沒有夠虔誠。所以時時保持清淨的初發心，就不會招來惡果。

「這種末法中要說是經，真的要住在安樂行，將這個心開闊來，以空、真空妙有。若想到真空妙有，那個煩惱就去除了；若沒有想到，就是煩、煩、煩，真的是擔心。空中妙有，你虔誠的心，很奧妙，不可思議，說不定他就在那個地方順利解決。他們已經過了半天了，我們還在這裡擔心什麼呢？若想到，不用擔心，就過了。」[18]

證嚴上人在這裡表達的是，凡是要用心、但不要擔心，回到虔誠的心，一切事情都會順利解決的。

非實非虛　無生無滅

盡一切有為，回歸於無為。人世間的一切事情不可能完美，所以要調整我們的心來適應它，超越它。超越的力量就是無為法。一切有為如夢幻泡影，無為的道理才是長存。我們一件事做不好，盡一切智慧所能，仍無能完成，就要放下，心念虔誠，保守真理，奉持信念，因緣成就在進行。這是有為無為相互運行。證嚴上人說：

「『非實非虛』，不要那麼認真，不要那麼計較，一切有為法，如夢幻泡影。其實回歸道理，那就是『無為法』，何必那麼計較呢？所以，『無生無滅』。其實剛才說的『生滅相』，是生滅，這麼地快速，我們道理其實是『無生無滅』，有生、有滅，有形、有相，那全都是無常；若『有常』，它就是無生無滅。天地虛空之大，它沒有受到時間來影響，也沒有受到形相來影響，這就是大空間。」[19]

「大宇宙間，不論天地如何變化，大空間還是大空間，這真空，真空的裡面有它微妙的道理，所以『真空妙有』。所以它『非實非虛，無生無滅』。所以，『究竟平等』，因為一切皆空，所以它平等。『若實意識，未受未了』。其實，意識，我們若還沒有透徹了解，『則不可言知』。」[20]

意識，我們還沒有很透徹，所以是「不可言知」。意識本身是相對的，上面提到真空妙有是究竟平等，也就是說非實非虛，真空妙有是一種微妙的道理。換句話，說什麼才是真正的平等？只要牽涉到有形有相的，都不可能平等。你的地位、你的財富、你的才華、你的能力、你的機運、你的長相、你的財富都是不平等相。真理是平等的，每個人都可以依止在真理上，每個人都可以為價值服務。以價值為平等，以價值為領導、在價值中平等。例如：醫院中的醫生、護士、清潔工三者的職務不同，但是他們為病人服務的價值是相同的，他們的價值是平等的。不去比較誰領的錢多？誰領的錢少？誰的地位高？誰的地位低？這樣的比較沒完沒了。荀子說：「維齊非齊[21]。」說明人的平等不是能力與個性的平等，而是人人發揮一己的能力，通過禮與義，形成了社會的「差異和諧」。禮是相互尊重，信念等同；義是利益和均，人人無爭。

道理才能使人達到究竟平等，所以真空妙有是絕「是非」，是究竟平等的。真空妙有非實非虛、無生無滅，道理是真空妙有。一切皆空，所以平等，不受形象所綑綁。

眞諦、俗諦

依止於真理的平等，是佛法強調的平等觀。真理無形無相，但是可以妙用無窮。一項真理放在心裡，面對千差萬別的人與事，都能運用真理，不離真理，就是智者。真理是無為，有形的事物是有為，以無為入有為，就是事理圓融，真空妙有。證嚴上人說：

> 「佛陀就是開始要讓大家能夠知道，菩薩接受了，所以在『真空妙有』，真諦、俗諦，真諦就是真空，俗諦就是人間，真的是奇妙啊！為什麼你的心態會這樣？為什麼你的造作會這樣？為什麼你有這樣的習氣改不過來？為什麼……，很多很多。這必定要設法讓人人的心智能開，對道理能懂，行在道理之中。若這樣，人類，人倫道德上軌道，這是教化有情人，這樣才有辦法斷除煩惱。」22

用道理開導每一位眾生，每一個人都能信受法，那就是真諦，那就是平等，那就是真空。證嚴上人的思想，把「真空」當作是一種道理，「真空」是體；「妙有」是它呈現的各種可生滅的形象。但是這個形象卻不離真空。真空是無為法；妙有是有為法。

這種真空妙有的修煉，有為無為的鍛鍊不是思想上的提煉，而是人格的養成。無為法不只是認識真理，而是一顆真純、虔誠的心念。以虔誠的心念，才能認識真理，實踐真理。這與希臘蘇格拉底式的思辨中獲致真理有所相異，佛法的真理強調的是心，心的禪定、清淨，才能認識真理，體會真理，體解空意。體解空意，才能妙有。因此心的清淨是智慧的源頭，去欲才能得真理。證嚴上人言：

「『斷欲去愛，識自心源。』愛欲不斷，人生之苦即源源不絕，尤其生命無常，性命就在瞬息間變化，若沒有把握時間讓心罪之源斷除，則造業不斷。我們有一股清淨之泉源能洗淨內心的煩惱，若不尋得心中清流，則會被層層的煩惱所障礙，所以，我一直希望諸位斷欲去愛，才能識自心源。進而『達佛深理，悟無為法』。想體會佛陀所說的真空妙有、無為之法，必先要除心慾煩惱。」[23]

上人要眾生斷除欲心和煩惱，斷欲去愛才能夠識自心源。若沒有將心罪的源頭斷掉，那麼在人間則是不斷地造業，和不斷地受苦，而無法回到自心清淨的源頭。斷欲去愛，進而「達佛深理，悟無為法」，體會真空妙有是很不容易的心靈修煉。

證嚴上人強調真空妙有必須在人群中體會、歷練。一切行為都能發而中節，不偏不倚，出於情，止乎禮，這是中庸的哲學，也是證嚴上人強調的真空妙有在人群中的修煉智慧。

「何謂『無為法』？剛才說『真空妙有』，這個妙有人人具足，卻無法真正體會，雖然如此，但是人人無缺，真空妙有必定要用心於日常生活人群中去領會，如何與人相處能不違人意？又不迷失於彼此之間的禮節？發於自然之禮，這就是真理——無為法，意思是指人人經常都以凡夫心彼此對待，因此而有分別，分別心所見的境界都是虛幻的，所以，我們要找一條『理得心安』彼此圓融無礙之道。」[24]

心安基於理，而非基於事。理安則心安，理安則事安。所以證嚴上人說：「人圓、事圓、理圓。」人心先安定，事才安定。人心安定，必須基於理，基於真理。但是真理在佛法不是去譴責非真理，而是包容度化。這是一種智慧，這是一種虔誠，是善智慧。任何人與事，我們都能相契、圓融、和合，要靠真空的心——誠心、虔心；要靠妙有，與人相契的智慧，這是真空妙有。如《中庸》言：「喜怒哀樂之未發謂之中，發而皆中節謂之和。」上人的講法裡也有儒家的思想，如何與人相處能不違人意？又不迷失於彼此之間的禮節、發於自然之禮，這就是真理——無為法。

證嚴上人所表達「真空妙有」，於人與人之間互動的意涵不正是：人人都值得被你愛嗎？人人都值得被你諒解嗎？人人都值得讓你來疼惜和祝福？

當你用一個更高的視野跟心境在看待眾生的時候，你會看到一切眾生的傲慢、專斷、權力、炫富都是苦，都是迷惘的。你會站在一個更高的境界看待眾生，而不是譴責他，不是恨他、討厭他，而是悲憫他，當我們心中這麼想的時候，我們就不會與他結惡緣。如果我們一直看人不對勁，那就是我們要修的地方，要看每一個人都很好。如果看到不好的地方，你要用更遼闊的心來接納他。當我們看到別人的惡時，我們用一種更大的慈悲與智慧來觀照，不跟他起心動念。我們要以慈悲心和一個更高的胸懷來看待這個人，換言之，我們用無為法的真理來對待處理就能夠「真空妙有」。

法身是眞空妙有

真正的生命是法身、是慧命、是真空。但是這法身不離眾生，真空不離世間，才是真空妙有之義。證嚴上人說，覺悟的佛成就二德，他的法身真空，但是隨眾生之需，幻化妙有：

「佛陀覺悟，三覺圓滿、二德完成（二德具足），這就是我們要聽佛法。所以我們要了解無明習性，凡夫、眾生的煩惱即是菩提。知道無明實性就是法性，這些無明，終歸過來它沒有一個實體。」[25]「其實它的實體歸納是空性，所以是幻化，是我們的身體，那就是『法身』，是真如本性。真如看不到，它是『真空』，卻是『妙有』，才叫做法身，是『真空妙有』，這是『幻化空身』，人人本具，人人都是這樣。所以『諸子皆住一乘道』，佛陀的弟子應該都歸回來，所聽的法就是一乘法。我們最近無不都是期待人人用種種的方法，能夠明白這個一乘法，對我們人，我們應該如何去了解，如何來受用。」[26]

證嚴上人希望眾生都能了解無明實性，其實就是法性。凡夫眾生的煩惱即是菩提之道，無明實性是法性，它沒有一個究竟的實體。真正的實體是什麼？是空性。空性是如何發生的？是在真空妙有中發生。從這裡我們知道，我們有一個法身是真如，也是幻化空身。正是因為知道我們真實的存在是法身、是幻化空身，所以我們應該慈悲地對待眾生，對於別人的犯錯，應該以理解的方式來接受，真空的心可以涵容眾生展現出來的各種生命樣態。

法性如水

法性如水一樣，隨方就圓，象徵「空」在「有」中而不變其本性。水可以幻化為各種身形，在不同的形體中適應，成就，但是水性是一。若江河、若井水、若湖泊、若大海，水是真空因為它妙有。如證嚴上人所述：

「法性、無明，法性與無明，如冰與水，無明之冰即是性之水。到底是冰，還是水？你們告訴我：『冰。』『好，你先幫我放著。』我稍後再來時，『冰在哪裡？』『融掉了。』『融掉是什麼樣子？』『就是水。』『水，我要冰，我不是要水。』但是，水就是能夠製冰，冰融了之後就是水。」[27]

證嚴上人說，無明如冰，但冰融化了就成為水，冰的法性是水。無明本身也是空性，它沒有本質，無明的本質也是法性，所以當我們看到一個人的無明時，當下轉個念，它就成了法性，此時我們就不會執著用惡來看待他。法性如同水一樣，它有無窮無盡的展現。無明的展現不過是一種暫時的因緣和合現象而已。

水也能滌淨心垢，所以說「法譬如水」，滌淨我們的煩惱無明。水是空，法是空，有心垢，依靠空來滌淨。因此不執有，就必須以常保我們的空性來調適，來轉化有垢。所以水是空性之意，水也是妙有。越能妙有，越是空。不執著是空，妙用是有。所以證嚴上人說我們的心真空妙有，柔軟如淨水一般。

「我們不染塵勞，雖然在人群中，卻是要修，修得了『柔軟如淨水』。法譬如水，水能夠洗滌塵垢，很多紛紛擾擾的人我是非，我們就算遇到了，我們不染。若染到呢？就像水，用法，趕快來清除我們所染著的塵勞。本來我們就不可染著，既然被這塵勞染著了，趕快用水來洗它，也就是佛法用在人事間；有煩惱，用佛法來解除。這就是我們應該學的法，用法自度也度人。世間難免有塵勞事，煩惱難免，但是我們要用法來對治，叫做『法譬如水』。」[28]

回歸眞如來　為衆生大利

菩薩為眾生，眾生成就了，我們歸到空，回歸到真如來。這是捨捨，連捨的心都捨了。實無一眾生得度化。眾生本來就有佛性，菩薩度眾生，本身不求回報，不求功德，實無一眾生得度，回歸到真如，回歸到空。這是證嚴上人闡述「真空妙有」的最高境界之一，妙有之後要真空：

> 「天下眾生是我們的趣向，我們的趣向到達了，那時候我們就完全回歸到我們的真如來，那是真空妙有，回歸到那個『空』的妙法來。」
>
> 「『空』中的妙法是那麼力量大，所以『眾生無善』，眾生無善，因為不懂得造善。『我以善施』，菩薩就是這樣，你們都不會造善法，人人本具這個力量，但是就一直在這個苦難輪轉中，無法去行善。菩薩就是我，『我以善施』，我用善法來布施。」[29]

我們可以以善法來布施眾生。面對眾生的無善，我們不要起心動念，能夠真空妙有，以無為法來布施，可以以很虔誠的心來對待眾生。在一個團體中，不要一直向外看團體的制度是否做到完美，而是要往內看自己是不是真有把事情做好。人要懂得掌握內在的力量，每一個人心中都有慈悲心，如同真如本性一樣，我們可以用空性來觀照每一個人。別人表現出無善，我們依然可以以善和慈悲來圓滿這個因緣。如此一來，複雜的事情也會變得簡單，容易處理了。

在圓滿世間事物之後，圓滿眾生之後，菩薩一樣心如明鏡，本來也無一物，今也無一物。真如，真空。但是菩薩也不停留在真空裡，還是要持續妙有，持續為眾生付出，要為眾生得大利。所以證嚴上人說：

「你要回歸真如本性，必定要為眾生大利。總而言之，法就是這樣這麼大，縮起來是這麼的小，『無為真空無形像』，但是『妙有為法合成相』，就是妙有去將它合起來。世間這麼多形形色色，這全都是諸緣，諸因緣聚，名相就會合起來，這就是假合蘊藏著如是法。這麼多的法，真的是要我們去體會，不是用說的，我們聽就了解，一定要用心去體會。」[30]

菩薩把握一切有，一切因緣，度化眾生。本身體空，實無，無所求，只為眾生得利故。眾生得利，菩薩心如鏡，實無，實空但不住空，只要眾生有需要，菩薩應機教化，隨緣開示，給予眾生一切物質與心流之所需。這是真空妙有，妙有真空之真意。

註釋

1 證嚴上人晨語開示，《法華經・如來神力品第二十一》，2020年5月4日。

2《無量義經・說法品第二》（CBETA 2022.Q3, T09, no. 276, p. 385c28-29）

3 證嚴上人晨語開示，《法華經・如來神力品第二十一》，2020年5月4日。

4 一九三七年出生的尤振卿是第一位將靜思語融入教學的老師，早期因為教學嚴格，師生私下稱他希特勒。一九八九年因為看了《慈濟道侶》，轉變教導方式，把上人所講的話，抄寫起來，更自創布袋戲靜思語教學。二〇二一年因病往生，讓許多學生和志工無限追憶。

5 證嚴上人晨語開示，《法華經・如來神力品第二十一》，2020年5月4日。

6 證嚴上人晨語開示，《法華經・法師功德品第十九》，2019年2月22日。

7 證嚴上人晨語開示，《法華經・法師功德品第十九》，2019年2月22日。

8 證嚴上人晨語開示，《法華經・隨喜功德品第十八》，2018年10月18日。

9 證嚴上人晨語開示，《法華經・隨喜功德品第十八》，2018年10月18日。

10 證嚴上人晨語開示，《法華經・隨喜功德品第十八》，2018年10月18日。

11 證嚴上人晨語開示，《法華經・隨喜功德品第十八》，2018年10月18日。

12 證嚴上人晨語開示，《法華經・隨喜功德品第十八》，2018年10月18日。

13 鼎州（後改朗州，治所在今湖南常德）德山宣鑒禪師，劍南（今四川一帶）人，俗姓周，唐德宗建中三年生，幼年出家，二十歲受具足戒。精研律藏，擅長講解《金剛經》，他的俗姓周，因此時人譽為「周金剛」。

14 孔子《論語・子罕篇》：「子在川上，曰：『逝者如斯夫！不舍晝夜。』」

15 證嚴上人晨語開示，《法華經・法師功德品第十九》，2019年2月28日。

16 證嚴上人晨語開示，《法華經・從地涌出品第十五》，2017年8月3日。

17 證嚴上人晨語開示，《法華經・安樂行品第十四》，2017年5月4日。

18 證嚴上人晨語開示，《法華經・安樂行品第十四》，2017年5月4日。

19 證嚴上人晨語開示，《法華經・安樂行品第十四》，2017年4月25日。

20 證嚴上人晨語開示，《法華經．安樂行品第十四》，2017年4月25日。

21 「維齊非齊」是戰國後期荀子認為財富的分配應有等差的觀點。語出《尚書呂刑》：「輕重諸罰有權，刑罰世輕世重，維齊非齊。」

22 證嚴上人晨語開示，《法華經．譬喻品第三》，2013年11月6日。

23 證嚴上人晨語開示，《法華經．譬喻品第三》，2013年9月30日。

24 證嚴上人晨語開示，《法華經．譬喻品第三》，2013年9月30日。

25 證嚴上人晨語開示，《法華經．譬喻品第三》，2013年9月30日。

26 證嚴上人晨語開示，《法華經．譬喻品第三》，2013年9月30日。

27 證嚴上人晨語開示，《法華經．譬喻品第三》，2013年9月30日。

28 證嚴上人晨語開示，《法華經．法師功德品第十九》，2019年2月22日。

29 證嚴上人晨語開示，《法華經．譬喻品第三》，2013年9月14日。

30 證嚴上人晨語開示，《法華經．譬喻品第三》，2013年9月14日。

第三章——證嚴上人的中道思想

中道，不偏不倚；非有非無，非小非大，非世間非出世間等等，破執有，也破執空，這是佛教重要的精神義理。「八不中道」更是中觀的重要思想，影響後世佛教思想甚深。中觀用否定句來肯定不可思議及言詮的佛心境界。本文提出的證嚴上人之中道思想是「八即中道」，用八個「即如，即行，即證」，詮釋中道涵融空、有的不二法門。證嚴上人的法華中道，吾人將之歸結為「八即中道」：「即凡即聖」，「即世間出世間」，「即煩惱成菩提」，「即靜即動」，「即因即果」，「即假名體真諦」，「即眾生覺自性」，「即菩薩道成佛道」。

法華中道觀

證嚴上人的中道思想從法華著手，提出世間、出世間不二，引導眾生開、示、悟、入，開佛知見，示佛知見，悟佛知見，入佛知見。諸佛人間，為一大事因緣故。如《法華經．方便品第二》：

「諸佛世尊，唯以一大事因緣故，出現於世。舍利弗！云何名諸佛世尊、唯以一大事因緣，故出現於世？諸佛世尊欲令眾生開佛知見，使得清淨，故出現於世；欲示眾生佛知見，故出現於世；欲令眾生悟佛知見，故出現於世；欲令眾生入佛知見道，故出現於世。舍利弗！是為諸佛唯以一大事因緣，故出現於世。」[1]

世間與出世間的對立在法華經義中，成為諸佛菩薩在人間度化眾生的永恆願力。佛已經覺悟再來人間，覺悟已是出世間的智慧，入人間是為眾生無明故，世間與出世間的中道在此。中觀八不中道的思想，採取遮全的詮釋形式，以否定句來點出佛陀覺悟的真實義難以思議，難以言說。因此八個否定句：不生、不滅、不一、不異、不常、不斷、不來、不去。來說佛陀的覺悟境界。

即世間出世間

在《法華經》裡覺悟的佛在人間，為人間、為眾生成佛，直接將出世間與世間結合在諸佛為眾生的願力願行之中。以出世的心，做入世的事。或者說，以出世的覺悟慈悲智慧，度化世間的一切眾生。這是證嚴上人採取的中道觀。他在《靜思法髓妙蓮華》的開示中就說明《法華經》是中道法：

「《法華經》，就是人間之道，就是佛陀入人間來，為一大事來，要教菩薩法，是講《法華經》。《法華經》是中道法。佛陀他就眉間放光，讓大家能夠知道，要講這部經是很特殊的，這是說中道法。中道法剛才說過了，空，其實你要了解到真空；有，你要了解妙有。所以不能偏有，也不偏空，所以這叫做中道。就在眉間，表示在兩眉中間發放毫光，這是表示中道。佛陀將要說中道法，大家已經在定中見佛，所以了解佛是為世、出世間最殊勝的法，所以隨順眾生以為顯現。這個光就是隨順眾生來顯現，講每一部經，放光都是在不同的地方。」[2]

《法華經》中提到諸佛世尊欲令眾生開、示、悟、入佛之知見，故就此因緣出現於世。所以上人認為《法華經》是佛陀講的人間之道。《法華經》也為中道法，佛陀教菩薩法既是空，也是妙有。《法華經》本身就是個中道法。中道法的展現是真空妙有，也是「無為法」和「有為法」的和合。上人的大乘思想是連貫了有為法和無為法，和中道法也是一致的。都是不執空也不執有，真空妙有的體性是中道；而中道的展現就是真空妙有。凡真空妙有的展現，不離有為法和無為法，它們之間是相依相存和互為表裡的展現。證嚴上人說：

「華嚴繼而小乘法，因緣果報觀，談『阿含』；說『方等』，還再談『般若』，才歸入了『涅槃』中。我們到了『般若』，那一片『空』，在『阿含』呢？事事都執著『有』。《法華經》，『有』是真實有，『空』是真實空。但是真實『有』，無所執著；真是『空』，空中有妙有。所以，法在《法華經》就是『真空』中，《法華經》中有『妙有』，在『阿含』的因緣果報觀，《法華經》完全具足。所以《法華經》就是一條人間的菩薩道，它於『空假中』觀。它是教中道，是『中觀』，教中道，所以要我們不可執著，隨眾生根機去施教，這就是《法華經》的價值。」[3]

中道就是菩薩道

中道之義，證嚴上人詮釋《法華經》，就是要行菩薩道。不是修小乘，不是聲聞、緣覺，而是要入人群度眾生，行菩薩道。聲聞、緣覺已經斷欲清淨，但智慧還是不足，還無法成佛。成佛之道，就是要入群度眾生，度化一切眾生中得一切智慧，養一切慈悲。所以成佛一定要行菩薩道，行菩薩道就是中道義。證嚴上人說：

「我們要走中道，中道就是菩薩道。就如大白牛車，它在田埂路，牠駕著這個車，牛車，牠腳步穩固，步步向前，牠就是在那個田埂，牠就是在中間行走。剛剛畫面那一部的白牛車，是穩穩地可以不斷向前行，只要這一臺牛車走到之地就是良田，永遠都是豐收的良田。就如菩薩所到之處都要菩薩招生，我也常跟大家說，見人說好話，那就是慈濟。慈濟在全球已經走過了一百三十多個國家，都不是去觀光，都是因為救災而去。

時常需要慈濟繼續去的那個地方，總是已落地生根，種子布種在那裡都是樹苗，成為大樹，都一個個的分支聯絡處，都是就地生根。這就是慈濟人用心用愛，真實、真誠的心，落地生根。

我們要行中道，中道行大乘，小乘就是要修行，不要忘掉了我們要學，學到真正地自由自在，布種在全球。所以不要以為說，修行是小乘的事情，其實修行是人人的本分事。人人的本分事就是要修行，修行的方向都是為天下眾生付出，這叫做『大乘』。所以我們要站在中間，總是一邊要修行，一邊要為人間付出。所以每一位慈濟人總是守護在中間，叫做行大道，就如那一隻白牛一樣，牠走路就是要走中道，同樣的道理。」[4]

中道在人間

中道就在人間。不是到天堂，也不是到地獄，而是把握今生今世在人間度化眾生。不只在今生，來生來世都要乘願再回到人間。證嚴上人的中道觀是以人間眾生為根本的一種菩薩道。中道就是真空妙有；是用出世間的覺悟之智慧、空性，運用在人間，以萬法度眾生，故為妙有。不是往生西方淨土，而是把握在人間，這就是妙有真空。

「也許我造福到天道去，我不要！因為天道享福，沒有用，我還是要來人間，因為人間是中道。所以人間苦難偏多，三惡道，那個黑洞一直都在吸收人，往惡的方向走，那就會被黑洞吸進去。所以我們要有一股力量，不要讓黑洞把我吸進去，我還是守在人間，把關在地獄門的前面，期待讓人造福不造惡，就不會到三惡道去。

菩薩們，你們要用心，期待人人在那裡，人間的天堂，你們要趕快走入了人間的菩薩道，不要被人間的天堂迷失掉；趕快覺有情，覺悟的有情，人間行菩薩道，這是我最大的期待。那裡的道場不管在哪裡，這道場就是你們大家的家，所以你們在哪一個區域，慈濟的道場、靜思堂，你們都要好好去護著它、守好它，再菩薩大招生，這是最大的期待。」[5]

《法華經》講「空」，是無所執著，但我們在探討證嚴上人的思想的時候，不可以離開眾生。所有的修行都要回到眾生，要根據眾生的根性隨機應施教，這就是《法華經》中道的價值。

「苦樂，不論是苦是樂，這都是眾生所造的業力。造福業，那就是好的人間，大家在那裡受樂、平安；苦的人間，就是生來就由不得自己，在那個地方，什麼是苦、什麼是樂分不清。所以才會有天堂、地獄，天堂、地獄是極端；極樂，很快樂的地方在天堂，很苦的地方在地獄，這種的形容。其實修行，中道在人間，苦樂自己造自己受。」[6]

天堂和地獄是兩個極端的世界。人世間有苦也有樂，如何能離苦得樂就叫做中道。苦樂是自己造的，所以得要自己受。修行的人明白中道在人間可以超越一切的苦樂，當我們明白了中道之後，我不再造業，所以我就不再受到苦果。往後生生世世都不再造業，就不會被業報所苦。不只不再受業報所苦，還能夠利益眾生。隨眾生根機而施教謂之中道，亦是真空妙有，有為法不離無為法，而無為法就在有為法當中妙用無窮，這就是中道在人間。所以不要住在地獄，也不要住在天堂。

人間有苦有樂是中道，上人要我們回到人間走中道去天堂，還要下地獄去救度眾生。如果在人間一直在受苦，就不會有餘力去助人利他。如同活在地獄一般，一連串的打擊和痛苦，人會一直沉浸在苦難之中，無法自拔。還好我們有佛報身在人間，在人間有苦有樂，在人間修行就是中道義。

動中靜

中道觀就證嚴上人而言，其另一層意義就是不執著在禪定中，而是動中禪，動中靜，禪定在一切生活行為當中。一如禪宗六祖惠能大師所說的，「定慧一體」。真正的定是一個人在日常一切生活當中都不偏離法，不偏離道，都能生萬法，去面對一切境界，轉化一切眾生。這才是真正的禪定、智慧、解脫，是動中靜。在愛的行動中找到內心最崇高的靜定。

「佛陀說，行中道。平常我們的心天天都在那樣輕安自在，心那樣地恆常心，就是修行者的輕安自在。不只是『我七天之間就是在打佛七。我現在，這一天專心念佛；我這七天，我打禪七，我專心靜坐。』不是這樣，靜中有動、動中有靜，這才是真的禪，禪就是靜思惟的意思。不管在靜中，我們的思想也不要讓它複雜掉，胡思亂想，心態絕不可以胡思亂想；靜中心要真正地很靜，沒有煩惱、沒有雜念。這都是要訓練心，人在此地，心也要在此地；手的動作、腳的行動，都要心心念念共同一個動作。這，專心不要胡思亂想，這是在靜中。」[7]

證嚴上人提出的靜就是能夠沒有煩惱。而且要一心一致，專心地在每一個境界當中。所謂的人在此的心，在此地手腳念念都在這個動作中。靜不是打坐的時候靜，不打坐的時候心就亂，這不是真正的靜。靜是在一切的動中都能夠專注，能一心一意在當下。而動中也是要學習靜，這種動中靜是要不斷地淬鍊，不斷地學習，不斷地經過各種人事物的考驗以後才能夠練就。靜中、動中，都能夠專心一意，無染、無煩惱、生智慧，這是動中靜。證嚴上人說：

「動中呢？我們要訓練出了一心一志，該做的是什麼，我們就在這樣動中專注一心。拿起了碗，提起了筷子，我們的這個腦筋一動，這一個碗不只是純粹的碗；碗，碗的本質，只要一閃動就知道它是從何來？源頭從何來？碗的坯也是從土，土，就是要從火，要有一個坯，坯就要經過了爐等等，多種、多種的。人工細膩，才能端起那一個碗，摸一摸，好細膩喔，這都是要多少人的細工、過程，才能在我們的手上，要心存感恩。所以我們每一天對人要感恩、尊重，一切的物資讓我們生活中不缺，就要說感恩；心存感恩，時時刻刻動靜中都要有，這是修行的心態。」[8]

證嚴上人教弟子要動中靜，也是利他的究竟境地。修行不是坐著不動，而是動中靜！在動中時時專注一心，心念和行動是一致和諧的，與人的對待關係也是「發而中節」，這種道意可以動中靜，也可以靜中動。我們可以訓練出一心一志的專心，當你手裡拿了一個碗時，它不只是碗本身，「碗的本質，只要一閃動就知道它是從何來？源頭從何來？」它是集合土、水、火等等因素一起，再透過人工的過程成為坯，最終成為我們手上拿到的碗。所以我們要時時心存感恩，每一個念頭啟動的時候都是感恩。動中靜，不離感恩。心與萬物感通交流，一花、一草、一木都存在每個人的動靜之間，也都不離感恩之心。

中道認識因果

在佛教當中所謂的真諦、假諦，或言假名。很多人在這種追尋當中進入斷滅空，或把一切的世間都當作假名，成為頑空，斷滅空。就是不在乎任何世界的一切，為所欲為。或是拋棄世間的一切，遁世離群。這兩種都不是中道。證嚴上人強調的中道是要能夠認識因果，世間種種一切的行為都是因緣果報而生。所以行中道就是要認識因果。在因果當中要能超越因果就是行善，造福業，增智慧，才能夠造人間一切的善業，也能夠超越自我的善業，去為他人造善業，這是諸佛菩薩的願力，是真諦，是假名，因為一切的功德都是無所求，所以是假名。因為為眾生付出的心，是清淨無染的。所以是真諦，證嚴上人言：

「談真說假，談真、假；真的道理，或者是假合的因緣。其實，真諦、假諦，以前曾說過，真諦就是真實的道理，假諦就是萬法會合的道理；假諦，全將它分開之後，那就空了。」[9]

「這樣，有的人空過頭，撥無因果，就會偏道。所以就趕快告訴我們『中諦』，不可執有，也不可執空，我們就是要行在中道。所以說起來，我們要知道，道理我們若是稍微沒有用好，也是會偏，叫做偏毫釐失千里，所以我們人生的道路要走得清楚。」[10]

從證嚴上人的中道義我們可以瞭解，一位佛法的修行者要知道一切事的道理不離因緣果報。一切的萬物都是因緣相生相依，所以不執空，也不執有，一切因緣所生故空，一切有都是因緣相續，所以也是無常。在學佛的道路上必須要透徹人生的一切真理，實踐一切的真理。深入各種的專業知識，能具備面對情感不被汙染的智慧，智與情都必須具足，才能夠修得與人與事都圓融無礙，所謂的理圓、事圓、人圓的德香。[11]

中道行在眞理

我們如果把「德」當作是能夠轉化他人、淨化他人的一種心靈智慧能力，這種能力是要能讓人人在歡喜行中改變自己，這需要很大的修行。我們要多元的認識人，多了解人的性質、長處和優缺點，看到別人的缺點要找方法來相處。證嚴上人十分懂得用人和教育人，因為他善用人人的長才，因而建立一個很好的慈濟組織。

同樣的道理，我們心心念念都在中道中，不管是黑的、白的，善的、惡的，都是妙用無窮。中道的根本是無分別性的，每一個人、每一件事、每一物都有它存在的道理，也都有它的用途。你要懂得識人的長處和短處，要知道如何和他相處，不侵犯到他人，又能讓他發揮其長處。

我們面對一切人性的弱點，不能夠用批判的角度來面對，而是用愛跟慈悲，來予以同理、予以關懷、予以疏導。這是西方心理學皮爾森所講的，不是當一個鬥士，而是一位能轉化他人，能夠把別人的弱點轉成優點的魔法師。

榮格（Carl. G. Jung）學派的心理學家卡蘿．皮爾森（Carol S. Pearson）博士在其著作《內在英雄》（*The Hero Within*）[12]一書中描述個人尋找自我的過程。凡成長的代價就無法避免面對苦難和陰影，透過六種人格原型的轉換（天真者、孤兒、流浪者、鬥士、殉道者、魔法師），個人漸漸地走向人格合一的過程，此一過程也可以稱之為「屠龍之旅」。其中「魔法師」的原型已經合一了，他信任自己，同時也信任自己和世界的關係。「魔法師」已經不需要同「鬥士」一樣，以斬殺龍來成為證明自己的價值，因為「魔法師」明白殺戮並不會為世界帶來和平。龍會噴火，時常燒壞村莊，於是「魔法師」就善用龍會噴火的特性，讓龍在夜空中噴火，以照亮整個夜空，形成一個美麗的夜晚。「魔法師」是個大智慧者，他透過引導的方式來馴化龍，而非是改變它原來的特質。

循循善誘就是懂得隨眾生根器來教導，這就是真空妙有，也是中道之意。中就是不執有、不執空，所以能妙用無窮。就像醫生一樣要明白病人的症狀以對症下藥，輕症給輕藥，重症給予重藥。佛陀也是這樣根據眾生不同的根器，來隨緣救度眾生。輕重之間的拿捏很重要，也要有智慧，這都是中道在人間的應用做法，所以上人說一切諸法悉為中道。

從人性轉向聖性是中道

不只是度化他人需要智慧，度化自己的習性也需要智慧。凡人都有習性，但是證嚴上人希望眾生將自我的習性轉化成為聖性。從人性向聖性轉化，就是一個修行的目標。這期間我們要把我們在八識田中一切惡的種子，隨著一切境界的到來，都能順勢把惡的種子轉成善的種子：一切境界來時，我們用愛化解，而不是用恨結怨；用給予、善施，而不是貪求奪取；用讚歎、隨喜而不是忌妒瞋恨；用寬容對待，而不是譴責咒罵；用成全、支持，而不是支配命令。就能夠把一切心中的習性轉成善性，把人性轉成聖性，這就是「即凡即聖」的中道義。證嚴上人說：

「要如何將我們的『性』行在中道？我們的習性。人性還在，但是向於聖道法，了脫；對我們這個法諦理明了，但是還是人間的人格。若能夠這樣，這才是真正修行精進。不過這樣的人還很少，平時凡夫就是要落凡菩薩，未成佛前先來人間結好人緣，他處處就是要入眾生群去。『處處為眾作大導師』，眾生群中根機差很多，所以他就要隨群入眾、應機投教，要有這樣的本領才有辦法作大導師。『能為生盲而作眼目』，眾生盲目，所說的盲目不是眼睛瞎，就是心裡茫然，為這些人而作眼目。要啟開他們心的一道門，讓他們知道前面的方向。」[13]

從證嚴上人的眼光來說，轉自我的人性成為聖性，期間最重要的關鍵就是要度化眾生。「處處為眾生作大導師」，「為生盲作眼目」，在度一切眾生當中，才能夠得一切的智慧，也才能夠轉自我的習性，這是慈濟宗從利他到度己的一種修行法門。不只救度眾生的苦難，是「先他人後自己」，所謂「菩薩先救他人，再救自己」，菩薩是先成就他人，才能夠成就自己；先度化他人的習性，才能夠度化自我的習性。這相應印順導師所說的「菩薩未能度己，已能度他，菩薩從此初發心」。

菩薩為什麼未能度己已能度他？那是因為菩薩是從慈悲心出發，而獲得智慧。因為慈悲要度化眾生，所以要想盡一切的辦法，具備一切世間的智慧要救度眾生的苦；菩薩還要能夠度化眾生成就清淨的心，就需要佛法的智慧；因此，依止佛法，菩薩才能夠未能度己已能度他。這是《無量義經》所言，船夫身有病，船身堅固能度人，船身就是這個佛法，船身也是世間一切知識與智慧，兩者必須兼備，入世間法與出世間法，兩者兼備也是中道義。

通向一切萬法的中道

證嚴上人教導的中道，並不只是人間的法則，而是真正能夠修養自己的慧命，能夠體解一切萬物的真理，這是證嚴上人常常強調的，真如本性與萬法合一。換言之，中道就是通向一切的萬法，中道就是邁向覺悟之道。證嚴上人說：

「《法華經》教導我們就是行中道，修養好我們自己，讓我們能夠了解天地萬物真理。」14

佛法是「總一切法，行一切善」，一切世間法及出世間法，學佛者都必須能夠通透。所以中道是通向一切萬法，這個萬法是包括出世間及入世間的智慧，佛法必須與世間的一切智慧相結合，一切世間的各種知識體系和倫理價值體系，佛法都應該能相應、能運用、能引導，引導世間走向善法。讓佛法進入各種知識體系與價值體系，注入佛法的智慧與慈悲，這是總一切法的真意，也是中道義。中道就是要能夠統攝一切法，為中道。證嚴上人言：

「『一切諸法悉為中道』，什麼樣的法，好好應用無不都是『中道』。不是說，『我現在還才疏學淺，我要再去研究，我要再去讀書，要讀到很高，到博士。』很多事情，不是我們想像中的。人，能夠人與人之間相投對機，你即使沒有讀書，『我聽人這樣說的，師父這樣說，這句話我將它記起來。來，我說給你聽。』對方是老師、是教授，聽，『我很感動，阿嬤，妳這個話從哪裡來？』『唉喲，我就聽人家說的。』『是誰說的？』這樣將他牽進來。不論是源頭、當中，一個很簡單的，這就是法受用了。所以說『一切諸法悉為中道』，一切諸法無不都是中道。」15

真空妙有的中道

中道就證嚴上人的理解，就是一定要把握住真空妙有，在人群中付出無所求。付出是妙有無所求？

所以真空就是修行最高的目標。修行不是離開人間，而是回到人間為眾生而付出；為眾生的苦，尋求解脫。所以行中道，不只是體解一切的真理，而是把一切的真理，用在人群中，用在眾生中，用在此生此世的人間之中。

「我們真空，這裡面一定要有妙有，這種妙有、真誠的佛心，要讓它量大。所以說真空妙有，妙有真空。人間菩薩，人人付出無所求，還說感恩，所以這實在是真空啊！這就是真空。大家付出無所求還感恩，就是人的付出已經無量了，所以真空。但是在這樣的無量真空，要記得佛心。佛心一定也要有相看出來，所以不要說一切皆空，不著相；不著相，就沒有佛像；不著像，佛就不必來人間了。總是我們要懂得中道，才是真正的修行。」[16]

「真空妙有」就是菩薩的修行法門。是證嚴上人強調的讓「佛法生活化，菩薩人間化」。佛、菩薩都是真空，都是不執著空、有；覺悟的空慧的覺者，能夠妙有在生活中，在人間之中。這就是「真空妙有」不二的中道義，一切世間與出世間本無差別。

結語

從證嚴上人的中道觀點，我們修行是從人性轉為聖性，「即凡即聖」；諸佛、諸菩薩都是用出世間的空慧、慈悲，入世間為度一切眾生，為眾生入世間，為眾生成佛，度眾生成佛，所以「即世間出世間」；我們修行菩薩道，都是在煩惱中成就菩提智慧，所以「即煩惱成菩提」；在動中靜，在一切生活行動中專心一志，不散亂得靜定，所以「即靜即動」；從因果中，認識因果，不造惡業，造善業，超越因果，所以「即因即果」；在一切假名當中妙有，體會真諦，所以「即假名體真諦」；在度化眾生當中升起一切智慧及慈悲，覺他中覺自性，所以「即眾生覺自性」；修行必須行菩薩道，才能清淨智慧具足成就佛道，所以「即菩薩道成佛道」。

因此，我們行菩薩道修行就要：「即凡即聖」，「即世間出世間」，「即煩惱成菩提」，「即靜即動」，「即因能果」，「即假名體真諦」，「即眾生覺自性」，「即菩薩道成佛道」；這是「八即」的中道，是中道的不二法門，也是證嚴上人強調法華中道義的究竟義理。

由此，「八即中道」簡要表述可為：「即凡即聖」、「即世出世」、「即煩成智」、「即靜即動」、「即因即果」、「即假體真」、「即他覺自」、「即菩薩成佛道」。等八項即知、即行、即如的中道法。

註釋

1《妙法蓮華經》卷1，〈方便品〉（CBETA 2023.Q4, T09, no. 262, p. 7a21-28）。

2 證嚴上人晨語開示，《法華經．如來神力品第二十一》，2020年5月29日。

3 證嚴上人晨語開示，《法華經．如來神力品第二十一》，2020年5月29日。

4 證嚴上人於東大靜思堂啟用視訊連線開示，2023年2月5日。

5 證嚴上人與澳洲慈青溫馨座談開示，2022年8月27日。

6 證嚴上人晨語開示，《法華經．如來神力品第二十一》，2020年5月22日。

7 證嚴上人志工早會開示，2020年1月26日。

8 證嚴上人，《人間菩提．以史為鑑持善行》，大愛電視，2023年9月11日。

9 證嚴上人晨語開示，《法華經．藥王菩薩本事品第二十三》，2020年7月4日。

10 證嚴上人晨語開示，《法華經．藥王菩薩本事品第二十三》，2020年7月4日。

11 證嚴上人的《證嚴法師靜思語第一集》：「理及事的中間，需要的是人；理圓、事圓，則人圓。」詳見：高信疆，〈上卷第十四篇——工廠即道場〉，《證嚴法師靜思語第一集》，臺北：九歌出版社，1999年（2版6印），頁170。

12 卡蘿．皮爾森（Carol S. Pearson）著，朱侃如、徐慎恕、龔卓軍翻譯，《內在英雄：六種生活的原型》（*The Hero Within : Six Archetypes We Live By*），立緒出版，2000年7月1日。

13 證嚴上人晨語開示，《法華經．常不輕菩薩品第二十》，2019年11月05日。

14 證嚴上人高雄第二場授證暨歲末祝福、發願、點燈開示，2021年12月25日。

15 證嚴上人晨語開示，《法華經．法師功德品第十九》，2019年3月6日。

16 證嚴上人與美國夏威夷分會視訊連線開示，2021年5月12日。

第四章——證嚴上人的唯識思想

證嚴上人對於唯識思想的吸納，強調轉染為淨，轉識成智，每一個境界都是成佛的契機，在汙濁中鍛鍊智慧，在人間度化眾生中成佛，眾生汙穢，但是菩薩入汙泥而不染，不只不染，還以汙泥為養料成就佛性，最終成就大圓鏡智。因此，證嚴上人認為六識、七識、八識都是成就九識——清淨識的契機。六識、七識能為惡，也能為善，意識沒有本質，端看我們的心是否轉染為淨證菩提，證嚴上人說：

「汙穢惡濁的東西，不斷從六識、六根去染六塵，透入六識；六識傳給了七識，七識的思考，它就再發射回去，再去做；做了之後再返回來，那個業就是到八識了。一輩子就是這樣造啊、業啊、煩惱纏啊等等，一直一層一層卡住。第七識的思想在那個地方接納，指引第六識開始動作了，第八識只好是接受，做一做，回來了，好像一個倉庫一樣，就是皆接受進來。第八識，帶著這個識，總是五道去來。天堂，為善就歸納天堂去了；善惡摻揉就在人間；惡業，那就歸於地獄、歸於餓鬼、歸於畜生。」[1]

證嚴上人將六識、七識、八識的關係講得很清楚，六識染六塵，傳給七識，七識將這樣的塵識固化成為一種觀念與意識。六識，眼、耳、鼻、舌、身、意。六觸六塵，色、聲、香、味、觸、法。然後這些染著建立了自我的意識，就是末那識，就是第七識。第七識總歸了六識染六塵的所有的想法、欲望、情感等。然後不斷地再返回第六識，繼續染著，繼續造業。所有這一切染著、造業都收納在第八識。八識田中善的到天堂，惡的到地獄。善惡皆具在人間。

所以證嚴上人強調行善的重要性。行善才能夠讓意識都能夠清淨無染而成就慧命。善具足，就能夠上天堂。甚至不戀棧天堂要返回人間，在善惡雜揉的人間度化眾生，才能夠終究成佛道。那麼，如何能夠堅固這個善道？證嚴上人認為行善還不夠，必須根本的建立觀念，明白世間的道理。證嚴上人說：

> 「行善，這就是在人間，所以我們人間好修行。惡的，我們要規規矩矩，不要去受惡來染汙；善，是理所當然，應該去做。『人之初，性本善』，本來就是要行善，你行善還不夠，這是善中沾汙，因為我們還不明白道理，因為道理還不明白，所以容易受誘惑去。」[2]

換句話說，我們要行善，上人覺得，為什麼會汙染？因為不明白道理，對事理不夠明白，換句話說就是沒有接觸法，接觸什麼法？就是接觸佛陀的教法。佛的教法讓我們處理苦煩惱，就是必須要超越自我認知。一切的萬有都是相生相依，本無分別。

轉第七識為「平等性性智」

為什麼人會分別你、我、他這種分別的自我意識？原因在於他不明白萬有是一體的。自、他本來就沒有分別，但是我們的六識、七識卻把這一切事物分別。分別你我，分別我愛、我不愛，讓我們產生執著，要取、要有，所以才有生、老、病、死苦。佛陀的教導要讓我們去除分別心。了解萬事萬物都是因緣相生相依。世界本來就是一體，本來就沒有分別，理解這個道理才是真正的「平等智」。證嚴上人說：

「佛陀就是為了生命，為什麼有生、老、病、死這樣的生命？這個道理去探討，所以生命就是無窮盡。但是凡夫就是迷了，凡夫迷了，就將生命成為個體化——我是我的生命，你是你的生命，人是人的生命，那些動物是另外動物的生命。人變成了分別，人的生命是可貴的，動物的生命，那就是比較低下，所以動物供應人所使用。以前牛、馬就是替人服務，最終吃牛肉等等，這就是生命的矛盾。同樣是性命，是為何那些動物的生命就是要供應給人驅使呢？是為何動物就要供應給人吞食呢？這豈不是很不平等啊！所以，道理是出在哪裡？要如何才能夠讓人與這些動物體，人與動物可以和平相處？動物的生命受到人類來保護牠，人類懂得保護動物，自然牠就懂得保護人與人的人類，這就是平等。第七識，轉第七識為『平等性智』。」[3]

證嚴上人很重要的一個觀點是認為第七識是自我，那怎麼面對自我？我們通常是從第八識下功夫才對。我們希望每個境界來的時候，我們都能夠在第八識轉惡為善。但第七識是關鍵，上人提出了一個很重要的觀點是，第七識要怎麼轉？就是轉成平等性智，就是說沒有分別心，這是關鍵。第七識是自我意識，也就是末那識。當你不執著於自我，當你能夠以平等觀來看待人人，看待物種，第七識就開始變得有價值，這就是平等性智。

這是證嚴上人所提出新的重要觀點。第七識本來是一個分別意識，會分別你我、會分別我跟別人不同，是自我的一個主軸，但是第七識如果能夠回歸平等性智，就會逐漸地邁向覺悟。所以覺得自我要修正，要能夠平等地來看待一切眾生。

第七識並不是本質上的無明、煩惱、綑綁的根源。第七識也是一個樞紐，能夠將自我意識轉成平等的智慧，這就是平等性觀。證嚴上人闡述說：

「我們就要好好思考，我們生在天地之間，什麼跟什麼有分別呢？我們若能夠智慧通徹了，生命的真理了解了，自然我們的第八識就能夠很清淨、沒有汙染，因為生命體已經能夠平等，平等性觀已經通徹了，自然我們的第八識就像一面鏡子那麼清楚，鑑照天下的景觀沒有錯謬。心鏡清淨，『大圓鏡智』，轉第八識自然成為『大圓鏡智』。」[4]

第七識如果已是平等性智，那麼第八識就能夠很清淨，就能夠照見一切的景觀，一切的境界來都能夠通徹明了。這就是平等性觀的通徹，也就是大圓鏡智。所以這裡隱含著大圓鏡智，其實也就是平等性觀。人越有平等心，我們越能夠清淨的觀照眾生。上人在這裡講得非常清楚，能做到平等性觀的無分別，你就能夠清淨地觀照天地的一切。

證嚴上人舉例說，心如同一面清淨的鏡子，有任何的景象來的時候會映照出那些景象，但景象消失時，鏡子還是會恢復原來的樣子。人要站在一個客觀的、中立的角度來看待世界萬物，就如同佛陀在《法華經．譬喻品第三》中為舍利弗授記時所講的火宅喻：佛看到三界火宅中之眾生，因無法出離苦和煩惱，而在三界中不斷地生死輪迴。

所以佛陀用一種善巧的譬喻來幫助眾生離苦得樂。要做到沒有分別心而能夠照見他人的世界，這不是一件容易的事。因為眾生的習性是善於分別的，而且會在生活中慣性地使用分別心來應對周遭的人、事、物。而佛菩薩的境界就是已經可以以無二、無分別相來看待眾生了。

「無緣大慈，同體大悲」，講的就是諸佛菩薩在利益一切眾生時，都不依附任何形式和條件，將眾生看待成為一體，視眾生的苦為自己苦。維摩詰居士說：「從癡有愛，則我病生；以一切眾生病，是故我病；若一切眾生得不病者，則我病滅。所以者何？菩薩為眾生故入生死，有生死則有病；若眾生得離病者，則菩薩無復病。」[5]

如若我們的內心清淨透徹沒有分別相，那麼即使我們看到他人呈現的所有樣態，也不會使我們起心動念。又如同我看到別人有傲慢心，但我不會盲目地因此而起心動念。我的內在世界是明明白白的，我不會跟著旋轉，這就是修行，這也是我們所說的平等性智。

成所作智

證嚴上人不只肯定第七識是一個樞紐，能夠將自我執著的意識轉成平等看待一切眾生的智慧。面對一切眾生的各種分別相，第七識都不為所動，這就是清淨的根源。不止是第七識，五識、六識也都是我們轉染為淨的契機。五識——眼、耳、鼻、舌、身，所接觸的塵，所接觸的染，到了第六識都能夠不為所染，不為所動，不為所執，這是五識、六識所能夠轉化的「成所作智」，所做的一切皆為智。一切外在的境界之接觸、行為都能夠回歸到根本的智慧，無分別的清淨智慧，這是「成所作智」。證嚴上人說：

> 「這我們若能夠很清楚了，就不會外面所在做，那個第六識，第六識和前五識，前五識就是在外面緣種種的境界去分別，大家要很清楚去分別。分別後是要起了貪心去爭取嗎？人與人之間愛、恨、情、仇去對立嗎？因為外面的境界，我們的眼、耳、鼻、舌、身是不是接觸到外面的境界呢？色、聲、香、味、觸這樣去爭、去取嗎？第六識到底是做怎樣的計畫？要如何去將愛、恨、情、仇去計較得你死我活？需要這樣嗎？這叫做凡夫。將這前五、六識轉過來，前五識轉為『成所作智』。」[6]

換句話說，成所作智即是一個富智慧的人生，當你看到對方的任何形相，你都不會去取相、不取則不染、不染則淨，所以無分別的狀態倒不是說我看不清楚善惡，我看不清楚這個愛恨情仇，而是我不取。在我的第六識意識中，我知道了，但在我第七識末那識的運作中，我不取相。因為我以平等的智慧，慈悲、平等地看待眾生所展現的所有相，不去取著，就像不入五蘊，心就清淨一樣。

如同當你看到一個人的傲慢心，而你不會感到不舒服。而當你會因此感到不舒服時，這就是表示你也有傲慢心。人一旦開始起分別心了，內心就開始感到不清淨了。當你的自我意識很強，當我們看見，理解它是什麼？然後不取、不爭，我們就能夠達到平等智的一個關鍵。

妙觀察智

就根本來說，能夠將第五識、第六識發揮智慧的契機，就是不要執著在自我，能夠為人群付出。看眾生之所需，盡我們一切五識、六識的功能去為他付出。這種無私的付出就是智慧，所作的一切都是智慧，所以是「成所作智」。成所作智的前提，就是要運用「妙觀察智」。證嚴上人說：

「所有的物質我們都要尊重與愛，天地萬物這只是在人間受人間善應用，輔佐人間的生活，所以我們要疼惜。有人很欠缺，欠缺物資，無法生活。而我們的第六識是要將這些物資應用在哪裡？應用，應用去付出，這叫做『妙觀察智』。」

「我們這妙觀察，好好將人間的物資好好應用、評估，去計量它，計量、了解、知道，我們應該要將這個東西，好的方法應用在需要的地方，妙觀察；有苦難的人，我們啟發我們的愛心去幫助那些苦難的人，這叫做『妙觀察智』。在你的第六識，懂得去分別那些事物，分別出來，能夠分別它、如何應用它，這就是前面的五識，第六識轉過來。所以轉前五識的『成所作智』，第六識轉過來『妙觀察智』。」[7]

證嚴上人希望我們能將我們把分別的五識（眼、耳、鼻、舌、身）變成智慧去利益他人。而妙觀察智，是將第六識轉成妙觀察智。當你看到別人的需要時，要去理解、去啟發愛心、去幫助苦難人，解決他人的苦難叫做「妙觀察智」。換句話說，上人說的眼、耳、鼻、舌、身這五識，它並非惡，它是好的，你去評估、去觀察、去了解、去知道。

在我們的第六識，我們的意識去啟發、去幫助、去運用。所以證嚴上人把這五識、六識講得很有價值，這個價值在哪裡？這個價值其實就是能夠去幫助他人、去利益他人。以利他化解五識、六識執著在自我，框限在自我的格局裡面。這是個深妙的思維，也是我們能夠去實踐的一個方法。

從成所作智到妙觀察智，這麼說來五識、六識都是能夠轉成智慧。上人解釋，五識轉成成所作智；六識轉成妙觀察智；而第七識則轉成平等性智，這樣才能夠到達第八識的大圓境智。

證嚴上人以唯識學來說明利他的實踐，敘說得非常完整。識可以分別這個世界，但是智可以利益這個世界。你可以利益他人，你的五識、六識、七識、八識都是完滿的智慧。

前五識是眼、耳、鼻、舌、身的功能在於認識和分別，其作用為——視覺、聽覺、味覺、嗅覺和身體的觸覺等感官功能，五識本身並無自主的作用，五識一起動時，六識同時生起。六識用來了別前五識所緣之境，在第六識起心動念時而對前五識了了分別。當六識轉成妙觀察智，心就不會受到環境因緣的變化而流轉。透過第七識轉為平等性智後，前六識也會轉為清淨，就不會執著一個自私的、自我的價值判斷。在任何的境界中，從此都可以自他平等地對待萬緣，如此成為一種生命的積極意義。第八識阿賴耶識中所藏種子轉染為淨時，便是大圓鏡智的圓滿智慧。

大圓鏡智

我們能夠從第五識的所做都是智慧，是成所作智。到第六識的妙觀察智，一切境界來都能夠妙觀察，妙觀察是以眾生為本，以利他為本，看到眾生的需要，才能夠成所作智，而不是所造皆業。然後，能夠妙觀察眾生之所需，能做眾生之所需，成就第七識的平等性智。通過平等性智讓八識田中都是圓滿清淨，都是充滿慈悲、利他、付出的智慧，就回歸到大圓鏡智的境界。證嚴上人言：

「能夠妙觀察去付出，那就是能夠讓我們第七識對人與動物、與物資視為平等，那就是『平等性智』；這全都清楚了解了，這面鏡子就圓了，叫做『大圓鏡智』。為什麼一直告訴大家這些話？『智』，這『四智』合一，那就是叫做『真如』，我們的真如本性就是這樣會合起來了。對應『如來藏』，真如本性與真理合一。」[8]

「成所作智」，「妙觀察智」，「平等性智」，到「大圓鏡智」，一切都是以利他為核心。因為利他，看到眾生之所需的六識——妙觀察智，能引導五識去造善業，持善道。所做一切皆為智慧，是為「成所作智」。能夠不斷地為眾生平等地付出，就能夠成就自我意識，即七識的——「平等性智」。一切所作，所行所言，皆是慈悲，皆是清淨，皆是利他。八識田中自然清淨圓滿，而成就清淨、智慧的大圓鏡智。證嚴上人對於唯識的思想是非常完滿的。

第八識

我們常認知到八識是善惡雜揉，是在凡聖之間。但是證嚴上人不斷地強調淤泥就是養料，善惡雜揉的人間，就是成就佛道最好的契機。所以我們善惡兼具第八識田中，反而是聖人運用來轉識成智的最佳道場。自心是道場，八識田中是成佛的道場。證嚴上人說：

「第八識就是『藏識』，這個藏識，『阿賴耶識』。第七識『末那識』，第八『阿賴耶識』；這個阿賴耶識就是藏這個種子，種子啦！什麼種子呢？就是能成佛的種子。這個第八識是聖人所在用的識，因為我們可以知道，就像菩提苗，最起初埋著，受這個藏識把它放藏，藏住了。我們沒去顯發，它不會發揮人的本性。」[9]

由以上看來，這個八識是善惡雜揉的，上人沒有否定這一點，他也是肯定阿賴識是善惡雜揉，前面所講的惡就是地獄，善就是天堂。這裡提到第八識是聖人所使用的識。為什麼聖人使用的識是善惡雜揉呢？第八識是善惡雜揉，凡夫總是背著善惡不明就裡地走著。這裡面的無明什麼時候會發生？什麼時候會起作用？凡夫都是無知地被動作著。上人所引用的聖人，聖人會觀照自己，所以他可以看到第八識所含藏的善、惡種子，這中間也隱藏著第九識。

第九識也為異熟識空，聖人知道善用善的種子，淨化惡的種子，如此一來，第九識便會清淨明現。為何八識是善惡雜揉？凡夫因為識有所染，所以八識中善惡種子都藏在其中。而聖人有智慧能觀能照，其心有如明鏡，可以照見所有的境，且不被境所轉。又聖人因其心清淨故知道煩惱與菩提不二，也沒有分別相，所以第八識能為聖人所用。

第八識依《成唯識論——卷三》所說：「或名所知依，能與染淨所知諸法為依止故。」[10]第八識又名藏識也為種子。它能薰、能藏、所藏，是染法、淨法所依止之處。第八識所藏之種子即為輪迴的根本，透過修行可以將惡種子薰習成為善的種子，而後在人世間所見、所現、所行皆是清淨相，這就是聖人所用的識。

為何會有第八識和第九識的區分？乃是因為第八識有雜染法執藏在其中。而第九識名為清淨識，又名無垢識，是諸法清淨且諸無漏法所依止之處。對聖人而言，第八識和第九識是一體不分的。

證嚴上人一直提點我們，不要一直在自我意識第七識的末那識裡打轉，要想成為聖人，必須先認識自身本具的第八識，這是首要的前提。人活著總有生生世世的煩惱，但其實你也有清淨的種子在裡面。

如果你不知道自身有一個菩提苗藏在種子識當中，你怎麼可能成為聖人？所以我們要先肯定有第八識。換句話說，我們要先肯定我們有無量的生命，累劫以來生命的本體在第八識中，才有可能成為聖人，否則我們只會一直停留在第七識中，無法超越煩惱。再來才可以把第八識中所藏的染汙，將雜染轉為清淨。煩惱即菩提；生死即涅槃，透過境界轉煩惱為菩提，也就是轉識成智。而後，每個境界來，我們都以善對應，而不以惡對應；用清淨對應，而不以雜染對應，用大愛對應不用小愛對應。

如若我們面對因緣都可以以覺有情來對應，而不用這個私情對應，那你當然就可以將第八識轉識成智。所以聖人根據第八識來成就利益眾生，這是上人講的很重要的一個觀點。你不能一直留在七識裡，這也是為什麼我們要信奉佛法，反黑為白就是你不再是用第七識看待你自己。

在第七識的運作當中，我們會不斷地執著在自身的條件、資歷和外表、長相等等的好好壞壞當中。眾生在人世間也都是用第七識來認識每一個人，和認識我們自己。上人要我們去看待整個慧命，圓光佛學院的寂慎法師[11]說，他以前當醫生救的是生命，當他出家之後救的是慧命。生命有時盡，是救死不救活，生命是遲早要死的，唯有救慧命才是長遠的。而人一直活在顛倒中，分不清什麼是生滅法，又何為不生不滅之法。即使第八識中還是有善惡雜揉，但是任何人都還是有善的根苗，所以上人用心在這個善的根苗裡面，這個善的根苗就是佛性的根苗，也就藏在第八識裡面。證嚴上人言：

「人的本性，也就是佛性，它無法去發揮，因為藏太牢，所以它不能去發揮。我們現在已經認識了這個第八識，所以也等於開啟了第八識，使這個菩提芽它可以發揮起來，發種子起來，發芽起來，這樣就是等於來發揮第八識的力量。」[12]

我們要成佛一定要認識第八識。人本性也是佛心，它能肯定眾生皆有佛性，只是藏太深，它沒辦法發揮，被七識給掩蓋了。我們認識了第八識中有個慧命，就開始開啟了這個慧命，這個菩提芽會發揮，種子發起來就能夠發揮第八識的力量。第八識的力量來自必須是大公無私。證嚴上人言：

「這個第八識的力量，就是完全大我無私；全都是計畫他人的事情，為別人來做事情，並不是自私的。所以，這個第八識，你們若有時候在聽法師在解釋，有時候會解釋不一樣也說不定。他所說的第八識是『藏』，它可以藏善、也可以藏惡，這是另外有人這樣的解釋；但是在我的見解，我是說藏菩提苗，也就是發揮聖人的力量，大我無私的『識』。所以，這個第八識是聖人用的，也就是要成佛的『藏識』。」[13]

吾人認為，證嚴上人所講的阿賴耶識本身其實就是佛識的根本，只是被雜染所染。而第九識的如來藏就在第八識中，它們並不是分開的，這個觀點很重要。佛學界有許多學者否定第九識，認為第九識是在真諦[14]翻譯的時候翻出第九識的。但是上人認為第九識是第八識當中的一個境界，一個完全清淨的境界。第八識是大我無私的識，是心理學家榮格（Carl Jung）講的集體潛意識裡面很重要的一個根源，它也是一切力量的來源，它是正面的、它是成佛的、它是聖人的、它是大公無私的，全是為他人在計畫、為他人在做事是利他的、沒有利己的。第八識是沒有利己，你進入第八識的本質，就是沒有利己的，這在唯識學裡是值得探討的。

有時候上人提到慧與智時，會有些語脈不同的說法。但是分別智與平等慧，大圓鏡智也是智，所以有些時候上人用慧來解釋平等，有時以智（大圓鏡智）也能夠解釋平等，那是因為語脈不同。上人一直強調，他的見解第八識就是藏菩提苗，是發揮聖人的力量之處，也是藏識。而凡夫以第七識我執為中心，習氣薰習才形成一種業力，這個業力成為種子，便將我們清淨的如來藏識蓋住了，所以才成為阿賴耶識，這也是凡夫和聖人的有所區別。

第八識所藏的是第七識所造的惡，而它原來所藏的真正是菩提苗，上人認為只要前七識不造惡業，第八識的阿賴耶識就是清淨識，也就是本具的佛性。當前七識造了惡業，惡業的種子藏在第八識中，種子再受到薰習，而後又再造作，再藏入第八識，如此循環不已。若是前七識不再造作惡業，那麼第七識成為平等性智；第六識成為妙觀察智；而第五識成為成所作智。那麼第八識不會薰藏染汙就成為大圓鏡智。

所以第八識的本質就是佛性，只是為什麼凡夫沒看到？因為藏太深了。一般法師的解釋比較傾向阿賴耶識的善惡雜揉特性，但上人更傾向有一個菩提苗藏在阿賴耶識當中，要用心在阿賴耶識。而第七識可以服務他人，第六識可以去解決眾生的苦惱，第五識能夠分別眾生的種種的因緣。第七識是無分別去對待他人，如此一來，第八識肯定會呈現它原來清淨無私的特質。換句話說，八識也為九識，起心動念都是清淨，這不容易做到，但是這是上人對於眾生的期許，希望粒粒種子都會成為善種子，便能開啟清淨那道門，與佛會合就不困難。

轉識成智

同樣是善惡雜揉，同樣的人間是五濁惡世，同樣的阿賴耶識當中也是有善惡並存。但聖人就是以這個善惡並存的八識作為轉識成智的契機，這是反過頭來肯定人間的修行，翻轉我們對五、六、七識既定、刻板的印象，認為這些都是不究竟的意識之想法，而把五、六、七、八識都鍛鍊為成佛的利器，都是轉識成智的契機。證嚴上人說：

「告訴大家『轉識成智』，那時候就說過了，從前的五識、第六識、七識，一直到八識。我們到第八識，所做過之後，一切的種子全都歸納到八識來，粒粒種子都是善種子。我們剛才說，都是善的種子。所以這樣，我們能夠在安穩中，在八識安穩之中。這些，八識若能夠粒粒清淨，我們要開啟智慧那道門，與佛會合就不困難了。我們還有第九識，要開啟那道門不困難。」[15]

只要五、六、七識不造業，沒有惡的種子在那裡，第八識就清淨了。換句話說，上人很強調五、六、七識的修行，而第八識的修行是菩提苗，聖人用心之所在。從這個角度來看，從這裡開始延伸，我們要有因緣果報觀。如果我們在五、六、七識造惡，第八識還是會有惡的種子。那些種子本來是不需要存在的，八識的本質是菩提苗，上人還是肯定眾生皆有佛性，肯定人性本善，本來就有菩提苗。轉識成智是轉五、六、七識成為智慧，而安放在第八識當中，那麼第八識就開啟了第九識的這道門。

「到第九識，這已經是完全是『佛識』了，就是大圓鏡智。它這個大圓鏡智這種的識，第九這個識，就像一面鏡子非常清，照世間萬物一切的東西，就全都照得到，徹徹底底照得很清楚。但是照得到東西，它不受東西來染，所以這個第九識是叫做清淨識，它這個識的名，叫做『菴摩羅識』，第九識叫做『菴摩羅識』，第八是『阿賴耶識』，第七是『末那識』。」[16]

證嚴上人曾經在《法華經．授記品第六》中提到一個叫作「異熟識」。第八識也為異熟識空，上人強調從第八識要轉到第九識的這個過程，從成所作智到妙觀察智到平等性智，在此過程中都以平等對待。異熟果能引生死善不善業。上人以「想」來形容我們的第六識，前五識眼、耳、鼻、舌、身的「根」與「塵」產生了第六識「意」，就開始有了意像在我們的心裡了。上人以「思」來形容第七識眾生的造作和願求，「思」中的田就是耕作，所以就是有動作之意。上人又以「念」來形容第八識，追憶曰念，就是當下種下的心。第八識是異熟識，如何到達異熟識空，上人說，收納在第八識的善惡業都已經空了，我們如果好好修行，將惡種子完全去除，連善也空掉了。

善緣是指我們對眾生的心，修而無修，度而無度。我們平時所造作的，和所結的一切緣也都在空性當中。了解了一切法空，一切名相都是空，所有的言說都是沒有實意。上人期許我們要為眾生而來修行，無人我相，也就是付出無所求，無明斷盡即異熟識空，善惡都空掉就沒有煩惱了。沒有眾緣的牽絆，一切清淨相應佛性。所以到達了異熟空時也就是入到了第九識。在第九識當中善惡都是超越的。

「佛陀最初成道以來，及至中間隨機施教化眾生，是講生說死，告訴我們，我們如何生，什麼因緣來生，這當中教我們如何到了最後，我們所造作一切轉識成智，所造作的一切歸納第八識，希望我們人人所做的都是對人間有益。八識都在修行中，我們就有機會轉第八識為第九識，第九識就是完全清淨的心地。所以來為我們『講生說滅』，就是講生說死。」[17]

佛陀用完全清淨的心來為我們講生說滅，講生說死。佛陀的第八識都是在做人間有益的事，倘若八識都在修行中，我們就有機會轉第八識為第九識。

第九識回歸眞如本性

從證嚴上人的思想言之，第九識並不是逐漸地被締造而成。它的確需要一個締造的過程，不過第九識本來就存在八識田中，只是被雜染層層的掩蓋。經過我們不斷地修煉，不斷地創造，不斷為人群付出，修得一切智，養一切慈悲，就會層層剝開被這種雜染所掩蓋得清淨識，第九識就逐漸地呈現出來。證嚴上人說：

「本性的本身還是保持著那麼地透徹晶瑩，真是很純的本性，它並未被外面侵入，只是外面不斷不斷一層一層將它覆蓋起來。只要層層、蓋蓋，如果能一層一層將它掀開，一層一層將它透徹起來，到了最後還是同樣第九識。第九識就是回歸真如本性，已經不受八識、七識、六識，外面招攬很多人我是非。」[18]

我們可以看到上人所講的，第九識在第八識中還有一個層次。第八識與第九識其實是一體的。迷失時，還在第八識雜染並存，悟時則呈現完全清淨透明的無比智慧，就是第九識。所以才說轉識成智，成就大圓鏡智，就是把第八識的各種惡的種子都滌清以後，所有意識當中，一切都是清淨無染，智慧充足，成就圓滿的佛性。達到這樣的境界，就要從八識中不斷地修煉。所以煩惱是道場，雜染是道場，染汙是成佛的資糧。

大圓鏡智

第八識必須要經過不斷地修煉，才能達到第九識的境界。就是要能不斷地轉染為淨，一切的因緣到來，我們都是用善來回應，不以惡來回應。以利他回應，不以自利來回應。一切的境界來，我們用愛、不用恨；用成全、不用占有；用給予，而不是貪著；用讚歎，而不是嫉妒；用寬容，而不是譴責；用慈悲，而不是冷漠；用平等心，而不是分別心，我們就能夠把一切的惡種子轉成善的種子，這就是明心見性的過程。是轉染為淨，轉識成智的修煉。證嚴上人說：

「『佛示教明心』，佛陀來人間為我們明示教育，希望我們人人將這個無明去除，回歸我們的本性。明心，就像大圓鏡智，我們這念心如一座鏡子，這座鏡子我們要一直擦它、擦它，擦到讓它很乾淨，映照外面的境界很清楚，我們一定要用功。這過去在〈常不輕菩薩品〉也一直在說這句，所以請大家的心要下功夫勤拂拭，要不斷擦得心鏡令它明，我們才能悟，『悟真諦持齋』。真正的道理，我們的生活，其實我們是持齋的人，這才是真道理，才是真生活。簡單就是這樣。」[19]

證嚴上人說清淨的境界能夠映照外面的境界，所以要常常勤拂拭我們的心鏡。

「我們現在正學著如何覺悟，我們還在人群中，所以我們叫做有情，也是眾生。所以我們還是眾生，我們時時要受佛教。

佛陀的精神理念，我們要敦正準確，要真正對著這面鏡子，『大圓鏡智』。你離開鏡面到背面去，這面鏡子也照不到你；你一定要在鏡子的前面，才能入鏡子之中，才照出你自己是什麼人。同樣的道理，天地眾生這麼多，真正懂得佛的人又是多少？不，懂得佛了，但是體會佛陀的心懷又是多少？」[20]

更無一相之可安立

在修行的過程中，我們的心如明鏡，要勤勤拂拭，不斷地修煉，不斷地提升，不斷地警惕，不斷地自省，但是最重要的是要超越這一切有形的修煉，一直到忘記心有明鏡。真正的覺悟的境界是空無一物，無任何名相可以對應，這個時候的覺悟心就不再是明鏡，而是本來無一物，何處惹塵埃？做到「更無一項之可安立」，才是圓滿的大圓鏡智。如證嚴上人所說：

「『更無一相之可安立』。除了佛以外，還有什麼相呢？還有什麼眾生相、壽者相？沒有，只有佛相，所以心目中只有佛，沒有眾生。意思就是，對人人就像在對佛一樣，那個恭敬的心意，所以『更無一相之可安立，其清淨為何如也』。他的清淨，心不沾一絲一毫的汙染，總是那樣地清淨如圓鏡，宛如大圓鏡智。否則，我們還有什麼可以來譬喻常不輕菩薩這種的心境，面對外境如何攝受，能夠輕安自在，很不容易！

所以大家從常不輕菩薩這段的精神，我們是入『本門』，入本門開始要學習的方向。所以大家要很用心。」[21]

三輪體空

要做到這樣的空無一物，無一相可安立，就必須要超越自我，超越我們還在修行，還在砥礪，還在淬鍊，還在自省的有形、有念的境界。超越有形有相的最佳方法，就是能夠利他，能夠教導一切眾生也成就佛道。真正的空無一物，不是什麼都沒有，而是以眾生心為佛心；空無一物不是完全無念、沒有念頭，而是如證嚴上人所說的「以眾生之念為念，是為無念」。引領眾生也都能夠持續修行，達到轉染成淨，轉識成智，這是真正的三輪體空。連為眾生付出這個心念都超越了，所以沒有施者，沒有受者，連布施也都超越，讓人人都能成佛，這是三輪體空的最高目標。

「『論其教，則偏果，豈敵圓因。』若要說《法華經》的教育，或者是說一般的教育，那就是偏果，『豈敵圓因』。你若用一般說，『佛經就是這樣說，做善事有好因、好果、好報。』這只是偏在『我若做好事，我就有好因果』，這無法到『大圓鏡智』的境界。

『轉識成智』，我們了解道理之後，我們自己的心也會一直清淨。前天說『三輪體空』，付出無所求，每天很歡喜，這種心如一面鏡子一樣，三輪體空了。這就能夠知道，我們一般的布施，還一直想要求回報，我們與大乘，入法來，自然我們就三輪體空了，就大圓境界了。」[22]

就前面這幾段上人的說法非常重要，大圓鏡智是可以照見眾生的，我們要時時清除內心的無明。第九識是不受五、六、七、八識的影響，第九識的境界是付出無所求，是佛的八大自在、是轉識成智，也是轉小愛為大愛成眾生平等，在第八識中人人可以成佛。在第九識中，大圓鏡智更無一相可安立，沒有眾生只有佛。

第九識面對外面的境界時，就像一面鏡子很清淨。我們都有一個第九識的存在，但你是被層層地蓋住，它沒有不見了，它也不會被外界侵入，只是不斷地被蓋住。第八識轉第九識就是完全清淨的心靈，所有造作的一切都藏納在第八識，而第九識都在修行中。我們如何理解第八識和第九識的關係？

第九識本身是清淨的，沒有分別相，但是因為眾生有雜染，在雜染之中產生了一個惡，此時在第八識阿賴耶識中便對立出了善與惡。因為眾生造作了惡，所以佛陀要以權巧方便的方式來說明另一個對立面——「善」，以對治「惡」的存在。即使第八識有染汙，但第九識一直藏在第八識中不變，第九識的一切本質都是清淨超越的，沒有相對性可言。

佛陀在人間，因為悲憫眾生心在生滅法中不斷外求，所以輪迴不斷也生死不斷，因此佛陀講不生不滅的涅槃境界來教化眾生。又因眾生造作煩惱不斷，所以佛陀說有一個清淨無染的菩提自性，也就是本具的佛性，深藏在每個人的第八識中。它是清淨的、超越的，是沒有善惡對立的第九識。對於聖人而言，第八識和第九識並無差別，這都是佛陀的悲心，入了人間的方便說法。而法界真正的實相是：「更無一相之可安立，其清淨為何如也。」

塵盡光生，真如性顯。層層的雜染沒有了，人性內在的光輝就會顯現出來。上人說：「念念為眾生是為無念。」如來藏真心不被染，它只是被覆蓋住了。上人說佛陀已經在第九識的超越界中，超越一切雜染與善惡。在超越生死的第九識中的庵摩羅識中，在這裡沒有相對世界，心如一面鏡子一樣透徹，所有一切現相界都照得清清楚楚。佛陀成道以來，一直在人間為我們講生說死，事實上，它已經在第九識中，可是他必須回到相對的第八識中來為眾生講生說死。所以我們可以說超越相對的絕對性，它是如來本性，它不受到八、七、六識是非的影響，它只是會被覆蓋但不會被染汙。所以證嚴上人說：「它並未被外面侵入，只是外面不斷不斷一層一層將它覆蓋起來。」

佛陀要教我們如何明心見性，真心只是被覆蓋住了，所以要不斷地精進，一直勤拂拭、要用功、勤擦拭、持齋而後能悟真諦，這是一種嚴謹的、清淨的生活，這就是覺。所以在佛陀的精神理念中要我們理解真確，我們要明白我們自己有的大圓鏡智，要面對它，不可背覺合塵。我們要了解佛陀的心懷，那麼這個大圓鏡智是什麼呢？其實是無一相可安立，沒有一個相對和絕對觀在這裡，這也是常不輕菩薩的心境，它是完全無染著的，如證嚴上人所說：「它的清淨，心不沾一絲一毫的汙染，總是那樣地清淨如圓鏡，宛如大圓鏡智。」

既然它已經這麼清淨，它怎麼能夠在相對性裡面？因為它是個鏡子。是個鏡子，它能夠映照眾生，鏡子本身是不動的、是清淨的，卻能夠映照眾生。所以第九識它本身是不動的，卻能夠映照所有動態形象。這就是上人所講的「入本門」，面對各種境界他都能夠去應對。但其本質上是無一相可安立，上人的說明，在做法上就是付出無所求，這個鏡子不是讓你看見眾生，而是你能夠救度眾生。

第八識和第九識到底是什麼關係？再者，絕對性怎麼會變成有相對性？如果將第八識和第九識切開來看，絕對和相對之間用什麼來轉？鏡臺是本體，但鏡子卻能夠反照，而鏡子卻在鏡臺裡面。所以神秀講：「心如明鏡臺。」那個明鏡臺本身是清淨的，可是它本身也可以照見相對性，所以在這裡「絕對」和「相對」已經打破。

如同上人所說，第八識是藏著菩提苗，第九識的清淨識是第八識清淨的展現，它基本上是從八識而來，而非獨立於八識之外，所以基本上第八識和第九識是和合為一的。當它完全清淨之後沒有覆蓋了，因此真如性現。它們是一體兩面的，也是真空妙有的關係，也是有為法和無為法的關係。如同性空緣起，緣起性空，這也是絕對與相對的關係。在這裡我們要討論一下佛教中的「絕對」與「相對」的關係，它不是一分為二的，絕對中也有相對，相對中也有絕對。

既然無一相可對，為何還會在相對裡面？這在邏輯上如何解釋？佛教在破除這種哲學上的矛盾，認為緣起性空和性空緣起都是相對依存的。在絕對中可以涵容相對，相對中肯定也有絕對性在裡面。

我們可以用這種互為依存的關係來理解，第八識中有第九識的境界。佛陀可以透過第八識來教化眾生，所以佛已經清淨了，他為什麼還能夠在人間，示現寂滅給眾生看？他是如何從絕對性回到相對性，這怎麼可能呢？如果絕對性不在相對性當中，那佛就不會回來人間了。

所以我們否定有一個絕對的斷滅空，和有個絕對獨立存在的第九識。我們要摒除第九識跟第八識無關的見解，第九識肯定與第八識有關，如此它才能夠運作。否則第九識已經離開相對了，它自己獨立存在，那樣的絕對也是相對的，因為分開了絕對和相對，這是一種邏輯上的推斷。當你講絕對時已經落入相對之中，否則就無法將絕對說清楚，絕對和相對實為一體的。可是我們可以不要活在相對的生滅裡面，當我們看到相對的相時，可以不取不著，此時你就是在絕對的超越之中。但是，我們依然可以把相對看得清清楚楚。換句話說，我們可以處在相對世界當中，但心可以超越相對成為絕對的清淨。

當你看到水在流動，但水性是一，它本身也非流動的，是你看到了它的相對性在流動。水一直都存在著，它不可以被區隔，是人的意識將水區隔了成為過去、現在和未來。水本身就是一體的。水會有左右、高低、前後，那是人的心在分別，水性本為一體的。它也可以成為一片海、或一座湖，它本身的相對性是因為你以形象來認知它，所以它才會成為形象。所以水性是一，是不分別的，它也是真如本性。我們如果從水的例子來理解，其實就沒有絕對性也沒有相對性，應該說它們是一不是二。

所以說第八識和第九識的關係也是如此，它們也是一體的兩面，它本質上是第九識，它顯現在眾生中是以第八識存在。聖人用第八識來教化眾生，用第八識來讓自己認識到第九識，那就是聖人。所以上人說要用心在第八識是對的，也要教眾生用心在第八識，如此才能夠成為聖人，也才能夠認識第九識。

所以我們可以肯定第九識本來就存在的。這個觀點與如來藏是很相似的，第九識本身就是一直存在的，不曾離開過。

八大自在

從六識、七識、八識、九識，這一切的意識都不是靜止不動的，而是不斷在流轉，不斷在變化當中。

我們要掌握這個變化，要把意識放諸行動當中，才能夠轉變五、六、七識成為智慧，把第八識轉成清淨智。所以一切的境界我們都能夠以清淨的智慧去面對、去圓融，就能無處不自在。所以才說「應無所住而生其心」，生慈悲心、生利他心、生清淨心、生無所求的心。只有如此，我們的心才能夠自在圓滿，才能夠應一切眾生之所需，而創造一切智慧，圓滿一切眾生。證嚴上人說：

「佛陀已經所得的，這個大自在法不是我們凡夫能夠去體會與了解，除非我們的修行就是要依佛教法。如何將我們的心放寬、放大，將我們對眾生的愛，天地萬物之間已經沒有執著是我或私己所愛、所有的，完全是平等了，轉識成智了，平等性智、大圓鏡智。所以心與外面的境界雖然明朗了，但是沒有染著，如一面鏡子。所以『無我』，離開了境界是寂靜清澄，而這些過程已經『八大自在』。

『八大自在』，說來是很深，細項很多，但是佛陀是以日常生活來讓我們看、讓我們知道，如何的戒、定、慧，如何持戒，如何心定不動，如何啟發智慧，他用身教、言教在教育我們。所以他，佛陀是這樣的用心，取得我們人人的尊重，『故稱佛曰自在人』。佛陀已經沒有受外面的境界所影響了，他自在，天地宇宙真理瞭若指掌；他沒有迷，沒有迷惑。」[23]

由此說明了我們之前所提到的鏡子是不動的，我們在此討論第八識究竟是雜染相依或是一種純淨的意識？其實第八識和第九識在本質上都是真如本性，也是眾生都可以成佛的本質。但第八識中藏有善惡的業力種子，所以將純淨的真如本性覆蓋了，因此第八識便不斷地隨著業力去流轉。但是不管第八識如何生生世世流轉，第九識真如本性從來就不曾離開過第八識。

大圓鏡智

歸結來說，第八識如何將善惡雜染識轉成清淨的大圓鏡智，關鍵就在於平等心。第七識能夠用平等性智，就從自我超越成大我、無我。以這樣的大我、無我的心來運用第六識——「妙觀察智」，去理解眾生之所需，以第五識去創造一切眾生之所需，是「成所作智」。這就是將五、六、七識都轉成智慧，將第八識轉為大圓鏡智。

「我們所需要的就是『轉識成智』，第六識變成了『妙觀察智』。第七識好好思考，一定思考得知道這些事情，能夠一切的人、事、物。人是苦啊！事可以解決，物呢？可以幫助人，轉一個方向，轉小愛為大愛，所以這些物資可以做事情，可以救人，這就是平等性智思考，『轉識成智』，然後我們第八識。眾生平等，人人平等，人人可成佛；第八識智慧，轉識為智，匯入我們的法藏之中，自然我們『大圓鏡智』就成。」[24]

依證嚴上人的說法，五、六、七識都可以幫助人。第七識就能轉識成智——平等智，來成就第九識。證嚴上人對唯識思想是圓滿的詮釋，上人並未將第八識與第九識一切為二來看待，第九識是第八識的一個境界。大圓境智是佛性，也是真覺靈明。佛陀成佛後，五、六、七、八識的運作都是清淨、平等的，如同上人所說，佛念念都是為眾生，佛陀以清淨的識來教化眾生，他所有的表達都是妙觀察智、都是平等性智、八識也是圓滿的大圓鏡智。因此佛陀在人間所有的表達與行止都是利益人間，都是展現圓滿清淨智慧的佛性。

註釋

1 證嚴上人晨語開示，《法華經·如來神力品第二十一》，2020年05月27日。
2 證嚴上人晨語開示，《法華經·如來神力品第二十一》，2020年05月27日。
3 證嚴上人晨語開示，《法華經·如來壽量品第十六》，2017年10月14日。
4 證嚴上人晨語開示，《法華經·如來壽量品第十六》，2017年10月14日。
5 《維摩詰所說經》，〈文殊師利問疾品第五〉（CBETA 2022.Q1, T14, no. 475, p. 544b20-28）。
6 證嚴上人晨語開示，《法華經·如來壽量品第十六》，2017年10月14日。
7 證嚴上人晨語開示，《法華經·如來壽量品第十六》，2017年10月14日。
8 證嚴上人晨語開示，《法華經·如來壽量品第十六》，2017年10月14日。
9 證嚴上人晨語開示，《法華經·常不輕菩薩品第二十》，2019年9月2日。
10 《成唯識論》卷3：「然第八識雖諸有情皆悉成就，而隨義別立種種名，謂或名心，由種種法熏習種子所積集故；或名阿陀那，執持種子及諸色根令不壞故；或名所知依，能與染淨所知諸法為依止故；或名種子識，能遍任持世出世間諸種子故。此等諸名通一切位。」（CBETA 2023.Q4, T31, no. 1585, p. 13c7-13）
11 寂慎法師為圓光佛學院首座兼教務長，他原為長庚醫院腦神經外科總醫師，他在自身行醫十年後，決定放棄行醫，於一九九五年剃度出家。
12 證嚴上人晨語開示，《法華經·常不輕菩薩品第二十》，2019年9月2日。
13 證嚴上人晨語開示，《法華經·常不輕菩薩品第二十》，2019年9月2日。
14 真諦，又名親依（梵語：Kulan tha），中國佛教四大譯經家之一，其他三位是鳩摩羅什、玄奘和不空（或義淨）。在他影響下成立攝論宗、俱舍宗。但真諦著作皆已佚失，其學說只能在吉藏、圓測、窺基、法藏等人的引述及其譯作中得見。
15 證嚴上人晨語開示，《法華經·如來神力品第二十一》，2020年5月1日。
16 證嚴上人晨語開示，《法華經·常不輕菩薩品第二十》，2019年9月2日。
17 證嚴上人晨語開示，《法華經·常不輕菩薩品第二十》，2019年9月2日。

18 證嚴上人晨語開示，《法華經・如來神力品第二十一》，2020年5月27日。
19 證嚴上人晨語開示，《法華經・如來神力品第二十一》，2020年5月1日。
20 證嚴上人晨語開示，《法華經・如來神力品第二十一》，2020年5月3日。
21 證嚴上人晨語開示，《法華經・常不輕菩薩品第二十》，2019年10月22日。
22 證嚴上人晨語開示，《法華經・隨喜功德品第十八》，2018年10月05日。
23 證嚴上人晨語開示，《法華經・隨喜功德品第十八》，2018年10月2日。
24 證嚴上人晨語開示，《法華經・分別功德品第十七》，2018年4月24日。

第五章——證嚴上人的如來藏思想

「如來藏」是我們眾生的真如本性，也就是我們眾生本自具有的佛性，這佛性清淨智慧具足。如來藏雖然被各種雜染所覆蓋，但是如來藏這個真如本性，卻始終完好地存在我們的心地當中。

不論在各種境界，如來藏、真如本性其實還都藏在煩惱中。在證嚴上人的義理詮釋中，第九識、「如來藏」就是我們的真如本性，它一直藏在第八識之中。因此，第八識和第九識是一體的兩面，上人認為第九識的確是存在的，它只是一直被覆蓋，所以「藏」就是代表這個意思。

印順導師於《如來藏之研究》的第四章、第四節〈如來藏經〉[1]中，敘述他將東晉佛陀跋陀羅（Buddhabhadra）翻譯的《大方等如來藏經》（Tathāgatagarbha Sūtra）[2]對於如來藏九喻的整理：「一、萎華有佛；二、蜂群繞蜜；三、糠糩粳糧；四、不淨處真金；五、貧家寶藏；六、穀內果種；七、弊物裹金像；八、貧女懷輪王；九、鑄模內金像。」[3]其中「不淨處真金」，譬喻真金藏在垃圾中，雖然藏在不淨中，但真金的本質是存在的，它並沒有不見，也沒有被破壞侵入。如來藏經文使用這九種譬喻的意義，在於方便說明眾生雖然處在煩惱身中，但仍然保有清淨的如來自性。

眞如本性藏在心深處

「如來藏」在哪裡？他深藏在我們心中，從來就不曾離開，只是沒有被我們察覺罷了。我們在慈濟的慈善經驗當中，常常看到很多志工，一開始並沒有要發大願心去救災，而是在基於某些友誼，或基於某些個人的理由而投入慈善。但是他們到了災難現場，立刻起大悲心，勇猛無私地去付出，而成為一位終身志工。像志工潘明水，他在南非德本曾是一個成功的商人。十多年前，他已經是半退休，住在大豪宅當中，每天看著海邊美景。但是當他的鄰居，一位慈濟師姊邀請他去幫忙開車去慈善發放，在多次拒絕以後，他終於同意去幫忙開車發放。在發放現場，他立刻起大悲心，感受到這些困苦人生活的艱辛，於是發大心，積極投入慈濟的慈善工作。

十多年來，潘明水帶領南非數萬個曾是照顧戶的祖魯族志工，投入社區慈善，奠定慈濟在南部非洲十個國家慈善發展的根基。這就是如來藏深藏在心中，從來不曾泯滅。證嚴上人說：

「『如來藏界，涉入無礙』，我們應該看到就了解了。平時就是一直這樣說，『如來藏』就是我們人人真如本性藏在心深處，那就是很多煩惱無明覆蓋了。但是在這個無明界中，真如還是在我們日常生活中，『涉入無礙』，儘管人間世事等等，我們的真如本性還是與我們同行、同住、同在。」[4]

眾生總是被自我煩惱所綑綁，所以清淨真如的如來藏被掩蓋了，停在自我煩惱中，如來藏永遠無法顯現。只有為眾生的煩惱去付出、去轉化、去努力，真如的如來藏才會完全的顯現。潘明水師兄的轉化就是一個最好的例證，他是在為一切南非苦難人的慈悲利他行動中，真如本性完全的顯現。所以，如來藏也藏在眾生的煩惱中。

眞如藏在眾生煩惱中

深藏在內心的如來藏，與我們同行、同住、同在。但是為什麼我們老是沒有發覺它呢？我們認為是被無明煩惱所覆蓋，而證嚴上人則認為，我們要真正接觸眾生的煩惱，我們的如來藏就能夠被挖掘，能夠被開啟。所以入煩惱地就是成佛地，如《維摩詰經》所言，我們接觸的眾生的煩惱，去幫助眾生解脫煩惱，如來藏立刻顯現。所以證嚴上人說：

「生死不一定是在人的身上，生死在一切物命中，有生死，所以起了輪迴。無論如何就是『如來藏』還是在，我們要清清楚楚，要『了知一切，正心行處』，不論它在各種境界，這些如來藏，真如藏在煩惱中，因為煩惱重重疊疊覆藏著，我們面對著各種各種不同的境界，凡夫容易受不同的境界誘引去。修行的人就明明瞭瞭，『三昧功德，藏真如性』。」5

三昧功德　藏眞如性

「三昧功德，藏真如本性。」三昧是修行佛法非常重要的境界，就是心常在定中，常在清淨中，常在智慧顯現之中。三昧功德是要通過無私的付出，付出增長智慧，無私才能夠靜定。慈濟的三昧功德就在為一切眾生的慈悲付出當中得到。而越是為眾生付出，如同先前所說，我們的真如本性越能夠顯現，所以說「三昧功德，藏真如本性」。真正為眾生無私地付出，付出，需要智慧；無私，所以清淨，清淨加智慧就是功德，就是真如本性的呈現。所以發掘自我真如本性，一定要入人群，為眾生無私的奉獻。

證嚴上人說：

> 「而我們若不明瞭，那是如來藏識，涉入了這個人間世界，不論它如何在，但是無明就是不斷將它覆蓋著。一定要聽法，法一定要入心，才能夠『三昧功德，藏真如性』，我們自己才能清楚了解。三昧，那就是清楚了、了解了，我身體力行累積起來的功德。這種的功德就是藏在真如。我們生生世世不斷造作，分分明明都是沒有迷掉，所以佛陀生生世世無不都是『三昧功德，藏真如性』，生生世世不斷不斷修，一直到了他覺悟、成佛。這都是在這樣『三昧功德，藏真如性』。」[6]

《寶性論》[7]：「是故說眾生，常有如來藏。」又「譬如諸色像，不離於虛空，如是眾生身，不離諸佛智。以如是義故，說一切眾生，皆有如來藏。」證嚴上人也說過：「真如本性就是沒有煩惱了，也就是真藏唯心。」[8]

印順導師於《如來藏之研究》第一章、第三節〈如來藏的名稱與意義〉中提到提到「garbha胎藏」[9]，源自於印度古老的「梨俱吠陀」[10]的創造讚歌中，有神（生主）[11]的創造之意。印順導師對於有些學者所提出，如來藏是「神我」異名的解釋，是因為其太著重於「藏」的金胎之說，而忽視了「如來」二字。印順導師認為：「以論究『藏』的意義，實則『如來之藏』，主要為通俗的胎藏喻。如來在眾生位——胎藏，雖沒有出現，而如來的智慧德相已本來具足了。如來藏說，與後期大乘的真常我、真常心——真常唯心論，是不可以分離的。」[12]

《楞嚴經》經文中有一段佛陀和富樓那彌多羅尼子的對話，他問世尊：「世尊，若復世間一切根、塵、陰、處、界等，皆如來藏清淨本然，云何忽生山河大地諸有為相，次第遷流，終而復始？」[13]證嚴上人曾提過，「法性、無明如水……如冰、如水（法性與無明，如冰與水）……水就是能夠製冰，冰溶了之後就是水。」[14]清淨的水可以製成冰，亦可成霧、成雨、成霜等諸相變化，但其本質是水這是不變的。以此可證，世間萬相亦是由清淨的如來藏所生出的。

第九識庵摩羅識，是無垢識、清淨識、也是如來識，也就是成佛的識，證嚴上人特別強調就是如來藏心。肯定了如來藏，站在這個立場，能讓每個人有成佛的企圖心和可能性。經過精進的修行，讓眾生此生法身有真實的成就，清淨的本性就是我們將來要修行的依歸，也就是上人所說：「回歸真如。」

如來藏在印度就有，它不是中國才有的。如來藏梵語是「Tathāgatagarbha」，由 Tathāgata（如來）與 garbha（藏）組成，意為：含藏如來的一切功德，得以出生如來的意思。

《法華經》也同時提到一切眾生都可成佛，即使是犯五逆罪的提婆達多和畜生道的龍女也可成佛。就是說任何人都是具備成佛的潛能。

其實如來藏它就是個演進，在討論有無第八識時，在中觀裡是沒有這樣的看法。證嚴上人說第八識是佛智，一定會呼之欲出有如來藏。如來藏其實它原始的意涵中用了上述的九個比喻，包括說這個花裡面有個佛果，群蜂繞蜜，這些都是，也包括說這個貧窮的家裡藏著寶藏，殼內有果實、貧女懷龍王。所以這九種比喻都在說明人有成佛的本性，每個人都有常真如性，這是上人的意思，並不是由神我的概念生出來的，所以，不可以把如來藏講成是神我可以創造一切，佛陀是反對神我的。

《華嚴經》：「唯心所現；唯心所變。」[15]又《六祖壇經》：「心生種種法生，心滅種種法滅。」[16]諸法生起是由於第八識阿賴耶識中的無明業識覆蓋了真如本性，眾生將攀緣心誤以為真心，而使自己落入生死輪迴中。《楞嚴經》：「佛告阿難。此是前塵虛妄相想。惑汝真性。由汝無始至於今生。認賊為子。失汝元常。故受輪轉。」[17]在輪迴中，無明、執著中升起的妄念心，形成了種種的虛妄相。

故《金剛經》言：「凡有相皆是虛妄。」[18]所以萬相是由心所造是這個意思。但凡眾生在輪迴中，第九識真如也不曾離開過。

眞如來性　圓明常住

證嚴上人的觀點立場是肯定每個人都本具清淨本性，人人都有這樣的可能性，要不然眾生如何成佛呢？有如來藏，意思是你有如來的藏識在裡面。以下是證嚴上人講的真如性。上人的意思是如來藏就是真如性，他沒有神我的概念：

「這個真如性，修行過程自然他『了知一切，正心行處』。我們最近一直一直在提起，一直在說的話無不都是在說，鼻根聞一切悉皆知之，差不多在這個地方。但是一直要讓我們知道，知在『三昧功德』，修行的過程『藏真如性』。很明顯喔，所以我們能夠『了知一切，正心行處』。大家要記著，這已經是在修行的過程。前面那就是我們人人本具真如，在這個真如也是在人群中，但是沒有讓它丟掉了，永遠永遠存在。

所以『世界互融』，人人全都具足有的。『圓明常住』，真如永遠就是這樣，亦圓滿存在，只是被埋了。記得前面說地中伏藏，我們就是心地底下藏著很有價值的寶。那個很有價值的寶藏埋在地底下，這個地底下是我們的心地的底下。就是應該從簡單的一句話——我們人人本具如來藏，所以是『圓明常住』。但是我們要用功夫，就是三昧，要很寂靜清澄。」[19]

上述證嚴上人的意思是，我們只要用功修行，如來真性就能夠出現。所以上人的看法比較是一個真如性，如來藏它原名常駐。上人說這個三昧心若能夠清淨，自然智慧能夠清楚：

「這個『三昧』，心若能夠清淨，自然就能夠清楚，希望大家要很清楚去了解這些事情，才會這樣每天每天在這裡要告訴大家，我們的真如本性隱藏在哪裡？我們要如何能夠去體會這個『聞』？一切皆清楚，這種的智慧來看世間事物。所以一句話叫做見解、見解，就聞解、聞解，聞也能夠解，所以聞解一切，我們就要很用心。在這其中的意思是要很了解，雖然是原地踏步，但是步步要踏實，要很了解。

『靜處為林，身為宮殿。』我們的心，所有的靜處譬喻就是他們那些園林，那些園地，與它的景觀一樣。那身呢？我們現在，譬喻我們，我們的身就像宮殿。而我們住在哪裡？是住在這裡嗎？其實我們的身體就是我們個人的世界。

我們如來藏處，我們的身體是我們的如來藏處。同樣的道理，現在是在譬喻，身譬喻成在這個宮殿的裡面；我們的心一清淨就是如來，藏在哪裡？藏在我們的心地中。這個心地在哪裡？就是我們自己的行動。」[20]

所以證嚴上人的智慧告誡弟子們，如來本性藏在我們的心地中，藏在我們的心與我們的身中，身是我們的宮殿。心在哪裡？心，不只在身體，在我們的行動中，所以從這裡來看。吾人認為上人的如來藏不是神我，而是如來性，能夠顯現在一切行動中，一切眾生中才是如來藏。吾人覺得這不像神我，神我是有一個創造一切能夠支配這一切的東西，吾人認為證嚴上人不是這樣看待。

「如來藏」藏在我們的心地中

如來藏，就是一個真如的本性。我們不斷去挖掘它，它處在哪裡？處在我們的身中，處在我們心地中。心地在哪裡？在每一次的行動中，所以它不離這一切的行動，它不離我們的身。所以身是載道器，我們一切的行動都用如來本性來看待、來觀照、來投入、來運作、來實踐，那就是如來藏。所以它更賦予我們行動的意義。這不只是說——它不是藏一個神，它也沒有一個「藏」在那裡？它在一切行動中，它也是不斷在變化的。變化的一切不離清淨的如來心。是如來藏在一些行動中，藏在心地中。證嚴上人言：

「所以，『身為宮殿，而面門說法』，就是宮殿，而這個宮殿那個門，那個門面就是這個人，你會講法的人。誰在講法？是這個門面在講法，要告訴你們我的心地長得如何，你們看不到；要告訴你們我的想法是如何，也沒有人能理解。唯有透過這個門面，就是這個人來說話，如來藏性在這個人的身體之中。這個人了解用這個門面來與大家說話，大家所有的都是一樣，有身的宮殿、有門面的說法、我們所做的身的行為。

因為『如來藏』藏在我們的心地中，我們要不斷精進，要到圓明、到達三昧，這當中如如不動，這才是我們清淨修行。不是到天人的境界這樣的放心，這樣放心就鬆懈掉了。我們不要求享樂，我們所要求的是身心自在。」[21]

這個門面，門是看得見的，就是我們講的一切的行為，一切的言語都是這個門面，這個門面來自哪裡？來自我們的如來藏性，這如來藏性是在心底中，是圓明的、是戒定慧的、是三昧的、如如不動的。在一切境界中如如不動，才是我們的清淨修行。不是處在天堂，或是處在地獄，是在任何境界裡都能夠如如不動，這叫如來藏。心就是清淨的。證嚴上人進一步說：

「我們已經是涉入在這個人間世事裡，聖人的世界的如來藏清淨，他在我們這個凡夫人間。佛陀為了要度生入人群，所以很多修行者在人間，受佛的教法、了解佛法的深理，所以修行。同樣在這個世間才有辦法修行，在人群中知道迷茫，『這叫做迷、這叫做苦』，『這就是超越的境界，安然自在』。我是向著這個安然自在，『圓明常住』，我已經了解了真如本性。

我有我的真如本性，緣過去，現在的未來我要將我的這個真真如真正顯現出來，心的這面鏡子我要認真勤拂拭；趕快一直將它擦乾淨，我們才有辦法看到外面境界，能清楚。這是修行者那種細心。三昧的功德，我們要很用心來體會，三昧功德，藏真如性，這我們要很清楚。」[22]

所以可以看到這邊描述的真如本性，真如來藏，其實大圓鏡智，這是非常相似的詮釋與理解，兩者有一個相通之處。所以證嚴上人希望眾生能夠真正地把握圓明常住的本性，面對一切的境界都能很清楚。因此，當真如本性、當如來藏現前的時候，能夠映照一切境界。這也是聖人世界的如來藏，清淨如大圓鏡智的鏡面一樣的清淨，要清淨就要勤拂拭，要不斷地修習三昧功德。

眾生心地　如來藏也

我們先前提過，慈濟的志工經常是未發大願心之前投入慈善工作。看到眾生的苦難，激發內心無比的慈悲，開始以利他行度化眾生一切的苦難。所以眾生就是如來藏地，眾生就是成佛地。入一切眾生群中，一切眾生就是如來藏所處之地。不只自我如來藏顯現，還要引導眾生也能夠認識真如本性的如來藏。

如此，一個莊嚴的佛國就能夠確立。證嚴上人說：

「『地中寶藏』，就譬喻『眾生心地，如來藏也』。那個『地藏』就是我們心中，人人的心中都有藏著這種的寶藏——真如。這種大福，修大行，行大福業，這全都有。這轉輪聖王他就是這樣，從他的心地的善良，他行善、忍辱，他的心地永遠保持著善念；這個善念就是福藏，就是寶藏。藏在心地，這就是『如來藏』。」[23]

證嚴上人將如來藏詮釋為善行、善言、忍辱，這不是神我的概念，它是具備時間意義的，是入世間的。眾生心地，如來藏也。

證嚴上人的如來藏思想跟傳統的解釋不一樣。在大乘三性的如來藏思想，其實是鼓勵每一個人都有成佛的本性，所以會比較傾向「自修、自得、自性佛」的獨覺道路。但是如先前所說的，證嚴上人還是強調必須在人群中修持；第一必須要先透過「聞、思、修」、「戒、定、慧」這樣一路的修持，重點放在每個人都有真如本性，人人都有機會，但是必須要透過努力修學，入眾度眾，念念為眾生，自然有朝一日能夠達到心靈塵盡光生的目標。

我們的佛性思想是在我們的八識中被隱藏著、被覆蓋著，只要我們努力地修行，依師而行，聽聞正法，然後如理思維，法隨法行，自然可以達到成佛的究竟。從證嚴上人來看，如來藏沒有一個所謂固定不變的我，如來藏就是一個真如的本性，它在各種行動中都能顯現出這樣的力量，能夠照進一切的境界，轉化一切的境界，這並不是神我，也不是一個固化的相。

佛陀就是要破那個我、那個神我、神化的大我。「神我」要破掉它，它不是主導一切的、也不是創造一切的存在者。如來藏也不是會生死、生滅的體，它本性永遠在，可是你要不斷透過修持三昧，修大行、行大福、行善忍辱，這個善念就是如來藏、就藏在心地裡面。所以對上人而言，如來藏比較傾向真心，也是先前所說的真如本性的意思。因此，證嚴上人講人人本具如來藏，我們的如來藏藏在哪裡？在第九識當中。

如來藏在第九識之中

從證嚴上人詮釋經典的義理看來，如來藏就是在第九識當中。如來藏即等同於第九識，是完全無染、清淨、智慧充足的本性，也就是佛性。印順導師於《如來藏之研究》第七章、第三節〈真諦所傳的之如來藏說〉也提到：

「阿摩羅識是真如的異名，是無可懷疑的，如『十八空論』（大正三一．八六三中）說：『云何分判法界非淨非不淨？答：阿摩羅識是自性清淨心，但為客塵所汙，故名不淨；為客塵盡故，故立為淨。』」[24]

因此，佛陀是以真如本性的如來藏心，以第九識（庵摩羅識）入到娑婆世界度化一切眾生。這裡再次強調，如來藏不是斷絕一切的世間的汙濁的意識，也不是完全孤立的意識。它是能夠在八識田中、在一切事項當中，顯現它無比清淨智慧的力量。佛陀就是一個最好的例證，他以第九識，以如來藏識，度化一切眾生的實體顯現。證嚴上人說：

「因為佛陀是暢演本懷，成佛就是為了要告訴大家人人本具佛性、人人本具如來藏。我們的如來藏藏在哪裡？第九識之中。

我們平時都是第八識，大家的造作回歸到第八識。這個八識是帶著無明煩惱，它沒有去造作，就是無明煩惱的習氣，在我們的第七識的思考，第六識動員起來，這個心起意了，就身、心、口去造作業。完成了，回歸第八識，就好像一個倉庫一樣，你的作業回歸到第八識。『萬般帶不去，唯有業隨身』，將來這個藏識就是我們再帶到來生世，因緣果報的種子回歸在第八識裡，帶著第八識的種子再來生來世。」[25]

如來藏與一切的眞理會合

證嚴上人常說，真如本性與萬法合一，真如本性與萬有合一。其實我們的本性是通向一切萬有，通向一切萬法，這也是根植於佛法的基本教育，一切因緣生，因緣滅，因緣相生相依，所以才有萬法。而我們的心能夠通向萬法，與萬法合而為一。所以自他不二，一切眾生都是與自己等同，一切眾生與自己都能夠成就佛性，這是如來藏與一切真理是相契、相合。證嚴上人說：

「明明我們如來藏就是藏在最清淨第九識，不受汙染。佛陀就是將這個識的門一道一道打開了，最後第九心門開了，與天體合而為一，如來藏與一切的真理會合，覺悟了，這就是佛，成佛了。我們自己的真如本性，這個如來藏性；我們還在外面，外面的第八、七、六、五識，這樣一直就還是重重無明識還在造作。所以回歸，這個無明還是附著在這個八識中，所以要到清淨無染好像還有一道門。」[26]

所以上人是把如來藏識、第九識真如本性其實是合在一起的，如來藏識是什麼？就跟真如本性一樣，與一切真理合一，一切的真理都合一的。是我們的五、六、七識不斷地去造作的業識，依附在第八識裡面。若透過修持，第八識本身也能夠清淨無染，就能到第九識的境界，也就是如來藏、就是真如本性。

「我們一直說『五波羅密』，最後一道智慧波羅密還未開，所以我們要努力。而這道智慧的門要如何開？需要深心信解。只要你深心信解了，這心門開了，如來藏識會合了。如來藏識就是與真理會合，清淨無染著，回歸我們的真如本性，這就是我們的真理，我們與真理會合在一起。所以，見如來知見、入如來知見，我們真的進去了，入如來室了，著如來衣了，處如來座。這個時候我們就是看到佛還在靈鷲山，在講說《法華經》，這樣就是會道理了。」27

佛陀反對神我、反對儀式、反對祭祀、反對神秘學說，他要帶領眾生回到一個理性的知見中，來看待生老病死的無常。所以佛陀是用真理來教示給眾生，因此才說皈依法。法就是真理，不是皈依我，是你要皈依法。要自度無他度，不是皈依我，是皈依這個法。佛陀不要你皈依他，他也不要眾生崇拜他，他要你以法自度，以法自悟。

如來藏心　依歸真理

佛陀的教示是以真理為核心，所以從這一點來看，證嚴上人把如來藏詮釋認知為「是與真理會合」，他與真如本性是一致的。上人對於如來藏這個說法，與過去許多不同時期的大乘佛法講法不同。那麼，歷史上對如來有何的詮釋？有神我的、有大我的、也有真如的本性，有不思議我的，證嚴上人並不做這個解釋，他反而是認為「與真理合一」。

因此，證嚴上人的思想比較是回歸到原始佛陀的教法，就是說真理是我們依歸處。而如來藏就是依歸在真理，與真理會合，真如本性也是真理的會合，不只會合真理，行在一切真理中，一切的行都符合真理，用真理來看待一切的行，那就是如來藏。

靈山只在汝心頭

行在真理當中，就是用如來藏，就是行在如來藏中。所以一切世間的處所，一切世間的境界，一切眾生的煩惱，都是如來藏來顯現。我們的心在哪裡，如來藏就在哪裡。我們的身在哪裡，如來藏就在哪裡。這是在一切心行處，都能夠用如來的清淨智慧來面對，來圓滿。所以才說靈山只在汝心頭，心中自有如來藏。證嚴上人言：

「《法華經》永遠是我們的心靈道場，『佛在靈山莫遠求，靈山只在汝心頭』，人人都有一個靈山塔，所以我們能夠在那個地方與佛在靈山會上。『有是經處，則為是佛法身塔』，所以我們能夠頂戴佛的全身，就是經；這個經的法，佛的法身，到哪裡，那個地方就有塔。〈見寶塔品〉那時候不就是呢？無處不在。寶塔不是只有在印度的靈鷲山，只要我們有精進的地方，只要有《法華經》處就有寶塔在。」[28]

真理就是「如來藏」

我們不採取用很神秘的見解來看待如來藏。其實如來藏就是真理，從證嚴上人的角度言之，如來藏無所不在。如果我們所行的一切能以真理為依歸，就是行在如來藏中。我們要在慈悲利他中，去除自我的無明，層層撇開，覆蓋如來藏的煩惱與雜染，讓清淨智慧在無私當中逐漸地呈現它的自身，亦即是我們的本性，亦即是我們的佛性。行在如來藏中，就是行在正道與真理中。證嚴上人說：

「這個『道』就是真理，真理就是『如來藏』，這都我們自己的，去、來都是在這個『藏』之中。所以，『如來藏性自具』。過去我們所做的、現在我們所做的，無不都是這樣藏下來，就是因為我們的自性不斷不斷地延續；我們的記憶、我們的方向、我們的生生世世累積了，這樣藏下來，愈積愈多。所以『自具』，因緣愈來愈多，道愈開愈長，這都是在如來藏之中。

所以，『無明惑不能染』，我們的自性無明的惑不能來染汙我們。修行，我們已經到達智慧懂得分別了，什麼是好、什麼是不好，該做、不該做，清楚了。做事情的過程中，人我是非分清，自然煩惱來了、無明來了，我們提高警覺，選擇對的做就對了。做過了，煩惱無明掃除，不受汙染，這叫做『無明惑不能染』。」[29]

證嚴上人說：「去、來都是在這個『藏』之中。」我們生生世世累積藏下來的這些因緣，都在智慧本自具足的如來藏之中，「道」也隨著因緣不斷地開展出來。這跟如來藏經初期的說法一樣，即使無明汙染了我們，有如黃金藏在染汙當中，無明染惑了本來具足的、自具的如來藏，但如來藏的清淨性不變。所以上人認為真理就是如來藏，我們本身就具備了分辨、認識真理的智慧，只是被無明給染汙了。所以我們應該怎麼做？我們要以智慧來分別什麼是好；什麼是不好，該做不該做？做完了煩惱盡除，不受汙染，就是無惑了，不再受染了。

「『如來藏性自具』，我們的智，增加起來了，所做過的事情，對了，這就是我們的經驗，我們的經驗就是知識增加。

這幾天說『歡喜地』、『離垢地』、『發光地』，第四地就是『焰慧地』了。發光，會更加光亮，這就是我們的識，我們的意識愈來愈清楚，『不經一事，不長一智』。儘管我們要做事情，遇到、碰到困難我們還是堅持做過；這些人事是非，我們也過去了，沒有染在我們的心裡。」30

所以上人其實也強調，如來藏性自具，但是要不斷地去淬鍊。性自具不是說原本就是這樣，我都不用找，不是這樣，是你要不斷地去淬鍊，將它提取出來。

如來藏性　無無明　無掛礙

如來藏性不受染汙無明所困惑，依然能夠用善和無私去為眾生付出。所以如來藏性，無無明、無掛礙，不會因為眾生的無明、掛礙了我們。能夠不斷地用如來藏來幫助眾生，所以如來藏本身是用之無窮、付出無窮的。行善能夠無掛礙，無無明這是如來藏，證嚴上人的如來藏裡頭有一個很強的行動性和慈悲力。他期許我們在行動中展現真理、實踐如來藏。上人回憶八八風災過後，慈濟為災民蓋大愛村的艱辛過程，一切無掛礙，就是如來藏心。

「前天高雄資深菩薩回來，他們還提起了這個大愛村，杉林，他們說才帶墨西哥的志工去看看大愛村。一說起來，在座資深，他說：『想到那時候的大愛村，八十八天讓它完成。』大家的記憶又再提起了。想想看，這不就是『如來藏性』？不就是具在人人的心？若是有無明掛礙了，那時候，當初這些大愛村就無法完成。只要一個人，『我面對這樣的煩惱受不了，打消主意、放下』，這麼多人就不用動員了，腦海中就沒有這個記憶了，現在那些住民，現在他們不知道在哪裡了。」「所以，一個念頭是多麼重要啊！堅持下去，『十在心路』是一個教育，提醒大家『大時代需明大是非』。在這樣這麼關鍵的時代，大自然的異常，人生受這麼多的苦難，有人想要做事情，卻是有這麼多的無明障礙的觀念，是非這麼多。卻是決定下來，見證了愛心，這分共同一心願意付出，人間菩薩成就一項不可成就，難為能為；八十八天可以七、八百間房子，讓他們能夠搬進房子去過農曆年。」[31]

八八風災之後興建大愛村給災民是一個非常艱辛的挑戰過程，這當中幫原住民興建大愛屋，還幫原住民部落興建教堂。但是各種的爭議、各種的抗議、各種的反對聲音還是此起彼落。所以上人在那個時候寫了〈十在心路〉，就是描述當時那個艱辛的環境。但不管環境多麼艱辛，那一念真如的清淨智慧仍然要堅守，在災難的現場堅持下去，八十八天，讓七、八百間房子完成，就能夠讓災民搬進去過好年。

不管面對各種質難，心都沒有掛礙，真如才能夠顯現。真如之心才能夠完成慈善的志業。所以，在人群中實踐慈悲力就是如來藏。

人群中就是如來藏

如來藏不是固定不動在那裡，我們一直強調，如來藏是在行動中，在慈悲的行動中，在入人群為眾生服務當中顯現它的力量。因為如來藏不只清淨無染，還必須智慧具足。就如同先前所說的八八風災，歷經各種苦難，證嚴上人寫下〈十在心路〉：

在苦難中長養慈悲；在變數中考驗智慧；
在艱難中激發韌力；在繁瑣中學習耐性；
在複雜中欣賞優點；在理想中追求進步；
在人我中相互感恩；在社會中祥和無爭；
在大地中長期養息；在天下中消弭災難。

〈十在心路〉就是寫如來藏心，如何在面對各種艱辛環境中，要呈現出它無比清淨智慧的力量。〈十在心路〉是如來藏心的真實顯露。證嚴上人說，入人群，顯如來藏心：

「萬八千世界者，表說一乘之果已滿，如萬。萬八千世界就是表示『一乘之果已滿』，就是叫做『萬』。『一乘之因未圓』，叫做『八千』。一萬就是圓滿，八千就是我們所修的行，所了解百分之八十，還未很完全了解，萬分之八千，還未很圓滿。

一切『有為法』大家清楚了，還要再進一步，進入『無為法』。獨善其身不夠，你要入人群去。我們昨天也有說過了，人群中那就是如來藏，如來的法藏在眾生群中。所以我們要圓滿，就要入人群；還未入人群，那就等於『八千』，因為你知道煩惱的道理，卻還未去真實體會煩惱的來源在哪裡，還沒有發揮去解煩惱法，利益眾生，所以還沒圓滿，這叫做『八千』。」[32]

所以利益眾生了，才能夠成就如來藏。如來藏、如來法藏在眾生群中，你成就一切眾生，入人群成就一切眾生才是圓滿如來藏，可以說如來藏這個大我在人群中。證嚴上人認為，不只是本具的真如自我的佛性，如來藏還要入人群中，利益一切眾生才是真正如來藏的意思。要深入人群中才能鍛鍊如來藏，最終可以成就自己的菩提種性。

上人所講的如來藏思想其實不離緣起性空，要走入因緣中，付出無所求，也就是空中妙有，在因緣中生法；在染著中以清淨無為心來利益眾生，行動力、實踐非常重要。證嚴上人在舉了許多例子，包括印尼、委內瑞拉、厄瓜多、菲律賓等，許多國際賑災的例子，因為利益眾生，所以自己受到感動和反思，然後受到正面的影響，其實這個過程就是在修行。慈濟做了很多的事情，就是要在人群中成就圓滿自己的菩提自性，這個不是個人的修行，個人的修行是沒有辦法成就的，一定是群體的共善行動完成個人的修行。

吾人認為，凡想要深入理解如來藏，也不用太拘泥傳統去做解釋，因為各宗派會有不同的詮釋，例如《寶性論》、《莊嚴論》、《寶積經》都有不同的看法。在吾人的理解中，如來藏經一共有二十多本經，我們並不需要一一地去推敲、去深究它們的不同之處。但是，如來藏不是一直往內心去開挖，如來藏就會出來，證嚴上人的意思是，反而是你要往外去行；如來藏是指真理，真理要體現在一切行動中。證嚴上人是如此的詮釋與勸勉。

體現在一切利益眾生當中，這才是如來藏的真意。這個與證嚴上人一向所強調的付出無所求、緣起性空這都是相對應的。在這因緣當中修持自我，在八識染著中，把一切染著都變清淨回到第九識。上人認為第八識和第九識是合一的，所以在他的講法當中都是合起來講的。證嚴上人詮釋的角度一直都是具備了本文一直強調的實踐義，這也很適合慈濟的精神：入人群中體現一切真理是如來藏。

證嚴上人的說法與原始的如來藏說法是沒有衝突的。如來藏心就是眾生本藏著如來的心，本來就具足。那麼這個如來心如何被看見？入眾生中、入人群中度眾生，修持一切智慧，不會被無明、掛礙給牽扯，能夠保持清淨，那就是「萬」，是「圓滿」，不是「八千」。

因此，吾人肯定了一個本來具足的如來藏在我們之內。那麼，如果我們認為，只要一直往內心走，如來就會顯現，這就會有點像「神我」。證嚴上人的想法不是這樣，他還是以度眾生為主體，從利益眾生去開拓自我的如來本性。所以如來藏，如來本性即為真如本性，與萬法合一，它是無為法。無為法要在有為法中呈現。因此，我們不能只是獨善其身，還要入人群中，度化一切眾生。以這樣的思維把握證嚴上人的思想是比較準確的理解；吾人也認為，這也是比較中道的如來藏思想，不致落入神我，也不致落入世俗世界裡。

空性是不離妙有。空性的無為法還是不離有為法。我們從這樣子來理解，就比較能夠走到中道。從我們先前講的大乘佛教思想中的波若、真空妙有、中道，這些都是不偏執有、不偏執無。從第九識跟第八識的關係，論述到無為法跟有為法的關係，一直到如來藏思想，這整個體系其實是相通的。都是以一個不執著的空性，妙用在人間、度化人間，這才是空性。空性的意思不是我有一個空在那裡，若是這樣，那麼第九識就離開第八識了，無為法和有為法就不在一起了。如此一來，空就會成為斷滅空，如來藏就和世界沒什麼關聯了，如來藏就會永遠獨立存在。

證嚴上人不是這樣詮釋說明的；證嚴上人認為如來藏是在人群中，還要度化人群才是如來藏真正的意義。真理要在人群中體現，獨善其身不夠，還要入人群才叫如來藏。你不去度眾生，你就不是如來、就不是佛。所以如來藏不是神我，佛跟神我不同在於，神我是沒有你而我還在。佛不是這樣說的，佛為眾生而成佛，成佛為眾生，這樣才是「不空不有、不有不無」，是中道觀、是波若觀。

緣此，我們理解八識和九識是不離的；絕對和相對是不離的；佛性和世間是不離的；涅槃和生死是不離的；煩惱和菩提是不離的；如來藏是一個清淨的法身但不離世間，還要入世間，在世間體現一切真理，實踐一切真理，用真理去度化一切眾生。認識這個真理，認識自己有如來藏，這才是真正如來藏的本意。從這個角度觀之，再去理解大乘佛教思想完全是相通的，不論是波若、中觀，唯識、如來藏都可以融通。

註釋

1 《如來藏經》最早漢譯本是法矩於晉惠帝時譯出的，成立於西元二五〇年以前，但法矩所譯的譯本已經佚失了。現存的漢文譯本有三：東晉時期，佛陀跋陀羅（Buddhabhadra）所翻譯的《大方等如來藏經》（簡稱：晉譯）；唐代不空（Amoghavajra）翻譯《大方廣如來藏經》（簡稱：唐譯）；當代佛學居士談錫永（筆名王亭之）新譯的《如來藏經》（簡稱：新譯）。

2 《大方等如來藏經》（Tathāgatagarbha Sūtra），共一卷，東晉天竺三藏佛陀跋陀羅漢譯，收入《大正藏》第十六冊。內容舉九喻而說一切眾生皆有如來藏，宣揚一切眾生皆有如來藏、佛性。

3 印順，《如來藏之研究》，臺北：正聞出版社，1993 年 1 月（七刷），頁 111-112。（CBETA 2022.Q1, Y39, no. 37, pp. 111a14-112a5）

4 證嚴上人晨語開示，《法華經・法師功德品第十九》，2019 年 3 月 22 日。

5 證嚴上人晨語開示，《法華經・法師功德品第十九》，2019 年 3 月 22 日。

6 證嚴上人晨語開示，《法華經・法師功德品第十九》，2019 年 3 月 22 日。

7 《寶性論》即《究竟一乘寶性論》（Ratnagotra-vibhāgo Mahāyānottaratantra-śāstra），係大乘佛教論書，為如來藏學派所尊奉的論書之一，在漢傳與藏傳佛教中受重視。關於《寶性論》的作者，漢傳佛教中認為是堅慧（Sāramati）所作，而藏傳佛教中則認為是彌勒（Maitreya）所作。

8 《究竟一乘寶性論》卷 4，《新修大正大藏經》，電子佛典（CBETA 2022.Q1, T31, no. 1611, p. 838c1-13）。

9 《如來藏之研究》：「garbha 是胎藏。印度宗教學而應用胎藏說的，非常古老。在《梨俱吠陀》的創造讚歌中，就有創造神『生主』（prajāpati）的『金胎』（hiraṇya-garbha）說。從金胎而現起一切，為印度古代創造說的一種。胎是胎藏，所以這一創造神話，是生殖——生長發展說；是將人類孕育誕生的生殖觀念，應用於擬人的最高神（生主）的創造。大乘佛教在發展中，如來與藏（界藏與胎藏），是分別發展的；發展的方向，也是極複雜的。超越的理想的如來，在菩薩因位，有誕生的譬喻，極可能由此而引發如來藏——如來在胎藏的教說。從如來藏的學理意義來說，倒好像是古代的金胎說，取得了新的姿態而再現。或重視如來藏的三義，以論究『藏』的意義。實則『如來之藏』，主要為通俗的胎藏喻。如來在眾生位——胎藏，雖沒有出現，而如來智慧德相已本來具足了。如來藏說，與後期大乘的真常我、

真常心——真常唯心論，是不可分離的。」（CBETA 2023.Q4, Y39, no. 37, p. 16a5-13）

10 《梨俱吠陀》是《吠陀經》中最早出現的一卷，成文於公元前十六世紀到前十一世紀，是除了西臺語的文獻外，在印歐語系語言中最古老的書籍。它是以口傳方式保存下來的。是雅利安人來到印度河兩岸，對神的讚歌。

11 「生主」吠陀教神話中的一個稱號，字面意思是「眾生之主」，這一詞含義非常複雜，有時指一個或一組具體神靈，有時是個抽象神學概念，有時又是神的別名。通常而言，這是一個對始初神的稱呼，在此基礎上許多研究者認為其形象是較晚出現的梵天神形象原型。

12 印順，《如來藏之研究》，臺北：正聞出版社，1993年1月（七刷），頁16。

13 《大佛頂如來密因修證了義諸菩薩萬行首楞嚴經》卷4（CBETA 2023.Q4, T19, no. 945, p. 119c15-18）。

14 證嚴上人晨語開示，2013年09月30日。

15 《華嚴經疏注》卷3，中華電子佛典（CBETA 2022.Q1, X07, no. 234, p. 628b12-16 // Z 1:7, p. 34b14-18 // R7, p. 67b14-18）。

16 《六祖大師法寶壇經》，中華電子佛典（CBETA 2022.Q1, T48, no. 2008, p. 362a5-7）。

17 《楞嚴經集註》卷1，《新修大正大藏經》，中華電子佛典（CBETA 2022.Q1, X11, no. 268, pp. 223a18-224a1 // Z 1:17, pp. 32c18-33a1 // R17, pp. 64a18-65a1）。

18 《金剛般若經疏》中華電子佛典（CBETA 2022.Q1, T33, no. 1698, p. 77c16-21）。

19 證嚴上人晨語開示，《法華經・法師功德品第十九》，2019年3月22日。

20 證嚴上人晨語開示，《法華經・法師功德品第十九》，2019年3月15日。

21 證嚴上人晨語開示，《法華經・法師功德品第十九》，2019年3月15日。

22 證嚴上人晨語開示，《法華經・法師功德品第十九》，2019年3月22日。

23 證嚴上人，〈輪轉聖王十善化育〉，《靜思妙蓮華》，第1686集，大愛電視臺，2019年8月30日。

24 印順，《如來藏之研究》，臺北：正聞出版社，1993年1月（七刷），頁230-231。

25 證嚴上人晨語開示，《法華經・法師功德品第十九》，2019年3月15日。

26 證嚴上人晨語開示，《法華經・分別功德品第十七》，2018年4月9日。

27 證嚴上人晨語開示，《法華經・法師功德品第十九》，2019年3月15日。

28 證嚴上人晨語開示，《法華經・法師功德品第十九》，2019年3月15日。

29 證嚴上人，〈真覺靈明能生萬法〉，《靜思妙蓮華》，第1564集，大愛電視臺，2019年3月1日。

30 證嚴上人晨語開示，《法華經・分別功德品第十七》，2018年3月06日。

31 證嚴上人晨語開示，《法華經・分別功德品第十七》，2018年3月06日。

32 證嚴上人晨語開示，《法華經・安樂行品第十四》，2017年6月14日。

第六章——
無量義經與證嚴上人：試論其對慈濟宗門開展與修行之影響

前言

《無量義經》的核心理念就是「性相空寂」與「濟度群生」；以人間佛教倡議者印順導師的話語就是「淨心第一，利他為上」；以慈濟宗門的創立者證嚴上人的話語就是「無私、大愛」。「無私」，是邁入「性相空寂」的必要狀態；「大愛」，是「濟度眾生」的心靈源頭。以無私的心廣澤大愛於人間，是證嚴上人實踐《無量義經》的入世法門。印順導師在倡議人間佛教之際，並未特別詮釋《無量義經》，但其人間佛教的理想是契合《無量義經》的教法；而證嚴上人則以《無量義經》作為他一生奉行的重要經典，《無量義經》也是慈濟人修行「利他度己」最重要的精神依歸。「靜思法脈勤行道，慈濟宗門人間路」，靜思法脈是強調行的，不只行，還要勤行。慈濟宗門以入世濟度眾生為志，而在濟度眾生的同時，清淨自心。

慈濟宗門以佛教為本，它的實踐卻是超越佛教邊界的。許多基督徒、天主教徒、伊斯蘭教徒、猶太教徒，乃至無神論者，都成為慈濟志工，都皈依證嚴上人成為靜思弟子。因為有《無量義經》使得慈濟宗裡的佛教徒找到入世修行的法門。因為有《無量義經》使得慈濟宗門裡的非佛教徒，找到個別信仰裡共通的元素——無私大愛。一如南非基督徒的祖魯族志工所言：「我們是做上帝的工，耶穌與佛陀都是一樣的，經由慈濟，我們更接近上帝。」「今天出門我們要做好證嚴法師要我們做的事，否則以後回去，對不起耶和華。」

《無量義經》的教義「所發慈悲明諦不虛，於眾生所，真能拔苦；苦既拔已，復為說法，令諸眾生受於快樂。」[1]這種大慈悲的胸懷是各宗教、各家思想體系的共同基石。而慈濟的慈善理念與實踐就建立在這樣的基石上。

《無量義經》所陳：「醫王、大醫王，分別病相、曉了藥性，隨病受藥、令眾樂服。」[2]「……能為生盲而作眼目；聾劓啞者作耳鼻舌；諸根毀缺能令具足。顛狂荒亂作大正念。」[3]宗教從來就與醫療不分，佛陀是大醫王，基督教早期的傳教士也都是醫生為主，何況人間之病苦為一切眾生必然面對的生命境界。《無量義經》伴隨著證嚴上人的悲願與智慧，創立慈濟醫療志業。證嚴上人以「人醫」、「人師」期許醫師們不只治病拔苦，還能說法，令眾樂服。慈濟似乎賦予醫師們宗教傳教士般的使命，給予人身心靈的健康與富足。

人在富足健康之後，接下來所面對的就是知識的提升，以及生命價值的追求。因此《無量義經》所陳：「無量大悲救苦眾生。是諸眾生真善知識；是諸眾生大良福田；是諸眾生不請之師；救處、護處、大依止處，處處為眾作大導師。」[4]正應對了慈濟教育志業之開展與願景。教育給予專業知識的認知提升，也給予人格與價值觀的啟迪，是諸眾生的真善知識，是諸眾生不請之師，是諸眾生大依止處。

「是諸眾生安穩樂處，……處處為眾作大導師，……顛狂慌亂作大正念。」[5]慈濟人文志業致力於社會人心的改造與建構，為時代的美善做見證。「報真導正」，正是諸眾生的大導師，讓顛狂慌亂起大正念。而慈濟人文志業最終的理想就是引領眾生認識生命的本質是清淨的，不執著有，不執著無，在不斷地利益他人中，體現自性不生不滅的真實大義。「船師、大船師，運載群生，渡生死河，至涅槃岸。」[6]濟度眾生，一如船師、大船師一般，但其最終目的就是引度眾生體悟「性相空寂」的本性。因此「至涅槃岸」，是生命終極覺醒的境界，終極關懷，正是宗教提供給世人生命的最終依歸。

因此，《無量義經》既有入世、淑世的理想與願景，亦有內在修習人格的方法與路徑，亦復提供宗教信仰不可或缺的最終覺醒，亦即性相本空，非有非無，非自非他，本不生滅，涅槃寂靜之境。

雖以終極覺悟為理想，但《無量義經》的教法也給予世間的凡夫、眾生無限量的機會次第修行與造福。「猶如船夫身有病，船身堅固能度人。」人人都可以度人，只要依靠《無量義經》這堅固的船身。「未能自度，已能度彼」[7]，這項義理更寬廣地接納一切眾生。眾生雖然心性不一，習性相異，信念有別，但都能入此法門，只要他們倚靠《無量義經》的精神，都能幫助他人，教化他人。這種信念使得慈濟宗門在依循《無量義經》的本懷，亦復有證嚴上人創造性的智慧與人格德香的感召，引領無數千差萬別的眾生，投身慈濟，在濟助他人的同時，亦提升自我的人格，而漸次地邁向「性相空寂，本不生滅」的終極覺醒。

清淨心與菩薩行

大乘佛教倡議行菩薩道，行菩薩道的前提是從內心自我清淨的修行開始。證嚴上人講述《無量義經》的一開始，就以阿難尊者在佛陀滅度後，被大迦業尊者逐出門，因為阿難的心還未開悟，開悟的心才能集結經典，覺悟的心才能有資格傳佛陀的教法。佛陀一切的教法莫不是希望眾生能修得清淨性。因此《無量義經》開經就說：「是諸菩薩，莫不皆是法身大士，戒、定、慧、解脫、解脫知見之所成就。其心禪寂，常在三昧；恬安澹泊，無為無欲；顛倒亂想，不復得入。」[8]佛陀說法四十一年之後，開始講真實義的《無量義經》，開權顯實，來聆聽的都是已經覺悟的法身大士修得恬安澹泊，無為無欲。這種心靈的狀態是大乘菩薩道的精髓。這似乎說明，濟助眾生的菩薩，自己必須覺悟清淨，才能引度眾生體悟生命的大道。

證嚴上人敘述自己早年修行的經歷，在禮拜《無量義經》時，深悟經文裡「靜寂清澄，志玄虛漠，守之不動，億百千劫」[9]的絕妙心靈境界。「靜寂清澄」心到達絕對的靜，欲望就止寂了，欲望止寂，心就能清澈無比，就像水中無雜質，才能澄照萬物。「靜寂清澄」的同時，還必須「志玄虛漠」；「志玄」是要我們立志高遠，「虛漠」，謙虛又廣漠。我們有高遠的志向，也要有虛懷若谷的心，同時胸懷廣漠無邊。立志為眾生，悲憫眾生，但也謙卑地、全心全意地為眾生付出。這是清淨心亦復有菩薩行的修行證果。

這種淨化己心同時利益眾生的生命境界，在《無量義經．說法品》中已明白指述：佛陀在預知自己即將涅槃，要弟子「欲何所問？便可說也。」大莊嚴菩薩於是恭請佛陀闡示菩薩之修行如何方能證成「無上菩提」？無上菩提就是最終的覺悟之道。佛陀告訴大莊嚴菩薩：「善哉！大善男子，能問如來如是甚深無上大乘微妙之義，當知汝能多所利益，安樂人天，拔苦眾生；真大慈悲，信實不虛，以是因緣，必得疾成無上菩提。」[10]在場聆聽佛陀遺教的雖說都是法身大士，都已經漏盡諸煩惱的覺者，但是成就無上菩提的境地，仍必須深入世間苦難，以大慈悲心拔眾生苦，用自身清淨無染的智慧，度化一切被無明煩惱所困的眾生。

自身清淨是度化眾生的前提。但是究竟如何才能清淨自性？佛陀教法是必須「戒、定、慧、解脫、解脫知見」。以戒，去除欲望，去除欲望心才能定。佛教的自由觀不是西方式強調選擇的自由，而是去除欲望的捆綁。放下自我欲望，心才能自由，這即是定。心定，才能生智慧。老想著自己的人，不會有大智慧；老想著利益的人，老是被欲望捆綁的人，不會有大智慧，心不被欲望與愚昧捆綁，就解脫。但是連我們藉助來解脫的各種法，都必須放下。「法法何曾法」[11]、「如筏喻者，法尚應捨，何況非法」[12]。放下一切妄想，也要放下一切執著，包括對法的執著，才是漏盡諸煩惱的覺悟者。

靜思勤行道　勤行乃清淨

這種境界如何修得？在慈濟是藉由行中修。靜思精舍奉行「一日不做，一日不食，自力更生」的原則。師父與常住眾投入農、工、筆耕等各項作務。證嚴上人表示，靜思精舍大家庭就是常住眾永遠身心的皈依處。靜思精舍的道場之維護，需要人人奉獻他的一分力量；個人的慧命，就是從付出中不斷增長。所以要分秒不空過，真心奉獻而無休止。[13]

二〇〇九年五月，靜思弟子德悌師父往生訊息傳到精舍之際，證嚴上人還在會議中。上人以不捨的心繼續該會議進行，到了會議告一段落，上人哽咽不捨地回憶說：「最後在精舍看到德悌的那一天，他當天要再度住院，早上卻仍在觀音殿協助志工早會攝影布線工作。他跟我說，已經沒辦法燒水、運水，但布線比較輕鬆，還可以做。」「他唯一放不下的，就是無法參與新大殿重建修築工程；即使抱病，也一直想要做……」證嚴上人以德悌師父病後從未曾想過要休息，勉勵大家要學習這分精神。[14]

證嚴上人對弟子說：「起一念心即是永恆，不只是把握當下，還要恆持剎那；既發心修行，就是終身職。因此精舍沒有『閒眾』，若身體無法負荷粗重的工作，也可以招呼訪客、安撫人心等等。多修多得、不修不得，修行含括身口意業，即使是與人談話，對人微笑，都是在為常住付出。」[15]在靜思精舍中，不管作農、作工、筆耕，都是藉事練心，藉由對人的付出、對團體的付出中，臻至「無我、無求、無欲、無執」的清淨心。

清淨心，是由為眾人無所求的奉獻所求得。靜思師父與清修士不只是為靜思道場付出，他們也都是慈濟的志工，都是要為普天下蒼生奉獻心力。然而眾生剛強，難調難服。為眾生奔忙心就能持續寂靜嗎？

如果為眾生而煩惱，稱得上寂靜嗎？佛教不是說斷煩惱嗎？如果證嚴上人與慈濟人為眾生之苦煩惱，如何能保清淨的心呢？如同《維摩詰經》內所說的，維摩詰居士告訴舍利弗的話，諸佛的境界乃是：「不斷煩惱，而入涅盤。」[16]證嚴上人曾對會眾說菩薩的心像鏡子，眾生拿著苦、樂、惱、淨的各種境界來印照，都能清澈地反映他們的心境。但是鏡子沒有汙染，境界一離開，鏡子依然明亮。這就是不斷煩惱，而入涅盤。

慈濟宗門　利他度己

證嚴上人更多的時候用「清淨」一語，而非「寂靜」一詞。「清淨」是一種無染，是一種蓮花不著水，入塵世不染濁的境界。「寂靜」比較讓人感受到身心停留在靜止狀態，而非在行動中、在入世中保持不染濁的心。上人的思惟總是「以行動，以入世行」為基礎。在入世利他的行動中，心永遠保持無所求、無汙染的狀態，這就是清淨。

千千萬萬的慈濟人都是在幫助別人中，不斷地去除內心的欲望。從過去貪念口欲、物欲，到逐漸素食、儉樸。從過去的暴躁的脾氣，到溫和柔軟的特質，都是在幫助別人當中修持而得。越是投入慈善濟助他人的工作，越是能體現清平致福的生命境界。慈濟宗門並不鼓勵離群索居，不鼓勵離開社會獨自追逐一個簡單的生活。而是在世間中，出離世間的欲望。離欲，在慈濟宗門的理念是處在欲望的世界裡，卻保持出離欲望的精神狀態，這狀態是「不即，亦不離」。

這契合佛陀「本來不生，今亦不滅」[17]，能動又超然的生命狀態。在現實的利他行動中離欲，而不是在靜止的狀態下止欲；越能付出，心越無私。無私付出之際，即離欲。心，只有在全然付出的那一刻，才見證它的無私狀態。欲，在心中，不是用刪除法，而是以行動去超越，特別是利他的行動。

性相空寂　出世入世不二

佛陀出世是為眾生覺悟，為眾生成佛，其基本的因緣就是利他精神。佛陀在悟道那一刻，徹悟眾生是平等的，他所言：「奇哉，奇哉，一切眾生皆有如來智慧德相，但因妄相執著，未能證得。」[18]眾生的本性皆相同，一切無明都是欲望與執著，因而遮蔽了本性的清淨智慧。在佛陀眼中，一切眾生本無分別，自我與他人無異，心、佛、眾生無差別。因此，一切自我的執著與妄想皆應拋棄。其實自我正是一切苦的來源。體悟一切眾生本為一體，認知眾生與自己無異，那麼愛眾生與愛自己也無分別，因此以無分別心地去利益他人，這就體現了佛的平等觀。能將分別心去除，自然去除了心的虛妄執著；去除了自我欲望的捆綁；去除了生、住、異、滅的煩惱，而逐漸進入空性的智慧。

空，是佛教的基本教導。正如《無量義經》所述，「應當觀察一切諸法，本自來今，性相空寂；無大無小，無生無滅；非住非動，不進不退，猶如虛空，無有二法，而諸眾生，虛妄橫計；是此是彼，是得是失；起不善念，造眾惡業。」[19]性相空寂，無有二法，空與妙有本是一體。空是無所執；妙有，是創造與實踐；這亦如六祖惠能大師所言：「世界虛空，能含萬色萬物，世人性空，亦復如是。」[20]在創造實踐一切因緣之際，又能超越、點化一切因緣，而常保心的寂靜與清淨，這即是真空妙有。「性相空寂」與「無相不相」這兩個概念緊密相連。空寂之相不是一無所有，不是斷滅空，佛陀之教義是「不住生死，不住涅槃」。空寂是無所不包的一種覺然地心態，證嚴上人常言：「心包太虛，量周沙界。」修行的心必須如太虛一般，能包容一切；愛的能量，連一粒沙都能遍及。這種絕對的包容之境，是無相不相，性相空寂之意。

對於空性的追尋與探索，中國佛教從魏晉以來強調涅槃寂靜之空性，為成佛最高的覺悟。唐朝以降，禪宗倡導直指人心見性成佛之頓悟與禪定，是為學佛的最終境界。直至淨土宗盛行，以一心一意，念佛往生西方淨土，為學佛者嚮往之境地。不管涅槃寂靜，頓悟，或西方極樂淨土，莫不是體解佛陀的四聖諦「苦、集、滅、道」，知世間苦，盼能了脫生死，達畢竟空。

佛陀的了脫生死，究竟是在生死之內了脫，或是在生死之外了脫？佛陀的涅槃，魏晉以降理解為死後涅槃，認為涅槃無非是肉身寂滅後一種永恆的存在，亦即無餘涅槃。因此它不是現世間的。現世間無法企及終極的「形盡神存」的境界。而淨土宗的往生西方淨土，亦是死後的極樂狀態。只有禪宗所倡議見性成佛的頓悟，是在現世間覺悟。但是不立文字，直指人心的見性成佛之覺悟，其實踐之道，在於參禪、打坐。而如何學活禪，如何能以生活為中心，以達禪定，亦是禪宗面對當代社會多種樣態的嚴肅課題。

涅槃於當下　靜定於動中

惠能大師所言：「世人應於動中靜。」亦是強調活禪，在各種日常生活行動中得到禪定的功夫。何種行動之樣態能得到禪定，而一心不亂，一心不滅？慈濟宗門的建構者證嚴上人在他的著作《靜思語》一書中述及：「學佛，要學活的佛；打坐參禪，要學活禪。能使平常生活中的舉止動作無不是禪，才是真正的活禪。」[21]綜此觀之，參禪、打坐，不是唯一禪定的方法。禪定能於生活中求，能於世俗中得。

證嚴上人在講述《無量義經》的經書中曾述及：「涅槃不是在死後，當下一念不起，一念不滅，就是滅槃寂靜。」「這一念之欲念不生，這一念之愛心不滅，當下就是涅槃寂靜。」證嚴上人曾多次講述《無量義經》的至高境界為「靜寂清澄，志玄虛莫，守之不動，億百千劫。無量法門，悉現在前，得大智慧，通達諸法」。所謂「靜寂清澄」，即是一念不生，一念不滅的離欲與清淨狀態，但是靜寂之後，仍必須「志玄虛漠」。「志玄」是立志高遠，一心一意為眾生，即能離欲。因此能「靜寂清澄」，正是因為「志玄虛漠」的緣故。這種為利益眾生，清淨自己的心念，能守之不動，億百千劫，才可能進入「無量法門，悉現在前，得大智慧，通達諸法」的大覺悟、大智慧之精神狀態。亦即運用無量法門，利益眾生，終能成就法身清淨長存之境。

不斷煩惱而入涅槃

利益眾生才是菩提大道。然而，為眾生奔忙，心能清淨嗎？為眾生煩惱，還稱得上寂靜嗎？佛教不是說斷煩惱嗎？亦如上一節所言，《維摩詰經》之教法：「諸佛不斷煩惱，而入涅盤。」菩薩的心像鏡子，眾生拿著苦、樂、惱、淨的各種境界來印照，都能清澈地反映他們的心境。但是鏡子沒有汙染，境界一離開，鏡子依然明亮，這就是不斷煩惱，而入涅盤。證嚴上人倡議眾生能在入世利他的行動中，心永遠保持無所求、無汙染的狀態，這就是清淨。

「猶如蓮花不著水，亦如日月不住空。」進入五濁世間，而不被習染。體悟性空，卻不離世間，這境界是證嚴上人創立慈濟宗門接引眾生修持佛法的第一義。《無量義經》所言：「性相空寂，無為無欲。」無為，不是不作為，而是超越作為。無欲，不是去欲，而是超越自我的欲望，以眾生之所需為念，「以出世的心，作入世的事」就是性相空寂的真義。於世間中，出世間，「出世入世不二」，是禪宗惠能大師所強調的精神，也是證嚴上人對性空的實踐。

證嚴上人曾以大海的波濤比喻人世間的各種起伏，但不管海的表面如何起伏，海的深處卻依然沉靜。修行一如大海，在顛簸的外在之境，仍涵藏一顆沉靜的心靈。而只有沉靜的大心靈才能承載顛簸的世間與眾生。這沉靜的心以世間義，就是無私的心。無私的心，才能常保沉靜。心，只有在全然付出的那一刻，也才見證它的無私狀態。慈濟宗門所創導的利他精神認知，「欲」，於人心中，不是用刪除法，而是以行動去超越它，特別是利他的行動。

性空在緣起處把握

以利他行，達到靜定。這印證印順導師所言：「緣起性空，性空緣起。」導師認為「性空」，是在緣起處把握；在每一個因緣中，入因緣，又同時保持著超越的心境，這即是在緣起處性空。

證嚴上人用「以出世的心，做入世的事」一語，來描述這種既「進入因緣、又超越它」的心境。而具體實踐的方法就是「付出無所求」。「付出無所求」也具體實踐「性空與緣起」之深義。「付出」是一種緣起，「無所求」就是性空。付出的那一刻心無所求，就是在緣起處性空。證嚴上人以創造性的語言「付出無所求」，讓「空」、「有」兩觀超越它表面的對立，而賦予它實踐的內涵。他所建立的慈濟宗門，試圖把佛陀的離欲、性空等教義，融入現實的生命，並淬鍊它的實踐意義。

佛陀所言，一切因緣生，因緣滅。一切「緣起」都是隨著「因」而轉，沒有因，就沒有外緣的牽引。唯識學倡議阿賴耶識為一切種識，善惡一切的業因種子都涵藏其中。第七識，則為自我生成的推力。第九識即為清淨智，是為佛智。當外緣與第八識阿賴耶識接觸後，就會開始造作各種因緣果報。對於慈濟宗門而言，業因在境界中，而佛智的獲得一樣是在境界中。

證嚴上人闡述，如果每一個種識在與外界的境接觸之際，都能將識轉為清淨智。亦即當識與緣對應，眾生能不以第七識的自我來對應，而是以第九識、佛性的清淨智來對應；在每一個緣與識的接觸中，不以小愛，而是大愛；不以忌妒，而是讚歎；不以占有，而是給與；不以私我，而是以無私的愛來對應；如此心念，就能常在寂然與清淨的佛智之中，這種見解是實踐的、能動的佛教觀。臨近一切的境界，都把握住清淨的心，則一切種識裡的業因，就能不斷地清除，而轉成一切種智。在人世間一切作為，都是以第九識的清淨智來應對，則無時無刻不在佛性的愉悅中。時時利他，時時心念眾生、時時無所求地為眾生付出，即是清淨的源頭，即是將一切種識轉為一切種智的動中靜。這是利他實踐與佛教終極覺悟的契理與契機。

無相不相的布施觀

「無量義者，從一法生。其一法者，即『無相』也。無相不相，不相無相，名為實相。」[22]要真實的理解《無量義經》所述的「無相」要從何開始？從感恩之心開始。證嚴上人強調，付出不只無所求，付出的同時還要感恩。以感恩心付出就能逐漸去除我相與分別心，而做到歡喜付出，無相付出。

佛陀利他的精神是強調三輪體空，無受者，無給予者，連給予這件事都要忘記。這是真正的付出無所求的境界，以證嚴上人的理念就是無私平等的大愛。

當代世界所面臨的諸多問題中，以不均、不平等，為最重要的問題。自由市場競爭帶來貧富差距擴大，也造成因經濟的不平等，隨之而來區域性或全球性的政治與宗教對立、衝突問題。為解決這個問題，當代政治哲學家羅斯（John Rawls）提出正義論，希望彌補自由之後的不平等問題。羅斯的正義論提出平等的兩個條件：第一，給予各族群機會均等；第二，給予最弱勢者最大的福利。[23]慈濟的慈善體現了羅斯的這項正義原則，或更超越之。證嚴上人帶領的慈濟已跨越宗教、種族、國界、文化的藩籬，平等地愛一切人，並啟發一切人都能愛人，甚至做到用愛回應仇恨。

平等愛之一：教富濟貧　無分別地愛一切人

以南亞海嘯為例，慈濟印尼志工從災難發生一開始的物資發放，到三千戶大愛屋的興建完成，讓災民在兩年內就重建家園。在興建大愛屋之際，信奉佛教為主的慈濟人，甚至為伊斯蘭教徒建清真寺，這是慈濟慈善的信念與實踐，是超越宗教種族藩籬的例證。

然而，不僅是南亞海嘯的受害者，或是巴拉圭火災的罹難者、深受愛滋病之苦的南非黑人、美國卡崔娜風災的居民、甘肅缺水的農民、無法上學的印第安部落孩童，或是中國大陸西南的孤兒、臺灣的獨居老人、菲律賓的連體嬰，以及罹患超大腫瘤的印尼男孩諾文迪等，慈濟人以平等心給予社會上處境最艱難的人最大的協助。慈濟人不分宗教、種族、國界，以平等心關照一切有情眾生，這是一種平等的長情大愛。亦體現《無量義經》所陳：「爾乃洪注無上大乘潤漬眾生諸有善根。布善種子遍功德田，普令一切發菩提萌。智慧日月方便時節，扶疏增長大乘事業，令眾疾成阿耨多羅三藐三菩提。」[24]

平等愛之二：濟貧教富　一切人皆能付出愛人

在教導富有的人濟貧之後，證嚴上人還要「濟貧教富」。貧者和富者是平等的，他們一樣有付出及布施的可能。這是在幫助他們物質充裕之後，再給予他們心靈的富足。做到《無量義經》所言：「菩薩摩訶薩安住如是真實相已，所發慈悲明諦不虛，於眾生所，真能拔苦；苦既拔已，復為說法，令諸眾生受於快樂。」[25]

在慈濟的緊急救難中，安身與安心同等重要。大災之後協助災民走出哀傷最好的方法，就是讓災民加入賑災的行列。在南亞海嘯之後的賑災期間，慈濟志工到達斯里蘭卡的漢班托塔災區。一位慈濟的企業家看到漢班托塔災民阿不都拉因為災難中，全家五口都往生，他絕望失魂了，不吃、不喝、不說話，整個人都空了，慈濟志工靠近他，試著和他說話，他都沒有回應。後來這位志工就想起一個方法，唱歌給他聽，「我的快樂來自你的笑聲，而你如果流淚，我會比你更心疼……」

或許一個男人唱歌給另一個男人聽真的很奇怪，所以阿不都拉微微地笑了一下。志工趕快端給他一碗玉米濃湯，阿不都拉才喝兩口，就再也忍不住地痛哭失聲，志工抱著他，一週以來壓抑的情緒突然崩解了。

第二天，慈濟人請阿不都拉穿上志工背心，在義診所裡當翻譯，幾日後，阿不都拉笑了，他恢復了正常的心情。在幫助別人的過程中，人們會超越自我的哀傷。鼓勵受助者投入志工，再為其他苦難人付出，是真正走出悲痛的良方。慈濟志工這裡所做的就是《無量義經》裡所言：「是諸眾生安穩樂處。救處、護處、大依止處，處處為眾作大導師。」[26]

二〇〇八年緬甸風災肆虐仰光等地，二十多萬人在這場風災引起的水災中往生。慈濟人發放物資，發放大米，也發放稻種。幾個月後，他們播種，豐收了。農民們又有纍纍的稻米可以吃。有感於慈濟人的付出與幫助，一位旦倉阿伯，每餐煮飯前，都會先抓一把米，放在米竹筒裡，要捐給慈濟去幫助比他更貧窮的人。就這樣，從一戶，到一村，從一村，到一鄉，幾千戶人家，幾個月後，收集米撲滿，與慈濟人一起去發放，去幫助比他們更貧窮的人。這就是證嚴上人所說的「濟貧教富」，幫助貧窮，但是教導他們富有的心。這精神如《無量義經》之教法：「無量大悲救苦眾生。是諸眾生真善知識；是諸眾生大良福田。」[27]

平等愛之三：用愛超越對立衝突

《無量義經．十功德品》所陳：「未發心者發菩提心；無慈仁心者起於慈心；好殺戮者起大悲心；生嫉妒者起隨喜心；有愛著者起能捨心；諸慳貪者起布施心；多憍慢者起持戒心；瞋恚盛者起忍辱心；生懈怠者起精進心；未能度彼者起度彼心；行十惡者起十善心；樂有為者志無為心；有退心者作不退心；為有漏者起無漏心；多煩惱者起除滅心。」[28]

一九九八年印尼發生暴動，許多華人被印尼暴徒攻擊殺害，華人紛紛出走。但是證嚴上人那時卻呼籲他的弟子——慈濟志工不要逃離印尼，而是應藉這個機會積極地付出回饋。證嚴上人的悲心智慧啟發了在雅加達的慈濟志工，一九九八年慈濟人在雅加達當地發放物資及藥品，給十萬個以上的窮人及軍警眷屬。二〇〇二年更在雅加達最髒的紅溪河開始進行慈善及醫療的工作，慈濟人將整條長達十多公里布滿垃圾的紅溪河整理乾淨，並且辦義診救治將近五萬人。印尼的慈濟企業家出錢出力，將住在河上的上萬名居民遷出，然後興建大愛屋讓他們有嶄新的住所。慈濟志工更在社區內興建學校，一個永久性的義診中心；同時建立庇護工廠，讓這一群原本貧困的住戶，有穩定工作可以謀生的機會。慈濟志工更為社區裡伊斯蘭教徒住民，蓋一座各宗教都可以使用的聚會所。慈濟人對於一向仇視的印尼人不只安身，安心，還要安生。這是力行平等愛之最高意義，也是證嚴上人提倡不對抗的宗教本懷。

雅加達省長說，紅溪河計畫是雅加達有史以來最成功的慈善計畫，並推出七萬戶住屋計畫，希望每年提供兩千個住戶給低收入戶，國家住屋部也相繼提出百萬住屋計畫，希望有效改善印尼貧困的居住問題。這種善的帶動，一如《無量義經》所述：「未能度彼者起度彼心；行十惡者起十善心；樂有為者志無為心；有退心者作不退心。」[29]

除了以愛化解種族間的仇恨之外，證嚴上人更鼓舞慈濟人能超越一切宗教及國際的藩籬。印尼雅加達近郊的伊斯蘭教習經院努魯亞・伊曼，是由哈比長老所創建。哈比長老以無比的愛心，將鄰近的孤兒及貧困兒童收容一起，鼓勵他們向學讀書。習經院在過去仍然像許多較為激進的伊斯蘭教信徒般，對於美國的帝國主義作風有某種程度的仇視。

二〇〇三年慈濟開始幫助習經院，發放大米給他們，每月五十噸，並興建校舍。習經院在接受慈濟幫助之後，學生人數也逐漸增多，從剛開始的一、兩千位，至今已經接近萬名孩童在這裡生活就讀。證嚴上人希望印尼慈濟志工能夠輔導習經院學習慈濟靜思精舍的師父們自力更生的精神，不受外界供養。哈比長老受到啟發，開始在習經院裡推動自力更生的精神，孩子們學習做麵包，製作有機肥料，到市集販賣，所得支助習經院的生活。慈濟的援助並沒有間斷，只是進一步輔導他們獨立自主。

有感於證嚴上人及慈濟志工無所求的奉獻精神，哈比長老在二〇〇七年四月，將證嚴上人的照片掛在習經院最主要的辦公室，並與《可蘭經》共掛在一起。二〇〇七年八月哈比長老更進而在每一間習經院教室裡都掛上證嚴上人的法照，讓學生進入教室上課前能向證嚴上人禮敬，以感謝證嚴上人對於他們的教導。哈比長老並且鼓勵兩千名習經院學生在二〇〇七年的雅加達水患期間，穿上慈濟志工背心做起慈濟志工，學會如何為社會付出，協助苦難的人民。大愛將這一群伊斯蘭教徒與佛教徒緊密地結合在一起。從一個激進的教派，到成為與佛教互相和諧共榮的教團，這是證嚴上人與慈濟人力行《無量義經》所指：「如是觀已，而入眾生諸根性欲，性欲無量故，說法無量；說法無量，義亦無量。」[30]

證嚴上人的無私之大愛，不只是一項理論或理想，他透過人與人經驗之接觸，啟動人人具備的悲心，以無所求的態度、感恩的心付出，讓貧困的人得到愛與尊重，並因此逐漸走出貧窮的宿命，不是一定在經濟上，而是在觀念與心態上擺脫貧窮、成為一個也可以為社會付出的人。

所以佛教裡講三輪體空，沒有給予，沒有接受，這是無所求付出，被幫助的人最後也能幫助別人，所以給予跟接受根本是無分別的，無分別的愛是我們眾人的理念，證嚴上人所說無分別的愛，愛一切人，讓一切人都能夠愛別人，以及怨親平等愛，印尼的紅溪河整治計畫就是一個例證。

雖未自度已能度彼

《無量義經》之功德：「善男子，第四是經不可思議功德力者：若有眾生得聞是經，若一轉、若一偈、乃至一句，得勇健想，雖未自度而能度他，與諸菩薩以為眷屬，諸佛如來，常向是人而演說法。」[31]慈濟南非志工潘明水，是臺灣在南非成功的企業家，他一開始並沒有要做慈善，是因為同為社區裡的慈濟志工師姊拜託他幫忙開車，他只好勉為其難地開車協助慈濟發放。發放後，他發覺慈善發放非常快樂，非常有意義，所以開始覺得做志工很好。

潘明水在之後許多的發放中發現，南非的男人不工作，女人沒事做，所以潘明水開始想辦法把一些臺商工廠裡的碎布集合起來，然後到部落裡開設縫紉班。潘明水將朋友紡織廠裡中古的縫紉機都回收，到村落裡面教祖魯族的婦女做縫紉，一個班開成功了，開第二個班、第三個班。這批縫紉機只借不給，給了怕他們閒置不用。如果借給他們，他們閒置不用，就告誡他們要借給其他人使用，村子裡的婦女們就會很緊張地趕快努力學習。一次教不會，教兩次，兩次教不會，就教十次，耐心地教讓他們學會裁縫。這過程當然十分辛苦。這些南非祖魯族的人非常有愛心，他們幾個村落建好縫紉班，他們把衣服拿到市場賣，收得一點錢，他們不把錢全花光，而是每個人拿五%的收入到隔壁村再開一個縫紉班，就這樣開始自力更生，十多年後，德本已經有六百多個縫紉班，有二萬五千位祖魯族的婦女在這個縫紉班裡面，這就叫「濟貧教富」，幫助貧窮的人但是給他們富有的心，讓他們也變成能夠幫助別人的人。這批祖魯族的婦女其實都還是清貧的經濟階段，但是卻去幫助比他們更需要幫助的人，他們的心是富足的。這實踐「未能度己，已能度彼」的《無量義經》之精神。

目前南非德本有將近上萬名慈濟志工，她們穿上藍天白雲制服去訪視、去幫助孤獨的老人。有位女士叫葛雷蒂絲，她認識潘明水的時候又窮又充滿了怨恨，因為她的先生跟外面的女朋友跑了，不只如此，先生還要把葛雷蒂絲趕出家門，她不願意離開家，所以先生就對她的家丟汽油彈，她從後門帶著兩個小孩奪門而出，依靠親戚。剛好潘明水來發放，葛雷蒂絲來幫他翻譯，一開始潘明水講一句她翻一句，後來幾個禮拜以後，潘明水講一句她講十分鐘，因為潘明水要講什麼葛雷蒂絲都知道，所以她變成很會講慈濟。葛雷蒂絲現在也成為慈濟委員。一群南非祖魯族的婦女很活潑可愛，她們到處訪視，在南非三十%的人口是愛滋病患，她們探訪愛滋病患，有五百位祖魯族婦女，每日煮熱食給五千位愛滋孤兒吃。南非傳染病極為嚴重，所以慈濟人希望他們用筷子，婦女與孩子們都學會用筷子。

這群祖魯族慈濟志工，她們很會跳舞，每次到鄉下，她們就會邊唱歌、邊跳舞。他們的歌詞是這樣編的，「今天出門，我們要做好證嚴法師的事，否則以後回去會對不起耶和華。」她們至今都還是基督徒，但她們說：「我們是做上帝的工，經由慈濟，我們更靠近上帝。（We are doing God's work. Through Tzu Chi, we are even closer to our God.）」所以慈濟是一個涵融各種宗教的團體，他們還是基督徒，只是學會慈濟的禮儀，南非雖然貧窮，卡崔娜颶風他們還捐錢幫助美國。

船夫身有病　船身堅固能度人

《無量義經》濟世度己的精神，未嘗只是覺悟的法身大士的使命，即便自己未完全覺悟，自己未完全清淨之凡夫，憑藉《無量義經》的法，仍然能夠度化他人。因此，人不必要完美才能行菩薩道，乃是因為行菩薩道而更臻完美。未能度己，已能度他人，這一如船夫身有病，船身堅固能度人。《無量義經》所述：「是持經者亦復如是，雖嬰五道諸有之身，百八重病常恆相纏，安止無明老死此岸，而有堅牢此大乘經無量義辦，能度眾生，能如說行者得度生死。」[32]

慈濟人無相布施最高的情懷之一，應屬大體捐贈。一群菩薩行者一生作志工，為社會付出奉獻，臨終之際還要將遺體捐贈給醫學院學生做大體解剖，提供醫師做模擬手術教學。李鶴振為了要當大體老師，拒絕化療。他生前與醫學生說話，他說：「有一天當你們在我身上動刀的時候，就是我生命的願望完成的一刻。你們要記得，你們寧可在我身上劃錯十刀、百刀、千刀，也不要以後在病人身上錯劃一刀。」

這種大捨之心，完整體現慈濟人無我相布施的胸懷，也為他們如經藏般的人生寫下最後、最完美的一頁篇章。

一如證嚴上人言：「此身非我有，用情在人間。」他們無怨無悔地行入慈濟菩薩道，深入人群，奉獻心力，直到有形生命的終點後，仍捐獻大體發揮大用。他們捨下有形的生滅之軀，造就永恆慧命的精進。體現《無量義經》所教導：「雖嬰五道諸有之身，百八重病常恆相纏，安止無明老死此岸，而有堅牢此大乘經無量義辦，能度眾生，能如說行者得度生死。」[33]

臺南一位邱師姊雖然眼盲，卻開啟了臺南的環保志業。不久後她的兄弟姊妹都加入回收工作，鄰居們觀察她好幾個月的付出和用心後，最後也決定加入，總共有超過四百位志工加入她的環保站。雖然眼盲，但是邱師姊從不覺得自己力量薄弱；相反地參與慈濟環保志業讓她實現人生的目的，並啟發他人一同來做環保。

基隆環保志工陳簡茶老阿嬤，已經九十多歲高齡了，她每天四點鐘就起床，綁好尿袋，出門開始在社區做資源回收的工作[34]。幾年下來，老阿嬤過得比以前更快樂，更受到鄰里的愛戴。大家紛紛把自家的資源做分類，準備給每天到家裡門口回收資源的老菩薩。當她行經 7-ELEVEN 商店，年輕的店職員會泡咖啡給阿嬤喝，她走到全家便利商店，店職員會經常送八寶粥給阿嬤，她是社區裡的天使。

左鄰右舍看到阿嬤每天拿著那麼多的回收物，心裡很不捨，許多人開始一有空就幫她拿回收物，一位鄰居甚至將他門口前的小廣場供阿嬤放置回收物。漸漸地，這個小廣場聚集越來越多的志工，小廣場成了社區的環保回收站。這種實踐所傳遞出來的力量，就是《無量義經》的教法之實踐：「猶如船夫身有病，船身堅固能度人。」

水性是一　無差別的愛

證嚴上人所創立的慈濟宗門希望透過行菩薩道啟發人人本自具足的愛心。而無私大愛不只是及於人，而是及於一切眾生。「蠢動含靈皆有佛性」，佛陀教法與證嚴上人的悲願，認知世間各種的生命、物命，雖然千差萬別，但是眾生的生命譬如水性，大海與湖泊不同，露珠與江水有別，但清淨之佛性有何差別？「走路怕地疼」，亦是證嚴上人對萬物有情的體悟。他希望佛弟子用平等心關愛一切有情之眾生。佛陀所指無量百千萬億等眾生，實應包含山川大地之一切有形無形之生命和物命。以大愛之心普照一切眾生，平等的關懷一切生命是證嚴上人希望慈濟人遵行的教法。

如《無量義經》所說：「善男子，水性是一，江河井池溪渠大海各各別異。其法性者亦復如是，洗除塵勞等無差別，三法四果二道不一。」[35]生命至終的每一刻都可以是覺悟的契機，每一個境界都是生命的大教育，每一個人都是一部寶貴的《大藏經》，每一個事務都是啟迪我們心清淨的大因緣。一位中國大陸福建南普的環保志工撿起寶特瓶的那一刻，她自省，「我的心有沒有這瓶子一樣的乾淨。」

慈濟環保資源回收站就是一個道場。一九九〇年，慈濟志工受到證嚴上人的啟發，一開始利用自家或自營工廠的部分空間，當作簡易環保站回收寶特瓶和紙類。起初鄰居們把所有不同種類的垃圾，尤其像是他們很難處理的老舊床墊、家具、死老鼠、死貓等，丟進志工們貼有「資源回收」標籤的大桶子。志工們花了幾個月甚至幾年的時間教育社區大眾，慈濟環保站主要是收集可回收的資源而非垃圾。隨後，志工們開著車在社區大街小巷中穿梭，收取可回收的資源。從個人到個人、社區到社區，慈濟志工逐步擴大了環保回收運動，志工們殷勤且無私地奉獻進而影響周遭鄰居。

從二〇〇〇年起，慈濟環保志業更進一步建立大型環保站，以容納鄰近社區環保站的回收物。環保志工們的組成有老阿嬤、小孩子、企業家、街頭小販、家庭主婦、上班族、健康或殘疾人士。多元化的背景有助於提升回收技巧，志工們將自己原有的生活經驗和技巧應用於環保回收，進一步成就環保志業的多樣化和全面性。

透過大型環保站，志工們得以培養不同的分類技巧。回收來的寶特瓶通常很髒，這一直是製造公司無法使用回收塑料的主要原因。因此，志工們不僅將寶特瓶清洗乾淨，還會依不同材質，將瓶蓋、瓶環、商標套分別去除。這樣的分類流程雖然需要大量的人力，但志工們仍嚴格遵循，因為分類愈徹底，對於環境保護就愈有利。

有色紙需要以強力的化學劑清洗後才能被回收再利用，為了避免使用大量的化學劑危害到地球，志工們用剪刀將白紙和有色紙剪開，並加以分類。環保站裡有清洗塑料製品、紙張分類、電器用品維修等不同分站。有些退休的志工們會修理老舊的腳踏車、電視機、電風扇和其他電器用品，並在大型環保站中販賣。在環保站中販賣二手物品的所得，仍舊回捐到慈濟基金會，用於慈善以及其他慈濟志業。

志工們就是將如此無量數的、點點滴滴的物質生命，一一珍惜起來，體現它們珍貴的價值。奉行著證嚴上人給他們的教導「讓垃圾變黃金，黃金變愛心，愛心化清流，清流繞全球，淨化人心，祥和社會。」

一粒沙中有大千　一身能應眾生形

慈濟環保志工這種細膩的愛物命之情懷，正是實踐《無量義經》所說：「能以一音普應眾聲；能以一身示百千萬億那由他無量無數恆河沙身。一一身中，又示若干百千萬億那由他阿僧祇恆河沙種種類形；一一形中，又示若干百千萬億那由他阿僧祇恆河沙形。」[36]

慈濟的環保站容納來自不同社會背景的志工們，許多無家可歸和經濟窘迫的人在環保站找到自己的定位。不管是社區型或大型環保站，社區的志工隨時都備有開水、水果、糕點、餐點讓參與回收的環保志工們享用，讓大家感覺像回到家一樣地親切。慈濟北區環保總幹事陳金海師兄提到，很多認為自己是中下階層缺乏自信的人，透過相同的行動，他們重新建立起與社會的互動；藉由保護社區環境和保護地球，重新發現自己的人生價值。他們以這種方式表達用平等心愛一切眾生。

透過愛一切眾生，讓人學會愛對方和愛自己。環保站不僅回收資源，而且還回收人的心靈。陳金海師兄說：「許多無家可歸者、酗酒者、吸毒者、憂鬱症患者發現他們在慈濟環保站獲得療癒和撫慰。」蔡天順過去是一位受刑者，因為吸毒販毒被叛無期徒刑。在獄中接觸《慈濟》月刊，開始反省，發願做慈濟。後來減刑，假釋出獄，如其所願來到慈濟臺中分會，看到會所莊嚴，自慚不敢進去。蔡天順後來就是在慈濟環保站找到他的依歸處，他新生了，他是一個再造的人。幾年下來，他引度好多位吸毒者重新創建清淨的人生。慈濟的環保站來自各行各業的志工們，像是企業家、小生意人、博士、上班族、甚至殘疾人士。二十多萬環保志工投入回收，愛護物命的價值，將一己的愛心擴及一切諸眾生，如《無量義經．說法品》所示：「善男子，法譬如水能洗垢穢，若井若池若江若河溪渠大海，皆悉能洗諸有垢穢。其法水者亦復如是，能洗眾生諸煩惱垢。」[37]環保回收場地，即清淨莊嚴之修行道場，環保回收就是生命覺悟最終的境地。

環保道場與生命最終覺悟

一位慈濟資深的環保志工做環保資源回收多年後，年事已高，生重病住院。醫生告知這位老菩薩她的狀況不樂觀，但是她的心境卻十分開朗。住院期間，年輕的慈濟醫院志工常常來看她，與她聊天。這一天有一位志工又來探望老菩薩，正好護士在為老菩薩準備打點滴，護士在準備針頭，這位年輕的醫院志工就問老菩薩：「老菩薩，您以後要去哪裡？」老菩薩笑著說：「我如果往生了，唉，我想還是不要去西方極樂世界的好，因為西方極樂世界沒有環保可以做。我也不要去東方琉璃淨土，東方淨土也沒有環保可以做，我看啊，還是回到人間比較好，人間有環保可以做。」志工笑著繼續問：「老菩薩，那您想什麼時候走啊？」老菩薩說：「選個好時機我就走了！」年輕的醫院志工不假思索地馬上說：「我今天早上聽上人志工早會說，今天是天公生，是好日子。」「喔！今天是好日子。」老菩薩說：「好，好日子，那我可以走了。」斜躺臥在病床上的老菩薩，隨即閉上眼睛，她就這樣往生了。這短短的對話時間，一旁的護士連點滴的針都還未準備好，這位老菩薩竟然這樣輕安地走了。

臨終前，「一念不生，一念不滅」，這不是當下涅槃寂靜之境界嗎？《無量義經》所述：「船師、大船師，運載群生渡生死河，置涅槃岸。」[38]證嚴上人創立的環保資源回收道場，一如渡載群生之船師，讓人生死無懼，來去自在，臨終前，心心念念就是要回到人間，要繼續行菩薩道，要再來做環保，愛惜一切物命。當下這一刻欲念不生，愛心不滅，這種「但為眾生得離苦，不為自己求安樂」，這就是最終覺悟的修行境地。

慈濟慈善理念　是諸眾生大良福田

慈濟人是稟承佛陀大乘教法，以行經之法門，利他度己。慈濟志工藍天白雲的身影穿梭在臺灣各社區，深入東日本重災區，千里奔走於偏遠的中國大陸貧困農村，在非洲古老大地上默默為愛滋病患付出，深入中南美的印地安部落助學，在廣闊的澳洲內陸義診，在印尼雅加達清理紅溪河，在臺灣莫拉克風災重災區清理淤泥。慈濟人所奉行的是無分宗教、種族、地域、文化之別，以平等心愛一切眾生，並悉令一切眾生都能付出愛。證嚴上人希望慈濟人修習清淨無染的慈悲與智慧，並以現代社會之各項科技為工具，各式專業為管道，讓全世界各領域的人，都能領受佛法的平等、大愛及智慧。這是《無量義經．功德品》所敘述：「是諸眾生大良福田；是諸眾生不請之師；是諸眾生安穩樂處。救處、護處、大依止處，處處為眾作大導師。」[39]

美國哈佛大學管理學院賀曼．李奧納多（Herman Leonard）做慈濟的個案研究中認為，慈濟是當代人道救援組織的重要典範，他特別對於證嚴上人以價值與信念作為管理與領導核心深感敬佩。李奧納多教授說，他拜訪過世界最重要的組織與領袖，證嚴上人是他見過唯一或唯二以價值帶領人的領袖，一個是南非前總統曼德拉，再來就是證嚴上人。李奧納多教授並邀請吾人於二〇一一年二月前往哈佛大學商學院講述慈濟理念與實踐，讓西方學生了解並認識證嚴上人所帶領的慈濟，是以價值與信念作為管理與領導的核心，有別於傳統的企業或組織管理，一直偏向利益、競爭、效能、量化等的管理模式。透過以價值、以信念作為領導管理的基礎，是李奧納多從證嚴上人身上看到的力量。

是諸眾生不請之師

從事國際賑災多年的慈濟志工陳金發在一九九〇年被他的夫人帶領，捐了一筆可觀的錢給慈濟，從事國際援助。他作為董事長，不太放心別人用他的錢，於是他向證嚴上人請命發願，要為慈濟投入國際救災。一九九一年，中國大陸華東水災，陳金發師兄毅然加入。但是當時中國大陸地方政府的領導，對慈濟、對慈善、對臺灣都有疑慮。陳金發師兄在發放賑濟的過程中，碰到許多困難，受到重重委屈。他回臺灣以後，決定向證嚴上人反應他的委屈。一日在靜思精舍，陳金發趁大家報告完畢，證嚴上人正要回書房之際，突然跪在上人面前，嚎啕大哭。他邊哭邊說，眼淚和著鼻涕，說不清楚，勉勉強強地說道，他在中國大陸賑災過程受盡委屈。陳金發師兄原本心想證嚴上人會安慰他，結果上人只回他一句話：「是誰叫你去的？」然後轉身就進書房，留下他一個人，流著淚，孤零零地還跪在那裡。陳金發師兄在家裡悶了三天，後來他自己想通了，是的，是他自己要去的，沒有人要他去。這不就是不請之師嗎？之後的陳金發持續勇猛精進的在中國大陸、在北朝鮮、在日本大地震期間，突破各種困難，幾乎使命必達，他說他不再有委屈的感受，他要當眾生的「不請之師」。

臺北的黃華德師兄是一位企業家，也是資深的慈濟志工，一九九一年，他投入中國大陸救災，一樣碰到諸多困難。一回他也受不了了，他打電話回臺灣向證嚴上人報告，黃華德向證嚴上人說：「這裡的幹部太難溝通了，上人，我們不要做了吧！」證嚴上人從電話那頭回答他說：「是誰教我們去的？是我們自己要去的吧！你幾天就受不了了，那麼那些災民怎麼辦？他們一輩子都待在這樣的環境下。」黃華德師兄聽了當下就很慚愧，「的確，是我們自己要去的，我們不救，那些災民怎麼辦。」這是《無量義經》「不請之師」的精神體現，也就是證嚴上人所說的「本分事」。

從一九九一年至今，慈濟在中國大陸二十八個省市自治區都有慈善工作。救助的對象超過數千萬人次。慈濟在三十多年中，與中國大陸政府合作，逐漸影響中國大陸地方官員，從傲慢、懷疑到認同，甚至在發放現場也加入做志工。慈濟在中國大陸逐漸走出一個慈善模式的典範。中國大陸正要全力發展慈善工作之際，也給予臺灣慈濟基金會作為中國大陸第一個境外團體合法登記的ＮＧＯ。如同中國大陸一樣，慈濟在許多國家藉由與政府的合作也啟發政府愛民的心。印尼慈濟紅溪河整治計畫成功之後，印尼政府一樣推出低收入戶住宅計畫。菲律賓在二〇〇九年的凱莎娜颱風狂捲馬尼拉的馬利僅那市，慈濟人透過以工代賑，鼓勵災民站起來投入清掃家園。兩週內將整個市容恢復，災民也投入慈濟做志工，馬利僅那市政府與議會通過讓慈濟在各校園、各社區推動環保資源回收，讓市民與慈濟志工一起致力於環境維護，以減緩日益嚴重的天災問題。

美國加州大學社會學系主任理查．麥德遜教授（Richard Madsen）表示：「慈濟作為一個非營利組織，他是臺灣公民社會的重要成就。但是和西方公民社會中的非營利、非政府組織不同之處，在於慈濟會和政府合作，但又不失政治的中立。不像西方的非營利組織，不是被政府控制，就是與政府對立。」[40]慈濟所展現的，其實正是佛教裡不偏不倚的圓融智慧。

慈濟的志工在世界各地透過賑災濟貧，逐漸影響當地的官員，從村落到國家，他們以行動帶動，以自我身行教化，這一如大莊嚴菩薩摩訶薩對佛所言：「世尊說是微妙甚深無上大乘《無量義經》，真實甚深，甚深甚深。所以者何？於此眾中，諸菩薩摩訶薩及諸四眾、天龍、鬼神、國王、臣、民、諸有眾生，聞是甚深無上大乘《無量義經》，無不獲得陀羅尼門、三法四果菩提之心。」以安忍不動的願力，影響眾生的習染，最後終於發菩提心復觀照一切有情眾生。做到「調御、大調御，無諸放逸行。猶如象馬師，能調無不調。師子勇猛威伏眾獸，難可沮壞。」[41]這是慈濟慈善勇猛精進無畏施的理念，這亦是具體實踐了《無量義經》的精神。

慈濟醫療：曉了藥性　令眾樂服

證嚴上人期待醫生不應該是醫匠、不應該是醫生，而是人醫、人師，在證嚴上人眼中每一位醫者都是大醫王，不只應做到《無量義經》所指「醫王大醫王，分別病相，曉了藥性，隨病授藥，令眾樂服」，更應該成為人醫、人師，達到佛陀所說「苦既拔已，復為說法，令諸眾生受於快樂」的境地。

慈濟醫療志業強調「以病人為師」，醫師與護理不只是體現菩薩慈悲之情，更應該以謙卑平等的胸懷，對待一切眾生。因此醫院就是另一處修行之好道場。慈濟醫療志業的具體理想，就是希望將地獄化為天堂，這是證嚴上人最大的期望。醫院就像地獄，病、苦、老、死都在這個地方發生。不管階級、年齡、富貴、貧賤，每一個人最終都會經歷病苦老死。把「苦集」的醫院，轉變成喜樂的天堂，正是證嚴上人領導慈濟人全心努力的使命，慈濟人堅信，經由共善之力量，人們一定能扭轉受苦地獄為清淨喜悅的天堂，天堂、地獄都取決於我們的一個善念。如果醫生、護理、志工能夠協力將病人眼中視為煉獄般的醫院，轉化為深解無常、能反思一切苦滅之理的處所，那人間即淨土。這淨土是經由實踐之佛法所締造。

其具體的實踐如《無量義經．第一功德品》所述：「是諸眾生安穩樂處。救處、護處、大依止處，處處為眾作大導師。能為生盲而作眼目；聾劓啞者作耳鼻舌；諸根毀缺能令具足；顛狂慌亂作大正念。」慈濟醫療從醫院到人醫會，從菲律賓的連體嬰之分割，到印尼男孩諾文迪臉上巨大齒顎型腫瘤的手術，到義診中為白內障的病人開刀，都是「能為生盲而作眼目；聾劓啞者作耳鼻舌；諸根毀缺能令具足」；不只如此，還要做到「苦既拔已，復為說法」。許多病人在義診康復後，也加入慈濟做志工，去幫助人。二〇〇四年在慈濟花蓮醫院分割成功的菲律賓連體嬰Lea（大愛）與Richael（感恩），現在都已經十一歲，她們和父母親都成為慈濟志工，都在幫助他人。

證嚴上人理想的醫者「是諸眾生安穩樂處。救處、護處、大依止處，處處為眾作大導師。」慈濟醫療執行長林俊龍醫師，本身也是慈濟人醫會的總幹事，他經常帶領著醫師們與護理們下鄉為貧困的照顧戶打掃。在慈濟，醫師護理們投入慈善工作已經是一種常態性的奉獻，醫護人員不只熱切地參與緊急救難，慈善賑災，證嚴上人更期許他們能在生活與工作中體現人醫、人師的典範。

大林慈濟醫院的陳品汎醫師為一位糖尿病的病人看診，這位病人都有按時拿藥，但血糖值依然很高。陳品汎醫師要求這位張姓病患住院治療，但是張姓病患回絕了。一問之下，陳品汎醫師才知道張先生有四個女兒都還小，他是單親爸爸，如果住院，孩子沒人照顧。陳品汎醫師知道之後，回到家請他的夫人將空出來的房間整理一下，說有客人。原來陳品汎醫師到張姓病患家裡，將四個就讀國中、國小的女兒都接到家中住，好讓這位單親爸爸能住院。四個小孩在陳醫師家住了兩個月，他的夫人照顧起居並教導做功課，直到她們的爸爸張姓病患出院為止。陳品汎醫師也了解為何張姓病患拿了藥，血糖卻飆高，因為張先生家裡頭沒有冰箱，糖尿病的藥必須冰起來才有藥效。於是陳品汎醫師又為張姓病患買了一個冰箱，讓他能夠按時打針，抑制糖尿病的發作[42]。這就是證嚴上人期待的醫療典範，視病如親，不只是醫師，更是人醫，人師。「是諸眾生安穩樂處。救處、護處、大依止處，處處為眾作大導師。」

慈濟教育　是諸眾生眞善知識

慈濟致力於貧窮之救濟，貧不只是物質的貧，還包括更根本的知識之貧窮，觀念之貧窮。證嚴上人的慈濟教育目的就是以搶救知識貧窮，與匡正貧窮觀念。慈濟教育志業於全世界各貧困落後之地興建學校，包括泰北、墨西哥、伊朗、南非、印尼、海地、斯里蘭卡以及中國大陸等地。一批批慈濟的志工深入偏遠之地，做不請之師，興學教化，祈願眾生身、心、生都得安穩依止。

一九九八年喬治颶風席捲多明尼加，美國慈濟人前往該國勘災，看到一個叫拉羅馬那的小城鎮，鎮裡堆滿了垃圾，垃圾山邊住了上萬個居民，依靠撿拾別人丟棄的食物維生，慈濟美國紐澤西的志工就開始把這個垃圾山夷平，開路、蓋學校。學校蓋好了，孩子穿起制服，在優美潔淨的環境裡上課，學校從一開始的三百五十個學生，增加到一千多個學生。路開了、學校有了、商店進來了、住宅區進來，整個區域繁榮起來。如今孩子們穿上乾淨的制服，有好的教室、電腦、新的書包，整個社區改變。這種化貧困為祥和富裕的社會，這是慈濟致力於物質與知識貧窮的努力。

證嚴上人期望經由教育能讓知識的貧窮逐漸消弭，並培養年輕學子自幼就懷抱服務、利他的人生觀。其所實踐的正是《無量義經》所說：「是諸眾生真善知識。」「菩薩摩訶薩安住如是真實相已，所發慈悲明諦不虛，於眾生所，真能拔苦；苦既拔已，復為說法，令諸眾生受於快樂。」

以行動為本的教育

慈濟的教育不是以說理為主要方法，而是以行體驗。慈濟教育體系非常注重服務性的社團，從慈濟小學、中學到大學，鼓勵並安排學生參加醫院、慈善或環保的志工，去體驗並建立以利他為生命志向的情懷與人格。在慈濟小學，掃廁所的學生都是品學兼優的孩子，掃廁所不是處罰，掃廁所是服務，是一種榮耀。華人教育小孩總以出人頭地為主，慈濟的教育則是在志工的體驗中，逐步建立以服務他人，以利他為中心的人生觀。

在四川大地震期間，幾百間學校在地震中倒下了，很多學子埋在瓦礫當中，重建過程是漫長的。從緊急救難開始，慈濟志工陪伴著孩子，度過心靈的哀傷。孩子們跟著慈濟人做志工，不管是在義診間裡當翻譯，或是跟著慈濟人去陪伴安慰失去親人的老奶奶、老爺爺。孩子們改變了，幫助人的喜悅透過慈濟人的帶領參與，逐漸在他們心裡萌芽。慈濟志工們親自幫老爺爺、老奶奶洗腳時，他們在一旁看著，然後慈濟志工鼓勵孩子幫自己的父母洗腳。當孩子們真的幫自己的父母洗腳之際，父母親的眼淚掉下來了，孩子也哭了。他們會說，原來媽媽這麼辛苦，腳都長繭了，我今後要孝順爸爸媽媽。經由這樣的以身作則，然後讓孩子力行，他們的心靈逐漸得到洗滌。原本獨生子女的驕慢、調皮都放下了，變得懂事、規矩、會照顧人。這即是證嚴上人所強調的人格啟發的教育宗旨。

這契合《無量義經》的教導：「是經能令菩薩：未發心者發菩提心；無慈仁心者起於慈心；……有愛著者起能捨心；諸慳貪者起布施心；多憍慢者起持戒心；瞋恚盛者起忍辱心；生懈怠者起精進心。」

從行善到善行

在行善中，不只能啟發學子的愛心，更可以養成他們獨立、自主、負責任與謙懷的性格。二〇一一年慈濟中學的孩子到印尼進行兩週的參訪，除了參與發放，也和印尼學校聯誼。慈濟高中一年級的予懷同學，是在慈濟的家庭長大。他平日參加學校的手語隊和慈幼社，經常去關懷老人，陪伴育幼院。予懷念書比較放鬆，脾氣也比較放任。在印尼兩週的參訪中，跟著其他四十多位學生、老師與志工，在當格朗參觀學校。予懷看到許多照顧戶家裡凹陷的泥地，就是當地孩子們睡覺的床。他也看到簡陋的校舍，比起慈濟中學的校園之美，真是天壤之別。

慈中同學一行人又參加當格朗的發放，予懷同學發放的對象是一位老阿嬤。老阿嬤身體無力，幾十斤的米搬不太動，予懷同學協助她將物資搬到車上，讓鄰人送阿嬤回家。他們發放結束，接著到雅加達一處垃圾山進行訪視，予懷同學看到眼前高聳的垃圾山，接連幾輛垃圾車進出倒垃圾，一群羊在旁邊等著，另一群人與羊站在一起，身上背著簍子，他們都在等待著垃圾車倒垃圾。當好幾噸的垃圾倒下的那一刻，人與羊開始爭著搶剩餘的食物與物品。予懷同學一開始以手機拍下這情景，但是沒多久他就停下來了，眼淚從雙眼不停流下，他不忍再拍，人生怎麼如此之苦！

回到臺灣之後的予懷同學，有很深刻的體悟與轉變。他覺得應該更珍惜自己身處的幸福，感恩享有如此豐沛的愛與資源。他更認真讀書，更認真協助做家事，他考到班級的第一名，他傲慢的脾氣也漸次收斂許多，他感恩這次慈中舉辦的印尼行，給自己如此深刻的生命大教育。經由行善，而逐步地建立在生活中的善行，是慈濟教育的宗旨。這是以行入法，以行悟道的法門。

證嚴上人的願力是「以行入門」教化年輕學子，「以利他精神」作為生命的皈依。讓學子親身體驗接觸各種不同生命的境界，在各種境界中，知曉生命的苦空無常，發慈悲心，啟無量智，教化有情種生。

其以行教導學子之智慧如經中所言：「入眾生諸根性欲，性欲無量故，說法無量；說法無量，義亦無量。無量義者，從一法生，其一法者，即無相也；如是無相，無相不相，不相無相，名為實相。」[43]生活中的每一個行、住、坐、臥無不是接受法的契機，皆把握機會教化學子，教化眾生。

慈濟人文　報真導正

證嚴上人對於人文的思維是「人格成，文化才成」，文化必須建構於人品之上。有優質人格建立在先，才能德香被澤於眾生；一位菩薩行者，一位慈濟人文工作者要「處處為眾做大導師，……顛狂慌亂做大正念。」如《無量義經》的〈德行品〉所言，證嚴上人創立大愛電視與人文志業，期盼建立清流，以淨化社會，匡正時代紊亂之風氣，引導迷惘顛倒之眾生。

淨化世間的動能，以慈濟的思維是來自個人的修持。一個覺悟的心靈，才能影響另一個人，才能夠淨化社會，提升人類的文明。一顆覺悟的種子，能度化百千，一如《無量義經》所言：「從一種子生百千萬，百千萬中，一一復生百千萬數，如是展轉乃至無量。」因此慈濟的人文志業首重人格的啟發，而其具體的人文志業實踐則信奉透過文化傳播的力量，建構一個更美善的社會。負面的訊息傳遞，不管批判的多麼精準貼切，總是帶給社會傷痕。證嚴上人呼籲新聞媒體的報導宗旨應該是「要報真，也要導正」。

隨著社會愈加多元，媒體愈加開放，進入到九〇年代的傳媒環境，需要的似乎是一種視野更為宏大的新聞理念，更具創造性與建設性的媒體之於公共利益是建構式的新聞學。其根本理念是，所有的思想、報導都是為建構一個更為理想的社會。

多數媒體總企圖追求自由主義式的公正客觀，讓所有的意見得到發言空間，各抒己見，媒體本身則不做評論、不賦予意見、不做任何所謂主觀的涉入與看法的表達。媒體躲避報導可能導致之任何社會後果，一味強調中立客觀。如前所述，絕對的公正客觀並不可能，媒體作為社會公益的守護者，應該有其看法、觀點，並且認真思索這些觀點如何才是對社會有正面的意義，對全體社會創造最大的公益。所以，媒體一切的報導不只是傳達有用的訊息、提供發言的空間，或提出解決問題的管道，它更要協助去創造一個更好的社會。要做到這一點，記者首先必須放棄生冷的價值中立角色，亦即旁觀而不涉入。

在二〇〇三年美伊戰爭期間，有一位臺視記者蔣任，在慈濟約旦志工陳秋華的陪伴下，採訪慈濟人如何在約旦與伊拉克邊境照顧、幫助戰爭中的難民。蔣記者在採訪中看見一位老人家在零下兩度的沙漠裡，沒有鞋子穿而用塑膠套裹住腳，蔣任便將襪子脫下來給老人穿上保暖。這是一種人類最直接的愛的表達，這表達超乎新聞記者所謂中立、不涉入的立場之上。當一位記者的心中有著美好與良善，於是他所製作出的新聞便必然呈現與彰顯人性的良善與關愛。心中有愛是建構式新聞最重要的前提與核心價值，而蔣任的心中有愛。

在嘉義阿里山小火車翻覆現場，大愛電視臺記者看到一位受難者家屬；她一面放下麥克風，一面搭著家屬肩膀慰問與關懷。臺中七三水災發生之際，慈濟人文志工到災難現場採訪，到達被洪水困住的仁愛部落時，慈濟人一邊協助發放，一邊進行採訪。記者帶著慈濟的慰問金進去，慰問災民、發放、採訪，而後離開。記者在採訪的過程中有愛、有關懷，並膚慰被報導的對象，因此不會生冷地問一位在急救中的病患：「你現在的感受如何？」或是家中發生凶殺案了，還去問對方：「現在打算怎麼樣？」

如果記者心中有愛，就不會用這種魯莽的心態去割裂事件本身。因此，記者心中若沒有一個正確的價值，記者心中沒有一個什麼是更好社會的藍圖，也就不可能提出一個對社會有正面意義的報導。記者心中如果沒有一個確切的價值觀，他如何判斷何種訊息及何種角度將有助於或有害於社會？媒體應該經常思索如何構思一個良善的社會及其理念？他必須思索怎樣的報導更能代表一個社會中普遍的好？而不是一味挖掘弊病、掀醜聞、肆無忌憚地批評。如果一個批評對整個社會的長期發展是負面的，甚或迫害性的，媒體就不應該選擇作為報導題材，更不該極力挖人瘡疤而認為是在呈現真相。

當一件社會的弊病發生，媒體不是去挖掘該項錯誤誰該負責，而是探討其發生之原因。媒體更應報導同一類事件善的典範，在負面新聞中也能看到善的典範在哪裡，才能給社會一條正向的出路。

偽善的新聞、負面新聞都不應過多渲染、報導，媒體所選擇的題目、所提出的建言，都應該為整體社會長久的美好來考慮、來構思。過度的批評會導致社會的對立；過度強調名人賺大錢而助長了社會的拜金主義；太多的自殺、暴力新聞會造成社會的恐懼，這些在報導上都應有所節制。

致力於建構式新聞的媒體，不只是旁觀者，不是冷眼的、批判的、尖銳的；而是有愛的、是成就的、是愛護的、是珍惜的、是給予的，是解決人的困惑，化解社會的衝突，是引領社會最終的善與美。這就是證嚴上人創辦大愛臺的核心理念。

以善行解不生　以身行悟不滅

慈濟人文最終的理想是希望透過善的報導、善的故事、善的實踐，最終消弭人心的貪婪，化解社會的紛爭，最終天下無災無難。

在舉世的紛亂之際，社會動盪，人心不停，天災不止，都是肇因於人心的無明。因此證嚴上人期許以人文清流化解社會的紛爭。如《無量義經》所教導：「若有眾生得聞是經，若一轉、若一偈、乃至一句，通達百千萬億義已，雖有煩惱如無煩惱，出生入死無怖畏想，於諸眾生生憐愍心，於一切法生勇健想。如壯力士能擔能持諸有重者。是持經人亦復如事，能荷無上菩提重寶，擔負眾生出生死道，未能自度已能度彼。」

《無量義經》之於當代社會，它有「入世、淑世」的理想與願景，之於個人，它有內在修習人格的方法與思路；之於終極關懷，它提供宗教信仰不可或缺的最終覺醒，亦即「性相本空，非有非無，非自非他，自本具足；本不生滅」，最終達涅槃寂靜之境。

而此涅槃之境以證嚴上人的詮釋是，當下「一念不生，一念不滅」；當下「惡念不生，善念不斷」；當下「欲念不生，愛心不斷」，即是涅槃寂靜。它是人間意義的涅槃寂靜之境，修行為眾生，開悟為眾生，成道為眾生，或者說：「為眾生才是修行，為眾生才能開悟，為眾生才能成就無上菩提大道。」這是慈濟宗門的思想體系與實踐之本。

當西方轉向東方　邁出人類新文明

英國牛津大學已故的著名宗教社會學研究學者彼得．克拉克教授（Peter B. Clarke）於二〇一〇年的十二月來臺灣參加「第一屆慈濟論壇——環境與宗教研討會」。克拉克教授應邀在靜思精舍以「為什麼這個世界需要慈濟？」為題發表演講，他在演講中說：「整個世界，尤其歐洲，宗教都在式微之中。原因是，宗教，或以宗教為名所造成的爭端，日益嚴重，甚至已經導致世界的分裂。」彼得．克拉克教授說：「慈濟與證嚴上人強調入世救贖，大愛無國界的精神對於當今的宗教是一種拯救與提升。」克拉克教授親自到慈濟環保站參觀做環保，他很想把慈濟環保推向非洲。克拉克教授有感「許多宗教相信，當今的地球崩解是上帝的意旨，是人類遭天譴，不需要去改變與挽救。」他覺得慈濟將環保付諸行動，落實社區、落實生活，人人皆有環保的責任，這是其他宗教應該效法的對象。

克拉克教授還認為，全球化已經在逆轉（Reverse Globalization），以前是東方向西方學習，現在是西方要向東方學習。雖然作為一個學者他必須中立，外界許多人對他的信仰有諸多揣測，但其實他個人傾向入世的佛教，特別是以利他為主的佛教是他的信仰。他也說，他是一位天主佛教徒（Catholic Buddhist）。全球化正從西方向東方轉向，而慈濟，應是這股東方新文明的代表之一。

美國加州大學社會學系主任理查．麥德遜教授（Richard Madsen）在二〇〇九年受邀請到慈濟參訪。麥德遜教授用頗為流利的中文在靜思精舍演講，他在演講中提到：「臺灣很像當年的雅典。雅典處於舊文明即將崩解，但尚未瓦解，新文明也還未形成之歷史轉折點，她的政治與地理也都十分脆弱。在這種新舊交接，現實環境交逼之際，很有機會出現世界性的新文明。」[44]這是德國哲學家卡爾．雅斯培（Carl Jasper）的見解。麥德遜教授說：「這種歷史際遇很像現在的臺灣，而臺灣的慈濟極可能成為世界一股重要的新文明。」

當全世界都在憂心地球崩解，慈濟的環保資源回收、資源再利用與減碳的生活模式已早早體現。當世界因為資本主義的追逐利欲，無情地競爭所造成貧富差距急速加大，慈濟慈善的「教富濟貧、濟貧教富」已經實踐近半個世紀。當世界宗教混和著政治利益，造成前所未有的文明版塊對立，以致恐怖主義勃興與宗教之壁壘不斷地升高，佛教慈濟所展現的大愛無國界、無宗教與無種族文化區別的思想與實踐模式，或許正是西方向東方學習的歷史因緣與契機。

一如英國牛津大學彼得．克拉克教在慈濟大學的一場演講中說：「一、二十年前，當我們看到世界上發生諸多的衝突與災難，我們都還搞不清楚是何種原因造成如此加速度的衝突與苦難，但是我發覺，證嚴法師早就已經看到，他早就有答案，而且已經在實踐了。我真的不知道他是怎麼知道的！」[45]這答案的一部分其實就在《無量義經》之中。證嚴上人以無比的毅力與智慧將《無量義經》的教法一一地開創與實踐出來。如同《無量義經．十功德品》：「能令諸凡夫皆成聖果，永離生死而得自在。……能令一切眾生於凡夫地生起諸菩薩無量道芽，令功德樹蔚茂扶疏增長。」[46]

（本文發表於《法印學報》第二期，2012年10月，頁87-128。）

註釋

1 《無量義經》，〈說法品〉（CBETA 2023.Q4, T09, no. 276, p. 385c27-29）。

2 《無量義經》，〈德行品〉（CBETA 2023.Q4, T09, no. 276, p. 384c5-7）。

3 《無量義經》，〈德行品〉（CBETA 2023.Q4, T09, no. 276, p. 384c3-4）。

4 《無量義經》，〈德行品〉（CBETA 2023.Q4, T09, no. 276, p. 384b28-c2）。

5 《無量義經》，〈德行品〉：「是諸眾生安隱樂處，救處、護處、大依止處，處處為眾作大導師；能為生盲而作眼目，聾劓啞者作耳鼻舌，諸根毀缺能令具足，顛狂荒亂作大正念。」（CBETA 2023.Q4, T09, no. 276, p. 384c1-4）

6 《無量義經》，〈德行品〉（CBETA 2023.Q4, T09, no. 276, p. 384c4-5）。

7 《無量義經》，〈德行品〉（CBETA 2023.Q4, T09, no. 276, p. 387c16）。

8 《無量義經》，〈德行品〉（CBETA 2023.Q4, T09, no. 276, p. 384b14-17）。

9 《無量義經》，〈德行品〉（CBETA 2023.Q4, T09, no. 276, p. 384b17-18）。

10 《無量義經》，〈說法品〉（CBETA 2023.Q4, T09, no. 276, p. 386a22-26）。

11 《黃檗山斷際禪師傳心法要》：「法本法無法。無法法亦法。今付無法時。法法何曾法。」（CBETA 2023.Q4, T48, no. 2012A, p. 383c24-25）

12 《金剛般若波羅蜜經》：「如筏喻者，法尚應捨，何況非法。」（CBETA 2023.Q4, T08, no. 235, p. 749b11）

13 釋德仉，〈修訂「靜思精舍」、「佛教慈濟功德會」以及「清修士」章程——為靜思法脈定家規樹典範，為慈濟宗門立法源設制度〉，《證嚴上人衲履足跡 2009 夏之卷》，臺北：慈濟文化出版社，2009 年，頁 335-336。

14 釋德仉，〈修訂「靜思精舍」、「佛教慈濟功德會」以及「清修士」章程——為靜思法脈定家規樹典範，為慈濟宗門立法源設制度〉，《證嚴上人衲履足跡 2009 夏之卷》，臺北：慈濟文化出版社，2009 年，頁 334-335。

15 釋德仉，〈修訂「靜思精舍」、「佛教慈濟功德會」以及「清修士」章程——為靜思法脈定家規樹典範，為慈濟宗門立法源設制度〉，《證嚴上人衲履足跡 2009 夏之卷》，臺北：慈濟文化出版社，2009 年，頁 335。

16 《維摩詰所說經》卷 1，〈弟子品〉：「舍利弗白佛言：『世尊！我不堪任詣彼問疾。所以者何？憶念我昔，曾於林中宴坐樹下，時維摩詰來謂我言：「唯，舍利弗！不必是坐，為宴坐也。夫宴坐者，不於三界現身、意，是為宴坐；不起滅定而現諸威儀，是為宴坐；不捨道法而現凡夫事，是為宴坐；心不住內亦不在外，是為宴坐；於諸見不動，而修行三十七品，是為宴坐；不斷煩惱而入涅槃，是為宴坐。若能如是坐者，佛所印可。」時我——世尊！——聞說是語，默然而止，不能加報，故我不任詣彼問疾。』」（CBETA 2023.Q4, T14, no. 475, p. 539c17-27）

17 《無量義經》，〈說法品〉：「自我得道，初起說法，至于今日演說大乘無量義經，未曾不說苦、空、無常、無我，非真、非假、非大、非小，本來不生，今亦不滅，一切無相，法相、法性不來不去，而諸眾生，四相所遷。」（CBETA 2023.Q4, T09, no. 276, p. 386c1-5）

18 印順導師《藥師經講記》：「故《華嚴經》說：『奇哉！奇哉！一切眾生皆有如來智慧德相，但因妄想執著，未能證得。』在佛的心境，照見一切眾生，確是平等不二的。約這意義說，佛證得無上正等覺時，大地眾生無不是佛，眾生與佛平等平等。但從眾生邊看，眾生苦惱，愚癡闇昧，於一切諸法實相，從來不知不見，痛苦流轉，何能與佛平等？因此，有人說我們是凡夫，不要妄自尊大；儘管生佛平等，而我們還是眾生。有人說：我們要深信自己是佛，如禪宗要人直下承當自心是佛；密宗要人起佛慢，說即身成佛。這些話，可說都有一分道理。我們是凡夫，所以要修行辦道；因為有成佛的可能性，所以可修行成佛。」（CBETA 2023.Q4, Y04, no. 4, p. 54a6-13）詳見：印順，《藥師經講記》，臺北：正聞出版社，1993年4月（新版二刷），頁54。

《大方廣佛華嚴經》卷51，〈37 如來出現品〉：「奇哉！奇哉！此諸眾生云何具有如來智慧，愚癡迷惑，不知不見？我當教以聖道，令其永離妄想執著，自於身中得見如來廣大智慧與佛無異。」（CBETA, T10, no. 279, p. 272, c27-p. 273, a1）

19 《無量義經》，〈說法品〉（CBETA 2023.Q4, T09, no. 276, p. 385c10-14）。

20 《六祖大師法寶壇經》：「世界虛空，能含萬物色像，日月星宿，山河大地，泉源谿澗，草木叢林，惡人善人，惡法善法，天堂地獄，一切大海，須彌諸山，總在空中。世人性空，亦復如是。」（CBETA 2023.Q4, T48, no. 2008, p. 350a29-b3）

21 高信疆，〈上卷第十七篇——修養·修行·禪浸潤在人性的源頭裡〉，《證嚴法師靜思語第一集》，臺北：九歌出版社，1999年（2版6印），頁203。

22 《無量義經》，〈說法品〉（CBETA 2023.Q4, T09, no. 276, p. 385c24-26）。

23 羅爾斯（John Rawls），《正義論》，黃丘隆譯，臺北市：結構群，1990（1971年版）。

24 《無量義經》，〈德行品〉（CBETA 2023.Q4, T09, no. 276, p. 384b24-28）。

25 《無量義經》，〈說法品〉（CBETA 2023.Q4, T09, no. 276, p. 385c26-29）。

26《無量義經》，〈德行品〉（CBETA 2023.Q4, T09, no. 276, p. 384c1-2）。

27《無量義經》，〈德行品〉（CBETA 2023.Q4, T09, no. 276, p. 384b28-c1）。

28《無量義經》，〈十功德品〉（CBETA 2023.Q4, T09, no. 276, p. 387b20-28）。

29《無量義經》，〈十功德品〉（CBETA 2023.Q4, T09, no. 276, p. 387b25-27）。

30《無量義經》，〈說法品〉（CBETA 2023.Q4, T09, no. 276, p. 385c22-24）。

31《無量義經》，〈十功德品〉（CBETA 2023.Q4, T09, no. 276, p. 387c24-27）。

32《無量義經》，〈十功德品〉（CBETA 2023.Q4, T09, no. 276, p. 387c18-22）。

33《無量義經》，〈十功德品〉（CBETA 2023.Q4, T09, no. 276, p. 387c19-22）。

34 釋德仉，〈剎那化作永恆〉，《幸福本事：無盡藏 2002．2003》，臺北：慈濟文化出版社，2005 年，頁 125-126。

35《無量義經》，〈說法品〉（CBETA 2023.Q4, T09, no. 276, p. 386b5-8）。

36《無量義經》，〈說法品〉（CBETA 2023.Q4, T09, no. 276, p. 386c6-10）。

37《無量義經》，〈說法品〉（CBETA 2023.Q4, T09, no. 276, p. 386b3-5）。

38《無量義經》，〈德行品〉（CBETA 2023.Q4, T09, no. 276, p. 384c4-5）。

39《無量義經》，〈德行品〉（CBETA 2023.Q4, T09, no. 276, p. 384b29-c2）。

40 理查．麥德遜（Richard Madsen）（2009）。靜思精舍演講「宗教的發軔與衰落」。

41《無量義經》，〈德行品〉（CBETA 2023.Q4, T09, no. 276, p. 384c7-8）。

42 黃小娟，〈醫病一家親 大林醫師照顧病患四孩子〉，《慈濟全球資訊網》，2010 年 8 月 19 日（https://tw.tzuchi.org/%E8%AA%8D%E8%AD%98%E6%85%88%E6%BF%9F/item/6266-%E9%86%AB%E7%97%85%E4%B8%80%E5%AE%B6%E8%A6%AA--%E5%A4%A7%E6%9E%97%E9%86%AB%E5%B8%AB%E7%85%A7%E9%A1%A7%E7%97%85%E6%82%A3%E5%9B%9B%E5%AD%A9%E5%AD%90）

43《無量義經》，〈說法品〉（CBETA 2023.Q4, T09, no. 276, p. 385c23-26）。

44 理查．麥德遜（Richard Madsen）（2009）。靜思精舍演講「宗教的發軔與衰落」。

45 彼得．克拉克（Peter B. Clarke）（2010）。靜思精舍演講「為什麼這個世界需要慈濟」。

46《無量義經》，〈十功德品〉：「能令諸凡夫皆成聖果，永離生死而得自在。是故，此經名無量義也。能令一切眾生於凡夫地，生起諸菩薩無量道芽，令功德樹蔚茂、扶疎、增長。」（CBETA 2023.Q4, T09, no. 276, p. 389a2-5）

第七章——靜思法髓妙蓮華：從利他入覺悟的經典

證嚴上人之所以講述《法華經》，以此作為靜思法脈、慈濟宗門的最重要經典，源於《法華經》的開權顯實，講述佛陀心中一乘真實法的理想，以行菩薩道入佛乘。佛陀雖以三乘教化弟子，實為三乘歸一乘，一乘即佛乘。佛乘的先決條件就是行菩薩道。佛陀以大白牛車喻大乘法，以羊車、鹿車喻聲聞、緣覺。舍利弗聽佛陀開演法華大法，尚存疑惑，為魔所困。法華是佛陀入菩薩道的重要經典，亦為證嚴上人修持與力行的法源。

本文即探討證嚴上人對法華要義的詮釋，特別是他大量舉現世間的人與事，對照法華精神，亦為《法華經》的當代適應與表現，因而其講述之法華名為《靜思法髓妙蓮華》。

證嚴上人創立慈濟宗的思想與精神源頭「靜思法髓」始終是重實踐的，流傳兩千年的《法華經》之旨趣，比較側重義理與願力，而證嚴上人引領慈濟人實踐法華精神，此實踐智慧為「靜思法髓」，此實踐果實即為「妙蓮華」。證嚴上人在講述法華大義的歷程中，逐漸將「靜思法髓」注入法華之中，於是形成此部從義理到力行，從實踐而印證佛陀根本大法的《靜思法髓妙蓮華》。《靜思法髓妙蓮華》正是證嚴上人實踐法華的智慧與成果的結集。

「靜思法脈勤行道，慈濟宗門人間路。」如同億百千劫的諸佛，趣向人間，度化人間。無量眾生，因無量善行，生值佛世，得佛住世，得佛開示，學佛修行，以菩薩道，慈悲利他，度化人群。以無上悲願，度一切眾生，得一切智慧，養一切慈悲，這是證嚴上人開闢的靜思法髓。慈濟人以苦難為道場，以入眾生心為一切經藏，這是證嚴上人講述《妙法蓮華經》的精髓。[1]

證嚴上人講述法華的特色

首先，證嚴上人將《法華經》的教義與時代脈絡相結合，以法華思想對應當代社會的各種議題，以經中的智慧為當代社會問題，尋求解答及圓滿解決之道。甚至是在當代各種社會問題中，我們以清淨的心、以問題為師，從解決眾生問題中得大智慧。證嚴上人說：

「法入心，世間一切無量法門啟發我們的『智慧』。世間這麼複雜的事情，我們若有守戒，心若有定，這麼多複雜的人間事化為智慧。」[2]

「不是說過嗎？『煩惱即菩提』，人間很複雜的事情、很多煩惱，只要你有守戒、有定心，將這些複雜煩惱的事情成為智慧。常常一句話說：『不經一事，不長一智。』我們必定要在這複雜的人群中增長智慧，所以這叫做『三無漏學』。」[3]

「三心就是戒、定、慧，修戒、修定、修慧，這是內心。戒、定、慧，就是這尊菩薩內修持的力量；外修萬行，同樣在人群中，依人群的習氣，他去應眾生機，眾生有千萬的習氣，他就要發揮無量數的智慧，去應眾生機。應機逗教，這也是一種修行。」[4]

「戒、定、慧」三無漏學都從世間得，都從度化眾生中得。得世間法最終目標仍是出世間智。證嚴上人期望他的弟子能融通世間法與出世間法。終極目標就是解脫智慧，然而解脫智慧也從世間中鍛鍊。

這是世出世不二的中道。

第二，證嚴上人的《法華經》精神，與佛陀原始的教導相契合，強調修行者在淨化欲望後，還須踐行菩薩道，指出阿羅漢非終極目標，而真正的圓滿在於度化一切眾生，在度化眾生中，達成究竟圓滿之佛道。證嚴上人說：

「行菩薩道就是要付出無所求，同時要感恩。苦難的眾生就是我們的道場，我們能看到苦難，見苦才能產生我們的慈悲。」[5]

「『六度』呢？大家都知道，布施、持戒、忍辱、精進、禪定、智慧等等，這就是要入人群中為人群去付出，這叫做『六度』。這個『六度』是出世間法。我們若要出世間修清淨行，你必定要入人群中，心不會受人群影響我們，反而能夠堅持，自度度人。就比如從凡夫的此岸，我們要度到聖人的彼岸去。」[6]

第三，證嚴上人也強調《法華經》與個人生命的成長緊密相關，每人的生命都是一部經，深入眾生心，就是深入一切經藏。每一個人的生命歷程，都是一部自我生命成長的經典。日本著名禪師如鈴木大拙所言，一部佛教史，不是佛陀出生到入滅後講道的歷史；也不是從佛陀入滅至今，各個佛弟子、論師們所結集的佛教思想發展史；鈴木大拙說：「一部佛教史，就是每一個人生命的開展史。」所以證嚴上人強調慈濟人，人人盤點生命，淬鍊自我此生的修煉心得，是後世依循的典範。證嚴上人詮釋法華含藏著深厚而清朗的情感，這種情感的透入，對於過度理性思惟的人，可以讓他們的心更形柔軟，更能貼近佛陀要啟發眾生情感覺悟的慈悲本懷。

證嚴上人開示的修行覺悟之道是動中靜、行中禪。禪定在行動中，禪定在利他之中。所以上人強調自我修行的真實法就是入人群，修得恬安、清淨、寂然：

「《無量義經》這麼說：『智恬情泊慮凝靜，意滅識亡心亦寂。』什麼叫做『恬安』？那就是『慧心安法，名之為忍。於境決斷，說之為智。』學佛的人，不就是嚮往這樣的境界嗎？但是，沒有其他的方法，大家不要以為：『佛的境界這麼好，我要用什麼方法呢？』其實，方法就是我們要真實，我們用真實的心，最虔誠、敬重的念，老老實實接受佛陀的教育，我們要入人群中去了解人群的苦難，了解苦的源頭從哪裡來，我們才有辦法去如何去除，清除掉那種困惑、苦難、汙染的境界，這就是我們人人要老老實實用功，不是用什麼方法，做什麼樣的觀想就能夠得到的。」[7]

「你在濁氣中，在人群中能不受困擾、不受煩惱，還能去度人，這樣這念心，才是真正的大滅度，才是真正的大涅槃。在人群中明明覺覺，清清楚楚，不受煩惱染著我們的心，這樣思惟修，定，禪定、智慧。思惟修就是禪定，禪定中產生智慧，不受人群煩惱來染著我們，搖動我們的心，這叫做定，這叫做慧。」[8]

第四，證嚴上人詮釋《法華經》，所傳達的是佛性普及於一切眾生，從聲聞、緣覺、菩薩、人、天乃至畜生道，皆有成佛的潛能，連畜生道龍女都能轉身即成佛道。人人都有清淨的本性。找回清淨本性，就能臻至佛境。從證嚴上人的觀點，這種清淨佛性從人間的苦難中啟發：

「我們若能夠回歸我們清淨的本性，很明白道理，這樣在我們這個人間，雖然看了很多苦，卻不會汙染我們的心；看了很多欲，種種形形色色的東西，都不會動搖我們的心。我們現在應該要修的就是這樣——無為、無欲、解脫，沒有這些煩惱再來汙染我們，若是這樣，即時就成佛了，現在就涅槃了。」[9]

「涅槃，翻譯作『滅度』，也是『寂滅』，也是『圓寂』，也叫做『大寂定』，也可以叫作『無為』，或者是『安樂』，或者是『解脫』，這些名詞都能夠稱作『涅槃』。

『大寂定』也已經入寂定，沒有生滅，這就是無為。不是人能夠去造作的，是自然，很自然。這很自然的無為是什麼呢？也是清淨的本性。」[10]

第五，證嚴上人的教導注重《法華經》的實踐性，強調在慈悲與利他中實行經中精神，透過適應具體情境的教化，就像〈藥草譬喻品〉，山中一切草木無不是藥，也都不是藥。對機就是藥，一切法藥對治眾生千差萬別的習性。如中觀所意，世界悉檀、對治悉檀。《法華經》要對治當代社會的難題，同時要從實踐面著手，解決個人生命及全體生命的困境，尋求解決之道。證嚴上人以眾生是經為慈濟宗修行的旨趣：

「佛陀的心願是希望人人在人群中造福，希望人人在眾生中去體會，『體解大道』去『發無上心』，你若能在人群中體會到道理的真實相，你才有辦法『深入經藏，智慧如海』。我們在人群中，人人都是一部經，這才是真正入經藏。我們若在人群中，芸芸眾生中，體會眾生的根性，這樣，一個『眾生』一部經，這不就是『深入經藏』，不就是『智慧如海』嗎？讓我們增加智識。

一句話說，『不經一事，不長一智』，所以我們在人群中能得一乘法，佛陀最後希望我們要入人群，接受一乘，唯有一條路，這條路，我們要向前走，就是菩提大直道，那就是一乘，乘此大道路向前走。『令諸眾生終入佛之智慧』。希望眾生人人最後與佛同一條路，大菩提道，與佛同樣，將這條路走到盡頭，那個果位就是佛的果位，佛果位，就是回歸到我們人人本具的真如本性。所以我們要見我們的真如本性，就要以這條大菩提道向前走，才會一直與佛同樣，回歸我們的真如本性，與天體合一。」[11]

第六，證嚴上人闡述《法華經》所展示的，是一條供眾生無限遍歷的道路，生命在無邊的時空中不斷轉化、度化眾生，體現了一種宏觀的生命觀。在此觀點下，個人的生命不應被限定於生死之間，而是應在生死輪迴中不斷救度他人，實踐菩薩道。只有當一切眾生皆得度脫，個體方能真正證得菩提。因此，證嚴上人強調，利他度己。利益一切眾生中，淨化自心。

「《法華經》這部經就是棄捨方便，開始開啟一乘法。因為二乘還是執迷於涅槃。雖然我們說佛陀已經入涅槃，但是佛陀沒休息，諸佛菩薩都不斷來人間。想，觀世音菩薩也還倒駕慈航。我們再看，開始在《法華經》要開講之前，文殊菩薩引了二萬位的日月燈明佛，文殊菩薩本身過去也是七佛之師，過去也已成佛，有這麼多的佛，就是要來印證，要印證入涅槃不是就完全無生滅，同樣還要倒駕慈航來人間。

倒駕慈航不是因緣果報牽來的，是他的弘願，『四弘誓願』、『四無量心』。佛陀自法身菩薩就是不斷不斷往來人間，就是要度眾生。所以這個涅槃不是入滅後就全不見了，他還是不斷來人間，只是知道人生所有一切的道理，沒有沉迷，沒有執著，所以超越沉迷、超越執著，所以這就是要悟一乘的道理。」[12]

「二千多年後的現在，佛的法身，這個法，佛陀的慧命還流傳在人間。我們現在在講佛法，講什麼樣的佛法呢？釋迦牟尼佛的法。因為是釋迦牟尼佛覺悟之後，所說的法流傳下來的，慧命就是一直流傳，我們現在還是在說佛所說的法。所以佛陀他的慧命、法身，還是在人間，只要人間的人人有求法之心，而且是至誠懇切，佛法慧命還是時機成熟，就能現相說法。」[13]

佛陀覺悟的道路，從自覺、覺他，到覺行的圓滿，並不只是任何個體覺行的圓滿而已，而是大我、整體生命的覺行圓滿。每一個眾生都達成的大我生命的完滿。這是證嚴上人所強調的「大圓滿」與「大涅槃」，這是一種超越個我，達到萬法歸一，眾生共融的至高境界。

證嚴上人對法華的基本闡述

證嚴上人闡述佛典，很像是智慧的農夫播種前必須先鬆軟土地，再播種。情懷是水，法是種子，慈悲，才是信仰的真正力量；當一個凡夫的智慧未必理解佛法的深義，但經由情感的透入，卻能感受佛陀不忍眾生苦的胸懷；這對引領人們接近佛法的喜悅，是非常契機的始點。本章分析證嚴上人講經教導弟子修行的過程，情的感化是論述的重點之一。

證嚴上人過去四十九年中講過三次《法華經》，第一次是在慈濟功德會成立後的第三年，一九六九年到一九七一年之間，但是沒講完就中止。第二次講《法華經》是在一九七五年到一九八八年之間，借著靜思精舍的「法華佛七」的機緣宣講《法華經》，這個時期是慈濟醫院剛剛蓋好，慈濟的教育志業正在起步的階段，這時期的《法華經》講述都只是摘要地講。

以證嚴上人所講述的《靜思法髓妙法華》中，吾人可以歸納出證嚴上人對《法華經》的詮釋分為六個次第。

第一，體解《妙法蓮華經》即是圓滿中道的真實法。

第二，這個真實法是諸佛所共具，佛佛道同。且此一真實法是人人本具，是與佛同等之清淨真如本性。

第三，聲聞、緣覺、菩薩三乘歸一乘。

第四，一乘即阿耨多羅三藐三菩提，諸佛菩薩無不自覺覺他，以無量法門度化眾生，去除無明，回歸真如本性。

第五，五乘皆能成佛。凡夫依靠法華無量義之舟帆，可以度化眾生到彼岸。如《無量義經》〈十功德品〉所譬喻的船夫身有病，但是船身堅固能度人[14]。利他能度己，終能到達覺悟的彼岸。

第六，無師智、自然智，亦即以眾生為師。〈常不輕菩薩品〉中佛陀希望弟子將每一個眾生都當作未來佛，證嚴上人要慈濟弟子們不只是恭敬地把眾生當作未來佛，甚至以眾生為師，眾生無不是老師。

慈濟宗以利他實踐作為其修行的重要之旨趣。吾人認為無師智、自然智，依證嚴上人的詮釋，要以眾生為師的概念，是靜思法脈、慈濟宗門的一個創見，也是一項重要的實踐。菩薩不只是要度眾生，甚至以眾生為師，這不只是把眾生都當作未來佛，更是以眾生的染汙作為自己成佛的養料。眾生覺悟了，自己也成就了一乘真實的佛性。所以證嚴上人說：「菩薩先救他人，再救自己。」菩薩以他為自，甚至先他後己，這是法華菩薩道的具體實踐。

法華大乘經典的歷史價值

《法華經》如果相較於《華嚴經》及《維摩詰經》，這三本經典都是屬於大乘經典。不同的是，《華嚴經》是比較嚴謹的，對於小乘是貶抑的；而《維摩詰經》也同樣貶抑小乘佛教，甚至排除小乘佛教，它的經義是很明確。而《法華經》相對是包容的，含混的。

《華嚴經》當中描述的善財童子，走訪五十三個社會各階層的專業人士，求得一切智慧之後，才面見普賢菩薩，承繼普賢的行願，造福眾生。完成文殊菩薩的智慧以及普賢菩薩的行願之後，善財童子得以見到毘盧遮那佛，此刻毘盧遮那佛眉間放光照遍三千大千世界，智慧與菩薩行具足，得以一法攝一切法，一切法攝一切法，一切法皆攝於一法當中。換言之，《華嚴經》陳述一條菩薩道為成佛唯一的行止。

相對於《華嚴經》對菩薩道嚴謹的描述，《法華經》允諾的菩薩大道是多元的，多樣的，含混的。《法華經》之所以能夠流傳這麼久，有這麼多版本，在佛教有如此的重要地位，就是因為它是含混的、多元的，所以各家都能夠在此經中找到法的根源。同時《法華經》包容大乘、小乘，甚至不止三乘同歸佛乘，五乘也都能夠同歸佛乘。連提婆達多忤逆佛陀，都能夠成佛；甚至連畜生道的龍女轉身都能成佛。《法華經》允諾一切眾生都能夠趨向佛道，是這本經典能夠在大乘佛教中確立一個較優勢的地位。

在《維摩詰經》裡，維摩詰居士的智慧遠勝於佛陀所有的聲聞、緣覺的弟子，包括智慧第一的舍利弗也不敢前往問維摩詰居士之疾，其原因是維摩詰一次與舍利弗的對話中，讓舍利弗啞口無言。佛陀弟子包括目犍連、須菩提等也都同樣地面對維摩詰的智慧相形見絀。只有七佛之師的文殊師利菩薩能勘前往維摩詰居士的住宅，代表佛陀問候維摩詰居士之疾。菩薩本身沒有疾病，是因為眾生有病，所以菩薩有病。維摩詰居士與文殊師利菩薩的對話當中，在在顯示維摩詰居士的優越性，文殊師利菩薩問維摩詰居士：「空何所住？」維摩詰居士回答：「於空空。」[15]意味著小乘修空是不究竟的，連空都要空掉，要回到現實世界當中拯救眾生，才是空有不二的菩薩眾道。在這裡屬於大乘佛教菩薩道的維摩詰居士，遠遠勝過修小乘的佛陀弟子，在這樣的一部經典當中，的確有貶抑小乘的意味。

與《維摩詰經》相似的《法華經》都是屬於大乘經典，但是《維摩詰經》希望把小乘完全摒除在佛教之外。而《法華經》則是抱持寬容的態度，讓小乘也能夠歸向大乘，特別是舍利弗作為小乘的代表，也是小乘智慧第一的代表，誠心懺悔，要歸向大乘。《法華經》透過舍利弗的言談，讓小乘行者覺醒，不再獨善其身，而是必須兼善天下。阿羅漢的覺悟只是清除情感的煩惱，阿羅漢仍然有智慧不足的煩惱，而克服智慧不足，就只有走菩薩道。這是整個《法華經》由小向大，真實法的呈現。

三乘歸一乘

《法華經》最重要的內涵就是開示一乘真實法。一乘真實法與二乘的差別在於認知一切眾生與佛等同，度化一切眾生成佛，自身佛格才是圓滿。二乘強調度己，一乘真實法強調利他度己。通過菩薩道，利益他人，成就佛道。這是一乘真實法，是佛乘。

所以當《法華經．序品》中，佛陀與智慧第一的弟子舍利弗的對話，陳述十方世界並無三乘，唯有佛乘。諸佛於無量劫所共同成就的無量諸法，為一性法，並無二法、三法，一法即大圓鏡智的佛性。舍利弗乍聽以為是魔代替佛說法，十分震驚，故言：

「世尊說實道，波旬無此事，以是我定知，非是魔作佛。我墮疑網故，謂是魔所為。」16

佛陀反覆地向舍利弗宣說法華大義，諸佛以一大事因緣出現於世，不是為自己斷煩惱，不是為著自己的涅槃，而是為了開示眾生體悟佛知見。如來與舍利弗言：

「舍利弗！是諸佛但教化菩薩，欲以佛之知見示眾生故，欲以佛之知見悟眾生故，欲令眾生入佛之知見故。舍利弗！我今亦復如是，知諸眾生有種種欲，深心所著，隨其本性，以種種因緣、譬喻言辭，方便力而為說法。舍利弗！如此皆為得一佛乘、一切種智故。」17

可以想像舍利弗的震驚，當隨佛修行數十年後，斷除欲念、煩惱，修得清淨法身，以為已經覺悟了，到底了；但是佛陀這時候卻說：「還沒有，還沒有，還要入人群度眾生。」隨佛修行托缽雲遊，不就是離開五濁惡世的眾生嗎？佛陀卻要已經斷欲清淨的阿羅漢們，再回到娑婆世界？佛陀再向舍利弗再說：

「舍利弗！十方世界中，尚無二乘，何況有三。舍利弗！諸佛出於五濁惡世，所謂劫濁、煩惱濁、眾生濁、見濁、命濁。如是，舍利弗！劫濁亂時，眾生垢重，慳貪嫉妒，成就諸不善根故，諸佛以方便力，於一佛乘分別說三。舍利弗！若我弟子，自謂阿羅漢、辟支佛者，不聞不知諸佛如來但教化菩薩事，此非佛弟子，非阿羅漢，非辟支佛。」[18]

阿羅漢只是一個階段，只是一個化城，離開世間修行，是要示現世間一切欲望，財富、權力的虛妄，而以清淨身告訴世人，生命的本質可以經由清淨的法身，得法樂，得永恆的慧命。智慧的生命，認知真理的生命，實踐真理的生命，才是最可貴的，最真實的生命。所以佛陀告訴弟子，我就是無量劫在五濁惡世中，度化眾生。隨眾生根基，以方便智慧，引導眾生修行，以八正道，修清淨法，再以菩薩道，四無量心，度一切眾生，習得智慧。六度萬行，累生累世教化眾生覺悟。這是菩薩事，這是諸佛共同的願力。阿羅漢還不是終點，前面還有道路，菩薩道要繼續前行。佛陀繼續向舍利弗說：

「又，舍利弗！是諸比丘、比丘尼，自謂已得阿羅漢，是最後身，究竟涅槃，便不復志求阿耨多羅三藐三菩提，當知此輩皆是增上慢人。所以者何。若有比丘、實得阿羅漢，若不信此法，無有是處。除佛滅度後，現前無佛。所以者何？佛滅度後，如是等經受持讀誦解義者，是人難得。若遇餘佛，於此法中便得決了。舍利弗！汝等當一心信解受持佛語。諸佛如來言無虛妄，無有餘乘，唯一佛乘。」[19]

阿羅漢、辟支佛都不是佛陀要弟子成就的境界，佛陀要弟子入人群度眾生，行菩薩道，最終成就阿耨多羅三藐三菩提的佛道。

此時舍利弗反省過去聽聞佛法，的確偏向阿羅漢、辟支佛的中小乘法。佛陀如此宣說，一時心門未開。過去聞此法未覺，未信受，未奉行；如今聽此大乘法，才體解此法之真義。證嚴上人講述舍利佛當時的心境時云：

「舍利弗是佛陀身邊之大智慧者，然其有習性，傲慢之心尤存。聰明智慧者容易固執己見，或固執情與欲。如舍利弗什麼都知道，但未身體力行，所以懊悔。過去對大乘法亦知曉通達，但沒有信心能行菩薩道度眾生。聽到佛陀心所護念的真實大法，如今佛心與己心相會，所以『斷諸疑悔，身意泰然，快得安隱。』當初未儘早以大乘法修持，以小乘為自了漢。停滯在該境界，直至佛陀解說三乘法，才翻然領悟。」[20]

舍利弗感慨，佛陀開示眾生是大乘法，成佛過程必行菩薩道。舍利弗如今知道自己與佛差距甚大，是自己心量小，無此知見。並不是佛陀未宣說真實大法，是自我心驕慢欺誑所誤。故經云：

「世尊！我常獨處山林樹下，若坐若行，每作是念：『我等同入法性，云何如來以小乘法而見濟度？是我等咎，非世尊也。所以者何？若我等待說所因成就阿耨多羅三藐三菩提者，必以大乘而得度脫。然我等不解方便隨宜所說，初聞佛法，遇便信受、思惟、取證。』」[21]

證嚴上人詮釋這段佛陀與弟子舍利弗的心境時說：

「佛陀不離眾生，佛陀福德具足，與舍利弗自不同。舍利弗自省思惟，我之名已普聞於五天竺，東西南北中為五天竺。而佛之名聞普十方。佛陀與舍利弗去之甚遠。差別就在舍利弗未行菩薩道。」[22]

如舍利弗自己所說：「我獨經行時，見佛在大眾，名聞滿十方，廣饒益眾生。自惟失此利，我為自欺誑。」[23]

舍利弗獨自修行時，看到佛陀在大眾中修行的果德，名滿四方，就曾羨慕。佛陀說法令眾生信受奉行，各人各得其解，各各歡喜，大小乘人各解佛意。但舍利弗自己未善加體會，後悔時間流失。自欺誑，明明自己能度眾生，明明自己能行菩薩道，但自認自己智慧第一，他人也如此認知，以為已經與佛接近、同等於佛，這是自欺誑。所以舍利弗反省自己說：

「而我獨於佛福德、智慧、一無所得，自惟悉由自心欺誑，得於小乘。今深思為忖，佛心覺性遍太虛空界，忖測已心量知見，何能比倫，啓佛有欺於我。乃是我咎，不學菩薩，不發大心，自欺自誑，是我等咎也。」[24]

舍利弗經過些許的困惑與掙扎，終於明白過去的體悟偏向小乘是自己的悟失、驕慢所致。世尊的佛道大法從來就宣說，是自己未能真正領受佛意，乃至走入偏向小乘法。現在終於明白了，所以舍利弗向世尊懺悔：

「世尊！我從昔來，終日竟夜每自剋責，而今從佛聞所未聞未曾有法，斷諸疑悔，身意泰然，快得安隱。」[25]

過去佛陀曾言文殊師利菩薩等是真佛子，舍利弗就懷疑起自己是否為客子呢？佛陀肯定菩薩道，舍利弗難免內心自責，也有忌悔，也有疑佛之心。直至今日靈山法會才真正體悟為何佛陀偏向菩薩道之真義。心中之疑既已去除，歡喜心自然湧現。故曰：

「我心大歡喜，疑悔永已盡，安住實智中。我定當作佛。」[26]

證嚴上人詮釋舍利弗的體悟云：

「舍利弗曾執空，認為心清淨就不落輪迴。不迷情就不墮入惡道，因此獨善其身。今聽聞佛陀教法，理解不只顧好自我清淨心，透徹人間的各種迷妄，自心清淨不染，才是真清淨。」[27]

證嚴上人詮釋這段經文的要義是「行菩薩道必須入人群，不只深體眾生苦，而且必須徹底改變他們的苦，心不為眾生煩惱所染。」佛陀在《法華經》真正說出他心中護念的真實大法，以行菩薩道才能入佛乘，成就最高的覺悟阿耨多羅三藐三菩提、無上正等正覺。所以是經云：

「爾時舍利弗白佛言：『世尊！我今無復疑悔，親於佛前得受阿耨多羅三藐三菩提記。是諸千二百心自在者，昔住學地，佛常教化言：我法能離生老病死，究竟涅槃。』」[28]

證嚴上人對佛境的闡述

三乘歸一乘，一乘真實的佛性，以太虛大師註釋法華，對《法華經》的分解，整部《法華經》佛性的義理結構分為「佛境」、「佛行」、「佛果」三大部分

《法華經》從〈方便品〉至〈勸持品〉就是闡述「一乘佛境」。這佛境是諸佛所共有，非一佛所獨具。證嚴上人說：「每一尊佛來到人間，最後還是同樣要講《法華經》，到了釋迦佛，他後半段的人生，一代時教即將結束之前，他還是一樣講《法華經》，這叫做『佛佛道同』。」[29]以佛境言之，法華經文表達出佛的境界不可思議，這覺悟的境界從證嚴上人的詮釋為「與萬有真理合一」。佛陀體會到自身即萬有，自身即為真理，他要將這個境界告訴眾生，因為眾生與佛等具，眾生一樣具備真如本性，這本性與天體萬有合一。

如證嚴上人所述：「佛陀說法四十二年後，因緣成熟，開權顯實，在法華會上向大家說，過去所說的法是應眾生根機而設教說法，現在是應本心的意，佛陀心所懷的一實法。就是回歸真如本性，人人要覺悟，與宇宙天體合而為一，讓我們的心能遍虛空法界，瞭解真理本來無體無相。而我們的真如本性與萬有合一。」[30]

理解佛境，要起而行。因此〈安樂行品〉與〈從地湧出品〉是「一乘佛行」。佛陀向聲聞、緣覺開示一乘行，一乘行即菩薩道。

證嚴上人對一乘佛行的闡述

證嚴上人認為：菩薩入人群，不只不畏五濁世間，甚至以五濁世間為成就佛道的養料。聲聞、緣覺清淨心，但未能得萬法度眾生，度眾生必須菩薩行，於一切眾生中，修得一切萬法。因為眾生無量，法無量故。

佛陀覺悟的當下照見萬法為一，本無分別。一切眾生皆具佛性，惟無明緣起不識此根本大法。證嚴上人詮釋佛陀覺悟的境界為「華嚴海會」；即「靜寂清澄」，與宇宙天地萬法合一的境界。這一刻，心、法、覺性同一。而這清明開闊的慧海境界，一切眾生同等本具，平等無二。

佛陀覺悟的心靈世界是一個永恆的世界，「佛心恆住華嚴屬圓頓大乘」是其本懷。佛陀雖然入群眾度眾生，他的身形在群眾中，他的內心始終保持著華嚴世界。覺悟後之佛陀，為了慈悲，不忍心眾生受苦難，所以再入人群，隨眾生根機，教化有情。佛陀在「十法界」之中。覺悟的佛陀「度菩薩、度緣覺、度聲聞、度六道四生」，這十法界的眾生，都需要佛陀以法來度化，這是佛的大慈悲。

證嚴上人的佛果的闡述

《法華經》裡，佛陀告教三乘行者，行菩薩道中成佛果。《法華經》的〈如來壽量品〉至〈普賢菩薩勸發品〉就是「一乘佛果」；是諸菩薩從入世間的利他行中，成就之無上功德之佛果。不同的菩薩有不同之願力，有不同之因緣，但殊途同歸，成就無上正等正覺的佛果。

境、行、果：證嚴上人要我們在一切境界中，以佛智，以清淨心觀待，以無所求行動付出，成就佛果。成佛無第二條路，就是要入人群中，不受人群所影響，我們勇往直前，要有充足思惟修。這個行，內修、外行，才真正能成佛道。所以「漸漸修學，悉當成佛」。

無量劫的修行道路

《法華經》所強調的生命不是一種短暫的、僅限於此生的生命體。而是一種跨越無量劫的修行之連續生命，是一種累生累世救度眾生的連續願力。證嚴上人在講述《法華經》一開始敘述佛陀的修行是在無量劫之前立下宏願。佛陀歷經三大阿僧祇劫，才得成就。佛陀看著芸芸眾生的苦難，所以倒駕慈航開示眾生覺悟之道。有情眾生不只是人而已，而是包括一切生命。人能同體大悲，不殺害眾生。佛陀這種歷劫的修行，因緣具足圓滿果位。佛陀的這分覺性，證嚴上人說：

> 「在佛不增，在凡不減。兩千多年前，悉達多太子突破種姓階層，放棄榮華富貴統領國家，專注修行。自覺，悟性真常，去除虛妄。覺他，運無緣慈，度有情眾。覺行圓滿，所以佛陀稱為宇宙大覺者。」[31]

佛陀在覺悟後傳法三十九年，終於可以開權顯實，講述《法華經》，啟發眾生行菩薩道的心念。然而佛陀在講《法華經》之前，先為入定，眉間放光，為眾弟子顯示無比神妙的境界。在場的聽者其實不甚了解，佛陀入定良久，為何尚未出定？彌勒菩薩知道大家的心情，因此就請文殊菩薩向大家說明眼前奇妙的勝境。文殊菩薩智慧本屬第一，他出生於佛世是要輔佐佛陀，在累劫之前，文殊菩薩已是七佛之師。文殊菩薩在彌勒佛的邀請下，開始敘述過去無量數劫前有日月明燈佛在說法。

日月明燈佛時期，「比丘比丘尼，其數如恆沙，倍復加精進，以求無上道。」當時有弟子妙光菩薩，妙光菩薩之於日月明燈佛即文殊菩薩之於釋迦牟尼佛。日月明燈佛入滅後，眾比丘比丘尼奉持無上道。「是妙光菩薩，奉持佛道。」日月燈明佛入滅，「分布諸舍利，而起無量塔。」

文殊師利菩薩之所以敘述日月明燈佛與妙光菩薩，實在是告訴弟子，佛陀是累生累世的修行，今佛引述過去諸佛，眾生從諸佛所聞法，成佛果，無不從眾生精誠勤修中而成道，經過無量百千億劫修得正果。

所謂如來，即是乘一真實之道而來。真理不是佛陀所創，佛陀所說的真理，諸佛一樣倡議過，佛陀也向諸佛學習過，才今日成佛。佛佛道同，諸佛在入滅前都講《法華經》，開權顯實。

《法華經》的一開頭，佛陀眉間放光，文殊師利菩薩的解說，就是告訴眾弟子一個更長遠的生命觀。人間歲兩千多年不過是天堂的幾十天，忉利天一日人間百年，佛教的生命觀奠基於此，只從一生一世看待生命，是世俗的生命觀。佛教所述的生命是累劫，無數無量的生命延展，因業而輪迴，或因願而不斷地在無盡的時空中修行。不只是橫向的時間序，每一生、每一年、每一劫都是連續的，相互影響的，時時牽動的整體生命觀。

生命不只是隨時間橫向的連結著，更是垂直的連結，每一個修行人都相關聯。諸佛在無窮遠的歲月中彼此讚歎，彼此學習，彼此護持。佛陀向日月明燈佛，以及無數諸佛學習而成佛。連成佛的文殊師利菩薩是七佛之師，在今生今世的娑婆世界，一樣來護持佛陀。其實就是護持法，護持法的傳承。這法就是一真實法。

如來對舍利弗言，一性法，並無二法、三法，一法即大圓鏡智，一個圓滿的生命。圓滿的生命能清淨自身，能視眾生如己，所以以真實法度一切眾生，在清境智慧中圓滿自己，也圓滿眾生。證嚴上人講述這段經為時強調：

「今佛所引述過去諸佛，眾生從諸佛所聞法，成佛果，無不從眾生精誠勤修中而成道，經過無量百千億劫修得正果。人間歲兩千多年不過是天堂的幾十天，忉利天一日人間百年。未說《法華經》前，放射光芒展神通，在萬八千佛世界，看見人人心中的本性。過去應眾生根基，現在開權顯實。此佛在入定中所喻示眾，一切十方諸佛與佛等同，皆一念起，成六道流轉。以三乘適應根機，悉欲眾生即時修行。」[32]

佛在入定中所喻示眾生的是一切十方諸佛與佛等同，皆一念起成六道流轉，以三乘適應根機，要眾生即時修行，才圓滿此覺性。不只佛陀如此，日月明燈佛時期的妙光等諸菩薩亦復如是。釋迦牟尼佛永遠為娑婆世界之教主，無量諸法，為無量劫諸佛所共同成就。

佛陀未說《法華經》前，放射光芒展神通，在萬八千佛世界，看見人人心中的本性，過去應眾生根基，現在開權顯實。文殊師利菩薩知道佛陀即將開示的真實大乘法，先將無量劫以來的菩薩修行因緣與願力告訴大家，諸佛菩薩累世修行，顯示佛菩薩的大願力，亦是告訴眾生生命的歷程如此漫長。眼前的世間是無量劫裡的一粒沙，十分短暫，也十分脆弱，眾生不能被短暫的此生所困囿。而應著眼於更大的生命體，把握當下這一個短暫的生命，發願修行。當下是一剎那，剎那也是永恆。證嚴上人說：

「文殊菩薩敘述日月明燈佛在過去無量數劫前說法。時間是無形的，把握當下一剎那即永恆。修行者，聲聞、緣覺、菩薩。聲聞能體會，但未覺悟。獨覺未能接觸佛法，但見四時更迭，自有體悟即緣覺。無常輪替，深深體會，但未透徹。菩薩入人群中，行六度波羅蜜。觀世音菩薩是成佛後，乘願再來。文殊菩薩亦是過去佛，也是七佛之師。這是古佛。彼諸佛無分段生死，出三界。不忍眾生，乘願來。」[33]

證嚴上人勉勵弟子，每一個今日聽聞佛法的人，都是經過多少阿僧祇劫的因緣，才得以聞佛法，所以應該更為精進。如無量數的修行者，集一切善，行一切善，勿稍懈怠。求無量正等正覺，需身體力行，不可放逸。

證嚴上人以一位慈濟環保老菩薩的故事說明看淡生死，看重累世修行的重要性。這位環保老菩薩住在心連病房裡，她跟子女說：「我走了時，不要哭，我身體也要回收。」一日陪伴的慈濟師姊問她，走了以後要去西方還是東方？老菩薩說：「西方是淨土，東方是琉璃，但都沒有環保可以做。我在娑婆世界習慣了，聽上人說法也習慣了，還是回娑婆世界好。」師姊又問，那您準備什麼時候走？老菩薩說：「有個好日子我就走！」師姊就接著說，上人今天早會說，今日是好日子，是天公生。老菩薩說：「上人說好日子，好，那我就是今日。」她就走了，十分自在。慈濟師姊與她談話的這段時間，護士準備為老菩薩抽血，備針筒的這麼一點時間，她如此輕安自在地走了。

證嚴上人講述此故事時說：

「發心立願者，還要再回來，還要在人群中，了解人群之無明，才能對機逗教。造何因，有何緣。世間有兩種人，為他人付出，即修行人。凡夫落入無明，累積業，來世繼續纏縛，即分段生死。分段生死不知往何方？聲聞、緣覺還需多體悟，避免無明再起，會墮入三趣。」[34]

佛陀時期一位比丘年紀輕輕，生重病了，即將往生。他非常地不捨，非常地懊惱，因為法還沒有聽夠。佛陀來看他，比丘向佛陀說：「我還沒有覺悟，我法還沒有聽夠，然而就要結束此生。」佛陀向這位比丘開示說：「學法是無量劫的修行，一世所學，來世還要再學，直到了悟一真實法。」比丘聽完就微笑安然往生了。

在靜思精舍一位年輕的師父德濉師父，四十多歲，體型很高，氣勢很好，負責精舍事務，認真積極。但是罹患重病。大家很不捨，一位年輕的修行人，這麼承擔，卻這麼早就罹患病痛。在安寧病房中，他仍有若干不捨。證嚴上人在靜思晨語中講述了這一段比丘法還沒有聽夠，就要往生的故事。一位精舍師父錄下音，帶到醫院心蓮病房放給德濉師父聽，當天下午，德濉師父就安然示寂了。

聞法修行不是一生一世，是累生累世。我們不能留住今日，但是明日還會到來，明日還要精進。我們不能駐留春天，但是來年春日還要再來，還要照耀山頭，扶搖叢花，滋生萬物成長。因緣到了，證嚴上人說：「前腳走，後腳放。」處事如此，生命又何嘗不是如此。

佛陀未說《法華經》前，放射光芒展神通，在萬八千佛世界。光與光是相通的，是同等的，預示著佛與佛悟道相同。佛光照見萬八千世界，意味著世間一切眾生都相連結。文殊師利菩薩先說了萬千無量劫的諸佛修行，諸佛相續，互為覺悟，互為護法，這是橫向時間的無量。萬八千世界是垂直的聯繫，一切眾生都互為關聯，一切法，一切諸佛，一切眾生，都在真實法中相遇、相知、覺悟，如光穿越萬八千世界，看見人人心中的本性。

佛在入定放光中，所喻示眾生的是一切十方諸佛與佛等同，皆一念起，成六道流轉，以三乘適應根機，啟發眾生即時修行，如光照耀萬八千世界，度化無量眾生，才圓滿此覺性。不只佛陀如此成道，日月明燈佛時期的妙光等諸菩薩亦復如是。釋迦牟尼佛為娑婆世界之教主，無量諸法，皆為無量劫諸佛所共同成就。文殊師利菩薩知道佛陀即將開示的真實大乘法，先將無量劫以來的菩薩修行因緣與願力告訴大家。世世相連，眾生相連，佛佛相連，佛與眾生相連；在一乘真實法中，互相成就，彼此度化。

一切眾生都能成佛

《法華經》一個很重要的精神就是眾生都能成佛，特別是「眾生性欲無量，故說法無量」，佛法必須要就眾生的根性，循循善誘，讓眾生都能夠走向佛道。《法華經》讓龍女，屬於畜生道的眾生都能夠轉身成佛。龍女對舍利弗說：「我剛剛手中的禮物給與佛陀的速度夠不夠快？」舍利弗回答：「夠快！」但是龍女說：「我成佛的速度，比我剛剛手上拿東西給佛陀的速度還要更快。」龍女轉身成佛，一切畜生道的眾生也能夠成佛。貴為智慧第一的舍利弗成佛速度還也比不上龍女。這多少說明《法華經》採取很寬容的心情來看待六道眾生。只要能夠體會真實法，一切眾生都能成佛。

在〈提婆達多品〉裡提婆達多犯有五逆重罪，結果都還能夠成佛，佛陀還是授記他將來成佛。〈提婆達多品〉的出現在歷史上是一個爭議性的議題，〈提婆達多品〉在鳩摩羅什的翻譯本中並沒有出現。一直到隋唐時期，〈提婆達多品〉才出現在《法華經》當中，從原來的二十七品變成為二十八品。在原初的《法華經》當中，究竟是鳩摩羅什刪除〈提婆達多品〉？抑或是本來就沒有〈提婆達多品〉？還是後人加上去的？這是一個歷史的懸案。不過值得注意的是，連提婆達多這樣忤逆佛陀、加害佛陀的罪人，最終也都能夠成佛。甚至提婆達多在過去修行的過程中，所扮演的就是一個來考驗、試煉一個修行者的角色。生生世世通過這樣的考驗者，讓修行者能夠更加精進、奮發圖強，更加堅定道心，及更具智慧。

佛道涅槃之眞實義

在《法華經》當中示現成佛之道一定要經過菩薩行，而佛道的真實意義是一不是二，不只是斷欲清淨，而是需要得大智慧，度一切眾生。所以《法華經》當中智慧第一的舍利弗終於體會到，成就阿耨多羅三藐三菩提才是究竟涅槃。法華大義的涅槃不是強調斷欲的清淨，而是入人群不為所染的清淨。不只煩惱的無知已斷，無煩惱的無知也要斷。亦即入人群清淨無染，得一切智，度化一切眾生。對於《法華經》所述的究竟涅槃，證嚴上人說：

「何謂究竟涅槃？知道人生苦是汙染心，即貪、瞋、癡。知道苦的源頭，能回歸本覺，回歸本覺即涅槃。知道汙染的源頭，必須入人群，在人群中體悟苦、集、滅、道之理。都是要在生活中體會、覺察。」

「涅槃即寂光土，即靜寂清澄。阿羅漢之涅槃未究竟，未應時、應機來人間。等覺菩薩，如文殊師利菩薩即是再來菩薩，來去自如。正圓覺，成佛之前身。何謂阿耨多羅三邈三菩提即無上正等知，正遍知？一切眾生平等，皆有佛性。前三，後三，無上正等正覺。未得，卻認為自己已得。眾生疼惜此身，此身非為最後。」

「涅槃，即清淨，靜寂清澄，守之不動，入人群中，度化眾生，不畏艱苦，沒有煩惱，即為涅槃。化煩惱為菩提，轉生死為涅槃。此為從法化生。欲證大乘涅槃，離生死苦，而得安穩樂處，不只自己，眾生也得安穩樂處，這是大乘涅槃之法。自度也度人，不自障礙，要向前精進。不要只是獨善其身，更應利益他人。」[35]

體會入人群利益眾生的真實道路，接下來的舍利弗無疑惑了，知道自己將證悟涅槃智慧，自我信心建立了，旁邊的弟子們聽聞，也隨著歡喜。這是舍利弗的隨喜功德。不只舍利弗，其他千二百心自在者，也能心無障礙、無癡闇、無迷網。舍利弗發願行菩薩道，最終也將修成正道。《法華經》第二品〈方便品〉中，佛陀正式授記舍利弗將來作佛。《法華經．方便品第二》云：

「舍利弗！汝於未來世，過無量無邊不可思議劫，供養若干千萬億佛，奉持正法，具足菩薩所行之道，當得作佛，號曰華光如來、應供、正遍知、明行足、善逝世間解、無上士、調御丈夫、天人師、佛、世尊。國名離垢，其土平正，清淨嚴飾，安隱豐樂，天人熾盛。琉璃為地，有八交道，黃金為繩以界其側。其傍各有七寶行樹，常有華菓。華光如來亦以三乘教化眾生。」[36]

舍利弗未來成佛號華光如來。其國土中人人都行十善，無有惡趣，所以國名離垢。天人界，無惡鬼，阿修羅等。舍利弗成佛之世，國土清淨，仍需宣講三乘法。所以佛陀告訴舍利弗，華光佛於彼國土仍宣講三乘法度眾生。

「舍利弗，彼佛出世，雖非惡世，以本願故，說三乘法。」[37]

諸佛道同　佛性無始無終

舍利弗已經於無量劫之前修行，修持菩薩行。但曾經遇到眾生的煩惱，而退轉。《愚賢經》所載：一修行者持菩薩行，於窮苦人，悉數布施，終無自己財產。世間大善人發菩薩心，而其菩薩心堅固否？一日一人哭啼至跟前，修行長者語苦惱者，他以發願修行，已無任何私心私財，有任何困難他都可以幫忙。苦者言母親生病，有眼疾，只有一偏方能治，需一眼球治病。長者聞之，立即摘取挖出眼球給這位苦者。但是這位苦者說，您太急了，我還沒告訴你是哪一隻眼睛，偏方的醫師說要左眼，你拿出的是右眼，長者又隨即挖出左眼。苦者拿到眼睛，卻說這眼球這麼臭，就丟到地上，還以腳踩踏。長者傷心，絕望，回到獨善其身，不行菩薩道。這就是舍利弗的過去一世，因此退轉小乘。

舍利佛今聞佛法又發願行菩薩道，歷經無量劫之未來，舍利佛將修成佛，於該清淨國土，宣說三乘，教化眾生。舍利弗出世為佛之國土清淨無染，非如我們居住的世間。娑婆世間塵染垢重，世間土地人心皆坎坷不平。華光佛之世界國土如天人之境，至善至美，無三惡道，是淨如琉璃之地。但是佛陀示舍利弗彼華光如來淨土亦需從力行菩薩道開始，修得心淨，心淨則報土淨，果澈是源於心淨。

「舍利弗！華光佛壽十二小劫，除為王子未作佛時。其國人民，壽八小劫。華光如來過十二小劫，授堅滿菩薩阿耨多羅三藐三菩提記。」[38]

「佛告諸比丘：是堅滿菩薩次當作佛，號曰華足安行、多陀阿伽度、阿羅訶、三藐三佛陀，其佛國土，亦復如是。」[39]

證嚴上人總結舍利弗從疑惑到開解一乘佛道，從開解佛道到授記為佛，為此經文說：

「在人群中不斷結好緣，終至成佛。成佛後仍宣說三乘法。佛佛道同，都是宣說此法。諸佛一大事因緣，華光如來壽中有堅滿菩薩繼續宣說真實法。無量劫的時間，無量數佛都是演說這個真實大法。供養百千萬億佛，奉持正法。對人人都結好緣，供養就是結好緣，即奉持正法。舍利佛於五濁惡世一樣要結無量數的善緣，奉持正法，然後才成就華光如來。」[40]

諸佛無始無終的來人間度化眾生。一佛續一佛，佛佛道同。都是在不斷地度化眾生的因緣中成就佛道。這是《法華經》的精神所在。

無師智　自然智

在《法華經》的精神當中，是以菩薩道作為它的核心思想，菩薩度化眾生，以眾生的根機不同做差別的教化。但是到了證嚴上人的《靜思法隨妙蓮華》，不只是要度化眾生，更是以眾生為師，眾生就是我們成佛最好的老師。就像蓮花不只出淤泥而不染，淤泥就是成就蓮花最好的養料。眾生千差萬別的習氣，就是菩薩成佛的養料。所以證嚴上人在他的《靜思法隨妙蓮華》當中，是更積極地以世間、以眾生、以煩惱為師。

過去《法華經》的思想著重度化眾生，亦即一個覺者、一個阿羅漢要行菩薩道，自我已經清淨了，再去度眾生。而證嚴上人的《靜思法髓妙蓮華》更靠近凡夫。一個凡夫能夠行菩薩道，以度眾生的歷程來擴大智慧，來長養慈悲，最後眾生成佛了，自己也成佛。這就是以眾生為師，以煩惱為成佛的養料，這擴大了《法華經》的精神，更積極地推動一切眾生都能成佛的核心思想。只不過《靜思法隨妙蓮華》更強調的並不是一個已覺悟、以修行清淨的人來度化一切眾生。而是作為一個凡夫，他能夠在生活中、在社會中、在俗世間成就自己的佛性。

因此證嚴上人更進一步地提出《法華經》的精神，「無師智」、「自然智」。眾生都是老師，無不是我的老師。自然智，本性就具備智慧，本自圓滿具足，何須外求？這一方面肯定眾生的煩惱對修行人的重要性，這是一個外向型的修行旨趣；但是一方面，他又強調內在的修行旨趣，亦即人人本性就具備佛性具足，何須外求？所以證嚴上人的《靜思法髓妙蓮華》內外通融，可由內而外延；也可由外而內化，這是一種圓融的法華智慧。

柔和堪忍菩薩安樂行

在《法華經》的〈安樂行品〉與〈常不輕菩薩品〉當中，提到常不輕菩薩以及安住菩薩，這兩者的意義是告訴我們行菩薩道必須安樂行，亦即要「心住忍辱地，柔和善順而不卒暴，心亦不驚，又復於法無所行，而觀諸法如實相，亦不行而不分別，是名菩薩摩訶薩行處。」這也是證嚴上人常常說的堪忍的世界，行菩薩道就需要堪忍，要柔和善順。慈濟人所穿著的八正道就是柔和忍辱衣。大慈悲心為室，諸法空為座。

《法華經》的「安樂行品」中，行菩薩道者必須要柔和忍辱，就像在《法華經》中所述，一世舍利弗為大修行人，因為在街頭上看到有人需要眼睛，因此即刻把眼睛給了人家，結果對方說你拿錯眼睛了，是右眼，不是左眼；然後舍利弗趕緊把右眼也挖出來給他。結果對方說這個眼睛怎麼這麼臭，還把眼睛摔在地上。從此舍利弗就退轉了，這就是不堪忍的結果。結果舍利弗又退回到小乘，不再入人群度眾生。因為眾生剛強，難調難伏，菩薩必須要堪忍，不只堪忍還要安樂行於菩薩道中。這就是證嚴上人所說的：「甘願做，歡喜受。」

在〈常不輕菩薩品〉當中，菩薩行者把每個眾生都當作是未來佛。曾經唐朝的信行和尚創立三階教，他要信徒逢人就拜，因為他們奉持《法華經》的常不輕菩薩精神，把眾生都當作未來佛。慈濟人付出無所求，付出還要說感恩；在幫助人之際，慈濟人向受助者鞠躬，這其實也是把眾生當作是未來佛，這是常不輕菩薩的精神。因為常不輕菩薩的精神，所以才是無師智，眾生都是老師，以眾生為師，這是常不輕菩薩的具體示現。再者，慈濟人在幫助他人當中，也引導受助者能夠走出自我的困頓，為社區，為其他受苦的人盡一分心力。慈濟人不只把眾生當作佛，而是引導眾生成佛，這是常不輕菩薩的精神在慈濟更具體、更有利的體現。

行菩薩道不只要柔和堪忍，不只要把眾生當佛，更是要當眾生的「不請之師」。慈濟人在全世界每逢災難就主動前往救助，證嚴上人常說：「不是他們要我們去的，是我們主動要去關懷他們。」因此我們要謙卑、柔和，要以「感恩、尊重、愛」來為眾生付出，做到人人都能夠接受我們。所以，「哪裡有災難，哪裡就有慈濟人。」

慈濟更著重「在地啟動」，在每一個有慈濟會所或是有慈濟志工的地方，只要一有災難，在地志工就先啟動濟助，這是《法華經》所講的菩薩從地湧出。慈濟慈善志業具體的實現《法華經》「菩薩從地湧出」的精神，這也是當代慈善「在地化」、「社區化」很重要的關鍵元素。社區裡很多菩薩，任何的災難，任何的不幸，任何的需求，菩薩就能夠及時地援助。所以證嚴上人常說：「腳走得到，手伸得到的地方，我們都要去幫助。」慈濟沒有動員，因為慈濟每一個人看到他人的不幸，都是主動，自動自發地前往援助，這就是當眾生的「不請之師」。

靜思法脈：思維靜慮　誠正信實

佛陀既授記舍利弗將來作佛，繼而用長者以三車教導身陷火宅的諸子。三界如火宅，眾生迷於五欲，離五欲如離火宅。佛陀以三車引眾生出離五欲火宅。大中小乘引領眾生出離欲念之苦。證嚴上人以靜思勤行道為慈濟宗門的法脈，就是要弟子內修誠正信實，面對一切眾生都能以誠以正，面對一切事信實無礙。其生命理想就是透過誠正信實的修持，思維靜慮即禪定之境界。於一切境、一切人、一切事都圓融無礙，經能慎思明辨，寂靜無染，動靜無礙。這要從去除五欲，去除煩惱著手。而去除煩惱則是「以誠待天下，以正為生命，以信行世間，以實待萬物。」如《法華經．譬喻品第三》云：

「若有眾生，從佛世尊聞法信受，勤修精進，求一切智、佛智、自然智、無師智，如來知見、力、無所畏，愍念、安樂無量眾生，利益天人，度脫一切，是名大乘，菩薩求此乘故，名為摩訶薩，如彼諸子為求牛車、出於火宅。」[41]

從佛聞法行菩薩，要勤修精進，求一切智，利益天人，脫度一切。為眾生脫度之故，脫離五欲火宅。

如證嚴上人詮釋此經言：

「菩薩行者，遠離五欲諸煩惱，思惟修靜慮法，勤精誠修習，求證佛乘，是為定慧解脫法。要遠離五欲去除煩惱，這是我們發心立願選擇大乘行，既然要行大乘行、菩薩道，我們一定要遠離五欲除煩惱。

煩惱都是從五欲開始，這五欲外面的境界，內心的動念，無不都是因為五欲，五欲會惹來很多煩惱、無明，用心戒除五欲才能夠遠離煩惱，所以我們要思惟修、靜慮法。

思惟修就是『禪』，靜慮法就是『定』，要很認真、很專心來修、來學習這個菩薩法，菩薩法除了去除五欲、遠離煩惱，同樣在修禪定。」[42]

禪定是在生活中去煩惱，專心一意地度化眾生，不起煩惱是真禪定。所以佛陀語舍利弗：

「思惟修，所對之境，思惟而研習之義，即一心考物為禪，或曰：靜慮，心體寂靜，能審慮之義，一境靜念為定。」[43]

證嚴上人說身口意都能適中，慎思維，能以身口意之誠與正度化眾生是真禪定。真正的禪定解脫，是與萬物和合的靜定之境。佛乘的戒定慧解脫法是與天地萬物合一的解脫法，證嚴上人說：

「有的人以為，要好好打坐才叫做禪，其實打雜、運水無不都是禪，生活中不離開禪的方法，平時我們要思維修，開口動念要好好思維，我們舉手動足、一切心口意業，日常生活中要好好思惟修行的方法，這叫做禪。

禪也叫做思惟修，定就是靜慮法。我們的心不能跟著外面的境界，心志要安定，靜寂清澄，志玄虛漠，這就是定，就是靜慮法。思惟修，我們要常常好好思惟，接觸一切境界，要好好思惟。還要靜慮，我們的心要很穩定，這禪定就是靜慮思惟修，就是『止觀』，我們平時的觀念，有時心靜下來，把所有的境界回歸一處，也叫做止觀，我們要學一個心，學佛一定要用心去探討，名詞不同，禪定或是止觀，無不都是要我們的心集一處，不要把心散亂。

我們必定要時時顧好我們的心境，這是佛陀用各種的方法，要讓我們修，應我們的根基接近修行，這就是止觀不二，我們的思惟會合起來，戒定慧不二的境界都叫禪定，禪定就是這麼簡單，思惟修與靜慮的境界叫做禪定。

求證佛乘是為定慧解脫法，既然要修佛，希望成佛，心接近佛的心，與宇宙天體會合而為一，這一分覺悟的境界就是定慧解脫的法，我們要時時用心在這分靜與定，要用心修習。」[44]

「靜思法脈勤行道，慈濟宗門人間路」，證嚴上人所創立的靜思法脈之終極理想就是要修行者不斷地在利益眾生中，去除自我的貪欲、執著，以利他行動去除自我，直到五欲煩惱盡除。並在眾生及一切境界中都能思維修得智慧，乃至與一切境界、一切眾生、一切萬有都圓融無礙，亦即證嚴上人指出的「我們心接近佛的心，佛心與宇宙天體會合而為一，這一分覺悟的境界就是佛乘的定慧解脫法」。

證嚴上人強調慈濟宗修菩薩道的行者一定要勤，要精進，要用誠懇的心，誠正信實。靜思法脈勤行道，內就要修，要修誠正信實，並要有弘誓願，這是靜思法脈內修的本分事，所以我們要勤、我們要精、我們要誠，這樣好好來修行。

「誠正信實是我們的本分事，我們才有辦法求證佛乘，這就是戒定慧解脫的方法。成佛不離開這些事情。第一要發大乘心，菩薩行就是大乘法，大乘法第一個條件就是要遠離五欲。我們要誠、正、信、實入人群中。我們的心如果還有欲，要幫助人，那就是有條件。我們必定要心無欲念，要很清淨，沒有名利等等的煩惱，這樣付出才能真的很輕安自在。

慈濟宗門，除了我們要在靜思法脈裡勤修，還要力行慈濟宗門，要行在人群中，這個精神理念要好好把握。」[45]

慈濟宗門就是對內修誠正信實，對外行慈悲喜捨。證嚴上人期許與教導慈濟人要「以佛心為己心，以師志為己志」。佛心師志即期望眾生都能得清淨解脫智慧。

佛陀希望人人都能去除煩惱，人人都有能力行菩薩道，這是佛陀的心，希望眾生都能脫三界。就是佛陀的平等大法，是悉與眾生與佛相同的禪定解脫。所以是經云：

「是諸眾生皆是我子，等與大乘，不令有人獨得滅度，皆以如來滅度而滅度之。」[46]

佛陀不分別一切眾生，悉令解脫。佛陀又說：

「是諸眾生脫三界者，悉與諸佛禪定、解脫等娛樂之具，皆是一相、一種，聖所稱歎，能生淨妙第一之樂。」[47]

證嚴上人詮釋一相、一種，淨妙之樂，是指諸眾生皆具備一相、一種真如。真如是必須在現實生活中內修外行才得此清淨圓融妙樂的功德。上人說：

「三界皆是一相，聖所稱歎，能生淨妙第一之樂。一相，二眾生之心體，皆具一實之真如。如來之教法，一實之理相，即等同真如，非有雜染。皆是一相一種，聖所稱歎，能生淨妙第一之樂，我們的心思能思惟修，靜慮，這種的禪定止觀，看這些東西，包括人事物，我們的心不要再雜亂，這叫一相一種，一相是眾生的身體，就是真如本性。我們人人本具的真如，就是一實。如來的教法示眾生一實之理相。佛陀教育我們回歸真如的本性，即等真如，非有雜染。」

「真如，就是一種圓融常樂，時時很圓融，我們的心常樂淨，這就是最清淨、最微妙的快樂，皆是一相功德。內修外行的功德就是眾德本，所有功德的根本，就是一種一相的功德，就能生無上法樂。這就是我們心要定，不管人家怎麼障礙我們，既然決定要救人就是救人，不管外面有什麼障礙，也是一相一種功德，是眾德根本，就是我們的禪定智慧。解脫才能得到常樂我淨的快樂，我們學佛必定要用很真誠來修習。」[48]

慈濟宗門：於眾生處安忍　度化有情成佛道

慈濟宗門強調依著法華大義力行精進菩薩道。行菩薩道必須依著法華經義，以一切智起萬行，才能度化無量眾生。靜思法脈以勤行體現真如圓融的佛道，這佛道從證嚴上人的體悟是與萬有和合為一。覺悟的心既與萬有合一，就能不捨眾生，度化一切有情。證嚴上人說：

「慈悲平等觀。隨眾生根基，雖說妙施權，終說一實法。佛陀應眾生之根基不同，以一切智起萬行。以六度萬行，度化不同根基的人。行萬行成就萬德。得即德。眾生得法，就是我們的德。我們也有充分的智慧才能度千差萬別之眾。所以修德能引眾生得正法。」

「佛陀的真實法讓眾生遮住外惡不侵入，外境煩惱不入心。於內能持善法才是修行。惡不入，內持善，也要行於眾生中，度化眾生。我們說法度眾生，法必須存於心，才能說法。」

「一法無礙，於教法無滯。二義無礙，義理無滯。三辭無礙，言辭通達。四樂說無礙。又云辯說無礙。這是轉法輪的四種智慧。我們自己行中、心中有法、有一真實法，才能教法無滯礙。我們說法必須明白透徹，必須宣說能讓眾生於此時此刻做得到的法，這是義理無滯。說法所述之人事物要很準確，用字遣詞很洽當，表達順暢，言詞通達。我們知道的法，知道的事，也要樂於宣說，這是樂說無礙。有這四種智慧就能說法無礙。這是一乘法，是佛陀對眾生用心宣說之真實法。」[49]

佛陀既平等的教化眾生，眾佛子就必須把握人人心中都具備的覺悟種子，精進不懈。種子如果無水的滋潤，就會乾枯，所以佛子必須深入經藏，體會佛法，種子才能不乾涸。

慈濟宗門強調人人自動的發心力願，勤習道佛。當眾生的不請之師。慈濟宗門以自主的發願為本，以愛為導，以戒為師。證嚴上人講述佛陀入滅的那一刻，闡述慈濟的修行理念：

「佛陀行將入滅，阿難在外痛哭。有比丘就告訴阿難，怎麼在這時候哭泣？應該把握最後因緣，請問佛陀——佛滅度後以何為師？佛滅度後不肖弟子怎麼處理？於是阿難就請問佛陀，佛滅度後以何為師？佛陀回答：『以戒為師。』那不肖的弟子如何處理？佛陀說：『默擯。』我常說以戒制度，以愛管理。出家守戒，在家守規，以愛管理，才是佛弟子。惡因、惡緣引誘就跟隨之，則永遠無法修行。佛視眾生為稚子，無差別的教化，令其開悟，體解正道。」「佛陀所體解之法，包含宇宙之一切，弟子要勤學習。不肖弟子，默擯。來世佛陀乘願再來，還要再教化他。連提婆達多，不斷迫害僧團，佛陀仍於《法華經》中授記提婆達多未來成佛。因為提婆達多的迫害，增加佛陀的意志與智慧，因為提婆達多的迫害，增加佛陀的毅力，度化更多的眾生。」[50]

對一切眾生都慈悲等觀，不憎、不怨、不悔、不棄，生生世世都要救度成就一切有情。連提婆達多，佛陀都諭示將來作佛，可見佛陀的慈悲是將萬有視為一己，一己即為萬有。如證嚴上人對於經文的詮釋云：

「諭以平等心，教眾生無差別。又於諸法平等，修行之心。具出世無漏種子，同聞佛法，平等為佛子。」[51]

眾生無量法無量。佛陀教法具無量數，皆可教化眾生出離色界、欲界，成就大乘菩薩法。所以證嚴上人期許弟子要趕快接受，不要遲疑，不要以煩惱障礙自己的修行。

證嚴上人強調，菩薩入人群中最重要的就是必須以「忍」。芸芸眾生煩惱垢重，常常以怨報恩，如果不能忍，就無法入人群度眾生。證嚴上人說：

「眾生本來就是有如此的無明煩惱。而菩薩都知道，所以不會因此影響他的道心，所以堪得承受如此糟蹋與考驗。如佛陀告訴諸子，佛子原該得大車，不必執著於小乘之緣覺、聲聞。所以諸子要能棄小向大，行菩薩道。『若迴小向大之大聖眾，亦得稱為菩薩。』所以我們不要怕被眾生煩惱所困，要堅定地走入人群，度化眾生。」[52]

學佛修行中最難修煉的就是忍辱。六度萬行：布施、持戒、忍辱、精進、禪定、解脫。忍辱是重要關鍵，不是修行好，就不會有人我是非的障礙，大聖如佛陀都曾有九難。但是忍辱並不是一直壓抑著內心的各種情緒，而是連侮辱我們的人，我們都要愛他、都要度他，這是精進。只有當我們與一切人都建立愛的關係，都建立清淨的關係才是禪定，這是邁向終究解脫之道。

《法華經》與慈濟宗的實踐

在《法華經》當中有〈多寶塔品〉，諸佛都在多寶塔當中，隨著眾生需要一一浮現。這就像上人稱呼每一位慈濟志工為菩薩，他們不是泥菩薩，端坐在神壇上，而是活生生的，有雙手、雙腳、雙眼能夠聞聲救苦，以具體的行動去救助眾生。

「哪裡有災難，哪裡就有慈濟人」，這就是《法華經》當中所說的觀世音菩薩，能夠眼觀一切眾生之苦，能夠及時救援。觀世音千手千眼，五百位慈濟志工就具有千手千眼，能夠聞聲救苦，這是《法華經》所講的多寶佛的概念。慈濟人在救助眾生的那一刻，以無私的心，付出的智慧，當下就是佛心、菩薩心，當下達到清淨智慧之境。

雖然絕大多數的志工那時刻體現的清淨智慧不是永續的，不是恆常的，凡夫總是反反覆覆，難免在其他時候、其他場域，再度出現凡夫心。但是無可諱言，在那個付出的當下，那個無私的心，那一分付出的智慧就是佛心、佛境的展現就是多寶佛出現的法華場景。

再者，《法華經》所強調的「菩薩從地湧出」，世界上諸多大型災難，都有慈濟菩薩馳援。一九九九年九二一大地震發生，三十秒鐘之內，第一個慈濟人現身災難現場開始協助救援。任何大災難，都是以在地志工主動地啟動救援，無須先報告總會，或接受任何人的命令才行動。只要鄰近有災難發生，慈濟志工主動積極地展開在當地的援助工作，這就是「菩薩從地湧出」。換言之，慈濟的實踐體現法華所描述的菩薩場景；或者是《法華經》所描述的菩薩場景，一一地在慈濟的慈善等四大志業中不斷地被體現。

所以證嚴上人強調法華精神，就是要讓一切眾生都能夠去度化他人，也讓被幫助的人，最終能夠成為幫助他人的人。一切眾生皆可成為菩薩，這也是《法華經》所強調的，悉令一切眾生都歸向佛乘。

《靜思法隨妙蓮華》與慈濟宗

《靜思法隨妙蓮華》是深具慈濟實踐特色的《法華經》入世濟民之道。證嚴上人開講《法華經》十多年，他不是逐字、逐字解釋《法華經》的經文，也未必是比較古德所言而提出自己的看法。證嚴上人更多地是從慈濟的實踐面，對應《法華經》中的義理，找到能夠相應的佛陀思想。因此《靜思法髓妙蓮華》

成為慈濟宗詮釋《法華經》、實踐《法華經》的一項精神與思想指引。

任何一個宗教都必須回應時代的需要，他才能夠延續下去。佛教經歷二千六百多年，原始佛陀教導的精神在不同的時間、不同的時代，都有相應之理及引導世人的創造性智慧。因此古德以及當代之聖德們之詮釋《法華經》，就成為佛教適應當代、引領當代重要的精神及思想力量。

證嚴上人以《靜思法髓妙蓮華》作為《法華經》詮釋的依止，其目的就是希望佛法能夠運用在當代生活當中，讓人人能夠親自力行菩薩道，這才是真正建立佛陀宣講之法華菩薩道。

註釋

1 靜思法藏編輯團隊，〈編輯緒言〉，《靜思法髓妙蓮華・日誌版・序品》，臺北：靜思人文志業股份有限公司，2022年，頁7。

2 證嚴上人晨語開示，2012年07月31日。

3 證嚴上人晨語開示，2012年07月31日

4 證嚴上人晨語開示，2010年03月27日。

5 證嚴上人晨語開示，2012年04月22日。

6 證嚴上人晨語開示，2012年07月31日。

7 證嚴上人晨語開示，2011年11月06日。

8 證嚴上人晨語開示，2015年05月04日。

9 證嚴上人晨語開示，2012年05月14日。

10 證嚴上人晨語開示，2012年05月14日。

11 證嚴上人晨語開示，2015年03月07日。

12 證嚴上人晨語開示，2012年03月28日。

13 證嚴上人晨語開示，2012年05月26日。

14 《無量義經》，〈十功德品〉：「猶如船師身嬰重病，四體不御，安止此岸，有好堅牢[25]船舟，常辦諸度彼者之具，給與而去；是持經者，亦復如是。」（CBETA 2023.Q4, T09, no. 276, p. 387c16-19）

15 《維摩詰所說經》卷2〈文殊師利問疾品〉：「文殊師利言：『居士！此室何以空無侍者？』維摩詰言：『諸佛國土亦復皆空。』又問：『以何為空？』答曰：『以空空。』又問：『空何用空？』答曰：『以無分別空故空。』」（CBETA 2023.Q4, T14, no. 475, p. 544b28-c2）

16 《妙法蓮華經》卷2〈譬喻品〉（CBETA 2023.Q4, T09, no. 262, p. 11b1-3）。

17 《妙法蓮華經》卷1〈方便品〉（CBETA 2023.Q4, T09, no. 262, p. 7b16-22）。

18 《妙法蓮華經》卷1〈方便品〉（CBETA 2023.Q4, T09, no. 262, p. 7b22-29）。

19《妙法蓮華經》卷1〈方便品〉（CBETA 2023.Q4, T09, no. 262, p. 7b29-c9）。
20 證嚴上人晨語開示，2013年6月28日。
21《妙法蓮華經》卷2〈譬喻品〉（CBETA 2023.Q4, T09, no. 262, p. 10c4-10）。
22 證嚴上人晨語開示，2013年6月28日。
23《妙法蓮華經》卷2〈譬喻品〉（CBETA 2023.Q4, T09, no. 262, p. 11a1-3）。
24 證嚴上人晨語開示，2013年6月28日。
25《妙法蓮華經》卷2〈譬喻品〉（CBETA 2023.Q4, T09, no. 262, p. 10c10-13）。
26《妙法蓮華經》卷2〈譬喻品〉（CBETA 2023.Q4, T09, no. 262, p. 11b5-7）。
27 證嚴上人晨語開示，2013年6月28日。
28《妙法蓮華經》卷2〈譬喻品〉（CBETA 2023.Q4, T09, no. 262, p. 12b2-5）。
29 證嚴上人晨語開示，2012年5月9日。
30 證嚴上人晨語開示，2012年5月9日。
31 證嚴上人晨語開示，2012年3月9日。
32 證嚴上人晨語開示，2012年8月20日。
33 證嚴上人晨語開示，2012年3月12日。
34 證嚴上人晨語開示，2012年3月12日。
35 證嚴上人晨語開示，2013年6月28日。
36《妙法蓮華經》卷2〈譬喻品〉（CBETA 2023.Q4, T09, no. 262, p. 11b16-24）。
37《妙法蓮華經》卷2〈譬喻品〉（CBETA 2023.Q4, T09, no. 262, p. 11b24-25）。
38《妙法蓮華經》卷2〈譬喻品〉（CBETA 2023.Q4, T09, no. 262, p. 11c4-7）。
39《妙法蓮華經》卷2〈譬喻品〉（CBETA 2023.Q4, T09, no. 262, p. 11c8-10）。
40 證嚴上人晨語開示，2013年3月13日。
41《妙法蓮華經》卷2〈譬喻品〉（CBETA 2023.Q4, T09, no. 262, p. 13b24-29）。
42 證嚴上人靜思晨語開示，2014年2月20日。
43〈禪定解脫之樂——法華經·譬喻品第三〉，《靜思妙蓮華》第610集，大愛電視，2020年12月24日。

44 證嚴上人晨語開示 2014 年 2 月 20 日。
45 證嚴上人靜思晨語開示，2014 年 2 月 20 日。
46《妙法蓮華經》卷 2〈譬喻品〉（CBETA 2023.Q4, T09, no. 262, p. 13c6-8）。
47《妙法蓮華經》卷 2〈譬喻品〉（CBETA 2023.Q4, T09, no. 262, p. 13c8-10）。
48 證嚴上人靜思晨語開示，2014 年 2 月 20 日。
49〈一乘實法樂說無礙——法華經．譬喻品第三〉，《靜思妙蓮華》第 567 集，大愛電視，2015 年 5 月 18 日。
50〈一乘實法樂說無礙——法華經．譬喻品第三〉，《靜思妙蓮華》第 567 集，大愛電視，2015 年 5 月 18 日。
51〈平等視子授大乘法——法華經．譬喻品第三〉，《靜思妙蓮華》第 575 集，大愛電視，2015 年 5 月 28 日。
52〈平等視子授大乘法——法華經．譬喻品第三〉，《靜思妙蓮華》第 575 集，大愛電視，2015 年 5 月 28 日。

第八章——菩薩道先他人後自己

菩薩願心先他後己

在慈濟功德會成立之初，在一九七〇年代，臺灣花蓮是一個相對落後貧窮的地區。有一位慈濟的照顧戶名叫蘇忝成，他的身體有慢性疾病，不管是腸胃或是心臟都有些問題。他與兒子住在一起，兒子是眼盲，而他自己也有多種慢性病。證嚴上人親自去探望他，蘇忝成住在臺東一間茅草搭的矮房子裡面。上人給他救濟的物資，也帶他去義診。這過程當中，蘇忝成告訴證嚴上人：「我的心臟不好，聽說有一種藥叫做救心，如果有救心就好了。」

這句話證嚴上人記在心裡，當時的上人心臟也不好，經常有心臟衰竭的現象。有一天，一位臺北的信徒給他帶了救心的藥，這個救心的藥在當時的臺灣是非常著名、緊急治療心臟病發作之用。上人拿到救心這個藥，立刻打電話給臺東慈濟志工王添丁校長，跟他說：「我會託火車的列車長，把一瓶救心的藥送到臺東火車站，你記得在幾點幾分的列車到達之時，到臺東火車站向列車長拿這個救心的藥。你拿到救心的藥以後，立刻拿去給蘇忝成。」王校長在事後回憶說，他對這件事非常地感動。上人自己也需要救心這個藥，但是一拿到救心這個藥，立刻想到蘇忝成也需要，而要他拿去給蘇忝成，王校長說：「天底下有這種聖人嗎？」這是證嚴上人所體現的「菩薩先救他人，再救自己」，這也是他在《地藏經》講述中所說的一句關鍵的菩薩道理念：「菩薩先救他人，後救自己。」[1]

菩薩利他之願行

一九九九年，臺灣九二一大地震發生之際，慈濟志工自己在災區的房子也倒塌了。但是慈濟志工從瓦礫中逃出後，卻直接投入賑災，幫助鄰人，幫助災民，給予物資與心靈關懷。證嚴上人在《法華經》的講述中，提到這一段故事：

「那一天，我們在精舍，哇！也覺得地震很劇烈，稍晚一點，那邊的電話打過來。『有怎樣嗎？』『有啊！』一項一項災情一直報回來。『去看了嗎？』『有，已經開始啟動了，大家在準備早點了，有人已經在現場膚慰。』『慈濟人平安嗎？』『有的房子也是一樣，也是倒了。』『人呢？』『人平安。』就開始說，雖然是房子倒了，出來之後，房子已經傾斜了，門無法進去，要怎麼辦呢？第一個想到的，『我要趕快和慈濟人會合，我要趕快找藍天白雲。』很快想到，門已經不能進去了，他就撥啊撥，撥出了一個縫，擠進去，將他的『藍天白雲』拿出來，這套衣服穿上去，開始不顧自己的房子，趕緊就投入在人群中，與其他人做救濟的工作。

事後我聽到大家在描述，某某師姊，某某師兄，他們的房子等等，但是這麼多天都沒有回去看。我就問：『你都沒有回去整理嗎？』『現在要怎麼整理呢？自己兩隻手，一家子才幾個人，扶不起來了，不如趕緊去做現在救濟的事情。』

像這樣，聽到、看到，人間菩薩也有受到災難的，受到災難時，自己還是『菩薩勇者』，毅力，放下自己，他就投入人群去了。愈是看到比他更嚴重的，人有損失的，有的一家子好幾個受傷，他就會覺得：我還很好，反正每天救災，不必擔心要煮三餐，我們要煮給人家吃，要去膚慰人，每天都是這麼忙。該吃飯時，大家來吃，吃得飽飽的，有體力就再去做事。」[2]

本文所闡述的「菩薩先救他人，再救自己」，所詮釋的不只是菩薩利他助人的悲願，更是菩薩成佛的究竟之道。印順導師曾說：「自未得度先度人，是菩薩發心。」[3]「菩薩由此初發心。」菩薩是通過幫助他人當中逐漸地圓滿自身的智慧，阿羅漢、辟支佛、緣覺，修習小乘，斷了欲望的煩惱，但還是有智慧不足的煩惱。涅槃是清淨及智慧兼具，佛陀涅槃了，佛陀在傳法四十九年當中，就是用清淨智慧的涅槃境界，在教化無數的弟子及眾生。阿羅漢邁向成佛之道，就是要經過菩薩道。菩薩道就是要能夠入人群，度化一切眾生，在度一切眾生當中，養成一切的智慧及慈悲，而終究成佛。

淤泥為蓮花養料

菩薩在人群的煩惱中，不被煩惱所困惑，反而讓煩惱轉成菩提，就像蓮花出淤泥而不染；不只不染，淤泥還是成就蓮花的養料。所以煩惱就是菩提，眾生界就是菩薩界，煩惱地就是成佛地。

因此，菩薩在人群中經歷各種煩惱，經歷各種挑戰，經歷各種困難，能毫不畏懼地繼續實現度化眾生的悲願。這是菩薩的智慧以及菩薩的願力，也是菩薩修行的旨趣。

在《無量義經・十功德品》中把這個道理說得非常通透：「船夫身有病，船身堅固能度人。」

「善男子！第三，是經不可思議功德力者，若有眾生得聞是經，若一轉、若一偈、乃至一句，通達百千萬億義已，雖有煩惱，如無煩惱，出生入死，無怖畏想，於諸眾生，生憐愍心，於一切法，得勇健想。如壯力士能擔、能持諸有重者；是持經人，亦復如是，能荷無上菩提重寶，擔負眾生出生死道，未能自度，已能度彼。猶如船師身嬰重病，四體不御，安止此岸，有好堅牢船舟，常辦諸度彼者之具，給與而去；是持經者，亦復如是，雖嬰五道諸有之身，百八重病常恆相纏，安止無明老死此岸，而有堅牢此大乘經無量義，辦能度眾生。能如說行者，得度生死。善男子！是名是經第三功德不思議力。」[4]

一切的修行者還沒有到達圓滿的佛的境界，就像是身有病的船夫，仍然承載著舟帆要度乘客到達覺悟的彼岸。以證嚴上人的話說：「當乘客上岸了，船夫也上了岸。」當眾生度盡覺悟了，我們自身也就覺悟了。我們修行者還沒有修習到清淨智慧的圓滿境地，但是依靠著佛法，如船身一樣，我們就能夠度化一切眾生，一切眾生到達佛境，我們自己也到達佛的境界，這也是「菩薩先他後己」的哲學。菩薩未能自度，已能度他，菩薩由此初發心。菩薩度眾生，常在生死當中。在娑婆世界當中，不斷地來來回回度盡一切眾生。知道眾生圓滿了，我們自己也到達清淨圓滿的境地。

慈悲利他先成佛

釋迦牟尼佛在過去生中修行菩薩道，與彌勒佛在底砂佛座下修行，釋迦牟尼佛稱為「能寂」，而彌勒佛為「慈氏」。底砂佛在思維這兩位弟子授記誰將來先成佛之際，他感受到彌勒佛智慧已經具足，而釋迦牟尼佛能夠利益他人，以利他為先，自己為後。如《阿毘達磨大毘婆沙論》言：「慈氏菩薩多自饒益少饒益他，釋迦菩薩多饒益他少自饒益。」[5]因此底砂佛授記釋迦牟尼佛先成佛，讓他能夠超越九劫，比彌勒佛更早成佛。其原因就是釋迦牟尼佛能夠饒益他人為先，而把自己放在後面。以他為先，自己為後，才是修行菩薩道的關鍵，也是能疾速成佛的關鍵。《阿毘達磨大毘婆沙論》卷一七七描述這段歷程：

「唯除釋迦菩薩。以釋迦菩薩極精進故超九大劫。但經九十一劫修習圓滿。便得無上正等菩提。其事云何。

如契經說，過去有佛號曰底砂，或曰補砂。彼佛有二菩薩弟子勤修梵行，一名釋迦牟尼，二名梅怛儷藥。爾時彼佛觀二弟子誰先根熟，即如實知慈氏先熟，能寂後熟。復觀二士所化有情誰根先熟，又如實知釋迦所化應先根熟。知已即念，我今云何令彼機感相會遇耶，然令一人速熟則易，非令多人。

作是念已，便告釋迦，吾欲遊山汝可隨去，爾時彼佛取尼師檀，隨路先往既至山上，入吠琉璃龕敷尼師檀，結跏趺坐入火界定，經七晝夜受妙喜樂，威光熾然。釋迦須臾亦往山上處處尋佛，如犢求母，展轉遇至彼龕室前，欻然見佛威儀端肅光明照曜，專誠懇發喜歎不堪，於行無間忘下一足，瞻仰尊顏目不暫捨，經七晝夜，以一伽他讚彼佛曰：

天地此界多聞室　逝宮天處十方無
丈夫牛王大沙門　尋地山林遍無等

如是讚已便超九劫。於慈氏前得無上覺。」[6]

為什麼砂底佛選擇先他人後自己的釋迦牟尼佛能寂要先於慈氏彌勒佛早九劫覺悟呢？因為以佛法言之，一切因緣相生相依，萬物都是互相依存，沒有一物能夠單獨存在，所以世界就是一個整體，他、我其實沒有分別，利益他人就是利益自己。因此，純然以自我為核心的修行方法，並不完全契合佛法的第一義──「因緣生法」。砂底佛看中能寂的釋迦牟尼佛，因為他都是以慈悲他人為先，把自己放在後面。這完全契合佛法的第一義──「因緣生法」，以他為自，先他人後自己的修行旨趣。

為民忘軀的國王

證嚴上人講述《法華經》，提到《愚賢經》的一段佛陀過去生中的菩薩事蹟。那一世佛陀是一位愛民的國王，他為了要讓人民都能得大法，向四方求法，一位婆羅門要他在身上釘上一千支釘子，人民就能得法。證嚴上人描述說：

「過去在無量劫前，有一位國王名毘楞竭梨，在領導大眾，人民很順服。國王一直有一個期待，到底要怎麼樣讓大家在這一生中，從病與老死之中，能夠很安然自在。

有一天，他就向他的大臣說：『我想要求法，誰能給我一個人生、老、病、死，能夠安然自在的法，讓我有這樣的法普及我的子民，我願意付出一切。』寫了一個告示，這樣口口相傳，就這樣，就來了一位修道人。

這位修道人他就說：『我要修行，我能夠了解到生死去來的法，你知道我付出多少的辛苦嗎？而你現在這麼容易，我就把話說給你聽，你就能夠了解，若這樣，太容易了。』國王就說：『不然要怎麼樣你才能夠很了解我非常虔誠要付出的心呢？』這位修道者就說：『你若這樣，我只一個要求，看是不是你做得到嗎？那就是你的身上，若能釘一千支的鐵釘，若這樣，我就說給你聽。』

國王就這樣想：『身上釘一千支的鐵釘，這樣這個命就沒了。不過，犧牲了一條命，能夠聽到那個生死自在，我的人民都能夠接受到，這樣我也願意。』所以他就說：『既然是這樣，那你就要先說給我聽，趁著我還留著一口氣在時，我能夠聽到法。』

這位修道人他就說：『人生本是無常，法本來就是不生不滅。』聽到這裡，他就說：『我若再說完，國王可能您就不願意身上要釘鐵釘，這一半的偈，之後的法再說。』

國王覺得人生無常，這個法無生滅，到底要如何才能夠無生滅呢？為了要再了解後面這段，所以他說：『好，我現在就趕緊釘，七天，在七天之內，將一千支的鐵釘全都釘完，你一定要將這個法說出來。』

七天的時間，釘了一千支的鐵釘，子民大家都很不捨：『國王，為什麼要這樣做呢？我們大家只要有國王在，我們就幸福了。但是國王為什麼要這樣做？』國王就這樣說：『我要的，是大家永恆的平安，要大家身心自在，知道生死來去，不驚惶。我現在願意為法，將這個身體釘上釘子，我的心絕對不後悔，不煩惱。』這樣，每天在釘，每天就是起了歡喜心。

一直到第七天時，釋提桓因，天神都感動了，就趕緊來了，問：『國王你何苦呢？你這樣難道都不後悔嗎？』國王說：『我絕對不後悔，不只是不後悔，我還是很歡喜。』天神又再問：『要如何能證明你是很歡喜？』這是第七天了，就說：『我若是用我最虔誠的心，表達出我的歡喜，那就是過了這七天，我能夠安然自在。』這樣說完之後，這身體忽然間，那些釘子就這樣整個散落下來，身上沒有一個痕跡。子民看到了，天神釋提桓因感動，那位修道師，修道人在哪裡呢？逃之夭夭去了，不知哪裡去了？

佛陀就說：『那位國王也就是我過去生中，修行其中的一段，只是為了一項，要啟發眾生的慈悲，悲智雙運。』所以說起來，學佛是不是要用很專的心？哪怕是很苦，千釘釘在身上，他還是抱著那分，痛，但是很快讓它過去；痛，他用輕安自在的心，這就是求法的過程。」[7]

菩薩所願，就是願眾生得離苦，不為自己求安樂。如《靜思語》所陳：「不求身體健康，只求精神敏睿；不求事事如意，只求毅力勇氣；不求減輕責任，只求力量增加。」[8] 菩薩為度眾生，盡形壽，獻生命。以他為自，甚至先他後己，這是菩薩成就佛道的必然之路。

第一戶大愛屋

觀諸證嚴上人在慈濟功德會成立初期，一九七〇年代他與五位弟子還暫住在普明寺旁的小木屋裡，但是慈濟已經幫一位老者李阿抛建水泥房大愛屋。一九六七年證嚴上人拜訪這位慈濟照顧戶李阿抛，當年已經八十一歲，雙眼失明，伶仃孤苦，住在花蓮縣吉安鄉南華村的一間小茅屋，沒水、沒電，靠政府每月一百元的救濟金過活，境遇很可憐。證嚴上人在志工早會曾回憶當時探望李阿抛的情景：

「案主的名字是李阿抛，我們獲報去訪視的時候，一直找老人家的住處，終於看見溪床上有一間破爛的茅屋。我們在茅屋外面問：『有人在嗎？』就聽到蒼老的聲音在回應；推開竹編的門，看到矮小的房屋裡，沒有電燈，昏昏暗暗地，茅草所圍的牆壁也破了，從破洞透入微弱的光線。老人家駝背，彎著腰，視力不佳，在房裡摸索。房子裡面空蕩蕩地，只有一個破爛的小床，是用磚塊墊高，上面鋪著破爛的板模板而已。再看他在哪裡煮飯？就是在茅草牆下，用幾塊斷掉的磚頭合起來做灶，撿拾溪邊的草柴生火，就這麼煮食，也沒有什麼東西可吃，看著實在是很不捨。而且茅屋就在溪床上，萬一下大雨該怎麼辦？爐灶就在茅草牆邊，萬一起火怎麼辦？水火無情。所以看了很擔心，馬上設法在附近找可以讓他居住的地方。」[9]

初次探視，了解李阿抛生活狀況後，決定將其列入慈濟功德會長期濟助對象，並尋找可讓李阿抛安住的地方。

一九六七年十月二十七日，慈濟功德會濟助李阿抛每月現金二百元，並為其建造一棟空心磚的房子供其居住，於十一月一日由證嚴上人主持動土典禮。興建的房屋以空心磚牆、搭蓋鐵皮而成，占地約五坪，建地為張榮華先生所捐贈，地點近南華火車站、花東公路旁，地址為花蓮縣吉安鄉南華村五十二號。建屋工程於同年十二月十五日完工，李阿抛入厝安居。

與此同時，證嚴上人與五位弟子還住在借來的木板釘的小木屋，這是菩薩先他人後自己的另一個體現。慈濟目前在全球已經興建了二萬多戶大愛屋，很多捐助慈濟興建大愛屋的善心人士，可能自己還在租屋，但是捐助慈濟，為各地災民興建大愛屋，包括臺灣的莫拉克風災、印尼海嘯、薩爾瓦多、菲律賓、印度以及莫三比克等，超過十五個國家地區。

利他不害己

證嚴上人建構的菩薩道就是先他人後自己。論者會說，這種菩薩的利他，是否是害己？先他後己並不等於利他害己。實則證嚴上人強調利他不必為己，但利他也不害己。

慈濟在成立骨髓幹細胞中心之際，證嚴上人走訪臺灣各骨髓移植的專家醫師，進行深入了解與討論。他歸結出：「我絕對不會為了救一個病人，而去傷害一個健康的人。」所以慈濟骨髓幹細胞中心成立至今已經挽救了超過六千人，慈濟骨髓分布在全世界三十多個國家，都是秉持這個理念。捐髓者無所求地付出骨髓去搶救白血病的病患，但是「捐髓救人，無損己身」，利他不必害己，這是一個例證。

慈濟在全球進行救災、賑災之際，志工安全一直是最重要的考量。慈濟到各地去進行賑災，依著因緣的理念，哪裡有災難，只要慈濟人能夠到達的地方，慈濟志工都即刻前往馳援、賑濟。慈濟的原則是「直接、重點、尊重」以及「安全」。直接發放是慈濟一向堅守的原則，以感恩心發放也是慈濟的內在核心理念。同時志工的安全至關重要，一個志工在賑災過程中，如果受傷或死亡，對於慈濟慈善會帶來沉重的打擊及壓力。一位志工受傷或死亡，會讓更多的人擔心參與慈善工作的安全性，他們的父母、家人也可能會不同意自己的孩子或父母投入這樣的慈善賑災的工作。所以，確保慈濟志工的安全性，是慈濟在賑災過程中很重要的一項原則。

保護好自己，才能夠救他人。「菩薩先救他人，再救自己」，其實是要先讓自己能夠在安全的情況下，才能去救他人。一九九八年，慈濟志工前往阿富汗賑災，當時慈濟與美國騎士橋合作，空運藥品與物資進入阿富汗的戰區。當時慈濟美國總會執行長黃思賢居士，與美國騎士橋愛德華爵士等一行七人，搭上一部非常老舊的運輸機。上飛機以後才看到飛機上千瘡百孔，被子彈打過的痕跡比比皆是。他們飛越交戰區，聽到有砲聲，他們心中想，萬一飛機被打下來了，我們要怎麼辦？因為飛機上七位志工，加上兩位駕駛員，總共機上有九位人員，但只有四個降落傘，如果飛機被擊中，這四個降落傘給誰用？他們討論結果是，如果飛機被擊中，他們七人都不要用降落傘，而是把物資丟下去，讓阿富汗民眾有藥品及物資使用。

在間歇的砲聲中，他們最終安全地飛越戰區，也順利地發放物資完畢。回到臺灣以後，他們向證嚴上人講述這段故事，以及他們當時決定如果飛機被擊中，他們希望四個降落傘是運送物資降落，而不是他們九個人。證嚴上人很嚴正地匡正他們的看法：「人安全是最重要的，不可以因為救人，而輕易犧牲自己的生命，人活下來才能夠繼續去幫助人。」所以利他不必害己，這是慈濟菩薩道的實踐之另一個例證。

從利他到自利的完成

我們在菩薩道所說的，都是從自利到利他；但是另一個觀點看，菩薩道是通過利他完成自利的修行。正因為菩薩度化眾生，學習一切的智慧，才能夠得到清淨智慧具足的法身。我們當然理解自利，在佛法當中講的就是阿羅漢修持自我斷欲清淨的修行成果，所以自利之後，還要利他。換言之，第一個自利講的是自我斷欲清淨，然後再去行菩薩道利他，而終究成就佛道。但從另一個角度來說，真正的自利是完整佛性的圓滿，亦即清淨智慧具足。所以如果以成佛的自利，一定是要具備十足的智慧，能夠度眾生無礙；眾生無量，故菩薩說法無量，度化無量，所以方便無量。菩薩正是通過度化一切眾生得一切智慧，養一切慈悲，是通過利他，而達到自利的圓滿成就。

如太虛大師所言，菩薩以他為自，他人自度，已是我自度。菩薩無我，以他為我：

「所以世間的人，雖都有仁愛心，但總有自他見，所謂『親親而仁民，仁民而愛物』，總以自己為最親厚，然後漸漸才推到疏薄的。假若菩薩有了這種見，就不能於一切時、一切處平等普利一切眾生，只願度親而厚的，至於疏而薄的就不管他，也懶得去度他了。

真正發大心的菩薩卻不是這樣，他是完全沒有自己的，以廣大心所緣的一切眾生為自己，所以說菩薩無自，以他為自。因為以他為自，所以除有情外就更沒有能度的菩薩，菩薩也就是所度的一切有情。所以菩薩度一切有情，就是一切有情自度，一切有情自度，也就是菩薩自度。要這樣，才能說到平等普度，令一切有情同到無餘依妙涅槃，這就是菩薩應作的。」[10]

心心念念為眾生，如證嚴上人所言，菩薩無念，「念念為眾生，是為無念」。菩薩以眾生之念為念，以眾生之苦為苦，而且平等慈悲惠施一切眾生。

平等施，所以自他不二，甚至以他為自。菩薩修行從利他到自利的完成，是一個漫長的修行歷程。在《大寶積經》當中佛陀告訴大迦葉尊者，菩薩道修習利他的各種歷程與必要條件：

「復次迦葉！菩薩有四法能過魔事。何謂為四？常不捨離菩提之心，於諸眾生心無恚礙；覺諸知見；心不輕賤一切眾生。迦葉！是為菩薩四法能過魔事。」[11]

菩提心，就是菩薩下化眾生之心；菩提心，不只是知道四聖諦，了悟苦集滅道證空，而是能夠度化一切眾生離苦得樂。佛陀在此告訴大迦葉尊者，菩薩要不離開菩提智慧之心，要平等地對待一切眾生，對於一切眾生的煩惱都不會有所掛礙，因為智慧充足之故；也不要輕賤一切眾生，要慈悲等觀一切眾生，這四項修行是菩薩的大考驗，所以稱為魔事。「平等智慧」是菩薩利他的前提。

「復次迦葉！菩薩有四法攝諸善根。何謂為四？在空閑處離諂曲心，諸眾生中行四攝法而不求報，為求法故不惜身命，修諸善根心無厭足。迦葉！是為菩薩四法攝諸善根。」[12]

接著佛陀又告訴大迦葉尊者，菩薩在靜默之處，不要諂媚之心，亦即當安住於靜默之中，不要有攀緣的心態。再者，為眾生行四攝法，就是「利行、同事、愛語、布施」。這四種德性給予眾生，但不求回報，這也是證嚴上人所強調的「付出無所求」，是慈濟的核心價值。然後，菩薩為了求法，身是其次的，為法忘身，而且要精進在各種善行當中，不要有自滿之處，所以修諸善根，心無厭足。

「復次迦葉！菩薩有四無量福德莊嚴。何謂為四？以清淨心而行法施，於破戒人生大悲心，於諸眾生中稱揚讚歎菩提之心，於諸下劣修習忍辱。迦葉！是為菩薩有四無量福德莊嚴。」[13]

佛陀繼續勉勵大迦葉尊者菩薩有四大福德莊嚴必須要成就。一是要用清淨的心來施行法的布施。自我的心靈必須要清淨無私，才能夠真正以法攝受眾生，引導眾生。自我修得莊嚴清淨身，但是對於破戒的人卻能夠心生慈悲，亦即包容罪惡之人，轉化惡行的人。而對於那些能夠行菩薩道的應給予稱許，給予勉勵。對於那些卑劣慢的人，我們也要學習忍辱，是為菩薩以「大慈悲為室，柔和忍辱衣」，這是菩薩四種無量的佛的莊嚴的境界。

亦即「法施、慈心、稱讚、忍辱」這四種德性，能夠成就菩薩的莊嚴福德。

菩薩先他後己，通過利他，完成自利的前提還是平等觀。菩薩視自己與他人等同，視一切眾生也都等同，所以用平等的慈悲心度化一切眾生，無差別地啟發一切眾生的慈悲心與智慧心。慈濟宗門在全世界推動慈善志業，參與的志工包括佛教徒、基督徒、伊斯蘭教徒、天主教徒、猶太教徒，以及無神論者，都可以成為慈濟志工，這是慈濟宗門平等施的一種具體表現，畢竟佛法是屬於一切眾生的。佛教作為一宗教，或有一定的範疇，但是佛法卻是無邊際的，即便非佛教徒，也能夠同受佛法的法義，這是慈濟宗很重要的信念。啟發一切眾生，去愛一切眾生，這是真正的平等施，也是菩薩以他為自的一種深心，一種願行。

菩薩修習十九德

《大寶積經》中佛陀告訴迦葉尊者，無分別心，不求回報，以他為自，利他為上的菩薩精神：

「迦葉！譬如一切大地，眾生所用，無分別心，不求其報。菩薩亦爾，從初發心，至坐道場，一切眾生皆蒙利益，心無分別，不求其報。」[14]

佛陀以十九種方便譬喻，來說明菩薩饒益眾生的功德。本文在描述佛陀菩薩之十九個方便譬喻，同時歸納慈濟宗的菩薩道理想，如實地實踐著十九項菩薩之德。

一、地喻：菩薩像大地，孕育一切眾生，大地之母讓萬物繁華生長，這就是地德。

慈濟的緬甸志工，在接受慈濟稻種的幫助之後，他們播種，他們收成，他們布施，他們感恩地德。

如證嚴上人所述：

「我們看到了一位農民烏丁屯，這是其中的一個。他接到了慈濟的種子，他都一直一直很感恩，他認為這是愛的種子，所以他在播種、插秧，他都是每一個動作，要插下去就感恩、感恩、感恩。愛的種子給了他們的生機，在播種的時候，就是這樣一直用感恩心。每天要出門之前，他要先頂禮，頂禮，這個愛的種子來源是從臺灣的愛的理念，引導著有人去幫助他。

所以他每一次要出門，就是要先頂禮。到了田裡，他都會先站著，跟大地，跟稻子，他都會跟它們先說說話，談心靈話，就是先感恩，大地之恩，有這樣豐沛的水，有這麼肥沃的地。收成的時候到了，別的人都是蟲害，要不然就是枯死。他的稻田，穗穗都是飽滿，結果他豐收了。

他說：『愛，就要大家互相分享。』更令我感動的，他是很窮，可是他下定了決心，要和大家分享，所以他的鍋子裡，有一餐米可煮，他就會先在這頓米，鍋子裡抓一把先放在旁邊，他自己寫的名詞叫做『米撲滿』。

別人有錢放在撲滿裡，他沒有錢，他可以一家人這一餐少吃一口，每一個人少吃一口，還是肚子會飽，又是可以幫助別人。所以這種『米撲滿』在緬甸，已經現在很盛行。所以，沒有錢的人捐米也很好，讓那些比他更窮的人有得吃。這都是已經在緬甸二年多來，我們已經帶起了窮人也可以做救人的工作。這都是很溫馨的故事在緬甸。

慈濟志工的菩薩道，將地之恩德，在廣泛地布施給更多的人，這是菩薩如大地的實踐。」[15]

二、水喻：水，能夠隨方就圓，無處不在。哪裡有需要，水就往哪裡流。不管是井水、河水、湖泊、海水。水性是一，所以人人平等，人人都能有菩薩行，都能夠去幫助人。菩薩心如清淨的水，潤漬眾生。水能化成雲翳，降下甘霖，讓萬物生長，讓繁花豔麗，這是水之德。

慈濟體現菩薩如水一般的平等施，不只是布施人人，而是讓人人都能布施。證嚴上人描述說：

「就像《無量義經》說，水，江、河、泉、井，各有名稱，這是河水、這是井水、這是江水等等名稱，水在那裡，所以很多它的名稱，但是水，『水性是一』。在多明尼加有一位慈濟人，那時候在為莫三比克救災募款。一位婦女看到要救濟莫三比克，她手中二個銅板正要投進去。有人就說：『這個人那麼窮，自己都需要人救濟了，你們還向她募款？』

我們那一位慈濟人，她就說：『世間沒有貧到無法幫助人的人。』

這是菩薩道，如水一般的平等施，讓一切人成就菩薩如水一般的施予之德。」[16]

三、火喻：菩薩也是火，或如燈明，照亮眾生的幽暗。火是熱，能夠給予眾生在飢寒之中得到溫暖。火也是菩薩的意涵，火性無我，寄諸諸緣，哪裡有因緣，火就在哪裡。火是沒有自己的，沒有自性的，但是因緣會，火性就顯現，如同菩薩一樣，聞聲救苦。沒有自我，以眾生為我，這是火之德。

證嚴上人的慈善實踐期望慈濟人都能及時救助需要幫助的人，如寒天起一堆火，如飢渴之人飲一杯水。如火在諸緣中顯現，苦難因緣所在，即菩薩之所在。證嚴上人說：

「慈濟在幾十年來，開啟了如何『教富』去『濟貧』，所以給了社會更多的資訊，讓人人更能理解天下人的疾苦，讓人人能有點滴集中起來這一分力量去幫助。佛教裡不都是『千手千眼觀世音』嗎？因為，都是一個道理，一個人要去拯救眾生，沒有力量，需要更多人伸出了你的手。所以，一位觀世音菩薩要有千手、要有千眼，千手千眼同時伸出來。

在每一個地方、每一個角落有苦難人，寒冷的地方，生一堆火，那在受寒凍的人的身上，把他披上了一件衣服，能這樣的，人手更多，眼界更廣、更闊，苦難人要得救的機會就多了。所以觀世音菩薩大慈大悲，就把他形容為『千手千眼』。很明確的道理，你有大慈悲心，一個人做不了天下事，必定要去招呼很多的人來共同，一念心，同時伸出我們的手，這才能有力量。」[17]

四、風喻：菩薩如風。風是媒介，能夠傳遞花粉，孕育繁花，造福森林。風是清涼，能夠在夏日中讓人炙熱的心獲致清淨，得到解意。風無處不在，風就是空氣，是生命的根本，風靜止的時候是生命賴以生存的空氣。風也由壓力所構成，推動洋流，給予世界帶來溫暖，讓所有的生物，因為洋流的移動，而不斷地滋生，不斷地綿延，這是風之德。

證嚴上人以四無量心慈、悲、喜、捨建構慈濟的四大志業，慈悲喜捨在證嚴上人眼中就是菩薩如和風，為眾生清涼地，證嚴上人說：

「『誠正信實為大地，慈悲喜捨為和風』，期待你們也誠正信實、慈悲喜捨，大地和風，我們是離不開。所以我們要步步精進，如大地堅固，如和風的溫暖。」[18]

五、月喻：菩薩如清涼月，在夜空中，照徹世間的幽冥。月，讓思鄉的人，望著明月，思著故鄉。月，高掛空中，讓每個心中有憂愁的人，都因著月光而撥開煩惱，心開意解。月，是一個最清淨的夥伴，能夠陪伴著尋思的人，給予生命更深刻的靈光；菩薩是眾生的大善知識，如月一般，在無盡的夜裡，伴隨無數的眾生通透生命的秘藏。月，倒映水中，千江有水千江月，象徵著菩薩，無處不在。哪裡有眾生心，哪裡就是菩薩行。月，有陰晴圓缺，如菩薩有各種不同的智慧，示現給眾生光明的內涵，這是月之德。

慈濟體現這項菩薩道是希望志工能在付出中，對境不生煩惱心。如月一樣，渡船開過去，會激起波紋，好像河中的月扭曲了，實則月明如昔。菩薩心也是如此，度眾生，心不為所惱。證嚴上人言：

「看看水，靜靜地，水能照人的影。水靜靜的時候，千江有水千江月，水靜靜地，山河大地一切景象都會現入水中來。但是靜靜的水經不起一粒沙石，小小的沙石，你若將它丟下去，水就會晃動，那個境界就跟著它動，若再動大力一點，整個境界都是破滅模糊掉了。這就如我們的心，我們的心要好好地能保持安靜，我們的心常常安在佛法中，心要有定力，這樣自然在靜中湛寂，輕安法喜。

我們若能進入這樣的境界，是令人多麼歡喜啊！日常生活中，外面的環境不會來打擾我們的心，外面是外面的環境，我了解了，一切幻化、一切真空，計較什麼，人與人之間只不過是一念而已，心念與我們不同，所以他所說的話與我們相反調，這樣我們的心是不是要靜下來，好好來思考他說的對，或者是我想的對呢？我做的事沒有偏差，我們就要自己相信我，相信自己無私。去除過去累積的煩惱，改變他的心態，現在做慈濟，利益人群，每天都是輕安法喜。」[19]

六、日喻：日之德，照耀寰宇，是一切生命的源頭。日光，讓一切的宇宙生命都得以滋長。日，平等地照耀世間的每一處、每一物、每一粒沙、每一眾生。日之德，讓萬物萬民，讓一切生命得以運行。日之德，如造物主一般，是生命的創生，是生命的根源。菩薩之德要如日一般，造福一切萬物，惠澤一切有情、無情，這是日之德。

慈濟的慈善志業已經遍及全世界一百三十六個國家地區。每一個災難之處，不管是地、水、火、風各種大型天災，天蓋之下，地載之上，所有的大型災難慈濟人都親手布施。過去半世紀，慈濟在全球幫助過受到天然災害的國家地區超過五百個專案，這種菩薩道的力行，正是朝著「日之德」在實踐著。

七、師王喻：菩薩如獅子吼，亦即他的說法能夠警醒一切迷茫的眾生。師是大無畏，所行之處，百獸都順服，如同菩薩無畏施，無懼眾生的剛強，能夠以慈悲智慧調伏一切眾生的無明，這是師之德。證嚴上人的確期勉、刺激他的弟子能夠無畏施，要像獅子一樣地勇猛精進，不畏艱難。證嚴上人說：

「要做一個丈夫、君子的人，必定要具足這三種的精神：要像駱駝的精神，任勞任怨；要像獅子勇猛的精神；要像童子不記恨的心。若這樣，我們就有辦法可以來精進，也有辦法可以通達佛的境界，就是『阿耨多羅三藐三菩提』的境界。」[20]

八、象王喻：象王，能夠承載眾生，任勞任怨，無所求，無所懼，無所選擇。只要眾生所需，象王都提供承載，就說明菩薩承載眾生，如象王一般，任勞、任怨，無所懼、無所擇，以眾生之所需為念，這是象之德。

「那一種象也很有智慧，雖然牠被灌醉了，但是讓這樣很莊嚴的氣氛，也可以調伏牠狂亂的心態，所以象群也有象王，那種的象王，牠就是能調伏象群，這就是象的典範。象也要有象的典範，所以在這樣象的典範帶動之下，牠們的生態也有倫理，大象帶著小象，象也有象的家庭，互相地傳，這種的傳承教育非常地重要。

但是人總是為了利益，他們的私利、利益，所以就會很執著地認為人就是萬物之靈，他可以調伏一切萬物。其實天地之大，應該就是要萬物共存，要有萬物共生存，彼此感恩，互相尊重，真正的我們要疼惜萬物。」[21]

九、蓮華喻：菩薩如蓮花，蓮花出淤泥而不染，不只不染，還以淤泥為養料，成就蓮花的清淨與芬芳。菩薩以煩惱為智慧，入煩惱地才是成佛地；以眾生的煩惱，為滋養菩薩智慧的養料。度一切眾生，得一切智慧；入一切煩惱，成就一切菩提。所以，菩薩如蓮花一般，以眾生的煩惱剛強，成就菩薩的成佛之道，也成就眾生的成佛之道，這是蓮花之德。

證嚴上人詮釋蓮花的意涵，就是將蓮花的清淨芬芳歸因於有淤泥為養料。眾生的煩惱就是成就菩薩成佛最好的資糧，這也是慈濟力行菩薩道的關鍵思想。不離開汙濁的世間，煩惱即菩提，用出世的心，做入世的事，來成就自我的慧命，這也是佛法在人間重要的思想根基。

十、樹根喻：樹根是樹木茁壯的基礎。根越深，樹木就越茁壯。菩薩，以法為師，越能夠以深心度眾生，就能夠廣被福德於眾生。根，所生之樹木，有樹幹，有樹枝，有樹葉。菩薩化作各種身形來滋養眾生，大樹底下有各種的生命在活動，在繁衍。樹根，根根相連，菩提林立，成一大片的茂盛森林，這象徵著菩薩廣度眾生，接引無數的菩薩，讓菩提成林；不只自己行菩薩道，讓一切眾生都行菩薩道，直到菩提林立，根根相連，同根所生，同一法源。

證嚴上人期勉慈濟宗就是「立體琉璃同心圓、菩提林立同根生、隊組合心耕福田、慧根深植菩薩道」。整個慈濟的志工、成員，從證嚴上人的期盼，就像是林立的菩提樹一般，統一根源就是靜思法髓，就是佛法源流。菩薩如樹根一般，如此地根根相連，世世代代，不斷地綿延，直到眾生度盡，方證菩提，這是樹根之德。

十一、流水喻：流水所到之處，就是文明所在之處，就是幸福和豐饒所在之處。流水行經森林，行經沙漠，行經村落，行經城廓；它無分別地流淌在大地上，給與萬民萬物、生命無盡的資糧。河流最終回歸大海，如同菩薩經歷度化一切眾生的功德，之後，回歸佛性的大海，這是菩薩之德，這是流水之德。

證嚴上人常言，法，譬如水，滌心垢。一滴水能夠不乾涸，是因為它能夠融入閃亮的大海。換句話說，水就像法，一樣能夠洗滌我們的內心。這個法，如一滴水，在江河、在井中、在湖泊、在大海，但水性不變，法是永遠不變的。一個人如果內心有汙濁，最好的方法就是融入法海之中。從另一層次言之，是融入善的團體當中。這是證嚴上人創立慈濟宗，希望透過善法的平臺，淨化每一個人的心，以水譬喻菩薩道，實踐菩薩道。

十二、山王喻：山，仰之彌堅，望之彌高。菩薩之德，如山之德一樣，樹立一個人格的崇高典範。山，運載無數的生命於其間；山，承載雨水於其中，然後賜予河流，賜予萬物生生不息的生命。山，有土，土蘊含水，水能生木。山中有風，山風能引出火，火燃盡，又回歸大地。山承載著地、水、火、風的一切元素，一如菩薩化作各種世間的力量，在孕育眾生之後，樹立人格的典範，這是山之德。

證嚴上人常常引述孔子的話說：「人能弘道，非道弘人。」他認為一切的制度固然重要，但是人格的典範才是傳法的關鍵。一日，在聖嚴法師圓寂之際，證嚴上人告訴吾人，如果外界問，慈濟如何傳承？「你要跟他們說，慈濟人，人人都要傳承。」換言之，從證嚴上人的角度言之，人格典範才是佛法持續傳遞的關鍵。而慈濟人行菩薩道，人人都要成為菩薩的典範。

十三、國王喻：菩薩如轉輪聖王，能夠統理萬民，給予萬民幸福。因此，菩薩必須要具備智慧，各種文治武功都必須具足。具足一切智慧，亦即總一切法，才能夠行一切善，所以菩薩如國王，這是聖王之德。證嚴上人認為：

> 「在人間有地位、有名，法有正，行能夠引導，這樣的人他堪稱為諸法之王。人生苦難事偏多，但是只要有心，什麼樣的人都能夠對人間有幫助；對人間有幫助的人，這也是法之王。」22

證嚴上人對王者之見解，是在人間有極大成就，又能夠以身作則，幫助他人，引導人人走入正法，是王者之德。

十四、陰雲喻：菩薩如陰雲，亦即雲已經籠罩在大地，甘霖尚未降下。菩薩在普施眾生之前，必須要累積足夠的資糧，如陰雲匯聚足夠的雨水及能量，才能夠天降甘霖。菩薩在施行惠資之前，要具備好一切的資糧，這是陰雲之德。

就像慈濟功德會在賑災之際，必須要籌集各項的物資，整合各項的人力，不管從遠方、從在地的資源，都不需要匯整以後才能夠進行。

十五、輪王喻：菩薩就是轉輪聖王。轉輪聖王天下太平，轉輪聖王具備一切世間的才藝、武功；轉輪聖王壽命極長，老百姓富足安康。所以，菩薩出現的國度都是淨土，菩薩轉化汙穢的人間，成為轉輪聖王的淨土，這是轉輪聖王之德。

證嚴上人描述轉輪聖王之意認為，轉輪聖王都是長期積累善行所獲致的成果。在《法華經》的開示中，上人曾言：「有極大的福才有辦法成為轉輪聖王。經典中所解釋的轉輪聖王，那就是福報很大；福報來自於積善，累劫累生造福人群，修習大善行，長久的時間累積來。」[23]所以，國王來比喻菩薩道，不只是文治武功才藝具備，最重要的是要行善，以無量善行善才能獲致聖王之德。

十六、摩尼珠喻：摩尼珠能生出一切的珍寶。如同菩薩示現的地方就創造無數的資源，無數的珍寶，給需要的眾生，所以菩薩隨緣所化，無處不是資源，無處不是珍寶，無處不施法惠予眾生。而最重要的是清淨心的修持，以清淨心布施，如摩尼珠，自身無瑕，能創造無數寶物，

證嚴上人以佛心就如摩尼珠，純淨無染，度化眾生。眾生學佛，要如佛一般地清淨無瑕，布施眾生。證嚴上人說：

「凡夫汙染心，佛是清淨透徹如琉璃像摩尼珠，汙染是染不到佛大覺徹悟的心。凡夫煩惱無明多，所以要體悟真理、了解佛意實在是離很遠，但是我們要有心，有心就沒有困難，可見這念心是這麼重要。所以，我們心心念念要入道，向著這條正確道路向前精、實不退，這念心凝精會神，念念契佛心懷。」[24]

十七、同等園喻：菩薩所在之處，能夠創造大家歡喜地付出，和諧地生活在一起，一起為人間付出。一切眾生同等地在園林生活、憩息，這是菩薩所創造的人間淨土的理想。讓一切眾生都能夠公平地、幸福地生活在優美、富庶、靜謐的林園之中，這是同等園之德。

慈濟實現這項菩薩道，是在全世界慈濟所興建的大愛村，其理想就是建構一個平等的、富庶的，讓一切人都能夠安居樂業的園林之地。大愛村民不只是過去接受慈濟的幫助，大愛村民也發揮愛心去幫助

周圍的居民，以及需要幫助的人。做慈善、做環保，就是慈濟所實踐的同等園之德。

十八、咒藥喻：菩薩曉了咒術、藥術。咒術，並不是咒語，而是心法；藥術是治病的能力。菩薩能夠曉了一切醫療之法，防止人們避免他人的毒害，不管是身體的病，或心的毒，菩薩都能夠一一開解。藥與咒，能夠給予眾生健康之道。

慈濟的醫療志業，各種的生病心病，透過大醫王的慈悲，以病為師，視病如親，能夠予以一一對治。醫者大醫王，分別病相，曉了藥性，苦既拔已，復為說法，令諸眾生，受於快樂，這是咒藥之德。

十九、糞穢喻：菩薩不輕視一切生命的存在。其實如糞穢之處，一樣有清淨的菩提。汙穢就是養料，是成就一切眾生的清淨智慧，所以不入煩惱地難以成佛。菩薩在這穢之處，轉汙穢為清淨。

慈濟實現這項菩薩道，以印尼二〇〇二年整治長達十公里的垃圾河——紅溪河為例。在慈濟志工企業家、靜思精舍的師父，以及印尼政府派出的軍隊共同協力下，數月中，把長達十公里的垃圾河清乾淨，然後將上千個居民重新安住。一年後建構一千六百戶的大愛屋，給這數千名居民有一個亮麗的處所，這是轉汙穢為淨土的菩薩道體現。

以他為自　菩薩十地

菩薩十地是大乘佛教修行之依止，菩薩道之旨趣在入人群度眾生成就佛道。菩薩必須經歷十項境界，才能次第了悟自心。菩薩十地，如《大方廣佛華嚴經》卷三十二所述：

「菩薩初地，住此解脫得平等身。何以故？通達法性，離諸邪曲，見法平等故。

菩薩二地，住此解脫得清淨身。何以故？離犯戒垢，於一切戒性常清淨故。

菩薩三地，住此解脫得無盡身。何以故？離欲瞋恚慳嫉惡法，住諸勝定故。
菩薩四地，住此解脫得修集身。何以故？常勤修集一切諸佛菩提分法故。
菩薩五地，住此解脫得法性身。何以故？觀察覺悟一切諦理，證法體性故。
菩薩六地，住此解脫得無尋伺身。何以故？觀緣起理，難解難知，非尋伺境界故。
菩薩七地，住此解脫得不思議身。何以故？集諸佛法，方便善巧，智行滿足故。
菩薩八地，住此解脫得寂靜身。何以故？一切煩惱不復現行，離諸世間戲論等事故。
菩薩九地，住此解脫得虛空身。何以故？身相無邊，遍滿一切故。
菩薩十地，住此解脫得妙智身。何以故？一切種智微妙境界，普集圓滿故。」[25]

第一地「歡喜地」

菩薩時的第一地就是「歡喜地」，菩薩為眾生付出得歡喜。如《大方廣佛華嚴經》卷二十三所述：「念能為利益眾生故，生歡喜心；念一切佛、一切菩薩所入智慧方便門故，生歡喜心。」[26]亦如《佛說十地經》卷一所言：

「唯諸佛子！若有有情，善積善根，善集資糧，善修諸行，善事諸佛，善聚白法，善友所攝，善淨意樂，隨順廣大增上意樂；具妙勝解悲愍現前，為求佛智，為欲證悟十力之力，為獲如來大無所畏，為得平等佛不共法，為欲救拔一切世間，為淨大悲愍，為悟十方無所餘智……發如是心。
菩薩發心大悲為先導，慧智增上方便善巧之所攝受，意樂及與增上意樂常所輔持，佛力無量以堅持力及以智力，善擇決定無礙智現前，隨順無師自然妙智，能受一切佛法慧智，教授誨示，極於法界盡虛空性，窮未來際。」[27]

以佛教慈濟宗門為例，慈濟志工是在真誠的付出當中，得到歡喜心。有歡喜心才能夠長久地持續推動慈善愛心的工作，歡喜心是非常重要的前提。為眾生付出所依靠的還是佛的智慧，所以依於佛法的布施包括「財布施、無畏施、法布施」。以眾生為師，所以「隨順無師自然妙智，能受一切佛法慧智」，教誨眾生，盡虛空，窮未來，不曾停歇。

第二地「離欲地」

菩薩第二地「離欲地」。付出必須以清淨心，就是證嚴上人所強調的「無所求的付出」，離欲是持續歡喜布施的關鍵。付出當中，心有所求，或者在付出當中心生出煩惱，很容易這個付出的心就停滯。所以「歡喜地」的下一個階段就是修行「離欲地」。如《佛說十地經》卷二云：

「金剛藏菩薩告眾菩薩言：唯諸佛子！若是菩薩善瑩初地欲求第二菩薩智地，當起十種心之意樂。何等為十？所謂：正直意樂，柔軟意樂，堪能意樂，調伏意樂，寂滅意樂，賢善意樂，不雜意樂，無顧戀意樂，勝妙意樂，廣大意樂。起此十種心意樂已，即得安住菩薩第二離垢地中。我當令彼住於清淨身、語、意業正命法中。是諸有情隨貪、瞋、癡因緣而轉，常以種種煩惱火焰之所燒爇，不復訪求出要方便；我當令彼除滅一切煩惱熾火，住無災患清涼涅槃。」[28]

這裡經上所說的，就是必須要保持自我的清淨心，調伏自己的身口意，也調伏眾生的心、口、意。

這如慈濟宗門所做的，慈濟志工無私的付出，同時也引導受助者最終也能夠無私地去奉獻，幫助更需要幫助的人。這是離自我心垢，也引導他人離心垢。《十地經論》卷四云：

「菩薩如是已證正位，依出世間道、因清淨戒，說第二菩薩離垢地。此清淨戒有二種淨：一、發起淨；二、自體淨。發起淨者，說十種直心。

經曰：爾時金剛藏菩薩摩訶薩言：諸佛子！若菩薩已具足初地，欲得第二地者，當生十種直心。何等為十？一、直心；二、柔軟心；三、調柔心；四、善心；五、寂滅心；六、真心；七、不雜心；八、不悕望心；九、勝心；十、大心。菩薩生是十心，得入第二菩薩離垢地。

自體淨者，有三種戒：一、離戒淨；二、攝善法戒淨；三、利益眾生戒淨。離戒淨者，謂十善業道，從離殺生乃至正見，亦名受戒淨。攝善法戒淨者，於離戒淨為上，從菩薩作是思惟：眾生墮諸惡道，皆由十不善業道集因緣，乃至是故我應等行十善業道，一切種清淨故。利益眾生戒淨者，於攝善法戒為上，從菩薩復作是念：我遠離十不善業道，樂行法行乃至生尊心等。」[29]

所以菩薩在為他人奉獻之際，必須修持自我的清淨心。守持五戒，行十善法，遠離十不善法。證嚴上人推動慈濟十戒，就是要慈濟志工在付出之際，能夠守好自我的心念，以清淨心，以縮小自我，才能不斷地為人群付出。能夠做到清淨的付出，就能夠內外無瑕，心中充滿著光明，進入菩薩的第三地「發光地」。

第三地「發光地」

菩薩第三地「發光地」，是指心中不再有無明的幽暗，心不再有煩惱，而是充滿光明的力量，照亮自心，也照亮他人，成為他人生命中的一盞明燈，能夠「苦既拔已，復為說法，令諸眾生，受於快樂」。就像燈塔引導海上航行的船隻一般，這是發光地，也如陽光照耀世間，無處不在，山川、塵芥，無不照拂。如《佛說十地經》卷三所述：

「唯諸佛子！譬如真金，善巧金師自手鍊治，離諸垢已稱量不減；菩薩住此發光地中亦復如是，無量百劫乃至無量百千俱胝那庚多劫，由不積集邪貪除斷，由不積集邪恚除斷，由不積集邪癡除斷，所有善根轉更明淨。又此菩薩轉更安忍，柔和意樂而得清淨。又悅美意樂，不瞋意樂，不動意樂，不濁意樂，無高下意樂，不希有情意下意樂，不望酬報意樂，無諂誑意樂，不稠林意樂，皆轉清淨。而此菩薩四攝事中利行偏多，十到彼岸中忍到彼岸而得增上，餘到彼岸隨力隨分非不修行。」[30]

菩薩像黃金一樣純淨，也像善巧的金師，能夠去蕪存菁，譬如真金，遠離諸塵垢；所以能夠斷除邪貪、邪恚、邪癡，轉善根為明亮，柔和得清淨。

雖然如此。在付出眾生之際，仍是會碰到許多的困難與艱困的挑戰。菩薩行善助人仍然充滿考驗。舍利弗在一生當中，曾經也是「以他為自」的大菩薩，樂於助人，一日在街上，遇到一位居士祈求眼睛。舍立弗立刻把眼睛摘下來，給這位居士，但這位居士不只不感恩，反而聞一聞說，這個眼睛好臭，丟在地上，還用腳去踩踏。從此舍利弗就退轉了，認為助人是如此的不堪，因此他的修行就落入小乘。《大智度論》如此記載：

「舍利弗於六十劫中行菩薩道，欲渡布施河。時有乞人來乞其眼，舍利弗言：『眼無所任，何以索之？若須我身及財物者，當以相與！』答言：『不須汝身及以財物，唯欲得眼。若汝實行檀者，以眼見與！』爾時，舍利弗出一眼與之。乞者得眼，於舍利弗前嗅之嫌臭，唾而棄地，又以腳蹋。舍利弗思惟言：『如此弊人等，難可度也！眼實無用而強索之，既得而棄，又以腳蹋，何弊之甚！如此人輩，不可度也。不如自調，早脫生死。』思惟是已，於菩薩道退，迴向小乘，是名不到彼岸。若能直進不退，成辦佛道，名到彼岸。」[31]

所以菩薩必須要能忍辱精進，這就是焰慧地的境界。

第四地「焰慧地」

菩薩地四地「焰慧地」，菩薩就需要能夠承受世間的各種苦難。如《佛說十地經》卷四：

「唯諸佛子！若是菩薩，第三地明善清淨已，欲入菩薩第四智地，當以十種法明而入。何等為十？所謂：以有情界思察明入，以諸世界思察明入，以真法界思察明入，以虛空界思察明入，以識界思察明入，以欲界思察明入，以色界思察明入，以無色界思察明入，以妙意樂勝解界思察明入，以廣大意樂勝解界思察明入，菩薩以此十法明入昇第四地。」[32]

「焰慧地」是菩薩的智慧如火焰般能夠照明世間的一切是非善惡，洞灼一切的無明妄想。用種種的觀察智，對一切有情，一切世間，一切法界，一切欲界、色界、無色界，菩薩都能以如火照明的智慧一一開解。

「復次，諸佛子！菩薩住此焰慧地時，隨於內身住循身觀，熾然精進正知具念除世貪憂；隨於外身住循身觀，熾然精進正知具念除世貪憂；隨內外身住循身觀，熾然精進正知具念除世貪憂；於內受、於外受、於內外受亦復如是；於內心、於外心、於內外心亦復如是；隨於內法住循法觀，熾然精進正知具念除世貪憂；隨於外法住循法觀，熾然精進正知具念除世貪憂；隨內外法住循法觀，熾然精進正知具念除世貪憂。」

「復次，菩薩於諸未生惡不善法，為不生故，生欲策勵發起精勤策心持心；於諸已生惡不善法，為永斷故，生欲策勵發起精勤策心持心；於未生善法為令生故，生欲策勵發起精勤策心持心；於已生善法為令安住不忘，增廣倍修滿故，生欲策勵發起精勤策心持心。」[33]

這經中所述的是，菩薩必須兼具一切內外的知見，而且精進炙燃，不斷地克服各種內外的難關。菩薩修行具備一切的善法，必須要精進善法，如火鍊金，要不斷地淬鍊，要不斷面對挑戰，如金之於火，火的考驗，才能鍛鍊純金。菩薩助人，本身也經歷各種挑戰，包括受助者可能不領情，甚至許多旁邊的力量處處刁難，菩薩心不能退轉，持續為眾生付出。不少慈濟志工在做慈善付出之際，也是碰到許多的困難，經歷許多人我的考驗；包括不同的政策，不同的主事者，不同的環境的多種困難。這個時候如果不能夠忍辱精進，勇往直前，修行的心，慈悲心很容易就退轉了。

所以證嚴上人提出菩薩的「十在心路」：「在苦難中長養慈悲、在變數中考驗智慧、在艱難中激發韌力、在繁瑣中學習耐性、在複雜中欣賞優點、在理想中追求進步、在人我中相互感恩、在社會中祥和無爭、在大地中長期養息、在天下中消弭災難、在苦難中長養慈悲。」

通過世間各種考驗，難行能行，難忍能忍，把一切世間的考驗都當作菩薩增長智慧與慈悲力的增上緣。煩惱地，才是成佛地。這就進入「難勝地」。

第五地「難勝地」

菩薩第五地「難勝地」，菩薩濟助一切世間，以平等智、平等慈，要到最艱苦的地方度化最難調伏的眾生。如《佛說十地經》卷五所述：

「唯諸佛子！若是菩薩，第四地道善圓滿已，欲入菩薩第五地中，當以十種平等清淨心意樂入。何等為十？所謂過去佛法平等清淨意樂，未來佛法平等清淨意樂，現在佛法平等清淨意樂，戒平等清淨意樂，定平等清淨意樂，除見疑惑平等清淨意樂，道非道智平等清淨意樂，斷智平等清淨意樂，一切菩提分法後後觀察平等清淨意樂，成熟一切有情平等清淨意樂，菩薩以是十種平等清淨意樂入第五地。」

《佛說十地經》卷四：

「我今為彼，如是無量眾苦所逼，孤獨、無救、無依、無宅、無洲、無道、盲無目者、無明卵轂厚膜纏裹昏闇所覆諸有情故，獨一無侶修集無量福智資糧，以是資糧令彼一切有情當證究竟清淨，乃至獲得如來十力無礙佛智。

菩薩如是以善觀察智所引慧、所修善根，皆為救護一切有情，為欲饒益一切有情，為欲安樂一切有情，為欲哀愍一切有情，為令有情無諸災患，為欲解脫一切有情；……名為方便善巧者，隨世間而轉故；名為無厭足者，善集福德資糧故。」[34]

菩薩度眾生，是依止平等的智慧。平等的智慧，就是清淨的智慧。平等對待一切眾生，度化一切眾生，難度的更要度。證嚴上人經常述及佛陀的弟子富樓那多羅尼子，發願到邊地去傳法。當佛陀問富樓那多羅尼子，你傳法的地方，人民非常的凶暴，萬一他們打你怎麼辦？富樓那回答說：「我會感恩他們，謝謝他們沒有殺我。」「那麼，萬一他們殺你怎麼辦？」佛陀再問。富樓那回答說：「那我也要感謝他們，他們沒有把我殺死。」佛陀再問：「萬一他們把你殺死怎麼辦？」富樓那還是說：「我甘願為眾生，即使受死，也要持續傳法。」這就是菩薩的精神，要在最艱難的地方去度化一切眾生。

慈濟志工曾在二〇一〇年海地大地震期間，前往去賑災。當時海地災後治安很壞，搶劫、綁架叢生。政府的機制也頓時失能，而美國慈濟志工依舊難行能行，深入去海地災區救濟。在日本三一一大地震期間，在東北災區的核能電廠輻射外洩，各國僑民紛紛撤離；但慈濟人謝景貴、陳金發等志工，拿著輻射偵測器，一路深入災區，前往賑濟當地的災民。這是體現菩薩要在最艱難的地方，一樣要秉持信、願、行，要度化一切受苦的眾生，這是「難勝地」。菩薩能夠歷經各種艱難不退轉，他的智慧慈悲就現前了。

第六地「現前地」

菩薩第六地「現前地」；現前地，就是菩薩慈悲智慧現前，善知識現前。如《佛說十地經》卷六所云：

「唯諸佛子！若是菩薩，第五地中所修之道善圓滿已，欲入菩薩第六地者，當以十種法平等性而入。何等為十？所謂：以一切法無相平等，以一切法無自相平等，以一切法無起平等，以一切法無生平等，以一切法寂淨平等，以一切法本來清淨平等，以一切法無戲論平等，以一切法不取、不捨平等，以一切法如幻、如夢、如影、如響、如水中月、如鏡中像、如陽焰水、如化平等，以一切法有無不二平等，以此十種法平等性入第六地。菩薩如是觀察隨螢，隨順不逆一切諸法平等性故，通達第六現前智地。」[35]

菩薩智慧現前，眾善知識也現前，這是平等法性的真諦。菩薩救度眾生，各種因緣福德現前，能夠廣招天下的善士，共同投入濟助眾生、度化眾生的使命，這是平等智。慈濟許多資深志工到達各種艱難的災區之後，立刻廣招在地的善心人士，甚至災民一起投入賑災的工作。現前地，菩薩所至，善知識都浮現出來，這是《法華經》所說的「菩薩從地湧出」。一九九九年，臺灣發生九二一大地震的時候，當地很多的志工自己也是災民，但及時地投入賑災，許多善心人士已主動加入慈濟志工的行列，投入救災。這是善知識現前。

在二〇〇九年，中國汶川大地震時期，慈濟也一樣啟發許多當地居民，投入煮熱食，親幫親，鄰幫鄰，之後也投入長期社區的環保及慈善的工作。二〇一三年，菲律賓獨魯萬與奧莫克的海燕風災，席捲整座城市。慈濟志工號召當地村民，以工代賑，每天有超過一萬五千人投入清掃家園及城市的工作，這是菩薩現前。

菩薩慈悲智慧現前，才有不斷湧出的善知識，共同會合來成就善業，來幫助受苦的人們。智慧慈悲現前，然後將這樣的菩薩情懷帶到更遠的地區，這是菩薩的「遠行地」。

第七地「遠行地」

菩薩第七地「遠行地」；菩薩懷著無量慈悲，將菩薩道衍伸到更遠的偏地，廣大佛法的庇蔭，菩薩所到之處，皆是淨土，皆是佛土。《佛說十地經》卷七云：

「唯諸佛子！若是菩薩，第六地中所修地道善圓滿已，欲入菩薩第七地者，當以十種妙方便慧所引不共進道勝行而入。何等為十？

所謂：善修空、無相、無願三摩地，而集廣大福德資糧；證入諸法無我、無壽者、無數取趣，而不捨修四無量心；發起廣大福德及法修行增上到彼岸行，而於諸法無少執著；已得遠離一切三界，而能引發三界莊嚴；已得畢竟寂靜寂滅，遠離一切諸煩惱焰，而能引發一切有情，貪、瞋、癡焰寂滅之行。

現知諸法如幻、如夢、如影、如響、如水中月、如鏡中像、自性無二，而能引發業用無量差別意樂；依善修習諸剎土道與虛空等，而能引發佛剎清淨莊嚴之行。

菩薩住此第七地中，入於無量諸有情界；入於無量諸佛世尊，成就調伏有情之業；入於無量諸世界網；入於無量諸佛世尊佛剎清淨；菩薩如是以此十種妙方便慧所引不共進道勝行，從第六地入第七地。」[36]

慈濟南非志工潘明水，從南非德本開始，為貧困的村民開設縫紉班，幫助數萬名祖魯族的婦女能製作衣服幫助家用。之後，有上萬名婦女投入當地的慈善工作，成為慈濟志工。他們關懷愛滋家庭，愛滋孤兒，創立大愛農場，讓村民自給自足。潘明水與這群祖魯族志工包括葛雷蒂斯等，到南非洲十個國家去培植當地的志工，以幫助當地需要幫助的窮困人民，這是菩薩的遠行地。這當中潘明水經歷過被搶劫、車子被砸毀等種種險峻的過程，可是菩薩願力要把慈悲大愛散播到每一個需要的地方，這是體現菩薩的「遠行地」。

第八地「不動地」

菩薩第八地是「不動地」；菩薩歷經各種難勝、艱險的環境，即使到達世界最邊緣的地方傳播大愛的精神、投入賑濟慈善的工作，菩薩的心永遠保持清淨，永遠保持慈悲，永遠不斷地增益自我的智慧。《佛說十地經》卷八：

「金剛藏菩薩告眾菩薩言：唯諸佛子！若是菩薩，於七地中善修決擇，以慧方便善淨諸道，善集資糧，善結大願，善蒙安住，如來加持，得自善根力所持性，隨順如來力、無所畏、不共佛法作意而行；善淨增上意樂思察，由福智力之所涌起；以大慈悲於諸有情，不捨加行隨於無量智道而行；入一切法本來無生、無起、無相、無成、無壞、無斷盡、無流轉、無止息性為性；初、中、後位皆悉平等，以真如中無分別故入一切智。

即此菩薩，遠離一切心、意及識分別妄想無所執著，與虛空等顯然入性，名為已得無生法忍。佛子！菩薩成就如是無生法忍，纔證菩薩不動地故。」[37]

不動地的關鍵是菩薩要修習無生法忍，娑婆世間本來就是堪忍的世界，菩薩不畏眾生的剛強，菩薩以苦難為道場，哪裡有苦難，哪裡就有菩薩。這也是慈濟志工很重要的一個自我的勉勵：「哪裡有災難，哪裡就有慈濟人！」這是實踐菩薩的「不動地」。有著這樣的不動的願力，菩薩就能夠達到智慧具足的「善慧地」。

第九地「善慧地」

菩薩得第九地「善慧地」；菩薩已經善了諸法，能夠隨順眾生，隨緣開解，令諸眾生入於佛道。如《佛說十地經》卷九所述：

「佛子！菩薩隨順如是智已，名住菩薩善慧地中。彼住菩薩善慧地時，如是了知一切有情諸行差別，如應授彼解脫方便，善能了知有情成熟、有情調伏，善能演說聲聞乘法、獨覺乘法、菩薩乘法，了知演說如來地法。此菩薩知如是已，為令有情得如性故演說妙法，隨其有情意樂差別、隨眠差別、隨根差別、隨勝解差別、所行境，分別種種現行慣習一切行處智隨行故，隨順種性稠林行故，隨順煩惱業受生習氣永止息故，隨聚安立而隨行故，隨乘勝解得解脫故，而為說法。」38

「善慧地」就是菩薩在不斷地為眾生付出中，獲致「無量法門、悉現在前、得大智慧、通達諸法。」就是《無量義經》所陳述的：「靜寂清澄、志玄虛漠、守之不動、億百千劫。」

靜寂清澄，意味著「現前地」；志玄虛漠，像是「遠行地」。守之不動，億百千劫是「不動地」；而「無量法門，悉見在前，得大智慧，通達諸法」就是「善慧地」以及「法雲地」。菩薩要成就善慧，必須要內心清淨、勇猛、忍辱、精進，才能得到大禪定的境界，才能夠得大智慧。

第十地「法雲地」

菩薩第十地「法雲地」；菩薩如天上的雲，降下甘霖，讓人們得到滋養，讓萬物得以生長。法雲地意味著是菩薩愛與法是「無所不在，無形，無相，但能夠遮蔽人間熾熱之苦，甚而度化眾生，滋養萬物，這是法雲地的境界。如《佛說十地經》卷十所述：

「佛子！若是菩薩以於如是無量所知能觀察慧，乃至菩薩第九地終，善選決擇，善備白法，善集無邊資糧之集，已善攝受廣大福智，已證無量大慈大悲，了知世界剖析差別，已入有情界稠林行，以想作意順入佛境，緣力無畏不共佛法，名為已至於一切種，一切智智受灌頂地。佛子！即此菩薩，已能隨順如是智行，預於菩薩灌頂位者，得名無垢大三摩地而現在前，名法界剖析差別三摩地，名莊嚴菩提道場三摩地，名一切種光華三摩地，名海藏莊嚴三摩地，名海印三摩地，名虛空界廣大三摩地，名選擇一切法自性三摩地，名隨一切有情心行三摩地，名現在一切諸佛現前住三摩地而現在前。」[39]

以慈濟為例，慈濟創辦人證嚴上人在歷經六十年的慈善救濟工作，慈濟人不斷地向全世界的災難付出愛心，擴大愛心，這是善慧地及法雲地的境界。世界上地、水、火、風四大災難，慈濟投入超過五百個大型災難救援。六十年如一日，這是盡形壽，獻生命。從慈善、醫療、教育、人文、環保、骨髓捐贈、國際賑災、社區志工等等不同的法門，度化不同的眾生，解決世界上不同的問題，這是善慧地。

而慈濟創辦人證嚴上人以及慈濟志工永恆的願力，要生生世世，還回娑婆世間，幫助一切苦難眾生，度化一切眾生皆有慈悲心，皆成就佛道。苦難以菩薩的道場，是「法雲地」的精神所現。

結語

慈濟宗的菩薩道之核心思想，就是通過利益他人，度化自己。而菩薩先他人，後自己，以他為自，才是真正契合佛法的第一義：一切因緣相生相依，自他不二，利他就是利己；眾生度盡，方證菩提的悲願。

同時。在利他過程當中，菩薩並不害己，菩薩用智慧度化眾生，也同時修持自我的慈悲與智慧，所以，利他是更好的利己。這符合佛法的第二義：菩薩必須要悲智雙運，慈悲與智慧並行。

菩薩以一切法施予無量眾生，如同佛陀告訴迦葉尊者的十九種譬喻，每一個譬喻都象徵著菩薩之德，也象徵著菩薩實踐的法門。在一切眾生都得度化之後，菩薩也圓滿成就自我的佛性，這契合佛法的最終義：涅槃寂靜，通過菩薩道的實踐終究成佛道。

註釋

1 〈一九七三年．首在臺東義診 服務當地貧病〉，《慈濟通史．壹》，花蓮：財團法人中華民國佛教慈濟慈善事業基金會，2024年，頁292-293。

2 證嚴上人晨語開示，2014年9月16日。

3 印順，〈談修學佛法〉，《教制教典與教學》，臺北：正聞出版社，2003年，頁172。

4 《無量義經．十功德品》（CBETA 2023.Q4, T09, no. 276, p. 387c10-23）。

5 《阿毘達磨大毘婆沙論》卷177（CBETA 2022.Q3, T27, no. 1545, p. 890c7-8）。

6 《阿毘達磨大毘婆沙論》卷177（CBETA 2022.Q3, T27, no. 1545, p. 890b6-27）。

7 〈靜寂清澄志無疆——法華經．譬喻品第三〉，《靜思妙蓮華》，663集，大愛電視，2021年2月1日。

8 1983年1月2日，證嚴上人在慈濟醫院開工動土前，向慈濟人恭賀新喜時，發了三個願望：「一、不求身體健康，只求智慧敏睿；二、不求事事如意，但求信心、毅力和勇氣；三、不求減輕負擔，但求增加力量。」

9 釋德仉，〈慈濟史上第一間慈善援建住屋〉，《證嚴上人衲履足跡2007冬之卷》，臺北：慈濟文化出版社，2008年，頁412。

10 《太虛大師全書 法性空慧學第五編》卷3（CBETA 2022.Q1, TX06, no. 5, pp. 121a7-122a2）。

11 《大寶積經》卷112（CBETA 2023.Q4, T11, no. 310, p. 632c16-19）。

12 《大寶積經》卷112（CBETA 2023.Q4, T11, no. 310, p. 632c19-23）。

13 《大寶積經》卷112（CBETA 2023.Q4, T11, no. 310, p. 632c23-27）。

14 《大寶積經》卷112（CBETA 2023.Q4, T11, no. 310, p. 633a17-20）。

15 證嚴上人晨語開示，2018年3月26日。

16 證嚴上人晨語開示，2018年3月26日。

17 證嚴上人晨語開示，2018年3月26日。

18 證嚴上人於雲林授證暨歲末祝福典禮開示，2019年12月28日。

19 證嚴上人晨語開示，2018年3月26日。

20 證嚴上人晨語開示，2018年3月26日。
21 證嚴上人晨語開示，2018年3月26日。
22 證嚴上人晨語開示，2020年8月6日。
23 證嚴上人晨語開示，2019年3月15日。
24 證嚴上人晨語開示，2018年3月26日。
25《大方廣佛華嚴經》卷32（CBETA 2022.Q1, T10, no. 293, p. 808a9-26）。
26《大方廣佛華嚴經》卷23（CBETA 2022.Q1, T09, no. 278, p. 545a4-5）。
27《佛說十地經》卷1（CBETA 2022.Q1, T10, no. 287, p. 538a8-26）。
28《佛說十地經》卷2（CBETA 2022.Q1, T10, no. 287, p. 543c6-10）。
29《十地經論》卷4（CBETA 2022.Q1, T26, no. 1522, p. 145c15-23）。
30《佛說十地經》卷3（CBETA 2022.Q1, T10, no. 287, p. 546c17-28）。
31《大智度論》卷12（CBETA 2022.Q3, T25, no. 1509, p. 145a18-b1）。
32《佛說十地經》卷4（CBETA 2022.Q1, T10, no. 287, pp. 547c16-548a19）。
33《佛說十地經》卷4（CBETA 2022.Q1, T10, no. 287, pp. 547c16-548a19）。
34《佛說十地經》卷5（CBETA 2022.Q1, T10, no. 287, p. 550c5-24）。
35《佛說十地經》卷6（CBETA 2022.Q1, T10, no. 287, p. 552c6-7）。
36《佛說十地經》卷7（CBETA 2022.Q1, T10, no. 287, pp. 555c28-556a19）。
37《佛說十地經》卷8（CBETA 2022.Q1, T10, no. 287, p. 559b2-14）。
38《佛說十地經》卷9（CBETA 2022.Q1, T10, no. 287, p. 564b19-29）。
39《佛說十地經》卷10（CBETA 2022.Q1, T10, no. 287, p. 567b14-28）。

第九章——佛遺教經：世出世不二與利他實踐

佛陀在涅槃之前開示《佛遺教經》，《佛遺教經》的核心揭示佛涅槃的四德「常、樂、我、淨」。這四德，成佛的目標在此，修行的方法也在此。

「常、樂、我、淨」是佛陀經過長期的修煉，累生累世無數功德而達成。證嚴上人認為一切涅槃境界的修行都在現世間達成。佛陀所講的「表四德」，與「破八倒」是相對應的。佛陀的四德成就來自於「破八倒」，就是破除眾生的執著，不只自己已經破除執著，也永恆地在人間破除眾生的執著。所以證嚴上人強調，佛法必須應用在日常生活當中，才能夠明明白白。在日常生活中實踐佛法，達成涅槃四德：常、樂、我、淨。證嚴上人說：

「常，是恆久不變的意思。不只是此生志行堅定不變，未來也仍然一樣，這稱為常德，恆常的德性。涅盤不是死，而是常寂的意思。時時保持平靜不衝動，心形光明正大，這是人人本具的慧性。」[1]

而這樣的恆常德性，必須在日常生活當中破除八倒，破除「貪、瞋、癡、慢、疑」。所以常德不在未來生中，不在死後，涅槃的境界是在此生此世，在當下的清淨心、智慧心。所以證嚴上人說：

「儘管周圍的環境在變動，我們學佛，要學習如如不動。只要心不動，意志不變，就能處變不驚。唯有在變動中修行，超越煩惱，安然自在，這才是學佛的目的。佛有常德，也就是恆久不變的心智，哪怕再辛苦，再大的犧牲，也在所不惜地為眾生付出，因恆常的心志已根植於他的性，心與性不同，心指凡夫心。有決心，但缺乏定性，因此容易被環境所影響，意志也容易動搖。德就是有涵養，功夫已到忍人所不能忍，忍而無忍的程度，這就是德。」[2]

「開始決心修行時，當然會感到人我是非的煩惱，若仍以智慧觀照，安然自在，人事就傷不到我的心，是，我也不特別高興，非，我也不生氣。肯以這個決心修行就能顯發本性，如此常德就能日趨堅固。」[3]

證嚴上人對涅槃的觀點在《佛遺教經》裡闡明，涅槃不是執著在今生今世的解脫世間，而是在世間中修得清淨，無人我是非的煩惱，無貪嗔癡的煩惱，還能度化眾生，不止此生此世，而是生生世世不斷倒駕慈航，繼續度眾生。常，付出利他之心恆常，以內心常保清淨為樂；我與眾生無異，眾生得度，我方證菩提。淨，眾生淨，國土淨，佛土淨，這是常、樂、我、淨。涅槃不是終點，打造一切穢土為淨土，一切眾生得清淨智慧，是佛陀常、樂、我、淨之涅槃境界。

現世清淨安樂即涅盤

佛陀開始說法，以四聖諦度化弟子。入滅前以八正道叮嚀弟子精進修行。證嚴上人講述此經以開示常、樂、我、淨的真如境界，必定來自生活中的持續修持實踐八正道。追求涅槃的理想，現世間是個起點。

證嚴上人說：

> 「涅槃不是死，而是常寂的意思。時時保持平靜不衝動，心行光明正大，這是人人本具的慧性。」
>
> 「涅槃是寂靜、安定光明的境界。心不動搖，不受外境迷惑，是寂靜。光明則表示人生的方向正確，不受人我是非所迷亂，這就是真正安樂的境界。若得涅槃常寂光的境界，就無生滅的煩惱。」[4]

佛有四德，常、樂、我、淨。「常德」，以證嚴上人看來就是忍德。佛的常德在世間不管如何辛苦，如何犧牲，都在所不惜地為眾生付出。德是有涵養，忍人所不能忍，忍而無忍的程度，謂之德。證嚴上人將佛德立在絕對利他的基礎上，在娑婆世間的忍德，正是佛德的表徵。

證嚴上人的這種表述，很大程度上是描述自己的心境。從事公益慈善面臨許許多多的困難與挑戰，比起獨自修行要困難許多。他以那先比丘為例，為了讓布施的施主能聞佛法，不得不違背小乘人的規矩，開口說法，而被小乘人逐出道場。但那先比丘不以為意，為眾生受苦，不為所苦。恆持為眾生付出的心，這種忍德，即是常德。[5]

佛的「樂德」，證嚴上人以那先比丘回答國王「何者為大？何者為富？」的疑問時說：「安穩最大利，知足最大富，有所信最大厚，泥洹最大快。」一人平安、知足、有所信仰，能清淨無染就是大樂。心安穩，欲望止寂，修德體道，能寂滅永安，即泥洹、涅槃之樂，這是佛之樂德。

佛的「我德」是不為自己求安樂，而是以眾生安樂為安樂。證嚴上人以儒家「先天下之憂而憂，後天下之樂而樂」的大我描述佛的我德。天地宇宙間沒有實我，一切都假合，人能透徹這個假我無常、非我，而以無私之心與佛心相契，即為大我，即為清淨恆常、不增不減之本性，此為佛之我德。

佛之「淨德」，解脫一切垢塵，又能「隨化處緣不汙染，是為淨」。佛的淨德是處在五濁惡世之中，仍不為所染。在最亂、最壞的環境仍保持本性清淨，是淨德。

證嚴上人將佛的四德都回到人間的修行與體驗。在現實生活中為眾生的心不變為常，以眾生之樂為樂，以無私為我，以入世間不染為淨。佛之常、樂、我、淨四德皆是以利他為本。

不執有無行中道

佛陀滅度前接受貧者純陀最後供養，象徵著貧者布施的慈悲等觀。純陀要佛陀久住於世，勿般涅槃，佛陀於是向純陀宣說：

> 「汝今不應發如是言，憐愍我故，久住於世。我已憐愍汝及一切，是入於涅槃。何以故，諸佛法爾，有為亦然。是故諸佛而說偈言：『有為之法，其性無常。生已不住，寂滅為樂。』」[6]

佛陀在入滅前告訴弟子純陀，佛陀入滅是為眾生故，示現眾生一切諸行無常，有為之法生滅不已，無為法是寂滅之樂。佛的入滅證實有為法是會滅的，佛陀示現世間的生身是會入滅的，但是佛陀的法身不因入滅而滅，不因寂滅而滅，寂滅是樂，亦即真實法無形無相，不來不去，非生非滅，常住不滅。佛陀透過入滅證實法身不滅，這法身即真理。

諸佛來人間皆是因緣而來，因眾生之所需，如鳥聚集，如鳥飛離；但鳥飛離，非鳥已滅，但為因緣離故。如慈濟人於二〇〇八年到達四川賑災，慈濟師兄姊給當地村民的愛，讓鄉親都很感動。賑災告一段落，慈濟人要離去，小孩子都會哭，不讓慈濟人走。證嚴上人告訴慈濟人，要引導孩子們認識慈濟制服，不要把他們的愛執著在個人身上，讓他們知道這是一群慈悲愛人的菩薩，不要執著於特定個人的留與去，就是菩薩精神。因眾生需要而來，菩薩入苦處，非因業力而是依願力而來，因緣到了，就會離去；但菩薩離去，非滅也，但為因緣故，而菩薩留下的行儀及善法給眾生，啟發眾生的悲智。所以一批批的慈濟人到四川又離開後，當地的鄉親也開始做環保，投入慈善，學習慈濟人的精神為當地付出。這是佛陀入世間，出世間的道理，但為眾生故。所以佛復白純陀言：

「能知如來示同眾生方便涅槃。純陀汝今當聽，如娑羅娑鳥，春陽之月，皆共集彼阿耨達池，諸佛亦爾，皆至是處。純陀，汝不應思為諸佛長壽短壽，一切諸法皆如幻相，如來在中，以方便力無所染故，何以故，諸佛法爾。」[7]

如來於世間如群鳥聚於湖面，因緣所會合，亦依因緣滅度，然如來實無染於生滅法，實無滅度，但為眾生故。但是小乘修行人以為寂滅為樂，所以貪執世間一切非我、非常、非樂、非淨，而執著於空。證嚴上人於《遺教經》中說，不執有無行中道。諸佛菩薩入人群依願力來，亦當依因緣離去，來非住，去非滅。來世間是為淨化世間，「即使世間有很多煩惱，也不能捨離這些煩惱的人群。」凡夫執著世間的「是有、是常、是我、是樂」，而小乘人執著「非常、非我、非樂、非淨」。其實佛陀於《涅槃經》的教導就是告訴弟子，他的來去其本質都是不生不滅，為眾生之苦來，既已無保留地教化眾生，他也依因緣離去。但是此去非滅、非無，諸佛菩薩因因緣還可以在來人間，再來度化眾生。如證嚴上人所言，慈濟人到貧困區，非其自身貧困，但為眾生得離苦故。發放完畢會離開，但是把愛與善傳遞下來，眾生有需要還要再來。所以涅槃非涅槃，如佛告諸比丘：

「諸比丘！譬如大地、諸山、藥草為眾生用，我法亦爾，出生妙善甘露法味，而為眾生種種煩惱病之良藥。我今當令一切眾生，及以我子四部之眾，悉皆安住祕密藏中，我亦復當安住是中，入於涅槃。何等名為祕密之藏？猶如伊字三點，若並則不成伊，縱亦不成；如摩醯首羅面上三目，乃得成伊三點，若別亦不得成。我亦如是，解脫之法亦非涅槃，如來之身亦非涅槃，摩訶般若亦非涅槃，三法各異亦非涅槃。我今安住如是三法，為眾生故，名入涅槃，如世伊字。」[8]

解脫之法、如來之身、摩訶般若三者皆備才是涅槃，這是佛陀的中道義。清淨解脫法，大智慧，及如來之身是涅槃，佛陀的涅槃是在現世間的。清淨解脫與大智慧（摩訶即曰大，般若是智慧）在如來身顯現，在世間證悟，在世間度化，在世間圓滿。佛陀的清淨智慧入世間，出世間皆如如，故曰涅槃。修行人學習佛陀的人格，來世間度化眾生，不為所染，出世間不滅，還要再來世間繼續啟發眾生，到一切眾生得脫度。

戒律清淨成佛道

清淨、智慧、法身不滅是《涅槃經》的三大教誨，清淨則須守戒律，波羅提木叉為禪定智慧之源。佛陀入滅前告諸弟子：

「汝等比丘，於我滅度後，當尊重波羅提木叉，如闇遇明，貧人得寶，當知此則是汝等大師，若我住世無異此也。」

「因依此戒，得生禪定，及滅苦智慧。是故比丘，當持淨戒，勿令毀缺，若能持淨戒，是則能有善法，若無淨戒，諸功德皆不得生，是以當知，戒為第一安穩功德住處。」[9]

證嚴上人詮釋的《佛遺教經》以十四章的篇幅闡述戒律、禪定、智慧之道。制心、節食、戒睡眠、戒驕慢、戒諂曲、少欲、知足、遠離、精進、不忘念，乃至禪定、生智慧。佛陀的教化本來就是重道德生活之實踐。

制心，佛陀說心為其主，要好好控制自己的心，心離五欲，心離邪念。證嚴上人常言，心正氣勝邪不侵，心之所畏甚於毒蛇，不可以放縱自己的心。「智者制而不隨，持之如賊，不令縱逸。」上人強調放逸五欲，不遏憎怨怒火，會磨損自我長久累積的功德。即使連修行人，一念心沒顧好，都會產生很大的因果。阿難在佛陀身邊四十多年，證得阿羅漢果，佛陀三次問他如果眾生需要他可以住世一劫，但阿難三次都不回答。阿難事後說，當時很想請佛住世，但就是說不出口，心被魔控制住了。後來魔對佛陀說，眾生不需要您了，請佛入滅。修行如阿難都難免心意放逸為魔所困，況於凡夫，所以制心極為重要。

制心之道從節食，不只不放逸飲食，還要布施眾生。戒睡眠聞精進不懈之德，為眾生之苦奔忙，不輕易浪費時間。入人群的菩薩須保持虛懷的心，勿以行善度化住生而起驕慢心。證嚴上人常言，「每一個人都是一部經，菩薩入人人的心就是取經，要在眾生心中求智慧。」所以菩薩入人群虛懷若谷，不只不驕慢，還要心存感恩。菩薩行於世間，付出無所求不諂曲，「諂曲者通常都是為著自己的利益」。修行人直言、無私、不兩舌、不惡語、不諂曲。才能誠正信實於世間。

再者，少欲、知足為樂。人都是在求中而苦。證嚴上人於《靜思語》言：「多求則多得，多得則多失，多失則多苦。」不要求，甚至也不要求佛，而是應該要學習佛陀的人格，去為眾生付出。從不求，到付出無所求，才是精進。行十善，還要遠離十惡，精進不懈，直到自我的欲望執著都放下，於人於事於一切境界都圓融無礙，即是禪定。禪定則大智慧。此大智慧如佛陀言，不離三勝義。解脫、法身、智慧，所以佛於入眾生處得智慧解脫。利他的究竟是利己，此己為無私的大我，為真如的法身之體現。

以行得脫度　法身常不滅

佛陀的智慧非戲論，亦即佛法是重實踐。修行人要妙用法，不是拿佛法來論述，不是在思想上打轉，而是能在情感上覺悟，讓情感慈悲與清淨，這必須身體力行。不只自己身體力行，還必須度化一眾切生。只有在深入的度化眾生中，才能淬鍊自己的慈悲情感是否具足清淨，是否不為所染。小乘人為歷練世間各種境界，以為自我清淨，難免遇事則惱、臨危則懼、處逆則亂。修行思想上，是在情感上鍛鍊出清淨無染，在一切人事境中提煉無礙智慧，能與一切境和合圓融，即是大圓鏡智。因此佛陀慈悲度眾生，度眾生才能成就佛道。所以佛對諸比丘言：

「汝等比丘。種種戲論。其心則亂。雖復出家。猶未得脫。是故比丘當急捨離亂心戲論。若汝欲得寂滅樂者。唯當善滅戲論之患。是名不戲論。」

「汝等比丘。於諸功德常當一心捨諸放逸，如離怨賊。大悲世尊所利益皆已究竟。汝等但當勤而行之。若於山間若空澤中。若在樹下閑處靜室。念所受法勿令忘失。常當自勉精進修之。無為空死後致有悔。我如良醫知病說藥。服與不服非醫咎也。又如善導導人善道。聞之不行非導過也。」[10]

重行，是佛陀的教法之真義，非戲論言詮能把握，非思想理解能體會。實踐佛法，於世間歷練，才能將佛法的妙用深入於心。佛陀行將入滅不忘囑咐弟子行的重要性。行於道，則利己利他。佛陀指出的真理再怎麼高妙，令人聞知喜悅，但弟子必須自己實踐才能真正體會。實踐要自己下功夫，無法依賴他人。佛陀不要眾生或弟子依賴他，當求自我解脫，切勿求助他人。雖然如此，依賴佛陀是弟子們的共同修行病兆，如跟隨佛陀二十多年的阿難，看到佛陀行將入滅，仍掩不住十分的傷感。佛陀告訴弟子：

「於此眾中所作未辦者。見佛滅度。當有悲感。若有初入法者。聞佛所說。即皆得度。譬如夜見電光。即得見道。若所作已辦。已度苦海者。但作是念。世尊滅度一何疾哉。」

「此仍是阿㝹樓馱分別語也。於中有三種分別。一所作未辦者。指初果二果三果。以思惑未盡斷故。當有悲感。如阿難愁憂等是也。二初入法者。指內外凡。繇觀行力深。故今一聞佛法。速疾見道。如夜見電光。更非延緩。以見道一十六心。不出一剎那故也。三所作已辦者。指阿羅漢。見思斷盡。永超三界苦海。故無復情愛悲感。但未知佛實不滅。故謂滅度何疾也。」

「阿㝹樓馱雖說此語。眾中皆悉了達四聖諦義。世尊欲令此諸大眾皆得堅固。以大悲心。復為眾說。汝等比丘。勿懷悲惱。若我住世一劫。會亦當滅。會而不離終不可得。自利利他法皆具足，若我久住。更無所益。應可度者若天上人間。皆悉已度。其未度者皆亦已作得度因緣。自今以後。我諸弟子展轉行之。則是如來法身常在而不滅也。」[11]

三種弟子的心境，一是對佛陀的情不捨，不願看到佛陀離去入滅，這是所作未辦。二是以覺悟之道，佛陀滅度，佛陀不會繼續再與他們說法，所以把握因緣體解大道。三是不悲不喜，聽從佛陀的教導努力修行。其實佛陀一再強調，他的生身入滅，佛陀是人，如證嚴上人所言，佛陀是聖人，不是神，不可以把佛神化。但是佛陀的法身不滅，他所體悟的真理不滅。作為人的生身滅了，但是法身常存。證嚴上人也闡述，一部分弟子知道佛陀實不滅，佛陀還要再來人間繼續度化眾生。這一如樓宇烈先生所言，以佛陀精神在世間度化眾生的都是佛的再來。體解佛道，知道不可以三十二相見如來。佛無定相，以眾生之所需為相。所以如證嚴上人所述，佛法與宇宙萬法合一，萬法不滅，佛亦不滅。

所以從這個視角理解，佛涅槃，是指佛與一切萬法合一，與一切的真理合一、同在。佛住世時就與萬法合一，佛是在現世間涅槃，有身之佛為「有餘涅槃」；入滅後，佛身已經純化為法，是以「無餘涅槃」。佛即萬法，萬法無所不在，是為無住涅槃。而這個萬法、真理生生不息，所以「無住涅槃」，佛實踐的萬法永遠在娑婆世界，度化一切眾生。

法在，佛就在。我們學佛，就是要體現一切萬法。當我與萬法合一，就是到達涅槃寂靜的境界。此真理，此萬法，「常、樂、我、淨」。長存謂之「常」；以體現萬法為「樂」；吾身已與真理合一是為「我」，此法清淨無垢，長生智慧，是為「淨」。佛之四德於法中求，法於生活中實現。所以世與出世不二；涅槃與生死不二；染汙與清淨不二，佛與眾生不二。「佛陀以法是尊」[12]，眾生以法為師，法是道，「道是路，路是人走出來的。」[13]這是證嚴上人體現佛遺教經的根本旨趣與精神。

註釋

1 釋證嚴，〈志行堅定為常德〉，《佛遺教經》，臺北：慈濟文化出版社，2002 年，頁 33。

2 釋證嚴，〈志行堅定為常德〉，《佛遺教經》，臺北：慈濟文化出版社，2002 年，頁 35。

3 釋證嚴，〈志行堅定為常德〉，《佛遺教經》，臺北：慈濟文化出版社，2002 年，頁 36。

4 釋證嚴，〈志行堅定為常德〉，《佛遺教經》，臺北：慈濟文化出版社，2002 年，頁 33-35。

5 釋證嚴，〈志行堅定為常德〉，《佛遺教經》，臺北：慈濟文化出版社，2002 年，頁 37。

6 《大般涅槃經》卷 2〈壽命品〉：「『有為之法，其性無常。生已不住，寂滅為樂。』」（CBETA 2023.Q4, T12, no. 374, p. 375a26-27）

7 《大般涅槃經》卷 2（CBETA 2022.Q4, T12, no. 374, p. 375b3-14）。

8 《大般涅槃經》卷 2〈壽命品〉（CBETA 2023.Q4, T12, no. 374, p. 376c6-17）。

9 《佛遺教經論疏節要》（CBETA 2022.Q4, T40, no. 1820, p. 848a22-24）。

10 天親著，《遺教經論》，《大正藏》第 26 冊，No. 1529。

11 （明）古吳蕅益釋，智旭述，《佛遺教經解》（CBETA 2023.Q4, X37, no. 666, p. 646a12-18 // R59, pp. 38b15-39a03 // Z 1:59, pp. 19d15-20a03）。

12 證嚴上人於《法華經‧序品第一》，〈精進修行 心勿放逸〉開示如下：「我們在人前人後都是要一樣。所以我們對佛法要殷勤，也要尊重，尊重自己、尊重他人、尊重佛所教法。我們若能尊重佛所教法，才能尊重自己；懂得尊重自己，自然就能夠尊重別人。所以學佛、禮佛，就是用我們最虔誠的心，來學佛、來禮佛，絕對不是一個（為）名譽的修行者，我們是從內心虔誠來祈求佛法。」大愛電視：https://www.daai.tv/master/wisdom-at-dawn/P12220178?p=13

13 證嚴上人於 2023 年 3 月 3 日開示：「路是人走出來的，另一方面，有人也要有路走；我們有那麼多想要做的好事，這條路就是行善之路，要有人來走，所以要盤點有什麼人可以來與我們走這條路，走到哪裡有慈濟據點、有多少人，平時就在那裡招募人間菩薩，推展慈濟志業。假如平時沒有做事，臨時要他們承擔，是沒有辦法的，所以我們平常就要鼓勵、培養。」詳見以下《慈濟》月刊。
釋德仉，〈證嚴上人衲履足跡——三至四日　走出行善之路〉，《慈濟》月刊，678 期，頁 110，2023 年 5 月 1 日。

第十章——
慈濟宗門與藥師經：證嚴上人之藥師經行願

傳統佛教徒求佛力加持，慈濟宗的法門是自性佛，自己就具備佛性，如何得知？從慈悲利他的實踐中自證體現。因此整個慈濟的志業正是體現藥師佛的精神，慈濟人如同無數分身的藥師佛，在全世界聞聲救苦。

人人是藥師佛

如同發生在尼泊爾佛陀故鄉藍毗尼的一個故事。當一位一歲多的孩子身有殘疾，雙腳無法行走，趴在地上，用嘴搆不到奶瓶，剛好一雙白鞋經過，走進來了，一身藍天白雲的志工進了他的家。

證嚴上人從志工拍下的視頻看到這一幕就說：「當我在鏡頭中看到這一雙白鞋，藍天白雲，我就知道有救了，有救了。」[1]「這是慈濟人體現藥師佛，聞我名號者，身體殘缺者得以具足。」

在證嚴上人眼中，每個慈濟人都要成為藥師佛。

證嚴上人要大家聽《藥師經》，研習《藥師經》，不只是為自己消災解厄，而是學習藥師佛的精神，淨化自心，利益他人。這與傳統信徒總是以《藥師經》當作除病消災之用；證嚴上人則是引導弟子不是求佛給自己去災免惡，而是淨化自心，幫助他人，自然功德無上，福德無量。前者是外求，後者是自省、自律，向自心求。證嚴上人說：

「我決定講《藥師經》的目的，是希望用我虔誠的心與大家相互研究；但是，並非聽經就能消災解厄，最重要是聽經之後，要反省、檢討自己有無犯錯造惡。期待淨化自己的心，進而淨化他人的心；若人心淨化，則一切事圓滿，整個社會、世間就能得到調和。

必定以最虔誠的心，重新深入經藏，重新瞭解藥師法門的精神，藉以加強我挑起如來家業、為人群社會付出的使命，相信大家若與我同心一志，就能將藥師法門推行全球。

所謂『行遠必自邇』，學習藥師佛的願力，先調和自己的家庭，再調和別人的家庭，則無數家庭調和，社會便一片光明。『家和萬事興』，人和則無事不成，所以大家不要輕視自己，想要未來社會和睦、興盛，就個人開始做起。」[2]

證嚴上人心中的慈濟世界，無論慈善、醫療、教育、人文四大志業，都是藥師佛的化身。每一個慈濟人都要成為藥師佛，讓人人身體健康，物質豐饒，心靈清淨，和合共善，這正是藥師佛的理想境界。

吾人從證嚴上人對藥師佛的開示中，歸結藥師佛有十四功德。這十四功德也是慈濟志工在證嚴上人的啟發下逐漸實踐出來的功德。證嚴上人對藥師佛入於世間的詮釋，將藥師佛的神聖力量不只是寄託於不可思議的神力，而是通過一個一個於現世間的慈濟人——證嚴上人稱他們為菩薩，是能在世間中、在生活中聞聲救苦的藥師菩薩分身，在具體的慈善、醫療、教育、人文等志業中體現藥師佛的大願與功德。

這十四功德包括：

一、之於生命經驗體解人生正道；二、之於病痛之苦契入無病之善；三、之於死亡之苦契入涅槃之善；四、之於心靈之苦契入清淨之善；五、之於殘缺之苦契入具足之善；六、之於貧窮之苦契入富足之善；七、之於疾疫之苦契入無災之善；八、之於無常世間契入淨土之善；九、之於山河崩壞契入無我之善；十、之於戰爭之苦契入和合之善；十一、之於組織之善契入平等之善；十二、之於所求之苦契入圓滿之善；十三、之於為女之苦契入平等之善；十四、之於理想國度契入藥師之國。

之於生命經驗　體解人生正道

證嚴上人以每月農曆二十四日為藥師法會的原因之一是感念往生的父親，表達他的孝心，也同時為他的生父、生母表達生育之恩情。《藥師經》是證嚴上人切身的經歷，目睹父親死在自己的眼前，那種突然來的震撼，生離死別，讓證嚴上人看透人世間的無常。藥師佛的大願要引度眾生的身體健康，更要讓眾生看到生老病死是生命的必然。而能夠去發揮生命的良能，才是生命的智慧之道。

一場突然的中風，父親走了，證嚴上人以極大的悲痛，從尋找原因不得，最終發更大的願，得以真正解脫自我生命之苦。如同藥師佛的大願一般，希望救度苦難的眾生。所以他以每月二十四日的藥師法會幫助更多有苦、有難、有病的弟子、會眾。以致後來興建慈濟醫院，都與他個人的生命經歷息息相關。

證嚴上人回溯當時父親往生與藥師法會的因緣時說：

「要回溯為什麼以二十四日這一天為『藥師法會日』？可能就要回首當年，從我父親突然病故開始說起。有一句話說『悲極無淚』，人在最悲痛的時候，根本流不出淚。那段時間一直在探討魂歸何處？父親本來是很健康的人，為什麼會這麼無常呢？一口氣吞下去，就再也沒有呼吸了！我對生命起了很大的疑惑。死，到底是什麼？死後去哪裡？我不斷地尋找這個答案。

朋友看到我整個人好像空了似的，勸我、安慰我，但我什麼都聽不進去，一點感覺都沒有。後來朋友帶我去豐原一間寺院拜見妙廣老法師，並告訴我說：『你應該請問法師，你父親現在到哪裡？法師現在正在講《地藏經》，《地藏經》是在探討人造什麼業就到哪一道。』

我一直百思不解，人生從何來？死往何處？真的是無法自我解答，因此我開門見山，第一句就問：『請教老法師，您知道我的父親現在在哪裡嗎？』

老法師很慈悲，但是他也無法回答我，他轉身回寮房拿出一本經，就說：『孝女啊！我想，你就把這本經拿回去看，說不定這本經能回答你的問題。』原來這本線裝書裡面的內容並不是佛教的經典，書名是《解結科儀》。雖然不是佛教的經典，但對我而言是人生的起步。拿了這本經回去，我不斷翻找、尋看，到底我的父親去哪裡了？可能和這本經不契合，我一直看不到到底人死了之後到哪裡？但是，裡面有一個道理觸動了我的心——無常。人生無常！人的地位再高，高如西楚霸王，最後的人生也是命斷烏江。長得再漂亮，如嫦娥一樣美，而今安在哉？甚至，富有天下的石崇、百歲生命的彭祖，現在又何在？」[3]

我們從這裡看到證嚴上人的心路歷程，從尋找父親死亡的原因？父親去哪裡？但都無法說服這位當年年輕孝女。一直到他發願要尋找生命終極價值，最後成立功德會。為了功德會舉辦藥師法會，以救贖更多的苦難人為志，在這樣助人的大願中，證嚴上人理解到這是生命最終的答案與救贖。證嚴上人說：

「民國五十五年『佛教克難慈濟功德會』成立，為了感恩護持志業的大眾，並祝福苦難眾生，立下每月農曆三月二十四日為『藥師法會』日，也在這一天對花蓮地區的慈濟長期照顧戶發放、義診、義剪。」[4]

所以《藥師經》的意涵不只是藥師佛功德與神力如何之大，而是發大願助人、救人，是生命的歸屬與超越。在利他中，覺悟自性。在覺悟中，繼續去利他。

證嚴上人要大家聽《藥師經》，研習《藥師經》，不是為自己消災解厄，而是學習藥師佛的精神，淨化自心，利益他人。這與傳統信徒總是以《藥師經》當作除病消災之用；證嚴上人則是引導弟子不是求佛給自己去災免惡，而是淨化自心，幫助他人，自然功德無上，福德無量。

傳統佛教徒求佛力加持，慈濟宗的法門是自性佛，自己就具備佛性，如何得知？從慈悲利他的實踐中自證體現。因此整個慈濟的志業正是體現藥師佛的精神，慈濟人如同無數分身的藥師佛，在全世界聞聲救苦。一如前述，尼泊爾一個一歲多的孩子，身有殘疾，雙腳無法行走，趴在地上，用嘴搆不到奶瓶，剛好一雙白鞋經過，走進來了。一身藍天白雲進了家，上人就說：「當我在鏡頭中看到這一雙白鞋，藍天白雲，我就知道有救了，有救了。」[5]這是慈濟人體現藥師佛，聞我名號者，身體殘缺者得以具足。在證嚴上人眼中，每個慈濟人都要成為藥師佛。

之於病痛之苦　契入無病之善

證嚴上人成立慈濟醫院與《藥師經》有很深的淵源，每一個慈濟醫院都是一尊大藥師佛。過去的佛教會眾是膜拜藥師佛像，祈求消災、去病、降福。而證嚴上人所建構的每一個醫院都是一尊藥師佛，都是為人消災、去病、造福的大良福田。每一個慈濟人都是藥師佛精神的化身，不管是大醫王、護理師或志工，都是體現為人治病、去病，不只是身體健康，也要人人心靈清淨、富足。

所以整個慈濟的醫療體系，就是藥師佛最具體的呈現。這是證嚴上人對藥師佛精神與義理的具體實踐，這是在佛教歷史發展上重大的里程碑。藥師佛不是在來世，不是依靠神力，而是眾生大愛之力，為人人去病、消災、植福。不是求佛力加持，而是自性佛，學習藥師佛，為人人去病、植福。

「三十五年來，本會每個月的法會都是持誦《藥師經》；一直到為了籌建慈濟醫院，每個月三天在吉林路臺北分會講《藥師經》。

看到花蓮地區這麼多人口，竟然沒有充分的醫療設施，尤其是記憶中，常常不能忘記那位難產的婦女；再加上成立慈濟之後，看到了很多貧窮苦難的家庭，大多數貧病交加，很多原本是小康家庭，卻因家中有人發生意外事故，或因病而拖累家庭的經濟。……有這麼多的原因結合在一起，讓我有一股衝動而做出自不量力的決定——建設醫院。」[6]

「廣招來眾，講經是一個方法。在籌備期間，招來不少有心人，其中有一位李居士，夫妻倆是很虔誠的佛教徒，由委員引進來見我。他表達出他的心意，他在吉林路有一間講堂，希望慈濟的聯絡處能搬到吉林路去，那個地方空間大，可以讓我們作為建院籌備處，甚至作臺北聯絡處。

當時的藥師法會是在晚上，能看出那些人的虔誠，整間講堂都坐滿了，連樓梯的空間都沒放過，那段時間真的結了不少歡喜緣。如今已事隔十七、八年，醫院今年已經是第十五年，不知救了多少人？」[7]

如今慈濟在全臺灣有八家醫院，在印尼有一家醫院。在全世界的慈濟國際人醫會 TIMA，有一萬五千名醫師、護理師及志工組成，在全球超過五十個國家持續救治病人。所以證嚴上人所開拓的醫療志業，是在實踐、成就藥師佛大願在全世界的無上功德。花蓮在臺灣的東部，證嚴上人說，如同藥師琉璃如來在東方：

「藥師佛的世界是東方琉璃世界，而慈濟的發祥地則是位於臺灣東部的花蓮，面向太平洋，後倚中央山脈，可知『日頭浮海先照慈濟』，因為精舍在山的前面呢！這裡是慈濟的發祥地，也是醫療志業的起點。」

「藥師佛因深知天下眾生之病，不只是萬物有病，人心亦患病，若欲救人、救世，當從救心始，憑著這個信念，所以我咬定牙根，將醫院蓋起來。」[8]

之於死亡之苦　契入涅槃之善

「愛別離」是佛教徒中最苦的生命經驗。經歷親人死亡是永遠無法忘懷的痛。證嚴上人以《藥師經》的精神引導信眾面對生死轉正念，每個人的生死都是因緣所造，緣盡了，他們走了，我們要祝福他們。我們越傷心，他們的業越大，因為他給予親人更大的痛苦，只有祝福的心，能讓他們獲得清安自在，能緣盡隨緣而去，他世再重逢。證嚴上人更要弟子把愛給予更多需要的人，轉化親情的思念為大愛。證嚴上人在藥師法會述及一個故事：

「一位太太有個四十一歲的小兒子，在一處工地工作，早上工作結束檢查機械時，不小心遭電擊而掉進水溝，緊急送醫後往生。師姊泣言：我都很精進，在家裡都持續念經，念完《阿彌陀經》又念《藥師經》，平常就念經先『存放』著，誰知我才剛念完三部《地藏經》，要回向給小兒子，但卻傳來噩耗……」[9]

證嚴上人給予這位志工膚慰，說道人生本無常，這些道理我們都知道，但自己真的碰上了卻不能自在。人生最重要的是使用權，父母子女皆是緣，有很多事不能強求，他的緣已到要一鞠躬下臺，你就要好好地放下他。媽媽可以生子，但不能保證孩子的人生有多長。母子之緣剪不斷，就是生生世世不了的因，所以我們要將此因好好的下種。[10]

一婦人哭訴著：孩子服役半年後，竟往生了……。緣已斷，然情未斷；因為痛苦已極，曾經想了斷自己！證嚴上人開示說：

「多祝福孩子吧！風箏已破無法回復，就要將線剪斷，不要依戀難捨。孩子未生之前，就與父母注定好世間緣，緣有多長就相處多長，緣盡則離。孩子甚是乖巧，不要讓他背負不孝之罪，早逝已未能盡孝，如果父母又為他損壞身體，他將更加不孝，這樣就算為他做多大的功德也沒有用。

天下仍有很多孩子需要你去疼愛。可學習慈濟委員的精神，去愛普天下的孩子，如此才能轉煩惱為智慧。生命，要用在有價值之處啊！」[11]

之於心靈之苦　契入清淨之善

人生八苦，心苦最苦，最難醫治。證嚴上人的《藥師經講記》啟發信眾從因果觀看待人生之苦。前世之因，有今日之果，如何消除苦，就是歡喜受；歡喜受，業消除。還要積極地去行善積累更多的福德，福德增，苦即滅。證嚴上人說：

「人生為什麼會苦呢？『欲知前世因，今生受者是』，你這輩子會受苦，是因為過去生中種了惡因。所以，我們若要知道來世會得什麼果報，今生所做的一切，就是來世的果！

有些人會問我：『師父，為什麼我們一看到您就會起歡喜心？』我回答道：『可能是因為過去生中我看到你們都很歡喜，所以今世再相見，彼此都很歡喜。』

『欲知來世果，今生作者是』，你若不種惡因，就不會有苦果，因此經文云：『因滅故果滅。』有人問：『我這輩子苦得要命，要如何才能消業呢？』其實，歡喜去承受一切，業很快就會消啦！

有位委員接受訪問時說：以前先生常常會罵我，後來我聽師父的話——歡喜接受，不再和先生吵架。經過一段時間後，先生反而問我：『太太，妳怎麼了？為什麼被罵了還笑笑的、沒反應。妳去了一趟花蓮，就有這麼大效用啊？那改天我也跟妳去。』之後果真他也來了，夫妻倆同心走入慈濟，建立了一個幸福的家庭。這就是歡喜承受，以智化導的結果。

『滅苦之道，實是真道，更無餘道。』滅苦的方法就是真正的道理，真正想消除惡業，要一面多付出，一面歡喜受。任勞任怨為家人及人群服務，把愛心散布於每個黑暗的角落，這就是『歡喜捨，歡喜受』。這才是真正修行的道理，所以『更無餘道』，除此之外並無其他的方法。」[12]

與其自艾自憐生命之苦，不如歡喜受，積極去造福。不用求神問卜，不用祭拜消業力，不只是念藥師佛號，而是要正向地面對苦，並且積極行善造福。

之於殘缺之苦　契入具足之善

一九九八年高雄環保志工組列車返回精舍尋根，並將參與隔日的藥師法會。整齊的行伍中有位赤腳持杖的師兄，跟著隊伍亦步亦趨、毫不遲緩——他是當年七十五歲的呂伯佐老先生，自幼殘缺的身軀曾為他帶來許多阻撓，然而，他以殘而不廢的意志力克服困難；而今，他每天踩著改裝的三輪車，穿梭在大街小巷從事資源回收，不遺餘力地推動環保工作，是個令人敬佩的環保楷模。[13]

證嚴上人幾日後向一群慈青說了這段故事：

「幾天前，有位俊挺的醫學院青年手推輪椅，椅上坐著一位頭髮花白的殘障老人，當這對父子出現在我面前時，帶給我內心無比的震撼和感動。

十八年前，有對貧苦夫妻，膝下二子，丈夫有一次在林區工作，不慎脊椎受傷，導致下半身癱瘓，妻子為了丈夫的醫藥費及沉重家計，遠赴外地做工，家裡就由四歲、六歲的幼子照顧父親。妻子夜以繼日不斷加班，自己縮衣節食，把所得悉數寄回家裡，深切期盼丈夫的病體早日復原，一家能團圓過日。這樣艱辛的日子煎熬了兩年，不意在一次電話中，獲悉丈夫的病痛不但沒有好轉，反而背部又多了褥瘡，妻子在心力交瘁、絕望之餘，當夜自殺身亡。

慈濟功德會就在這個時候走進他家，按月濟助他們父子三人。十四年後的今天，二位幼子長大成人，那位手推父親輪椅、一表人才的醫學院學生，就是當年那位四歲的小孩，他懷抱感恩的心，感謝慈濟給他們數十年如一日的照顧。寒門出狀元，同學們要以這位年輕人為學習的模範啊！」[14]

從證嚴上人的觀點，殘缺與具足都是在生命的良能。藥師佛許下的大願，要眾生身體五官具足，五官身體具足在於能夠善用、善行。身體五官能行善，即是功能具足。即便伯佐老先生生而身體殘疾，但殘而不缺，如證嚴上人所言，殘能用於利益世間，一點都不缺，這是五官身體具足。證嚴上人引領會中不是以宗教神力恢復生理的殘疾，而是愛心不殘，善行無缺。這是藥師佛精神的世間體現。

之於貧窮之苦　契入富足之善

證嚴上人強調的富有是心靈的富足，無論物質富或貧，心靈貧窮最為辛苦。藥師精神希望人人達到心靈清淨，亦即心靈的富足。如何富足？證嚴上人的觀點就是去無私的付出，在無私的付出中得到心的富足。證嚴上人在一場藥師法會上對眾開示：

「『有時當思無時苦，好天要積雨來糧』，平日我們就要能惜福和惜緣，能盡己所能地去幫助別人，即是最富有的人生。」[15]

「當初在普明寺啟建慈濟功德會，一日於案前翻閱《藥師經》，發現其中經義都是慈濟的遠景與目標，貧病的眾生，只要起一善念，接納藥師如來十二大願，為末法眾生生活形態的良藥。而在慈濟團體中，人人見面心心相繫，在藥師佛的德相之下，如玻璃光之清淨心念……。」[16]

「慈濟世界可說是一個人間的淨土，有人說臺灣只是有錢而已，但我認為臺灣除了有錢，還富有大愛。有錢是福，富有大愛是智慧，我們已經是智慧雙具，而這就是行菩薩道所得來的果。所以，我常常說我們要『知福、惜福、再造福』。」[17]

「會伸出援手去幫助和我們毫無關係的人，這就是大悲；而身體力行去做，不求回報的付出，這就是大愛。」[18]

發放時，許多照顧戶為響應上人對國際賑災的呼籲，紛紛從剛拿到手的救濟金中，抽出部分做賑災基金，許多阿公阿婆說：「他們比我們還可憐，我們還有房子可遮蔽風雨，又有慈濟每個月的幫忙，生活雖苦，卻過得去。而他們是一無所有，所以，在自己能力範圍內，也付出一點心意，是絕對應該的……。」經典上有「貧窮布施難」之說，但在慈濟照顧戶的阿公阿婆身上，卻散發出難捨能捨的人性光輝，他們真可謂上人口中的「貧中之富」啊！[19]

之於疾疫之苦　契入無災之善

世界上有許多國家的人民正遭受貧窮、戰亂、飢餓、疾病的侵襲，佛法的價值是行慈悲，濟眾生。眾生業力所致，連佛都無法扭轉。唯有行善，能造福，不是只造自己的福，而是造一切眾生之福。二〇〇三年全球陷入 SARS 的疫情中，證嚴上人要天下人能夠齋戒茹素，敬天愛地，人人積善，才能免除災疫：

「世間的病菌有上億種，我們祈求 SARS 病毒遠離，祈求與它和平相處，希望大家用最虔誠的心，用戒慎恐懼的心態，敬天畏地，虔誠祈禱。甚至，要積極為善，發揮愛的力量。俗話說『積善之家有餘慶』，若人人積善，就天下無災難。」[20]

「古時若遇到乾旱，上至天子、大臣，下至庶民，都要提起齋戒虔誠的心祈求。我們應該也要這樣，希望大家不要有計較的心。其實人的力量不大，人非常地渺小，否則怎會連小小的病毒都抵抗不了。因此，哪一個大呢？大又有什麼用？我們還是要縮小自己，用謙卑虔誠的心來祈禱。」[21]

「不要以為人力能勝天，在這個時候，人力的聰明還不及一隻看不到的病毒。人真的要謙虛，絕對不能粗心，絕不能漠視很細小的事物，這種很微細，看不到、摸不著的災難，還不知道會持續到何時。此刻唯有提起一顆很清淨、虔敬的心念，先求安定人心。但若只有慈濟人，或只有志業體的同仁在祈禱的話，這樣不夠；我們要帶動全臺灣上上下下的大人們、青少年和小孩子，所有人用共同一分虔誠的心來祈禱。」[22]

二〇二〇年新冠疫情，證嚴上人說得更直接，非素不可、非說不可，只有齋戒茹素才能消弭災疫。我們不斷地殺害生命，每一年死在人的口中的生命超過八百億隻，大地萬物反撲，疫情難以遏止。所以證嚴上人呼籲天下人，謙卑、虔誠、善念、茹素。

二〇二〇年歲末新冠肺炎疫情尚未平息，參與當年歲末祝福的會眾全程都配戴口罩、量體溫，座位採梅花座，以落實政府防疫政策。當年歲末祝福的主題是為「大哉教育益群生．行善人間致祥和」，大災難，需要大哉教育來啟發人人的覺醒，期待人人做一個慈悲利他，行善人間的菩薩行者，才能讓社會祥和、天下平安。一位志工回憶證嚴上人面對會眾時，語重心長地說：

「古佛經典在二千五百年前就預知末法時期，大、小三災不斷，其實都源於人心的貪、瞋、癡三毒。業力如風，今年新冠肺炎疫情肆虐，病毒無影無形，世界各國因此封村、封城、封國，對經濟及社會造成重大的影響。追根究柢係源於人類無止盡的口欲。期許人人發揮完整的愛，放生眾生生命，非素不可。」[23]

「但願我們的心念更加強地凝聚一起，化災殃為和祥。以最虔誠的心，祝福普天之下人人平安。但願人人，心要共同一念，用感恩心，用大愛心，人人感恩，人人互愛，就是福慧雙修。祝福大家福慧雙修，功德無量。」[24]

之於無常世間　契入淨土之善

生命苦的來源就是「無常」，眾生視無常為常，所以經歷八苦：生、老、病、死苦、愛別離苦、怨憎會苦、五蘊炙熱苦、求不得苦。所以證嚴上人才說：「多求多得，多得多失，多失多苦，生生世世，歲歲年年。」佛教認知到我們的一切苦都來自執著，對於「常」的執著，認知無常，我們把握當下於人群付出，才能臻至永恆慧命之常。證嚴上人說：

「人生不如意事，十有八九，令人常感惶恐。雖說世間多苦，然而身在臺灣的我們，卻生活得繁榮富足，真是非常有福！我們既知福，就要惜福，更要去造福人群。」[25]

「一個人究竟有幾十年的時間可以做救濟工作呢？雖然我們生命存在時可以做，但等到生命消失時，這項救濟工作是否仍可以繼續做下去，那就很難說了，目前只有一件事能使救濟的工作延續下去，那就是慈濟綜合醫院。目前這件工作雖是很困難，但能在我們手中，去完成一件很困難的工作才是可貴的，事成以後我們會感到很安慰，這項事業可以使我們的慧命永遠留在人間，事業存在一天，我們的慧命也就存在一天，所以說生命無常，慧命永久，愛心無涯，精神永遠常在。我希望諸位不要怕辛苦，有一分力量，就貢獻一分，大家心連心，肩併肩，手牽手來成就這件事業。」[26]

以善心、善行面對無常，才能消弭災難。世間本來就是多苦，所以生逢安樂之地的人要懂得知福、惜福、再造福。證嚴上人認為打造人間淨土不是不可能，而是我們是否能發心立願。先自力，而後佛力才能加持，然後結合一切眾緣的力量，將人生無常的生命化為永恆為眾生付出的慧命。人人以慧命為生命的依止，就能創造人金淨土之善。證嚴上人言：

「利濟眾生的事業，需具三種力量：一是自力，二是佛力，三是眾緣平等力。

一、自力：以福慧因緣為自力量。做任何一件事必須要有福慧，具好緣就有福，得福緣要自種因，不種因又怎能得果呢？佛可以幫你把田耕平，教你撒種方法，但種子要你們自己撒。就像佛陀開一條路，指導我們怎麼走，但路還是要自己去走才可達到目的地。

希望諸位能把內藏的愛心付諸於外形，以柔和的態度來攝受一切眾生，所以有句話說：未成佛之前，先結眾生緣，先去攝受眾生的心，如此，即不管是今生或是來世，因緣成熟發心要做事，就會獲得很多人的擁護。

以現在的慈濟團體而言，我相信在過去生中，我們已經結下了同願善緣，在今世又承續了過去生的這個緣，所以我們才能同心道協力為慈濟而工作，這不只是深具善緣，也具同願力，但願我們身體力行，持之以恆來造福眾生。

二、依佛力：有了自力以後再依佛的慈悲力加持，依佛的力量並不是把一切擔子由佛擔當，而是要祈求佛陀的慈光常照耀我，願我心與佛心融匯一處，因為佛心心念念惦念眾生，佛所念的眾生是無邊一切的眾生，是三世一切的眾生，依仗佛力，是要自己提出與佛一樣的愛心，以佛陀愛無邊眾生的心，佛能做，我們也能做，佛能愛，我們也能愛。佛陀能為愛一切眾生而不惜犧牲，我為愛慈濟眾生的事業，所以我們也不惜犧牲。

三、眾緣平等力：一件事要成就，必須『境』、『緣』成就，修行佛學首先要知道的是佛與眾生是平等的，有些人說寧願結聖人富貴緣，不結苦難眾生緣，但是你們要知道，經中說：『菩薩所緣，緣苦眾生。』況且聖人也是凡夫成就的，所以佛說：『心、佛、眾生，三無差別。』心、佛、眾生雖是三種名稱。佛與聖人也都是凡夫修成的，苦難的眾生雖是業重，但他們只要有一分的因緣，修行同樣的也有成佛作聖的機會。」[27]

或言佛教畢竟是自力，非他力的宗教。藥師佛菩薩的救贖有無可能？藥師佛的神力救贖當然是存在的，但是先自力，才能有他力。這是慈濟宗的信念。

西方宗教強調他力救贖，通過上帝的應許得到救贖。或認為佛教是自力，因此他人的因果我們不要介入，這是偏頗的觀點。佛教的中道義，是自力與他力的和合。不是完全自力，也不是完全依靠他力，而是能自力方得他力；實現淨土的理想正是發心立願的自力，因而得到佛力加持，以及感動、啟發更多的人加入打造人間淨土的理想．眾緣和合之力，方能實踐淨土在人間。這是證嚴上人自力與他力和合的中道觀。

之於山河崩壞　契入無我之善

證嚴上人在一九九四年一場藥師法會中說，生命無常、國土危脆，世間隨時會發生災殃；為減少災害的發生，我們要用心把握時間，造好因、結好緣，才能收好果。期望人人發揮生命良能，使善業相聚，減少天然災害。雄壯的大山、寬闊的溪流，只要一陣雨來，就山崩水淹，真是人生無常，國土危脆。證嚴上人說：

「人生無常，山河大地危脆，這是佛陀啟示我們的真理。正因為人生無常，我們才需要真正用心把握住無數個、無限量的現在。普天下沒有一天是平靜無災的，值得慶幸的是，我們生長在風調雨順的臺灣，人心普遍存有一分大愛，樂於布施行善。不過，我們一定要居安思危，恆有善念，才能永保居安吉祥。」[28]

證嚴上人在一九七三年慈濟創立初期，遇到娜拉風災，證嚴上人希望人人以藥師佛精神，濟助那些被災難、疾疫、戰爭所苦的眾生。證嚴上人說：

「我們都是佛教徒，應該學佛的慈悲，實行佛的教法，釋迦牟尼佛每次說法時，沒有一次不是教我們行慈悲，施濟世間眾生。

佛法都是救世的良藥，因為世間與眾生，時常都在病與貧的狀態中；如氣候不順，有時乾旱不雨，有時久雨不停，使農物耕作得不順利，這也即是藥師經中說的：『過時不雨難，非時風雨難。』更慘的還有水災、風災、火災、旱災、地震、瘟疫等天然的災難。並且還有人為的禍患，如國家有戰爭的禍亂，社會團體不調和，人與人之間明爭暗鬥互相詐騙、欺殺、奸淫、竊盜等不道德犯罪的行為，無論是天然的災害，或是人為的禍亂，都是由於不調和而引起的毛病，既然世間有病，即需治世的良藥。

佛法便是調劑最好的良藥。佛法不但能平息世間的禍患，還能充足人心的願望。如《藥師經》中說：『隨所樂求，一切皆遂；求長壽得長壽，求富饒得富饒，求官位得官位，求男女得男女。』

佛法不但能給予眾生的樂，滿人心的願望，亦能拔除世間一切災難厄苦，救治眾生身心的病態。我們一方面接受佛陀慈悲憐愍賜給的法藥，療治無始來的罪業重病，一面再將這慈悲的法藥輾轉施捨給他人，尤其是貧病窮困的苦難者。

現在已是歲暮冬寒，下個月便將要過農曆年了，這時候他們即需要我們的慈悲熱情，幫助他們度過這寒凍的歲暮。臺東娜拉颱風救災的工作即將結速，接著便是冬令救濟的工作，希望諸位善德抱著為善不息的願念，再接再厲，再為冬令救濟努力，善念不斷功德也就無量！

本會近兩個月的時間，為娜拉颱風災後救濟的工作，勞動了諸位委員，為勸募賑災善款，及分類整理各地寄來的衣服而奔忙辛苦。還有西部各地大德也都異常踴躍支持捐款，善款由各地紛紛寄來，證嚴代替將接受惠施的災戶，慇懇地向諸位敬致萬分至誠感謝之意！」29

人人都是藥師佛，人人通過助人、利他實踐藥師佛的精神。疾疫、戰爭、天災、人禍，都是人心所造作，只有人心向善，行善才能夠根本解決世間的各種大三災、小三災。人間淨土不是不可能，證嚴上人認為人間淨土來自菩薩恆持的造福。

「能造福的人，就是富有的人。只要我們能惜福，將日常生活中可以節省的，點點滴滴累積起來，如此不僅能救濟臺灣，還能幫助世上暗角的眾生，使其離苦得樂，如此，臺灣才是真正『富有』的國家——富有愛心，也就是人間菩薩最多的地方。只要有心、有緣、有力，此三因緣具足，那麼，『人間淨土』就在我們身邊。」30

「佛陀說：『菩薩的道路永無盡頭。』佛菩薩的時間，不是以分、秒或年月日計，而是以阿僧祇劫、以無量無數的時間計算；因為世間芸芸眾生的疾苦太多，所以慈濟人更需持恆長的菩薩精神、菩薩的耐力，做更多的事。」31

當人人都自力救人、助人、慈悲、利他，自然災害減，苦難少。人人奉持藥師佛精神，人人不造業，人人行善，這是藥師佛的神力之實踐於世間之道。

三理四相，物理「成住壞空」，生理「生老病死」，心理「生住異滅」，見證山河的脆弱，如何契入無我之善。證嚴上人認付出必須無我相，才是無我：

「能抱著無我相——不執著我是幫助別人的人、無人相——不執著他是受我幫助的人、無物量的相——不執著我布施了多少物質去救人，此即『三輪體空』！」32

再者，付出必須慈悲，用慈悲利他包容一切眾生。所以無我不愛之人：「普天下無我不愛的人，無我不信任的人，無我不能原諒的人。抱持這樣的心念，必能洗淨煩惱，福慧雙修。」

之於戰爭之苦　契入和合之善

證嚴上人勉勵慈濟人從國際賑災中可以親眼見到天災、戰爭的可怕，因而能有所警惕。

「為何一下雨就山崩地裂？為什麼人與人不能和平相處？為了只因少數人爭權奪利就引發戰爭，造成很多無辜百姓流離失所？這都是人心所致，也是眾生的共業。」33

戰爭是眾生的共業，所以呼籲人人相互疼愛、彼此感恩；執政者也能夠以愛領導，為人民謀福利，社會就會有善良風氣，百姓也就能安居樂業。證嚴上人說：

「成千上萬的人因戰爭而無家可歸，叫天天不應，叫地地不靈，此時唯有依恃有愛心的人前來幫助。有人以為土塑木雕的菩薩像才是菩薩，向其膜拜就會有感應。事實上，只有活生生的人能行救濟，才是真正的菩薩。所以，學佛，最重要的就是學習佛菩薩的大愛精神。」

「唯有付出大愛，才有福；而有福才有祥和的淨土。所以，人人都要將心調整好，將愛的風氣從民眾基層打好基礎，直到政府機構的領導者也能發揮愛心，這就是最好的世界。」[34]

解決戰爭之禍的良方就是愛，領導者有愛，人人有愛，就不會起爭端。節制欲望是避免爭端的另一關鍵。人人不要過度擴大欲望，不要想去支配他人，控制他人，不貪得過多的資源，就能遠離爭鬥與戰爭。如何節欲，就必須人人付出愛，付出中去除貪欲，付出中節制權力欲望。付出無所求，就不會興起控制之心。上至領導，下至庶民，人人為他人付出，社會就祥和無爭。證嚴上人期望他的慈濟弟子學習藥師佛，去付出、去愛護一切眾生。人人是藥師佛，是能具體救人的菩薩，社會就能遠離爭端戰禍。

之於組織之善　契入平等之善

證嚴上人創立慈濟組織，其自身就是一個助人的大平臺，修行的大道場，是行善的場域，從這裡度化一切眾生，不只是志工布施，也引導一切受助者都成為助人者，人人平等地去幫助他人。這是慈濟希望建立的組織之善，實現平等之善。

一位旅居巴西的周師姊在靜宥師姊陪同下，姊弟雙雙來見證嚴上人。周先生問上人：「在苦難中的眾生，是他應得的果，慈濟去幫忙，是否違反因果定律？」證嚴上人回答說：

「就如有人生病，為何要看醫生？因世間多苦難眾生，所以需要如佛一般的聖者，在人間示現，我們的義務是引導他們離苦得樂；社會教育乃教我們發展科技競爭，宗教則不然。水漲船高，再高的教育一接受佛教，仍感覺需要再教育。

這即是人性平等、智慧平等，純粹的智慧，即是一股良知，本具良能。社會教育只增添社會的小聰明，而佛教的教育，則是身心的修養。

宗教是一種人性的陶冶，如接觸宗教，能將人性更淨化，社會更光明，常有人說：看破。這並非消極，乃是對社會形態看得透徹，亦即參透真理。」35

證嚴上人創立慈濟宗的目的，希望入世濟助眾生，濟助眾生不是介入他人的因果。而是在幫助苦難人中，也啟發他們自身的慈悲利他的佛性。人人都有佛性，本來平等。如果受苦難之人是因果報應，我們不去啟發他，去幫助他，這與古印度種姓制度無異。一生賤民，生生世世是賤民，如此永不脫離枷鎖，這與人人佛性本具的理念相違背，也與因緣生法的理念相悖裡。

佛陀強調佛性人人本具，依因緣教化，啟發人人的佛性，這不是介入因果，一切因果都由心轉，由心所造。心被啟發，生命就被啟發。因而證嚴上人告示慈濟人，要當不請之師，去幫助他人，苦既拔已，復為說法，最終人人得法益，人人得以覺悟。所以證嚴上人言：

「眾生隨業轉，人人心有千千結，菩薩慈悲隨機教化，心結受教即結結能解。但需虔心向佛，即有一分感應。佛教是一門深遠的教育，能真正接受，力量即源源不斷，毅力自然產生。逆境現前，不能只求佛菩薩，主要的是自己的信心與意志力，即可破除任何困難。開始藉佛菩薩的感應，最終能訓練到『我自己來』。這即是學佛的精神所在。」36

之於所求之苦　契入圓滿之善

佛教的義理教導眾生，一切的苦多來自於求，求不得苦。如何從求到給，就是從迷到覺的歷程。證嚴上人說：

「有求即多苦。如一味地要求別人，只為自己招來無窮苦惱。」[37]

「要覺悟，一定要先了解人間的無常、苦、空等等。或許有人會疑惑，空則一切皆空，何來真理？其實，空的真理就是『無我相』，付出無所求。慈濟人空中妙有，空了自心的執著，空了自心的煩惱，空了人我是非、紛紛擾擾；見人有苦難，助其脫離得樂，更進一步啟發其菩提心，這就是妙有。」[38]

離苦之道就是無私地給予。越付出，慈悲心越能啟發，越顯得自我內心的富足。南非的慈濟志工自身還是在貧困之中，但是加入慈濟去為苦難人付出，內心的富足與快樂超越物質的苦。物質的苦當然必須獲得改善，但是物質的改善先從心靈的建設開始。

非洲的貧窮經常不是物質問題，是心靈貧窮，人們總是依靠著外援。心貧，物質不可能富足。南非的慈濟志工引導當地志工訪視、訪貧，獲得內在自信。繼而建立大愛農場，開始讓社區自己自足。開設縫紉班，貼補家庭所需，再集合大家的愛心去幫助更多需要幫助的人。這是心靈富裕，繼而物質富裕。

生命的圓滿之善，來自於放棄有求的心，不求富貴，不求回報，但是入佛門不貧，出佛門不富。物質知足，心靈清淨，付出有愛，才是自我生命的圓滿之道。

之於為女之苦　契入平等之善

一九九一年十月，靜思精舍常住大眾在恭誦《藥師經》後，證嚴上人開示說：

「佛說每個人有正報與依報。正報是每個人有身為人的福，但身為男或女，這個業就要看種的是什麼因。有人說女人少修五百年，福分較少！但也有人說女人坐轎，男人抬轎，可見女人福分比男人大。其實男女之身不重要，觀世音菩薩現女身，他是倒駕慈航回來度眾。佛與菩薩各有願才來來回回在娑婆世界！

每個人臉上都有七個孔，位置都一樣，長相卻不同。有人在臉上畫白，極盡豔麗卻不得人緣。有人生得不漂亮，但舉手投足都令人歡喜。可見業緣是與生俱來，善緣與惡緣就看你種善因還是惡因！了解這個道理，我們能不謹慎從事嗎？」[39]

如《金剛經》所言，凡有所相，皆是虛妄。藥師如來佛許諾一切女身可以轉為男身，可以理解為大丈夫的大承擔。女身、男身，只要發願承擔一切眾生的福祉，就是大丈夫。這是轉女為男的現代理解。

再則，人的身相五官，美醜與否都是由心而發。心能夠充滿愛，就是美。證嚴上人常對著雙手因長期投入資源回收而長繭的環保志工說，他們的手好美，為何美？因為他們的雙手因守護大地而美，因愛而美。

結好人緣也是美。證嚴上人認為美與醜不是長相，而是能有愛，能與人為善，人人見了歡喜，就是美。這如同藥師佛一樣，人人見之、聞之，病除、心開、意解，這是藥師佛的大修行。證嚴上人引導慈濟宗門人學習藥師佛精神，有愛、為善，人見人歡喜，這是美。不管男與女，有愛、行善，人人都是平等之法身菩薩。

之於理想國度　契入藥師之國

證嚴上人於一九九四年藥師法會中對眾開示：

「佛陀說法，無不是警惕我們人生無常，生命苦短，應自我警惕，善盡人生使用權，行於菩薩道上，以實踐大乘自利利他的法門。『自利』即是開拓清淨的智慧泉源，如此就能透徹宇宙人生真理，去除一切煩惱；『利他』則是要為眾生付出。學佛一定要有此兼利天下的心，抱著這分心努力修身，進而齊家、治國、平天下。」[40]

整部《藥師經》所描述的就是一個莊嚴、豐饒、清淨的國土。這國土不是一位藥師佛所打造，而是無數的菩薩行者共同以善、以愛建造的清淨國土。誦持《藥師經》，不是要求藥師佛為我們延年益壽，帶來平安福祉而已；更是要學習藥師佛的精神，給予一切身、心、境受苦難的人，獲得清淨的幸福與圓滿。這是證嚴上人成立慈濟之際，就開始講述《藥師經》的目的，證嚴上人說：

「慈濟自成立的第一個月開始，到現在共為九十九個月，每個月廿四日這一天都集諸善德同修，誦《藥師經》，也就是因為慈濟功德會的宗旨是，以《藥師經》裡頭釋迦牟尼佛為我們所啟示的藥師佛的十二大願，實行普遍於社會，顯揚佛法的救世利生的教義，我們必須仗三寶的力量加持，使我們起慇重心，立正信念，所以每月持誦《藥師經》增長功德！」[41]

《藥師經》與慈濟的歷史因緣

《藥師經》對於慈濟宗門的開展與實踐有歷史性的意義與影響。慈濟宗門是以利益眾生為宗，行菩薩道為門，藥師佛也是以菩薩道利益眾生為本。慈濟的入世行，是以慈善的力量改善生命的苦境，再從改善生命的苦境中，淨化自我與他人之心靈。從這種逐步改善身心的努力中，進而使得社會富足，人心調和。慈濟宗門的理想是使一切有情眾生，脫離苦惡，達到身體康安，心靈潔淨，物質豐足的境地，這三個目標，總結了藥師如來佛十二大願之本懷。因此慈濟宗門正是以《藥師經》作為接引眾生領悟清淨智的法源之一，也是慈濟實踐入世行的理想與願景。

證嚴上人創立慈濟功德會開始的第一天是農曆三月二十四日，證嚴上人就在這一天講述《藥師經》並辦藥師法會。證嚴上人於慈濟成立二十七周年的紀念會上就曾回憶說：

> 「慈濟功德會成立時，地點在精舍後面的普明寺，那是一個小小的地藏廟，範圍不過十餘尺見方；二十七年前的這一天，我們開始了第一次的藥師法會，由最初的三十個人，開展了慈濟的里程。」[42]

為什麼證嚴上人選擇《藥師經》作為慈濟功德會成立後講述的初期經典？根據證嚴上人在一九九六年於臺北的一場開示中，他回述：「當初在普明寺啟建慈濟功德會，一日於案前翻閱《藥師經》，發現其中經義都是慈濟的遠景與目標，貧病的眾生，只要起一善念，接納藥師如來十二大願，為末法眾生生活型態的良藥。而在慈濟團體中，人人見面心心相繫，在藥師佛的德相之下，如玻璃光之清淨心念……。」[43]「藥師佛行菩薩道時發十二大願，已說明藥師佛於發心修行時，即開始實行菩薩道。」

證嚴上人的父親驟然往生，對於他成道之路也有深遠的影響。農曆三月二十四日是上人的出生日，以這一天誦《藥師經》是對生父生母之回報，也是對其養父的無限追念。證嚴上人於慈濟三十四周年慶時曾開示說：

「慈濟人都知道每月農曆二十四日是『藥師法會日』；而每年農曆三月這一天，海內外慈濟人都會回來盛大慶祝，因為這一天是慈濟周年慶。至於為什麼要以農曆二十四日作為『藥師法會日』？其實只是為了一個心念——報恩。回溯因緣，要從四十年前我父親突然病故開始說起。那時，我真的非常悲傷，有句話說『悲極無淚』，我真的流不出眼淚。父親本來是很健康的人，但是一口氣喘下去，就再也不能呼吸了。為什麼人生這麼無常呢？我對生命起了很大的疑惑。死到底是什麼？人死後又去哪裡了？」[44]

在幾番思索與追尋之後，證嚴上人終於體會世間一切無常，成、住、壞、空是生命的本質，親情不過是業緣而聚在一起。證嚴上人明白這個道理之後決定拉長情、擴大愛。因此成就他走入如來大家庭的大因緣。在上人的思想中，並不是以往生西方淨土作為生命的終極關懷，而是在現世實現藥師佛的人間理想。這理想，是引領眾生身心安康，社會祥和富足。

六〇年代，臺灣社會經濟發展仍在起步階段，生活尚苦，一般人對於拜佛總是有所求。求什麼？無非是身心安樂，物質豐厚，而這正是藥師佛的大願之一。證嚴上人隨著眾生當時的根器，以《藥師經》來接引世人，度化他們得一己的安樂之後，還要幫助他人得安樂，這是所謂的教富濟貧，引領眾生，從慈善行，而入佛門。

然而證嚴上人在講說《藥師經》與舉辦藥師法會的過程中，內心其實十分掙扎。一九六三年，證嚴上人皈依印順導師，受戒為比丘尼時就發願，一不當住持，二不趕經懺，三不收弟子。如今為了慈善工作，為了引領正信佛教根基尚不深的信眾加入行善的願行，他必須為他們誦《藥師經》祈福。證嚴上人在一九九六年六月十日於花蓮靜思堂國際會議廳對海外慈濟人的一場演說中，幾乎哽咽地說：

「就是感恩……想想三十年前的今天，我心裡好掙扎，因為隔天就要在普明寺的大殿裡，舉行藥師法會。我出家時曾發三個願：不為人師、不當住持、不做經懺。但功德會要成立，就要投入人群中，必須有方便法門來接引眾生；為了慈濟，為了開此善門，不得不調整這三個願。為了做慈濟救助窮困的人，我需要許多人的力量，只好開方便門，每個月一次法會，誦《藥師經》回向，同時也讀疏文。將疏文寫好時，心裡掙扎不已——明天就要開始誦經了，明天就要開始讀疏文了；我不想做的事，卻不得不去做……所以，三十年前的這一天，就是我內心很掙扎的一天。」[45]

證嚴上人原本的修行願望就是修得清淨法身。他在小木屋修持《法華經》的過程中，印證《無量義經》裡的「靜寂清澄，志玄虛漠，守之不動，億百千劫」的無比靜寂的境界。他或許可以安住在這個清淨法身的境界裡，做一個自修自得的覺者。但是這樣的修行願望，在看到花蓮診所的一灘血之後，見證窮困的人，因繳不起醫療所需費用，就必須無奈地承受生死病苦的折磨。不忍眾生苦，是證嚴上人創立慈濟的緣由，也是要舉辦藥師法會的原因。

證嚴上人所發之大悲願，其因緣不可思議，如今慈濟人在全世界為眾生之苦難奉獻付出。上人當時只是一念悲心，創立慈濟，以《藥師經》作為初期度化眾生的單純心願。始料未及的，逾五十年後，慈濟人會在六十七國家實踐藥師佛的慈悲願行。靜思精舍的德如法師有一次對吾人說：「上人本來可以自修自得，自己成就道業。但是不捨我們，才在娑婆世界為我們眾生的慧命勞心傷神。」德如法師的話說明上人的修行初衷是在體解世間無常之後，希望走入如來世界，求得清淨無染的佛性。但是不捨眾生的脆弱與受苦，因此發心立願，以佛法引領眾生離欲、離愛，證悟本自具有的清淨佛性。

北京大學樓宇烈教授應慈濟邀請於二〇一〇年十二月，在靜思精舍講演「中國佛教的過去、現在與未來」，在演講中樓教授說：「佛陀來人間是一大事因緣，是為引領眾生了開、示、悟、入。證嚴上人來人間也是為了這一大事因緣，一樣是為眾生開示悟入。」

證嚴上人創立慈濟的因緣就是心念眾生苦，心念佛教的興衰。特別是在那時期與三位修女的談話，修女當時也直接地指出，「很少看到佛教徒直接去幫助窮困的人，去改善他們的生活。」印順導師曾給予證嚴上人「為佛教、為眾生」六個字，這種種因緣讓證嚴上人有很深的感觸。走入人群，濟助苦難眾生，似乎比個人清淨法身的持續修持更為重要。或者應該是「從利益眾生中，得無量智慧，修得清淨法身」才是他的大願。這是慈濟創立的關鍵，也是證嚴上人開啟慈濟宗門並力行人間佛教的一大因緣。

慈濟成立後，每個月農曆二十四日，靜思精舍都會舉辦發放，並為窮苦的照顧戶、志工與會眾們講誦《藥師經》。證嚴上人曾回憶，當年很多慈濟志工參加藥師法會，結果他們的家人身體好了，家庭也平安了，人與事就是這麼湊巧，因緣就是這麼好。或許如同證嚴上人常說：「心開，福就來。」因為藥師法會讓信眾與志工更堅信佛法的妙處，也更投入行善的願行，克難慈濟功德會就逐漸在花蓮及全臺各地逐步得到開展。證嚴上人的目的其實不是強調法會之功德，而是藉此引領會眾體會藥師佛之大願，希望人人發心立願，為苦難眾生付出之際，也強化佛教的信仰。

證嚴上人創立慈濟醫院，正是力行實現藥師佛大願最具體、最直接的行動力。為了建院，一九八五年間，證嚴上人開始在臺北吉林路會所講述《藥師經》。當時場場爆滿，上千人湧進吉林路會所，非常擁擠。李清波居士借出這個地方，每個月請證嚴上人為臺北會眾講述《藥師經》，當時上人宣揚的佛法，正是經由「行」，具體實踐藥師佛之大願，為東部偏遠窮苦的民眾，拔除苦業，身心得安樂。證嚴上人回憶說：

「民國七十四年（一九八五）春天，李清波居士提供臺北市吉林路的一處空間，作為建院籌備處及慈濟臺北聯絡處，我就在那裡講《藥師經》；愈講對建院愈有信心——藥師佛的世界在東方，花蓮也位在臺灣東方，是日出先照到的地方；《藥師經》強調尊重生命，慈濟要在東部蓋醫院，也是為了尊重生命。因為宣講《藥師經》，度化了不少人發心，大家用心、用愛付出，發揮了『一眼觀時、千眼同觀』的大力量；慈濟四大志業、八大法印的基礎，也因此鞏固。」[46]

在慈濟開展慈善志業之際，證嚴上人就已經立定在現世實現人間淨土的理想，而不是求得來世的安樂與淨土。在上人的早期教導裡，闡述了西方淨土與東方琉璃世界之價值。他在一九七六年的一場演講中說：

「佛陀不能久住世間，而眾生又執迷不悟，因此慈悲懇切的釋迦佛不忍視我們沉迷於生死中受苦，所以把眾生的生死二大事，委託於東方琉璃世界的藥師佛，及西方極樂世界的阿彌陀佛，作為眾生生死的依靠。

藥師佛受我們的教主釋迦佛之所委託，在人間專為度生事業，應眾生的要求而充滿眾生的欲願，只要我們的行為能適合於《藥師經》中所教導的去實行，即使是要求長壽、求富饒、求官位、求發財、求世界和平，求天下大同等現生快樂，解脫現生中一切不如意的苦惱、於一生中逢凶化吉，這就是釋迦佛教導我們應學修持的藥師法門。

但是佛門中卻有許多人不求現生，只望死後得永恆解脫，釋迦佛即將這類的眾生交託於西方極樂世界教主阿彌陀佛接引往生彼國。但是要求生西方極樂，也必須要依照《阿彌陀經》中所教示的持名念佛，得一心不亂，乃至不可缺少大善根、大福德因緣哪！總而言之，不論是求現生福祿的藥師法門，或是求死後得生極樂的阿彌陀佛淨土的法門，無不都是從做好人、行好事開始。」[47]

早期的證嚴上人開示已明確標舉，藥師佛的世界是在現世社會實踐，利益眾生的功德與付出無所求價值。功德的意義從證嚴上人的詮釋是：「內能自謙是功，外能禮讓是德。」雖然對於西方淨土的阿彌陀佛的世界從未否定其崇高之價值。證嚴上人只是闡述這兩種世界無不都是從做好人、行好事開始。吾人不只一次聽聞證嚴上人說：「不得少善根福德的因緣，得生彼國。」這正是出自《阿彌陀經》的教導。可見不管是《藥師經》或《阿彌陀經》都是從行善、從現世修身做起。證嚴上人在註釋《東方琉璃藥師佛大願——藥師經講記》一書的序中闡明：

「釋迦牟尼佛弘揚淨土法門，只是要讓大家知道娑婆世界是一個苦難的世界，還有一個和苦難世界對比的西方極樂世界，就是佛陀所開的方便法門。」[48]

一樣以善行善心作為通向淨土之道，阿彌陀佛的世界是「後世樂」，《藥師經》是「現世樂」。在講求科技理性與資本主義抬頭的時代裡，眾生所求多是現世樂。因此不可諱言《藥師經》是入世佛教接引眾生進入佛門的重要經典。證嚴上人對於《藥師經》的詮釋與理解，並不僅僅以它作為教義，而是以它作為願景，引領慈濟人親身實踐，為苦難眾生創造出藥師如來大願的「當下、現世、具體、可進入、可把握的人間淨土」。

慈濟宗門實踐之藥師佛本願功德

《藥師經》以法王子文殊師利佛對佛陀的請求開始，要佛陀演說諸佛的功德。諸佛的本願功德就是「為拔業障所纏有情，利益安樂像法轉時諸有情故。」拔眾生苦，給予安樂的境地。證嚴上人注釋《藥師經》時闡述如何解開業障所纏？他說：「心開，業障所纏就能解開。甚至能利益未來像法轉時的一切眾生。」[49]

心開，業障就解開。業障解開，還能利益眾生之苦；自度，度人。然而心念要如何解開呢？證嚴上人的慈濟宗門所強調的就是在利他行中，拔除業障，解開心念。眾生皆有佛性，只是迷妄顛倒，被無明所綑，佛陀就是要眾生在這無明的迷障中解脫出來。根器深的人，聽聞佛法就了解了，就得悟了；但是一般根器的人，要理解自我的迷障其實非常困難，特別是欲望的世界，以自我為中心的世界，是人們從小到大不斷地被世俗世界教導薰習，以此作為依存和奮鬥努力的目標，這是凡夫的世界。凡夫不會知道佛陀清淨智慧的妙用與喜悅，更不知道自己本來就有清淨的力量，不必活在「欲求與缺乏」的痛苦世界裡。人都是為「求什麼」而活，因「缺什麼」而努力。但是佛陀的智慧要引領我們認識自身本自有無比的能量，何假外求？何來匱缺？而如何認識自身的力量充滿、無限、自足呢？證嚴上人是以利益他人來引領慈濟人認識自身的力量是具足的、是無限的，所以應回轉心念，感恩惜福，然後再造福。

花蓮慈濟醫院一位長期的志工蘇足師姊，在慈濟醫院服務病患超過二十年。蘇足作為一位志工，不支薪，每日在醫院照顧病人，關懷醫師、護士，幾乎終年無休。晨間四點鐘即起，作早課；晚間七點半，與醫院其他志工們分享心得，她的日常作息幾乎與出家的修行者沒有兩樣。

個性爽朗豪氣的蘇足，過去是在菜市場賣豬肉，她在基隆市場裡其實名氣很大，個頭不高，長得秀氣，但嗓門很大，十足像個大姊頭。市場的生意非常好，她善於與人交往，而回到家又極盡做好一位妻子的角色，照顧丈夫無微不至。她的丈夫沒有工作，家庭收入與日常的生活起居都是靠蘇足在打理。這樣的太太應該很難尋覓，應該很滿足、很珍惜。

可惜蘇足的先生風流成性，愛很多外面的女人，蘇足氣不過，光是當場逮個正著就有十幾次。每次捉到她先生的外緣，她先生都很溫柔地告訴蘇足：「其實我最愛妳，要不然我怎麼會每天都回家。」蘇足每一次都被哄，哭一哭，哄一哄，就原諒了。但是情況從來沒有改善，在無數次的逮個正著之後，蘇足的心碎了，她幾次試圖結束自己的生命。在最絕望的時候，蘇足認識慈濟，見了證嚴上人。她問上人：「我到底錯在哪裡？為什麼我老公這樣對我？」證嚴上人聽了蘇足的痛苦後，頓了一下雙手，堅定地對蘇足說：「不是妳有錯，是他沒有福！」

證嚴上人要蘇足到慈濟醫院當志工，去照顧病人，去給病人關愛；在醫院中，蘇足看到生老病死，看到各種絕望的病人，本來就很有義氣的她，積極地付出她的愛給那些在生死病痛掙扎徘徊的病人與家屬。蘇足逐漸地成為許多病人的依靠，也成為許多醫師崇拜學習的對象。醫師們在面對最難纏的病人時，總是會求助於她。在慈濟醫院裡，蘇足是一個愛人，也被愛的人，她在給予別人愛的過程中，逐漸認識到原來自己有這麼多的愛，為什麼老是企盼老公那一點點的小愛呢？慈濟的大愛，化解她心中的無明、迷障。自性清淨，自性有無比的能量，自性是大水庫，卻要自困囚在小小的汙水灘裡，企求汲取一點點汙水。照顧病苦，是蘇足覺悟的開始與契機，這契機就是在慈濟實踐道場裡，以利益眾生，求得自身清淨的智慧。

慈濟宗門就是以這種實踐的利他法門，體現藥師佛的大願，「為拔業障所纏有情」，然後「還利益安樂像法轉時諸有情故」。蘇足的歷程也是諸多慈濟人的共同歷程。利益眾生，拔除自我迷障。迷障既除，又更深入的濟度眾生。

如同帶領蘇足師姊的許多資深慈濟志工，他們都是蘇足的善知識，他們引領蘇足如何去關懷病人，如何引領病人接受生老病死的苦，教導病人心開病除，或生死自在。資深志工都是蘇足的大善知識，而如今蘇足也成為「利益安樂像法轉時諸有情」的善知識。資深志工具備的關愛病人與拔除病人內心痛苦的智慧，都是早期從慈善關懷開始投入學習，而教導他們的就是證嚴上人。從創立慈濟開始，證嚴上人親自帶領著資深志工們訪貧，濟貧；辦義診，照顧病人。證嚴上人是慈濟第一個志工，他將佛陀「拔苦予樂」的智慧，在利他的實踐中，直接讓弟子們耳濡目染地薰習。讓弟子在力行實踐中，體會佛陀的教導，確立自性清淨、本來具足的大智慧。

證嚴上人的開創性在於他將佛法直接導入人們的生活中，或者說是讓佛法在人們自身的生活中具體地實踐出來，讓世人真實體會出佛法的妙處與法喜，真實認識自我的清淨與自足的能量，那無限自足的能量，就是佛陀的平等愛，也是藥師佛行菩薩道時，所發的十二大願，要眾生所求皆得完滿。亦即佛陀告訴法王子文殊舍利菩薩：「彼世尊藥師琉璃光如來，發十二大願，令諸有情，所求皆得。」

雖然蘇足並沒有尋回她先生的愛，但是她尋回自我生命更大的力量，她發揮了更巨大恆久的無私大愛。這好像一個人遺失了一分錢，本來找得很辛苦。但是她放棄不再滿地找他遺失的那一分小錢，卻得到數以萬億元，獲致無價之寶。其所求，仍是具足完滿的得到，而這得到，必須從拔除業障所纏開始。人被「情與欲」綑綁纏繞，不得出離，才是真苦。藥師如來大願首先要我們從情欲的綑綁中脫離，才能得到大歡喜與大自由。

慈濟人在二〇〇八年汶川地震的賑災過程中，膚慰許多母親因為失去孩子而受巨大之傷痛。慈濟人當時除了發放各種物資、義診之外，也為村民每日準備熱食。一開始當地官員還抱持反對，因為怕村民養懶，亦即養成懶惰的習慣，但是慈濟人告訴當地領導，他們會引領村民一起「親幫親，鄰幫鄰，友幫友」，慈濟會讓災民不是坐著哀傷，而是能夠站起來幫助其他一樣受災的村民。慈濟人相信證嚴上人的教導，「在幫助他人當中，會超越自我的哀傷。」

在汶川地震中就有一位失去孩子的母親名叫張世彥，她的女兒才十歲左右，很懂事，長得也很可愛。不幸在地震中被埋了，身體挖出來的時候，那麼可愛的女孩竟然頭不見了。張世彥的悲痛無法形容，她日日以淚洗臉，不吃、不喝、不和任何人說話。她不斷地寫信要給女兒，寫了好多好多信，但是一封也寄不出去。慈濟資深醫療志工張紀雪師姊看到張世彥的悲痛，讀著張世彥寫給女兒的信，其中一段寫道：「女兒最喜歡幫助人。」慈濟志工張紀雪於是告訴張世彥：「妳的女兒喜歡幫助人，妳為什麼不去完成她的願望，也去幫助人呢？」張世彥在張紀雪的陪伴下，第二天加入慈濟，煮熱食給村民。她每天與大家共同烹煮熱食，親手送給村民吃，幾天後，張世彥開懷地笑出來了。這見證人人本性具足的力量，通過幫助他人，愛他人，不只拔除業障所纏，還能利益他人。這正是藥師佛的本願。慈濟正是經由愛護那些受苦的人，然後引領他們去幫助其他更多受苦的人，從這過程中，看到自我內心的愛本來具足，不缺損，這自然讓被情所縛的苦業拔除。

二〇〇五年的南亞海嘯，慈濟人到斯里蘭卡賑災。在數以萬計的災民中，有一位中年的災民，災後一週以來不吃、不說話、不飲水、不理人，整個人呆滯如槁木死灰一般。這位災民叫作阿布都拉，阿布都拉因為家中五口，妻子與小孩通通喪生，他無法從這巨大的傷痛中甦醒過來。而當慈濟志工林仲篪師兄看到阿布都拉，不捨他失神、茫然、絕望的神情，於是林仲篪趨前和他說話，阿布都拉都沒有回應。在多次嘗試失敗之後，林仲篪想出一個方法，他決定唱一首歌給阿布都拉聽。「……我的快樂，來自你的笑聲，而你如果流淚，我會比你更心疼，我的夢想需要你陪我完成……。」唱到一半，阿布都拉突然笑出來了，的確一個男人唱歌給另一個男人聽真的很奇怪。林仲篪雖然唱的是中文歌，但是他的真誠應該是讓阿布都拉感動了。林仲篪趕快端一晚熱熱的玉米粥給阿布都拉吃，他吃了一口，然後嚎啕大哭……。他盡情地用無數的淚水，從極度的悲痛中紓解。

第二天，慈濟志工讓阿布都拉穿上志工背心，到義診所當翻譯，他會說英文，剛好幫助醫師翻譯斯里蘭卡話語。一週後，阿布都拉有說有笑了，這正是在幫助別人中超越自我的哀傷的另一例證。藥師佛成就的大願，「拔眾生業障所纏有情」，慈濟人是以藥師佛大願，拔除受苦眾生的所纏有情，所用的法門是引領他們去愛人，去幫助他人。經由這種利他的實踐，拔除自我迷障，也同時利益群倫。自性本來清淨具足，本來不生不滅，本來永不匱乏，只因眾生被情綑縛所致。

慈濟宗門的藥師佛第一大願

藥師佛的第一大願：「願我來世得菩提時，自身光明……以三十二大丈夫相，八十隨形好，莊嚴其身，令一切有情，如我無異。」

藥師佛希望莊嚴其身，也能使眾生形象莊嚴完好。慈濟在一開始致力慈善志業，證嚴上人要求慈濟人必須幫照顧戶清潔房舍，打掃滿屋的淤泥、糞便等，還必須幫不良於行的老人洗澡沐浴，幫他們剪頭髮，將形象打理得很清潔，讓他恢復尊嚴的形象。證嚴上人常說，慈善工作，不只要給予物資，還要給予關愛，還要莊嚴他們的外表。這正是藥師佛的大願，莊嚴其身並令一切有情，如我無異。慈濟人經由慈善體現了這種大慈大悲的願望。西方許多慈善機構對於貧戶的幫助，多半僅止於物資的發放，比較少幫照顧戶打掃、淨身、剪髮。而證嚴上人從做慈善開始，每個月都在靜思精舍舉辦發放，許多志工是美髮師，他們在發放日幫照顧戶剪髮、淨身。證嚴上人常常告誡弟子與志工，把眾生當佛，為眾生潔淨、沐浴，就是一種浴佛。藥師佛的第一大願不就是把眾生當作自己，不只要自己成菩提，不只自己要具備三十二大丈夫相，八十隨形好，莊嚴其身，還要令一切有情，如我無異。這是心佛眾生三無差別。

其實慈濟志工在幫助照顧戶的同時，也莊嚴自身的形象。資深志工喬秋萍師姊在一九九〇年代就加入慈濟，那時候喬秋萍和她一群姊妹淘都是少奶奶，那時喬秋萍全身打扮得像一棵聖誕樹一樣。但是當她和資深委員到一個照顧戶的家，那個老人家裡充滿糞便味，由於身體不良於行，無法打掃，全家糞便處處，他自己身上的汙垢也是厚厚的一層，手上、腳上的指甲長且黑又厚。資深委員安排喬師姊為這位老人家剪指甲，喬師姊躊躇了好一會兒。這也必然，全身穿戴華美飾品，要彎下來為又髒又臭的老人剪指甲實在很不容易，但是她心裡想，都來了，別人都在做，於是她鼓起勇氣，拿起指甲剪，往又硬、又長、又黑的腳指甲剪了下去。那一刻，她猶豫的心情與某種世俗的身段就此放下了，喬秋萍也放下世俗世界華麗的裝扮，而以清新莊嚴的新面目，投入慈善行，持續二十多年不間斷地為眾生付出。

在全世界許多窮困的偏遠地區，一個個慈濟的菩薩身影，穿梭在苦難、偏僻的村落之間。經由利益眾生，濟助眾生的苦，慈濟人也莊嚴自我的身與心、形與行；慈濟人的莊嚴自身是通過莊嚴他人獲得，這是具體體現藥師佛的第一大願。

吾人在二〇〇三年間，有一個因緣持續拜訪花蓮的原住民部落。這過程中，有一位臺北板橋的慈濟師兄經常陪伴著我，開車載我進出部落，他的名字叫林德源。林德源師兄當時五十歲上下，看來很清淨、很莊嚴，內斂沉穩的性格，加上沉靜樸質的面貌，讓人看了心生歡喜。在幾個月的相處中，我很少問起他從事何種工作。終於有一次在回市區的路上，我問起他的生平，林德源師兄告訴我他在經營服裝工廠，與他的師姊（亦即太太）一起創業多年，很感恩事業做得還不錯。不過他跟我說，過去他是一個混混，喜歡賭博，從十三歲就開始賭博，不只賭博，還專精詐賭。當兵向軍官詐賭，出社會連警察都被他詐賭過。他以前經常對太太家暴，太太離家出走三十多次。一九九六年前後，被慈濟環保志工感動，走進慈濟，從做環保，到關懷照顧戶；他用八個月時間，戒賭、戒菸、戒酒、戒打老婆。

現在從林德源師兄談吐、氣質，完全看不出他曾是江湖中人，過去他燙了一頭捲捲的黑髮，和現在的小平頭相比，氣質完全不同。平實樸質，正如吾人說的，讓人看了很舒服，是一個溫暖有愛的人。有一次在板橋聚會中，大家都在聆聽證嚴上人開示，林德源坐在牆壁的一角，盤腿而坐，雙眼微閉，就像是一個老僧入定的模樣，讓人望之起恭敬心。這是林德源走入人群，利益眾生之後的面貌與人格的改變，他的形相在起菩提心之後，清淨自心，莊嚴其像。

有許多人都說慈濟人相貌都很像，一如藥師佛的願望，在得證菩提之後，能具備三十二大丈夫相，並希望一切有情眾生與他無異。的確，行菩薩道之後，得智慧、去貪欲、利益他人，相貌都很相似，都很樸素清淨，這不就是藥師佛的願嗎！也有人看到慈濟的制服，覺得很美，也希望能走入慈濟做志工，希望也能穿上莊嚴美麗的旗袍。慈濟的旗袍，以證嚴上人的闡述是一種柔和忍辱衣，穿上柔和忍辱衣就必須力行菩薩道，愛一切眾生。慈濟的制服是用來莊嚴自身，以度化他人；經由度化他人，也莊嚴自身。

《天下》雜誌曾把慈濟人與證嚴上人選為臺灣最美的人，正是標榜行善所得到的清淨莊嚴之面貌是最美的。慈濟人行善、布施，付出無所求，體現了無相施；深入災難地點發放、義診，體現無畏施；濟貧之後還教他們富有的心，這是體現法布施；經由種種利他善行，得清淨智慧，因此呈現藥師佛的大願，逐漸具備各種大丈夫相，以及種種隨形好。有人問慈濟人為什麼看來美？慈濟人會回說因為抹上「慈濟面霜」。「慈濟面霜」其實就是代表慈濟人必須要柔和、溫暖、有愛。抹上「慈濟面霜」會變美，因為有愛就變得美。心中有大愛、行大愛，人就變得清淨。去欲、去貪、去瞋，人就變得樸直莊嚴。利他度己，正是慈濟志工，莊嚴自身的法門。

慈濟宗門的藥師佛第二大願

藥師佛的第二大願：「願我來世得菩提時，身如琉璃，內外明徹，淨無瑕穢；光明廣大，功德巍巍，身善安住，燄網莊嚴過於日月；幽冥眾生，悉蒙開曉，隨意所趣，作諸事業。」

住在南非的慈濟志工潘明水，他從臺灣移民到南非，在那裡做生意，成為一位很成功的企業家。他住在海邊的豪宅，在他的生活裡，並沒有認為做慈善是很重要的生命目標，也沒有認為學佛是生命的大喜悅。但是因為他隔壁的鄰居是一位慈濟師姊，這位師姊拜託潘明水幫忙開車去發放，在幾次拒絕後，有一次潘明水終於不好意思，勉為其難答應幫慈濟師姊開車，參與發放；但是沒想到，發放後他發覺慈善工作，幫助人非常快樂，所以他開始投入做志工。

潘明水在許多發放的經驗中發現，南非祖魯社會，男人不工作、女人沒事做，所以他就開始想辦法把一些成衣工廠裡的碎布集合起來，送到部落，教部落婦女做縫紉。潘明水師兄把臺商工廠裡的中古縫紉機都回收，運到村落，教導祖魯族婦女做縫紉，製衣服。他教她們裁縫，一次不會，教兩次，兩次學不會，教十次，只要祖魯婦女們肯學，一定把她們教到會。一個縫紉班開成功了，再到隔壁繼續開第二個班、第三個班。縫紉機只借不給，給了怕她們不用，用借的名義，她們會有壓力，如果萬一有人辜負不用，那就要轉給其他人使用，所以婦女們就會很珍惜，趕快努力學習。

這些南非祖魯族的婦女非常有愛心，她們在幾個村落學會做衣服以後，把衣服拿到市場賣，賺得一些錢。她們說，不要把賺的錢全花光，每個人拿五％的收入，到隔壁村再開個縫紉班。就這樣從五％開始自力更生，後來達近六百個縫紉班，有近兩萬位祖魯族的婦女在這個縫紉班裡獲得新的技能，改善她們的生活。這是證嚴上人要慈濟人做的「濟貧教富」，幫助貧窮的人，但是教給他們富有的心，讓他們也變成能夠幫助別人的人。這是體現佛陀教導的三輪體空：「沒有給予者，沒有接受者，連給予這件事都要忘記。」這也是證嚴上人希望慈濟志工力行體現地「無所求付出」的精神。不只「付出無所求」，被幫助的人，最後也能去幫助別人，所以給予跟接受根本是無分別的，無分別的愛就是佛陀的教法，是慈濟人一貫力行的理念。

證嚴上人在講述《藥師經》時，就以南非黑人志工做例證，說明潘明水師兄與南非志工所體現的，正是藥師佛的第二大願：「幽冥眾生，悉蒙開曉，隨意所趣，作諸事業。」而潘明水不戀棧優渥的海邊別墅，每天開車數小時或十數小時，穿梭在德本的鄉間。他的精進行，使他逐漸領悟藥師佛的大願望，修行要修到「身如琉璃，內外明徹，淨無瑕穢」。他逐漸在幫助南非婦女的過程中，潔淨自心。而他成功地創立縫紉班，不但給南非志工得到新的生活，也讓慈濟其他國家的志工作為一種新的慈善模式。南非鄰近的賴索托也以潘明水師兄的模式，幫助經濟蕭條的當地居民，做起職訓縫紉班。潘明水的利他行止，以吾人看來正是體現藥師佛的第二願：「啟發光明廣大，功德巍巍，身善安住，燄網莊嚴過於日月。」

潘明水當時在南非德本所設立的縫紉班，目前已經有將近六千多位祖魯族婦女加入慈濟做志工。她們穿上藍天白雲的慈濟制服，到鄉村訪視，幫助孤獨的老人，照顧一千多名愛滋病患者，和將近五千名的愛滋孤兒。其中一位祖魯族志工叫葛雷蒂絲，她認識潘明水的時候正當她生命最幽暗的時刻，那時的葛雷蒂絲又窮、又恨，因為她的先生和外面的女朋友跑了，而且最終要把葛雷蒂絲趕出家門。葛雷蒂絲不願意離家，所以她的先生與外面的女友對葛雷蒂絲的住所丟汽油彈，她帶著兩個小孩從後門倉皇逃出，依靠親戚。

剛好潘明水與慈濟人到村裡發放與關懷，葛雷蒂絲前來領物資。因為懂英文的緣故，她成了潘明水的翻譯，進到個部落，一開始潘明水講一句，葛雷蒂絲翻譯一句；幾個禮拜以後，潘明水講一句，葛雷蒂斯可以講十幾分鐘。顯然潘明水要講什麼話介紹慈濟，葛雷蒂絲都耳熟能詳了。她也因此成為祖魯族第一個慈濟志工，幾年前也授證成為慈濟委員。現在問葛雷蒂絲，對於丈夫想加害她的往事，她都說已經記不得了。葛雷蒂絲的領導力，讓她逐漸成為社區推動慈善最重要的幹部之一，因為她的貢獻，社區的政黨還找她參選議員，她回絕了，因為她說，慈濟人不參與政治。葛雷蒂絲已經如藥師佛所願，逐漸獲致「內外明徹，淨無瑕穢」。

一群過去「身貧、心苦」的祖魯族婦女，如今穿梭在窮困村落間去幫助他人。這一群信仰基督的婦女，穿著慈濟藍天白雲的制服，走路到每一個需要關懷的角落，付出她們的愛心。她們很喜歡唱歌、跳舞；她們通常邊走路、邊唱歌、邊跳舞。她們自己編了一首歌，歌詞是這麼唱：「今天我們出門，一定要做好證嚴法師要我們做的事，否則以後回去會對不起耶和華！」她們仍是基督徒，正如葛雷蒂絲說：「我們是在做上帝的工作，佛陀與耶穌一樣偉大。（We are doing God's work. Jesus and Buddha are all the same.）」她們也說：「我們死後不會上天堂，而是要回到慈濟，要追隨證嚴上人繼續做慈濟。」

曾經是貧困、不幸的一群婦女，如今改變生活，改變心境，還能幫助更多的人改變他們生命之境遇。二〇一一年葛雷蒂絲與幾位祖魯族志工接受聯合國婦女聯合會的邀請到紐約聯合國演講，分享她們在南非職訓班的經驗，與照顧愛滋孤兒的事蹟。她們的悲心與願行，已經站上世界主要的舞臺。她們濟貧教富的影響力也仍在擴大中。雖然她們皮膚很黑，但是在她們身心所顯露的，正是藥師佛的第二大願：「願我來世得菩提時，身如琉璃，內外明徹，淨無瑕穢；光明廣大，功德巍巍，身善安住，燄網莊嚴過於日月。」

慈濟宗門與藥師佛第三大願

藥師佛的第三大願：「願我來世得菩提時，以無量無邊智慧方便，令諸有情皆得無盡所受用物，莫令眾生，有所乏少。」

證嚴上人從創立慈濟功德會以來，就以濟助貧困為使命。從長期扶困，到緊急救難；從緊急救難，到長期重建。從一九七三年的娜拉風災，到二〇〇一年的納利風災；從九二一地震，到莫拉克風災；從臺灣到中國大陸，全亞洲到全球一百三十六個國家地區都有慈善濟貧之工作。不同國家、不同文化、不同宗教、不同制度，都必須因其所需、依其所求、因其所制，而有不同救濟的因應方案。正如哈佛大學商學院二〇一〇年所做的慈濟個案研究，得出慈濟模式將給西方管理學一個新的啟發。證嚴上人與慈濟志工並不遵循一定的策略，而是以因緣觀，依循無緣大慈、同體大悲的一貫原則，以直接、重點、尊重為救助理念，隨時以當時的情況，以當地災民的需要，擬定適機、適宜的救助方案。

臺灣九二一地震後，慈濟兩年半蓋了五十一所學校；莫拉克風災後，十五萬志工上街打掃，並在八十八天蓋好七百多戶永久住宅。菲律賓在二〇〇九年的大水患，慈濟以工代賑五萬多名菲律賓當地居民，並引領他們成為慈濟志工。緬甸風災慈濟人發放稻種，農民豐收後，每天煮飯前，他們會先抓出一把米，布施給比他們更窮困的人。美國卡崔娜風災，慈濟人在現場發放現金，舉辦義診。在印尼海嘯後，慈濟興建大愛屋四千多戶，並興建五所清真寺給伊斯蘭教徒災民。這些都是超越不同文化、族群的救濟方案。這是藥師如來的第三大願：「以無量無邊智慧方便，令諸有情皆得無盡所受用物，莫令眾生，有所乏少。」

以印尼慈善為例，二〇〇二年，印尼雅加達有一場大水患，市區一條充滿了垃圾的紅溪河，長十多公里，寬七十米的河道，只看見七米寬的水，其餘都是垃圾淤塞。兩岸住滿了各種違章建築，慈濟全球志工總督導黃思賢和當地企業家與雅加達省長到紅溪河勘災。志工將災區情景拍下影片送回臺灣花蓮給證嚴上人看，證嚴上人看了很不捨，告訴前來的印尼企業家們，紅溪河是雅加達最髒的一條河，慈濟人應該把這條河清理乾淨，讓紅溪河亮起來，雅加達就會跟著亮起來。

證嚴上人告訴印尼第二大的企業負責人、金光集團的黃奕聰董事長，希望他帶領華人志工整治紅溪河，並且要五管齊下。黃居士當時八十二歲，他是基督徒，但很敬重上人。他帶著兒子黃榮年皈依證嚴上人成為佛教徒，他聽證嚴上人說要五管齊下：「要清垃圾、要抽水、要消毒、辦義診，然後蓋大愛屋。」回到雅加達後，立刻就號召當地華人開始一起來整治紅溪河。黃奕聰居士也親自向軍方和印尼總統說明慈濟的理念與理想，並請軍方出動部隊協助。

包括慈濟志工在內總共三千多人，在二〇〇二年的三月鏟下第一鏟，協力要將紅溪河清乾淨，估計志工與部隊清掉幾百噸的垃圾。三個月後，慈濟把兩岸逐漸清乾淨，幾千戶的違章建築在政府的協力下全數拆除。慈濟與政府合作將居民搬遷，先到市郊租房，然後慈濟再蓋大愛屋給他們。一年後，二〇〇三年八月完成一千一百戶。其實居民一開始當然有不安全感，有一陣子村民看到慈濟的藍天白雲就很擔心，他們認為慈濟人來了，就意味著地方政府要來拆房子。雖然慈濟人願意蓋房子給他們，但會不會要他們變成佛教徒？

除了清垃圾，慈濟人也在社區發放大米幾萬戶，舉辦義診醫治數萬人。過去印尼的華人企業家也捐錢，據企業家們說，他們過去捐給政府的錢，可能比慈濟還多，可是印尼人都不感恩，反而認為他們是在贖罪。他們過去就是捐錢，花錢請醫生義診，但是自己不去。可是現在證嚴上人要他們自己親身去發放，參與義診。當華人企業家自己發放，牽著老人家的手送物資；辦義診，親自下來參與幫病人掛號，印尼人開始改變對華人的觀感。紅溪河整治是印尼慈濟慈善的重要起點，也是印尼華人重新塑造社會形象的轉捩點，更讓印尼政府體會照顧人民的福祉，是社會振興的重要力量。

吾人曾經在二〇〇二年紅溪河整治前，走訪一戶河上的違章建築。小小三坪不到的房子，住五口人。吾人走進去小房子，問年近三十歲的中年人，一個月賺多少錢？他算一算一個月折合新臺幣大概七百元。他向吾人說，這簡陋的木板房子每月房子租金要二百五十元。家裡什麼都沒有，床高到肩膀，因為江溪河很低，雅加達低於海平面四公尺。雅加達的紅溪河最髒，又最低，只要一漲潮，家就會進水，所以床都搭得很高。他的家裡沒有家具，只有一個鍋子，圍著磚燒飯，旁邊有一桶水，比較乾淨。吾人問這水是紅溪河的水嗎？他說不是，是買來的水。一個月要一百元新臺幣買水。算一算房租加水費，七百元就有三百五十元不見了。所以一家五口，三百五十元新臺幣要過一個月。吾人記得當時參加完義診發放後，回到臺北，帶著兒子在臺北一家餐廳吃飯，那一餐花了四百元。吾人跟兒子說，我們吃掉印尼那一家人一個月的生活費，貧富就是這麼天壤之別。

雅加達的大愛村於二〇〇三年八月蓋起來了。慈濟人的尊重和貼心，讓每棟房屋上頭都印有水果標記，因為很多老人家不識字，也不會看阿拉伯數字，要他說他們住在A棟或B棟，他們不會說，也聽不懂。但是他們現在可以說，他住在「木瓜」那一棟的二樓、住在「西瓜」那一棟的三樓。這些雅加達最窮困的村民，幾乎三、四代都住在充滿垃圾的紅溪河畔。他們有些是從鄉下來城市謀生，幾世代盼望能有個新房子，現在突然住進嶄新的房舍，村民幾乎都是含著眼淚歡喜入住。

整個大愛村的面積有幾十畝，三十%是蓋建築，七十%是空地，所以孩子們可以在廣場盡情地遊玩。大愛社區還有學校、義診中心，屋裡面有家具，包括床、櫥具、餐桌什麼都有，人只要住進來就行了。本來企業家們說搭鐵皮屋給他們住就好，可是證嚴上人的理念是：「你自己想住的房子，才可以蓋給別人住。」大愛村共一千一百戶，在當地是非常美的建築，住進去的村民都覺得很榮耀。孩子們現在可以在廣場上踢足球，穿制服上學；以前他們身上總是髒髒的，在紅溪河他們只能放風箏，因為沒有空間，周遭都是垃圾，所以娛樂都往空中發展，他們現在可以馳騁在寬廣的草皮上。

吾人於二〇〇七年到印尼大愛村向居民做訪談，當時已有百位居民參與慈濟在社區當志工，他們仍然是伊斯蘭教徒，而且知道慈濟人不會要他們變成佛教徒，他們說做慈濟使他們學會怎麼去愛別人，學會怎麼樣成為真正的穆斯林，學會怎麼帶小孩，學會一個新的生活方式。

大愛村也興建一個中學和一個小學，中學的校長是天主教徒，小學的校長是基督徒，老師是伊斯蘭教徒，學生是伊斯蘭教徒，蓋的人是佛教徒。義診中心的五樓是一個綜合禱告室，本來當地慈濟企業家認為應該要蓋一個佛堂給慈濟志工們使用，但是證嚴上人告訴慈濟人，這個紅溪河的大愛村是印尼人的大愛村，我們要給他們蓋一個他們可以禱告的地方，因此將五樓超過六百坪的空間規劃為綜合的集會所，這是證嚴上人尊重不同文化的理念，這理念亦是藥師佛的第三大願：「以無量無邊智慧方便，令諸有情皆得無盡所受用物，莫令眾生，有所乏少。」

慈濟宗門與藥師佛第四大願

藥師如來的第四大願：「願我來世得菩提時，若諸有情行邪道者，悉令安住菩提道中；若行聲聞獨覺乘者，皆以大乘而安立。」

證嚴上人一向不尚神通，不迷信，強調正信佛教。他要弟子不要「求」佛，而是學習佛陀平等愛的精神，做一個幫助人的人。

一位資深的慈濟志工黃永存在年輕的時候事業成功，也熱心宗教。他曾經努力參習基督教，後來到了道教，當起「文仙」或叫「文乩」，就是在乩童起乩的時候，負責解讀的神道人員。他曾對吾人說，以他的經驗，神明有時候真的會來，但是十次有八次都沒有來感應。當神明沒來感應的時候，信徒問問題，要解答，他只好邊猜、邊編，牽強附會地應對信徒所求。文乩當久了，興趣沒了，就修密。修密的時候打坐，有一次看到空難，狀態十分恐怖悽厲，他從打坐中回過神。幾天後，果然有空難，因為他是做航空業的，所以特別敏感，他請問修密的師父，修密的師父告訴他，他可能著了悲魔，要停止打坐一陣子。

過不了幾個月，黃永存又開始打坐，這一次他夢見一位出家師父，很瘦、很弱，師父背著他，手放在身後，悠然地走在一大片草皮上，師父一直走，他在後面一直跟，結果不一會兒，那位師父突然掉進一個懸崖！他慌忙地往前跑，要去抓住他，但是等到他跑到懸崖邊，那位師父竟乘坐著一朵大蓮花，從山崖之間緩緩地飄上來。他又驚醒了！這一次黃居士又跑去找他修密的師父，是否又著了悲魔？這一回修密的師父告訴他：「不是悲魔，是明師示現給你，你要趕快去找這位明師。」

於是黃居士尋尋覓覓數月之久，任何大小廟宇，佛教的、道教的，大小道場，他都參訪，要找明師。一年快過去了，找不到任何對機的明師。他找明師的方法，據他說，他都會先問：「請問師父，我們見過面嗎？」他得到的回答多半是模稜兩可，或說沒印象。他正要放棄之際，有一天一位慈濟委員林勝勝打電話給他，說她的師父從花蓮過來，要不要藉此機會去見個面？過去林勝勝師姊其實找黃永存幾次到花蓮去見這位師父，他都回絕，因為他覺得花蓮這種偏僻的地方，不值得去。既然師父來臺北，黃永存依約到當時吉林路見林勝勝的師父，那位師父就是證嚴上人。

黃永存與他兩位修密的師兄一同前往，到了慈濟吉林路會所，見到了證嚴上人，黃永存與他的師兄們頂了禮，還跪在地上，開口就問：「這位師父，我們見過面嗎？」黃永存還未起身，上人就回答：「你這個傻弟子，我等你那麼久，你到現在才來？」黃永存一聽眼淚立刻奪眶而出，他莫名地淚流不止，不知道為何，當時眼淚完全無法控制，一直流，加上他還跪著，上人彷彿叫他起來，他卻一時好像無法起身，不知道哭了多久，只知道兩旁坐滿了慈濟師姊，當時很尷尬。後來終於有師姊扶他們起來，讓他們在一旁坐下。

不久後，證嚴上人要離開了，他們三位師兄弟跟在後面，黃永存心理想要試試上人的法力，就向兩位師兄弟使一個眼色，三位修密師兄很有默契地在上人背後打起法印，但是就在他們手作勢之際，黃永存突然覺得背脊像被高壓打到一樣，全身突然發麻，他旁邊的師兄弟也一樣。這時，證嚴上人突然回頭，問他們在做什麼？黃永存等三個人一慌立刻跪下去，就這樣結束黃永存與上人的第一次相遇。

數週後，黃永存到了花蓮，到靜思精舍參訪，他看到上人的處所靜思精舍很小，覺得不夠氣派。但是當他轉往慈濟醫院，看到花蓮慈濟醫院蓋得這麼好，他心中起了無比的敬佩之心，他突然體會到證嚴上人心心以眾生之苦為念，而自奉如此簡樸，他覺得這才是偉大的宗教家。黃永存居士從此毅然投入慈濟，他離開過去求法力、求神通的信仰模式，轉而以度化眾生、濟世救人作為他的心願。黃永存居士是慈濟慈誠隊的創始人之一，慈誠隊現在已經數萬人之多，是慈濟大家庭重要的護法支柱。至今黃永存仍是孜孜不倦的慈濟志工。

從過去尚神通、求神力的信仰，轉而以濟世眾生為念的菩薩道。臺北的資深志工林智慧師姊，過去也很喜歡算命，入厝、談生意、老公有沒有外遇，通通算命。但是林智慧師姊加入慈濟之後，證嚴上人教導她，人生的道路要自己開拓。「人要運命，不要命運。命理是有的，但是一個人應該掌握自我的人生，改變習氣，即改變命運。」許多像林智慧這樣有成就的婦女，以前凡事算命的例子不勝枚舉，進入慈濟之後，她們思維逐漸改變。證嚴上人提出「福人居福地，而不是福地福人居」，糾正許多經濟富裕的臺灣社會，過度迷信風水的習俗，人可以主動地掌握自己，他說：「心正氣盛，邪不侵。」

其實證嚴上人認為，人求神問卜、求神力，都是欲望的擴張與表現。求神、求佛，以滿足私欲，不是學佛的根本。證嚴上人在《東方琉璃．藥師佛大願——藥師經講記》中曾說：

「藥師佛於因地修行，透徹世間人所追求，不止豐衣足食，最重要的是引導世人具有正知正見，因此才發第四大願。……有些人只信佛，而且很虔誠，凡事都求佛加持、保佑，心中無盡的欲望與追求，都求佛讓他心想事成。《金剛經》有言：『若以色見我，以音聲求我，是人行邪道，不得見如來。』……真正的信佛、學佛，不只是求佛、拜佛事事如願、滿意。而是對自我觀照本性，知道人生的道理。」[50]

為了建立正確的信仰，破除迷思，慈濟也推動農曆七月為吉祥月、孝親月。證嚴上人期望大家打破鬼月的迷思，希望社會人人潔愛環境，不要燒紙錢。這些對許多崇尚傳統民間信仰的人來說，是很大的挑戰。但是證嚴上人堅信正信佛教是心、佛、眾生三無差別，世人必須相信因緣果報，不再造業，並且應該大懺悔，因為大地的崩壞逐漸增強，這正是由於人心的貪欲不斷擴張所致。正因為災難頻傳，證嚴上人在全球推動齋戒、懺悔，希望大家經由大懺悔，從迷障自我、貪欲、執著的人生中出離，轉而為清淨智、識因果、起悲心、生菩提、愛地球、愛眾生的菩薩精神。這是體現藥師佛希望眾生，以大乘安立的第四大願：「願我來世得菩提時，若諸有情行邪道者，悉令安住菩提道中；若行聲聞獨覺乘者，皆以大乘而安立。」

慈濟宗門與藥師佛的第五大願

藥師佛第五大願：「願我來世得菩提時，若有無量無邊有情，於我法中修行梵行，一切皆令得不缺戒、具三聚戒；設有毀犯，聞我名已還得清淨，不墮惡趣！」

證嚴上人《東方琉璃．藥師佛大願──藥師經講記》提到：

「藥師佛在因地修行時，就發願：來世我如果成佛，願所在世界的一切眾生，在我的教化範圍都能修習清淨行。」[51]

證嚴上人要慈濟人都必須守十戒，慈濟十戒，是每位慈濟人都必須遵守的十項生活日常規矩。十戒內容包括：一、不殺生，二、不偷盜，三、不邪淫，四、不妄語，五、不飲酒，六、不抽菸、不吸毒、不嚼檳榔，七、不賭博、不投機取巧，八、孝順父母、調和聲色，九、遵守交通規則，十、不參與政治活動示威遊行。前五項為佛教五大根本戒，後五項則為證嚴上人針對現代社會發展的特殊形態，所提出的生活要求。

證嚴上人希望慈濟人付出無所求，付出還要感恩。這種大我或無我的胸懷，如果要長久保持下去，一定要從去除我欲、我執著手。只有自我放小，只有去除貪、瞋、癡，才能夠真正地做到「無相布施」。

上人要志工學會縮小自己，縮小自己就要先節制個人欲望。而守戒是去我執、去我欲的關鍵。

慈濟人以十戒自修其身，以戒改變原本的習性，如此才能持續無所求地為眾生付出。這是藥師佛的大願：「若有無量無邊有情，於我法中修行梵行，一切皆令得不缺戒、具三聚戒。」

證嚴上人以藥師佛的大願，希望慈濟志工在戒律中，都修行梵行，不缺戒。不缺戒，證嚴上人的說明，就是不犯戒。而藥師佛所說的「具三聚戒」，證嚴上人闡述「三聚戒」的意義吾人簡述如下：第一：要攝律儀戒，亦即將佛法攝受在心，奉行於外，守持戒律，進出如儀。第二：攝善法戒，守持奉行一切善，假使不奉行一切善，就是犯戒。第三：要饒益有情，亦即學大乘佛學，一定要救度眾生。不救度眾生，永遠成不了佛。可見證嚴上人強調律己之外，還要利他。「除了守好戒律，還要去幫助人。」證嚴上人說：

「學佛者不行善，就是犯戒。不要以為自己獨善其身，不犯殺、盜、淫等戒律就可以，這種想法不正確；除了守好自身的規矩、本分，還要行善。看見別人做善事，不起隨喜心，或者別人行善時，即使舉手之勞卻不伸援手，就是犯戒。」[52]

守戒修行，是為著利益眾生。佛陀正是為眾生成佛，為著眾生「開示悟入」，所以來到人間。慈濟宗門強調世間的每個「人、事、物」，都是修行者守持戒律與端正行儀的大考驗，因此，慈濟宗門是要人人「在眾生中修行，而修行也是為眾生」。

臺中一位慈濟志工蔡天勝從小是一個學業優異的孩子，在家裡又是長孫，特別受到寵愛，但是優渥的家庭讓他結交了許多品行不佳、花天酒地的損友。高中開始，蔡天勝蹺課、打架、喝酒，逐漸地淪入幫派。服完兵役後，當時大家樂正盛行，蔡天勝自恃聰明，當起組頭，從此賭博、吸毒、女人無一不沾，昏天暗地的生活，使他形容消瘦，不成人形。毒加賭，他整個人像被欲望的惡魔緊緊纏住一樣，一步步地他走上更危險的路途。他為賭債開始販毒，因為販毒被警方逮捕，被判無期徒刑，雖然他極力否認，極力脫罪，不斷上訴，但是命運給他的懲罰似乎毫不留情。

無期徒刑在高院確定後，他上訴最高法院。在看守所期間，他讀到《了凡四訓》，逐漸醒悟他必須大懺悔，於是在最高法院他終於向法官坦承吸毒與賣毒，沒想到法官竟然發回高院更審，最後他以八年徒刑定讞，他終於卸下一口氣，知道他的生命有機會再來一次。在獄中，三教九流的環境，他努力學習著適應。後來因緣出現了，一位八十多歲的慈濟師姊到監獄訪視，蔡天勝開始接觸《慈濟》月刊，蔡天勝讀到證嚴上人的普天三無之後，非常感動。上人的悲願：「普天下沒有我不能原諒的人，沒有我不愛的人，沒有我不能信任的人。」給予蔡天勝生命新的希望與勇氣。他開始寫信給上人，並且發願出獄後要做慈濟人。

如今蔡天勝是一位慈濟志工，他投入做環保，靠著獄中職訓所，學會了製作西點麵包，出獄後，當起麵包師父，收入不多，但很踏實。而做慈濟志工，使他成為一個全新的人，他的生活如今平實、快樂。在環保回收場，蔡天勝輔導了很多位吸毒者，走出毒品的陰影，過去賣毒，如今用慈濟環保站輔導煙毒受刑人戒毒，洪崧元師兄、林朝清師兄、鄭志明師兄都是在蔡天勝的引導下走出毒品的煎熬，也成為慈濟志工。

蔡天勝的轉變就是藥師佛發的大願：「設有毀犯，聞我名已還得清淨，不墮惡趣。」蔡天勝在《慈濟》月刊看了證嚴上人的「普天三無」，而徹底地覺悟過去生命的迷障，脫離沉迷欲望世界的恐怖，而能轉濁為清淨，終於能擺脫毒害，過一個健康的人生，更進而輔導他人走向菩薩大道。

蔡天勝這種生命轉變的故事，在慈濟世界其實有無數的相似例證。每一個加入慈濟的人，多半都是因為經歷了生命的大改變。有人從奢華到樸質；有人從高傲到謙卑；有人從沉淪愛欲轉為「覺有情」；有人從無限的追逐財富到啟發大捨心；有人從荒誕回歸平靜，這都是藥師佛的大願：「若有無量有情，一切皆令得不缺戒。」不只不缺戒，不犯戒，還要如藥師佛的大願以及證嚴上人所闡述的「三聚戒」，要「律攝儀戒，攝善法戒，饒益有情戒」。

蔡天勝的生命歷程，從迷障到覺悟，就是印證「自我毀犯，還得清淨」。之後還要「攝行儀」——端正自己；「攝善法」——行善付出；然後「饒益有情」——幫助其他煙毒犯戒除毀犯之惡習。藥師佛的行願成為解救迷失在欲望世界中的苦難眾生的明燈。而慈濟世界是打造這個明燈，引領被欲望綑綁的世人，邁向覺悟，進而自覺覺他。

慈濟宗門與藥師佛第六大願

藥師如來第六大願：「願我來世得菩提時，若諸有情，其身下劣，諸根不具，醜陋、頑愚、盲、聾、瘖、啞、攣躄、背僂、白癩、顛狂、種種病苦；聞我名已，一切皆得端正黠慧，諸根完具，無諸疾苦。」

慈濟的慈善與醫療，甚至環保工作都體現出藥師佛意欲眾生「端正慧詰，諸根完具」的願望。

二〇〇二年二月在印尼雅加達的一次義診中，一位病患蘇瓦西，她住在距離雅加達五個小時的村落裡，她是一名乞丐，背上有一個重達十三點五公斤的大腫瘤，從六、七歲就長腫瘤，她背了三十年，從背後看上去，就像一顆巨大的籃球。當地的華人帶她給慈濟人醫會義診，當時慈濟醫院的林俊龍院長看到她的腫瘤，診斷可以割除，不過林院長說，蘇瓦西的身體太虛弱，一下割除腫瘤也可能使她喪命，因此雅加達的一位慈濟師姊把蘇瓦西帶回家裡，照顧她，給她補充營養。兩個月後，醫師認定她的體力比較好了，可以承受手術，在慈濟的幫助下，醫師把她的腫瘤割除了。回到村子裡，當地的村落本以為這個乞丐已經死了，沒想到消失兩個月後，蘇瓦西的腫瘤割除了，村民知道是慈濟華人幫助蘇瓦西。

同年四月份，慈濟在雅加達又舉辦義診，這一次有八個國家的醫師與志工五百多人，準備服務一萬四千名病患。蘇瓦西也回來複診，這一趟一百多個村民聞訊一起到義診中心接受義診，由當地的華人租兩部遊覽車接送村民。蘇瓦西有兩個孩子，現在她可以為人家洗衣服賺錢，不用再當乞丐。而愛心會影響傳遞，一旦有人幫她就會有更多人幫她，蘇瓦西的姨婆給她一個房子住，所以她不用再流離失所。這是藥師佛的大願：「若諸有情，其身下劣，諸根不具，醜陋、頑愚、盲、聾、瘖、啞、攣躄、背僂、白癩、顛狂、種種病苦；聞我名已，一切皆得端正黠慧，諸根完具，無諸疾苦。」

高雄縣八卦寮慈濟環保站的邱淑惠師姊，自小眼睛就弱視，到二十七歲只剩一眼可看見光影，另一眼完全看不見。雖然她眼盲，但她仍走出來為這地球盡一分心力，只要在星期六晚上，到高雄仁武的資源回收站，就可看到她努力拆解電風扇或整理報紙。感動於邱師姊的付出與用心，社區許多居民也逐漸加入環保回收的行列，整個社區的環保因此被帶動，這位眼盲的師姊也成為守護社區環境的菩薩。邱淑惠師姊眼雖盲，但是她的功能良能比起眼明的人可能更為具足，這何嘗不是藥師佛的大願，「諸有情，端正慧詰，諸根完具，無諸疾苦」。

在高雄也有一位眼盲的志工曲素岷，她是一位韓國華僑，說了一口好中文，她每天都和一位行動不便的師姊吳秀玉協力做環保。走路不方便的吳秀玉搭著曲素岷的肩走路，曲素岷是她的支柱，而吳師姊則當眼盲的曲師姊的眼睛，為她引路。兩個人每天並肩做環保回收，樂觀的生命態度讓大家都受到感動。「不去看缺陷的部分，即是完美！」這是證嚴上人不斷告訴弟子的一句話。在曲素岷和吳秀玉的合作無間當中，可以看出合心協力所締造的完美實踐，他們的諸根其實如同完具，無諸疾苦。

行動不便的吳秀玉後來找到一份工作，她只能週末做環保，這對於每日都到環保站的曲素岷而言失去了夥伴，但是高雄的另一位志工幹部立即接手陪伴，她每天花上將近兩小時接送曲素岷來回八卦寮環保站。

二〇〇七年十月的一個下午，曲素岷在這位志工黃師姊的帶領下，在高雄分會見了證嚴上人。曲素岷用心地比手語給上人看，志工一旁搭著她的肩，幫她唱和著歌曲：「感謝你給了我溫暖的擁抱，讓我擺渡過生命低潮，一顆心裝滿愛，風再大，不飄搖，學會把肩膀，借給人依靠……」曲素岷用極盡虔誠的心情比著手語，透過手語傳遞著她的深情，彷彿她也能看見。在場的人看了都不禁潤濕眼眶。上人問誰教妳比手語的？曲素岷說是黃師姊教她的，這就是慈濟用愛實現藥師佛的大願，令諸有情，諸根完具，無諸疾苦。

慈濟宗門與藥師佛第七大願

藥師如來的第七大願：「願我來世得菩提時，若諸有情眾病逼切，無救無歸，無醫無藥，無親無家，貧窮多苦；我之名號一經其耳，眾病悉除，身心安樂，家屬資具悉皆豐足，乃至證得無上菩提。」

慈濟慈善每年幫助的人數超過一千萬人次。其中無家、無醫、貧苦者都是慈濟人救助的對象。慈濟人的幫助，讓這些受貧窮與災難所苦的人，脫離疾病、貧窮，擺脫絕望與無助的生活。每當災難來臨，慈濟人從緊急物資協助、義診，安身還要安心，然後進行長期重建的安生活。慈濟人興建住房，蓋學校，甚至義診所，推動環保。無論在薩爾瓦多地震、四川地震、南亞海嘯、海地地震，慈濟人竭力安置貧困與因災難而受苦的人們。這都是實現藥師如來的第七大願，「若諸有情眾病逼切，無救無歸，無醫無藥，無親無家，貧窮多苦；我之名號一經其耳，眾病悉除，身心安樂，家屬資具悉皆豐足。」

慈濟人在菲律賓義診的腳步，深入許多偏遠的村落與島嶼。二〇〇二年，在距離菲律賓馬尼拉市車程約十一小時的卡令佳村，村民瑪莉塔（Marieta）女士生出了一對連體女嬰大愛（Lea）和感恩（Rachel），為當地小村落帶來一陣騷動及議論。當地原住民的村民相信，生出連體嬰是因為祖先犯錯受到詛咒，才會有這樣的業。

這一對連體嬰一出生就是不幸的，但是母親瑪莉塔卻不願意放棄，堅持帶著連體女嬰到馬尼拉求醫。然而醫師說，如果要進行分割手術，需要一百萬元以上的費用。瑪莉塔頓時腦袋天旋地轉，難以形容內心的絕望。但奇蹟發生了，就在她抱著大愛和感恩要離開醫院的那一剎那，剛好碰到當時擔任菲律賓慈濟人醫會副總幹事李偉嵩，李偉嵩師兄適巧到醫院探望一位義診的病人，當他看到這一對連體嬰的狀況，瞭解之後決心幫助瑪莉塔。於是李偉嵩聯繫臺灣花蓮慈濟醫院，慈濟醫院也派出醫療團隊到馬尼拉為大愛和感恩進行評估。在幾次聯繫及各方奔走下，慈濟菲律賓分會志工順利辦好瑪莉塔及大愛和感恩的護照，將大愛和感恩送到花蓮慈濟醫學中心進行分割手術。

慈濟人把這一對異國來的連體嬰幾乎是當成公主般地照顧。志工們一路悉心陪伴，各種玩具及各種愛的關懷，從護士到志工，從志工到醫師，極力讓瑪莉塔和孩子們忘記思鄉之愁。在醫學上，十幾個不同科別，五十多位醫師同仁的共同會診努力，歷經三個多月的評估、研究、添購器材，終於在二〇〇三年六月順利將連體嬰分割成功。

瑪莉塔感動慈濟人的付出，也發願終身茹素以表達對這一切的付出之感恩。菲律賓的慈濟人並且在馬尼拉幫瑪莉塔找到一個處所，好讓大愛和感恩能繼續受到醫療之照顧。志工為安定他們的家庭，還幫父親安迪找了一個工作，讓他們能在馬尼拉住下來。半年過後，連體女孩的身體狀況穩定，回到山上卡令佳村，村民的驚訝及喜悅自然不可言喻。傳說中的祖先受詛咒所承受的痛苦，因為慈濟人共同的努力將它改變了。這改變，如同藥師如來的大願：「若諸有情眾病逼切，無救無歸，無醫無藥，無親無家，貧窮多苦；我之名號一經其耳，眾病悉除，身心安樂，家屬資具悉皆豐足，乃至證得無上菩提。」

慈濟宗門與藥師佛第八大願

藥師如來的第八大願：「願我來世得菩提時，若有女人為女百惡之所逼惱，極生厭離，願捨女身；聞我名已，一切皆得轉女成男，具丈夫相，乃至證得無上菩提。」

第八大願是為女性在不合理的社會體制下所受的苦而發的。早年證嚴上人在未走入如來家業前，他生長在一個相當富裕、安樂的家庭。年輕的證嚴上人不到二十歲就已經協助父親經營事業，父親的驟然往生給他生命很大的反省，他不斷地詢問生命的意義是什麼？有一次他問一位法師，什麼樣的女人最快樂？那位法師回答他，「提菜籃的女人最快樂。」當時年輕的上人，一時不理解法師的意思。有一次，他照例上街買菜，當時他都是付了錢，菜販自然會將菜送到他的家。那一次年輕的他買了菜，正要從皮包裡拿出幾塊錢來，結果其他的錢不小心掉了一地，他當時一個心念突然閃過，突然觸動，他趕緊把錢撿起來，跑到寺院裡找那一位法師。年輕的上人還喘著氣問那位法師：「您所說的提菜籃的女人最快樂，是否意味著掌權、掌家的女人最快樂？」那位法師回答說你已經想通了。可是年輕的上人卻回答，他不願意一個女人的一輩子就只是為著一個家庭奔忙，上人說，如果有因緣，他也可以，也要做甚至比大丈夫更重要的事情。這是早年上人大丈夫的宏願，當他在市場上，準備拿一點錢要付給菜販，結果掉更多的錢，這就是年輕俗世時的上人根性靈敏的大體悟，這場景使他體悟，一個女人為了顧一個家，結果失去的更多。

證嚴上人建立慈濟之後，正是三十個家庭主婦和他一起建立慈善志業，如今數十萬、百萬的慈濟師姊投入慈濟志工的行列中，她們顧好家，但也走出小家庭，投入大愛家庭；她們改變自己的生命，也進而改變她們的家庭，也改變了社會。這其實就是藥師佛大願，離棄傳統女子所受諸種苦，女子不再是被視為較低下，在社會中較無貢獻與價值的角色，而是如大丈夫一般，甚至比大丈夫更為重要與實質的貢獻家庭與社會。

住在花蓮，時為八十五歲的李時師姊，是早期加入慈濟的志工，她的家庭生活其實頗為艱苦，先生做生意，但卻喜好玩樂，收了貨款，一轉眼就去花天酒地。李時師姊必須幫忙先生做生意，並且小心看著先生，不能將辛苦賺來的錢瞬間虛擲一空，一方面又必須照顧三個孩子，這是一個相當不容易的重擔，但是李時師姊在這時候碰到證嚴上人，開始做慈濟。她在慈濟的行善工作中，逐漸領悟感恩知足的心，才是人生最能把握的心境，用善解包容來引度略微放蕩的先生。漸漸地，她把先生的生意穩固下來了，三個孩子也健健康康地長大，受良好的教育，慈濟使她學會不一樣的生命智慧。

不只如此，慈濟醫院興建的過程中，百分之九十的善款是來自臺北，而臺北的第一位、第二位及第三位慈濟委員也都是李時師姊帶領出來的。臺北現在有數百萬會員，其中有許多慈濟委員，都是這前三位委員篳路藍縷開拓出來的，而這前三位臺北的慈濟委員竟是一位原本家庭不算幸福、教育程度不高的一位家庭主婦所帶領出來。

甚至連高雄第一位慈濟委員涂茂興，也是李時師姊陪伴引導出來的善心委員。高雄現今也有超過百萬會員，一開始就是這位涂師兄開闢出來的慈善福田。李時師姊，這樣一位看似平凡的家庭主婦，卻是慈濟慈善大道拓荒的開路先鋒之一。而慈濟世界裡就充滿了成千上萬像李時一樣的家庭主婦，她們默默地耕耘付出，才締造了慈濟全球的慈善志業。[53]

慈濟宗門與藥師佛第九大願

藥師如來的第九大願：「願我來世得菩提時，令諸有情出魔罥網，解脫一切外道纏縛；若墮種種惡見稠林，皆當引攝置於正見，漸令修習諸菩薩行，速證無上正等菩提。」

一九九九年桃園大園的華航空難事件，一架將要抵達臺灣的班機，頃刻間莫名墜落，機上乘客，可能根本還沒來得及覺察發生什麼事，就驟然喪命了。近兩百條生命在黑夜的雨中，摔得血肉模糊。根據被撞擊的民宅住戶們對吾人表示，他們家人也有兩個人被墜落飛機當場撞死，整個大屋子裡掛滿了屍體，令人慘不忍睹，驚恐的景象連他們家的西藏獒犬三個多月都叫不出來。發生空難的時間是晚上八點多，桃園的慈濟人剛好在分會共修，突然間從媒體傳來空難消息，震驚之餘，八十多位慈濟人立刻趕到現場，陪伴家屬、助念、送上熱薑湯給現場所有的人，包括警察、航空人員。苗栗、臺北的慈濟人也陸續趕到現場支援。天亮後，已經有幾百位慈濟人在失事現場幫忙。支離破碎的肢體，散布在幾公里遠，慈濟人一塊一塊地拼湊他們的儀容。

事後證嚴上人問慈濟人：「看到這種景象怕不怕？」志工們回答上人說：「師父，這個時候只有心痛，已經不知道害怕。」證嚴上人也勉勵志工：

「愛的力量有多大？心中有真誠的愛，就有一股毅力、勇氣。對於空難事件，罹難者家屬的內心勢必有一段漫長的坎坷路要走，需要社會大眾的支持與陪伴，這也是慈濟人會繼續努力的。總而言之，人生無常，一天的平安就是一天的福：在平安中，我們應該為人群多造福！」[54]

失事的飛機裡，也有一位慈濟委員的媳婦，因為正在機上輪值而不幸罹難，留下她新婚不久的丈夫，她丈夫在母親、岳父母及妻子的同事陪伴下到靜思精舍見上人。他的岳母提到：「女兒身軀至今找不全，聽人說若亡者屍體不完整，其魂魄就會到處徘徊、遊蕩，無處可歸。」這是民間普遍的一種迷信，如果屍首不全，是否要做些假的東西來補全？是否要叫喚亡者女兒的靈魂回來，以免她的靈四處徘徊飄蕩？證嚴上人告訴這位一找不全女兒屍首而痛心欲絕的母親說：

「所謂『靈』，就是『靈覺』的意思。人還擁有軀體時，就有很多的障礙；而已脫體的靈魂，既是『靈覺』，則不管身軀損壞情形如何，靈魂都是完整的，並且沒有任何東西可以破壞它。女兒如此得人疼愛，可見在世時一定很善良，既然她有善心，就會乘著好因緣捨此投彼，這個緣其實由不得她徘徊流浪在此。你們不要再胡亂地到處東問西問，如此只會使你們的心更亂。要安下心來，專心於佛號，為她祝福。你們心安，她靈安，才能求得生死兩相安。」[55]

二十多年前，一位慈濟資深志工蔡寶珠師姊，她兒子也是在空難中往生，蔡師姊從絕望到投入慈濟，真正體會世間一切因果相生。證嚴上人告訴慈濟人，大災難是足以讓我們體會佛陀的教法，觀身不淨、觀法無我、觀受是苦、觀心無常。因此更應把握因緣，為眾生付出，才能走出哀傷。

其實面對這種大無常，很多人內心都在問為什麼？航空界工作人員之間充斥著各種怪力的傳說，包括失事飛機四年前曾載運名古屋空難的遺骸回臺，所以早被詛咒；又說，飛機上當時有怪異的聲音，有空姐聽見等等。證嚴上人面對這樣的傳說，不斷告訴前來拜訪的華航人員與罹難者家屬們，不宜迷信，更不應相信怪力亂神的傳說，聽信這類的傳聞，心會亂。

華航董事長蔣洪彝先生事後也來拜訪證嚴上人，除了感謝慈濟人在出事現場的協助，他也難掩內心的難過沉重，他問證嚴上人：「是否自己罪孽深重，才會發生如此重大的不幸？」[56]上人告訴蔣洪彝董事長：

「其實此事無關個人罪業如何，最重要的是，必須公司上下都要一起維護一個『和』字，如中國人常說的『家和萬事興』，上下和氣，諸事才能興旺——主管要以寬大的愛心來關懷部屬，部屬們也要盡心盡力地分工合作，這種愛與感恩正是事業成功的重要關鍵。集合眾人點點滴滴的愛與善，就會帶來福氣，有了福自然就能趨吉避凶。」[57]

這就是正信的力量。相對於部分華航罹難家屬的疑惑與不安，蔡寶珠師姊經歷相同的疑惑，但是她決心接受上人的開示，啟悟因果觀，並投入利益眾生，更顯示藥師佛的大願，要有情眾生「出魔羂網，漸行修習諸菩薩行，速證無上正等菩提」。蔡師姊到九十多歲往生，她兒子的過世，沒有使她迷障在偏差的迷信裡，反而造就她二十多年投入利益眾生之菩薩道。相對於某些人對於空難原因的驚恐與猜測，慈濟志工在撿拾屍塊的付出中，並未生驚怖心，反而得出生命無常的大體悟。這是藥師佛的教導與願力：「願我來世得菩提時，令諸有情出魔羂網，解脫一切外道纏縛；若墮種種惡見稠林，皆當引攝置於正見，漸令修習諸菩薩行，速證無上正等菩提。」

慈濟宗門與藥師佛第十大願

藥師如來第十大願：「願我來世得菩提時，若諸有情王法所加，縛錄鞭撻，繫閉牢獄，或當刑戮，及餘無量災難凌辱，悲愁煎逼，身心受苦；若聞我名，以我福德威神力故，皆得解脫一切憂苦！」

一如吾人在第五大願所提的蔡天勝的故事，他販毒、設賭、造惡業，受到牢獄煎熬，無數量的災難降臨其身。但是接觸慈濟人，看了《慈濟》月刊，讀了證嚴上人的「普天三無」，他開始悔改，從此改變生命，解脫憂苦。

慈濟醫院有一位病人罹患癌症，他的綽號叫「阿昌班長」。阿昌班長年輕時混跡黑道、幫派，煙酒毒賭樣樣都來，入過監獄服刑；牢獄之災後，年紀尚輕竟罹患癌症。個性原本就好勇鬥狠的他，如今面對臉上癌症傷口不斷擴大，腐肉、膿血、斷骨，考驗著一個浪子的心志。過去和別人比氣魄，拚死活，如今侵蝕他的卻是自身體內的癌細胞。藥師如來所說：「……縛錄鞭撻，繫閉牢獄，或當刑戮，及餘無量災難凌辱，悲愁煎逼，身心受苦。」

但就在慈濟醫院等待死亡最後來臨之前，阿昌班長經歷了生命最大的轉變。由於他是住在癌末的心蓮病房，醫治已經無法挽回他的健康，但是阿昌班長受到慈濟志工的鼓勵，面對身體上的痛與死亡的威脅，當憂暗絕望的陰影籠罩他的時刻，陪伴的志工與醫護人員的愛，像黑夜中的明燈，照徹他過去幽暗的人生。阿昌開始在病房裡當志工，他每天幫忙送病歷，陪其他的病患聊天，安慰那些病苦的老人。雖然癌細胞一天一天地吞噬他的身體，但是他的心靈卻比以前更純淨更快樂。他的歲月一天一天地消失，而他的快樂及內心的平靜卻與日俱增。

在這種疾病折磨底下，為什麼阿昌快樂平靜？因為他得到愛。二〇〇三年五月五日，醫護同仁與志工請阿昌班長到交誼廳一趟，當天阿昌感覺有一點頭痛，但是他拗不過志工蘇足與護理們的盛情，還是去了交誼廳。結果一到場，才知道是大家要幫他慶生，對於過去浪蕩江湖的他，從未有人為他舉辦這樣溫暖的慶生活動，大愛臺同仁也給他寫一張滿是祝福的生日卡片，大家一起為他唱〈無量壽〉，然後一起逼著他吃完蛋糕才能回病房。

在這生命最後的慶禮，彼此之間都有一分難掩的不捨，希望生命不必這樣的痛苦，阿昌最後很瀟灑地說：「若是，還有下一個生日，一定要親自做個大蛋糕，請大家吃。」阿昌最後還是走了，對於曾經迷失自我、浪跡黑道的他，竟然在身染重病之際，才在醫院裡學會愛，體會到生命純真的自在，與對他人付出的喜悅。

阿昌班長在慈濟醫院裡淨化為菩薩般，具備寧靜的心與單純的愛。他不必等到死後才進地獄，他過去的黑暗生活與進醫院時被癌症纏身，就如置身地獄之中。阿昌班長也不用等到死後才渴慕天堂，慈濟醫院就是他的天堂，是他虔心懺悔與奇蹟似的重生之地。這是藥師如來的第十大願所許諾的，而由慈濟人所實踐並具體創造出來：「若諸有情王法所加，縛錄鞭撻，繫閉牢獄，或當刑戮，及餘無量災難凌辱，悲愁煎逼，身心受苦；若聞我名，以我福德威神力故，皆得解脫一切憂苦！」

慈濟宗們與藥師佛第十一大願

藥師佛第十一大願：「願我來世得菩提時，若諸有情饑渴所惱，為求食故造諸惡業；得聞我名，專念受持，我當先以上妙飲食飽足其身，後以法味畢竟安樂而建立之。」

證嚴上人要慈濟人力行「無緣大慈，同體大悲」的情懷，為一切受苦眾生之所需，竭盡所能與心力。證嚴上人的心願也是：「但願眾生得離苦，不為自己求安樂。」有災難的地方就有慈濟人，這是大家對慈濟的印象。慈濟人也希望有慈濟人在的地方，就會有愛、富足、平安與快樂。

慈濟人善與愛的足跡遍及世界各地，包括偏遠的中國大陸貴州。中國大陸貴州有的一位女孩子叫廖奇梅，她就只有一隻腳，她好學精進，住在山上的她，每天都要用右腳，跳二個多小時下山上學，再跳二個多小時上山回家，醫生評估她的右膝蓋，兩年內也會斷，因為承受不了那麼久的壓力，慈濟志工因此在學校旁幫她租一個房子，也提供她學費助學金，她從此可以不用再這樣跳著上學。

在貴州、甘肅一代的鄉間，有許多像廖奇梅這樣的孩子，沒有學費上學或有身殘的困難，慈濟人給予助學金幫助他們完成求學的心願。很多的孩子上學必須自己帶床板，每兩週回家一次，也必須從家裡帶食物到學校，吃兩個禮拜。他們帶的食物多半就是饅頭、大餅，配辣椒。兩週後孩子們回去，再帶來的伙食還是一樣。慈濟人在中國大陸偏遠省份像貴州、甘肅等地，發放獎助學金，幫助孩子們就學，也希望改善他們日常的伙食。慈濟興建學校，以提供他們有更好的教室與宿舍。至目前為止，慈濟在中國大陸興建數十多所大型中小學，許多學校的規模都超過數千人，助學人數也超過十萬個學生。

十多年前慈濟人到貴州，覺得貴州真的很窮，地理條件差，貴州的窮，基金會王端正副總執行長用三句話來形容，在貴州，「開門見山，出門爬山，吃飯靠山」。貴州缺泥土，都是喀斯特地形的山頭，無法種植農作物，所以玉米很多時候只好種在石頭縫之間。貴州有一個笑話說，一位農人有一天種了幾塊地之後，問他的鄰居，怎麼有一塊地他一直找不到，那位鄰居跟他說，「喔！應該在你帽子底下！」可見他們能找到的一塊地有多小了。

貴州是歷史性的貧窮，這是慈濟志工們回花蓮向證嚴上人報告的說法。他們說貴州真的很難脫貧，他們說，這是歷史以來的大問題。證嚴上人告訴志工們，歷史是人造的，也是人可以改變的。於是開始慈濟在貴州十多年的扶困計畫，從給予物資，發放種子，到幫他們遷村。連續十多年不間斷地，慈濟人將居住在貴州山區不適農耕的村民，搬遷到土地較肥沃的地方。十多年下來，遷村的居民因為種植地點改變，他們的收入，從過去在山上一年收入才三、四百塊人民幣，現在可以收入四、五千塊人民幣。貴州的遷村使他們脫離物資匱乏、孩子無法就學的困境。

與貴州相反的甘肅，土壤肥沃，但是缺水。每一戶必須有一個人每天負責挑水，他們必須走六個小時的山路，才能汲到又黃又髒的苦鹹水，這種水抬回後，還要沉澱，而且必須做十幾種用途：洗菜、燒水、洗臉、洗衣服、澆樹、餵牲畜等。甘肅許多地區的人們說，一輩子只洗過兩次澡，出生與死亡。吾人參與甘肅水窖興建，一位中年婦女告訴吾人，她出生到現在沒洗過一次澡。另一個七十歲的老太太，十六歲嫁給先生後，每天挑水，挑了五十年，直到娶媳婦才把挑水棒子交給媳婦。那裡的人不能生病，只要生病，來到醫院看病，診斷病因的錢都沒有，更不說治病的錢。慈濟在甘肅建水窖已經兩萬多口，一口水窖儲存的雨水，足夠一家人一年使用，而且還可以省下一個勞動力，出外打工，幫助家計。在許多過於乾旱的地區像箬笠鄉，位於海拔一千八百多公尺，一年只下一百多毫米的雨，在該地蓋水窖用處不大，因此慈濟人將他們進行遷村。兩百多戶的村落，每戶占地一畝，政府提供五畝的耕地。新社區坐落在劉川，黃河的水可以提灌到這個地方，這將大幅改善村民因缺水造成的生活困境。

這些都是實現藥師佛第十一大願：「若諸有情饑渴所惱，為求食故造諸惡業；得聞我名，專念受持，我當先以上妙飲食飽足其身，後以法味畢竟安樂而建立之。」

慈濟宗門與藥師佛第十二大願

藥師如來的第十二大願：「願我來世得菩提時，若諸有情貧無衣服，蚊虻寒熱，晝夜逼惱；若聞我名，專念受持，如其所好即得種種上妙衣服，亦得一切寶莊嚴具，華鬘、塗香，鼓樂眾伎，隨心所翫，皆令滿足。」

證嚴上人給慈濟人的慈善理念，是為受難的災民「安身、安心，還要安生活」。災難過後，志工要讓他們身心得到安頓，生活得以重建，物資充足，並且還能有積極的心，去幫助他人。慈濟人的心願，不只要災民恢復過往的生活方式而已，更希望藉此重建更健康富足的人生。

莫拉克風災是近半世紀以來臺灣最嚴重的風災，風災一開始，慈濟人投入大量的資源與人力協助緊急救濟的工作。將近十五萬人次的志工，在災難發生的第一時間投入救災，從涉水送香積飯、毛毯、生活包、醫療包與慰問金等，連受災的慈濟人也全力投入救災。緊接著，成千上萬的各地志工坐高鐵南下清掃被淤泥與漂流木充塞堆積的街道。

在災後重建部分，證嚴上人看到大山遭風災肆虐後的殘破景象，不斷地憂心著災民未來的生活與居住的安全。大山已經遭到嚴重的人為破壞，加上全球氣候變遷，風災水災越來越頻繁、越來越大，找到永久安居之地是證嚴上人對災民最深切的掛念。慈濟基金會林碧玉副總在上人的悲心啟發下，打電話給劉兆玄前院長，商議由政府提供土地興建永久屋的概念與理想。上人的這個構想獲得劉兆玄前院長高度的認同，隨即召開跨部會議，會中通過由政府設法提供土地，無償給災民使用，並且委請ＮＧＯ興建永久屋。

在與村民多次開會討論大愛屋的建築造形之後，慈濟營建團隊分成四組，採取堅固的型鋼建材。整個園區鋪設連鎖磚，讓大地可以呼吸，雨水可以回收。全區沒有水溝，因此蚊蟲滋生的情況大為降低。上萬名志工來自全臺各地，有些運用假日，有些白天上班，晚上坐高鐵來鋪設連鎖磚，他們用愛心與雙手，打造村民的永久家園。

園區裡有兩處莊嚴的教堂，這是慈濟人為村民興建的信仰中心。尊重原民的信仰與文化，是慈濟一貫的理念。慈濟人醫會醫師也進行衛教，宣導村民在新的園區要養成新的生活習慣，不菸、不酒、不檳榔。基督教宣導村民三好（口說好話、身行好事、心發好願）數十年，政府宣導無菸、無酒部落，也都行之多年，慈濟的理念，村民多半很認同。幾位部落領袖語重心長地說：「漢人的平均壽命是七十五歲，我們布農族的平均壽命只有四十五歲，大半都是肝壞掉。上禮拜送走的那個才四十五歲，上個月那個也是四十多歲，後面排隊的還一堆。我們這一代沒希望，但希望下一代能不要持續這個惡習。部落許多小孩子十歲就會抽菸，因為父母就是這樣。菸酒斷送我們整個世代的命運。」部落長老說：「把壞習慣留在山上，不要帶到山下來。」

杉林大愛村入住的當天，每一戶大愛屋裡都備有慈濟人為他們準備的八十八種物資，從電視、冰箱、家具、床、沙發等，到油、鹽、醬、醋、茶，一應俱全，村民只要人住進來就好了。每一戶人家的門口都有一塊綠地，可以讓村民自己做造景。數月間，園區已經種了八千棵樹，每一戶的門前綠地都有許多植物與造型，有些人種出心形的圖案，有些人種出慈濟圖形與梅花圖形，這是一個新的生活之開始，這新的生活充滿感恩與重生的喜悅。

目前園區裡慈濟協助村民生活重建，生活重建項目包括傳統刺繡、雕刻、烹飪、農業技術、原住民音樂舞蹈的推廣，這是原住民部落長期期待在自己的家園建立自己文化的風貌，繁榮富足，充滿美麗樂音與文化藝術的樂園。這景象就如藥師佛所願：「若諸有情貧無衣服，蚊虻寒熱，晝夜逼惱；若聞我名，專念受持，如其所好即得種種上妙衣服，亦得一切寶莊嚴具，華鬘、塗香，鼓樂眾伎，隨心所翫，皆令滿足。」

慈濟宗門實踐藥師行願的歷史意義

慈濟的利他的實踐法門，充分體現藥師佛大願，希望彼諸有情，能行善法，發大捨心，棄諸邪惡，遠離怖魔，真正利益眾生，體悟菩薩大道。藥師佛的願力其實亦是他力，凡是凡夫做不到的，聞其名號都能行諸善法。一如藥師佛所說：「設有不能捨諸惡法，修行善法，以彼如來願力，令期限前暫聞名號……得見精進，善調意樂……如來法中，無有毀犯。正見多聞，解甚深義，離增上慢，不謗正法，不為魔伴，漸次修行諸菩薩行，速得圓滿。」這種佛力加持不僅僅是來自誦經本身，而是來自身體力行，來自廣修善法，利他度己。

慈濟人在證嚴上人的帶領下，從上人自我實踐大悲、大愛，逐步帶領慈濟人修身行善，經由行善，而次第修行，終至體會佛陀清淨智的本懷。這是以人弘道，非道弘人的實踐法門，是慈濟宗門力行佛法的宗旨。

而這種以人格傳法，從自身人格的潔淨，利他為起點，然後帶領更多的人也能「利他度己」，這是藥師如來的大行願。慈濟開拓的大愛場域及修行道場，是支撐慈濟人「教富濟貧，濟貧教富」的重要力量與依靠，大愛場域是實現藥師佛大願的關鍵。

以覺悟的人格，啟發迷障的人也覺悟；法在人中體現，在人中流傳。所以證嚴上人要慈濟志工走入人人心中，他說：

「每個人都是一部經典，深入人人的心靈世界，即是深入人間大藏經，則『無量法門，悉現在前』。而走入苦難人世界的同時，也要深入自我的心靈世界；如此不但對人有善的影響，也能改革自我心靈。」[58]

證嚴上人殷殷勉眾以人與人之間為修行道場：「不經一事，不長一智，在慈濟宗門中見證無量法門。」[59]行經之力量，甚於誦經。誦經也是為了行經，而行經不只改變個人命運，更是改變眾生的命運。一如證嚴上人所指陳，在利益眾生中得無量智慧。

藥師佛深知眾生的脆弱，眾生容易受誘惑，容易走入魔道，容易放棄善法，自利自私，不願利益他人。因此他希望能借助他的大願力，造就眾生的福慧。經由造福而得智慧，經由智慧進入真正恆久的福德。

於眾修行，於眾造福，於眾得智慧，是慈濟體現藥師佛大願的具體願行。每一個慈濟人都是藥師佛大願的一部分，都是為了共同建立一個大悲大愛的道場，這道場拔除眾生的苦業，支撐容易搖擺的眾生之心志。經由逐步引領眾生，次第修行，直至淨潔、無瑕、智慧、光明、圓滿的境地。這境地不只求自身的圓滿，而是在眾生都圓滿之後，才成就自身的圓滿功德。這是藥師如來大願，亦是證嚴上人創立慈濟的大悲願。

註釋

1 王慈惟，〈夏拉達的心願〉，《慈濟》月刊，671期，2022年10月01日，頁48。
2 善慧書苑，〈藥師法門的「現世樂」〉，《證嚴上人衲履足跡2000夏之卷》，臺北：慈濟文化出版社，2000年，頁169-170。
3 善慧書苑，〈慈濟的第一天〉，《證嚴法師衲履足跡2000夏之卷》，臺北：慈濟文化出版社，2000年，頁177-179。
4 證嚴上人，〈無盡藏〉，《慈濟》月刊第509期，頁6，2009年4月25日。
5 王慈惟，〈夏拉達的心願〉，《慈濟》月刊，671期，2022年10月01日，頁48。
6 釋證嚴，〈【自序】講述《藥師經》的因緣〉，《東方琉璃．藥師佛大願【上卷】》，臺北：慈濟文化出版社，2006年，頁8。
7 善慧書苑，〈慈濟有心為社會付出〉，《證嚴法師衲履足跡2001秋之卷》，臺北：慈濟文化出版社，2001年，頁62-65。
8 釋德侃，〈信己無私無所畏，利益天下弭爭端〉，《證嚴上人衲履足跡2005春之卷》，臺北：慈濟文化出版社，2005年，頁776-777。
9 釋證嚴，〈生死箴言〉，《生死皆自在》，臺北：慈濟文化出版社，2003年，頁271。
10 釋證嚴，〈生死箴言〉，《生死皆自在》，臺北：慈濟文化出版社，2003年，頁271。
11 釋證嚴，〈生死箴言〉，《生死皆自在》，臺北：慈濟文化出版社，2003年，頁258。
12 釋證嚴，〈決疑〉，《佛遺教經》，臺北：慈濟文化出版社，2008年，頁269-271。
13 善慧書苑，〈十二月二十五日〉，《證嚴法師的衲履足跡1994隨師行記（下）》，臺北：慈濟文化出版社，1995年，頁350。
14 善慧書苑，〈八月二十二日〉，《證嚴法師的衲履足跡1992隨師行記（下）》，臺北：慈濟文化出版社，1998年，頁115-116。
15 善慧書苑，〈十月九日〉，《證嚴法師的衲履足跡1993隨師行記（下）》，臺北：慈濟文化出版社，1998年，頁

196。

16 釋德宣，〈四月十八日〉，《1985年隨師行記》，臺北：慈濟文化出版社，1996年，頁65。

17 釋證嚴，〈十一月七日〉，《證嚴法師的衲履足跡一九九三隨師行記（下）》，臺北：慈濟文化出版社，1998年。頁252。

18 釋證嚴，〈十一月七日〉，《證嚴法師的衲履足跡一九九三隨師行記（下）》，臺北：慈濟文化出版社，1998年，頁252。

19 釋證嚴，〈十一月七日〉，《證嚴法師的衲履足跡一九九三隨師行記（下）》，臺北：慈濟文化出版社，1998年，頁252-253。

20 釋德仉，〈慈濟三十七周年慶，號召全民虔誠齋戒〉，《證嚴法師衲履足跡2003夏之卷》，臺北：慈濟文化出版社，2003年，頁192。

21 釋德仉，〈慈濟三十七周年慶，號召全民虔誠齋戒〉，《證嚴法師衲履足跡2003夏之卷》，臺北：慈濟文化出版社，2003年，頁188。

22 釋德仉，〈慈濟三十七周年慶，號召全民虔誠齋戒〉，《證嚴法師衲履足跡2003夏之卷》，臺北：慈濟文化出版社，2003年，頁188。

23 鄭碧玲、葉宜欣、沈能情，〈大哉教育 非素不可〉，《慈濟全球社區網》，https://tw.tzuchi.org/community/index.php?option=com_content&view=article&id=106819:D5C83CD0563411EBB64E08C1B08CE0A8&catid=1:keloong&Itemid=200截取日期：2024年4月10日。

24 釋德仉，〈慈濟三十七周年慶，號召全民虔誠齋戒〉，《證嚴法師衲履足跡2003夏之卷》，臺北：慈濟文化出版社，2003年，頁192。

25 善慧書苑，〈憑藉願力自由來去〉，《證嚴法師衲履足跡1997夏之卷》，臺北：慈濟文化出版社，1998年，頁333。

26 證嚴法師，〈慈濟委員聯誼會中的講話〉，《慈濟》月刊，198期，1983年4月5日，頁10。

27 證嚴法師，〈慈濟委員聯誼會中的講話〉，《慈濟》月刊，198期，1983年4月5日，頁10。

28 善慧書苑，〈一月二十三日〉，《1995隨師行記：證嚴法師——人間阡陌行（下）》，臺北：慈濟文化出版社，1997年，頁38。

29 證嚴上人，〈慈濟法會中的講詞〉，《慈濟》月刊，87期，1974年1月5日，頁11。
30 善慧書苑，〈三月十六日〉，《證嚴法師的衲履足跡：1993隨師行記（上）》，臺北：慈濟文化出版社，1998年，頁114。
31 善慧書苑，〈六月三日〉，《證嚴法師的衲履足跡：1994隨師行記（上）》，臺北：慈濟文化出版社，1995年，頁313。
32 善慧書苑，〈何謂「三輪體空」？〉，《證嚴法師衲履足跡1999夏之卷》，臺北：慈濟文化出版社，1999年，頁23。
33 善慧書苑，〈憑藉願力自由來去〉，《證嚴法師衲履足跡1997夏之卷》，臺北：慈濟文化出版社，1998年，頁334。
34 善慧書苑，〈憑藉願力自由來去〉，《證嚴法師衲履足跡1997夏之卷》，臺北：慈濟文化出版社，1998年，頁334。
35 釋德宣，〈十二月十日〉，《1985年隨師行記》，臺北：慈濟文化出版社，1996年，頁271。
36 釋德宣，〈六月十五日〉，《1985年隨師行記》，臺北：慈濟文化出版社，1996年，頁115。
37 釋德宣，〈十二月十日〉《1985年隨師行記》，臺北：慈濟文化出版社，1996年，頁271-272。
38 釋德仉，〈印尼日惹賑災醫療團啟程〉，《證嚴上人衲履足跡2006夏之卷》，臺北：慈濟文化出版社，2006年，頁567。
39 善慧書苑，〈十一月二十九日〉，《證嚴法師的衲履足跡1991隨師行記（下）》，臺北：慈濟文化出版社，1998年，頁402-403。
40 善慧書苑，〈十二月二十六日〉，《證嚴法師的衲履足跡1994隨師行記（下）》，臺北：慈濟文化出版社，1995年，頁351。
41 證嚴上人，〈慈濟法會中的講詞〉，《慈濟》月刊，87期，頁11，1974年1月5日。
42 證嚴上人，〈挑磚砌瓦此正其時——邁向慈濟國際年〉，《慈濟》月刊，306期，頁48，1992年5月25日。
43 釋德宣，〈四月十八日〉，《一九八五年隨師行記》，臺北市：慈濟文化出版社出版，1996年，頁65。
44 證嚴上人，〈祝福．感恩的日子——藥師法會的由來〉，《慈濟》月刊，402期，頁6-7，2000年5月25日。
45 善慧書苑，〈慈誠大道千萬年〉，《證嚴法師衲履足跡1996夏之卷》，臺北：慈濟文化出版社，1998年，頁138。
46 釋證嚴，〈無盡藏—大愛為樑，智慧為牆，共築天下一家親！〉，《慈濟》月刊，516期，頁8，2009年11月25

日。

47 釋證嚴，〈生死解脫真實道〉，《慈濟法髓：壹．慈悲濟世（1968～1979）》，臺北：慈濟文化出版社，2006年，頁130。

48 釋證嚴，〈敘緣起〉，《東方琉璃．藥師佛大願——藥師經講記》，臺北：慈濟文化出版社，2006年，頁6。

49 釋證嚴，〈【緣起分】當機請法〉，《東方琉璃．藥師佛大願【上卷】》，臺北：慈濟文化出版社，2006年，頁124。

50 釋證嚴，〈敘緣起〉，《東方琉璃．藥師佛大願——藥師經講記》，臺北：慈濟文化出版社，2006年，頁148-149。

51 釋證嚴，〈敘緣起〉，《東方琉璃．藥師佛大願——藥師經講記》，臺北：慈濟文化出版社，2006年，頁152。

52 釋證嚴，〈敘緣起〉，《東方琉璃．藥師佛大願——藥師經講記》，臺北：慈濟文化出版社，2006年，頁154。

53 李時師姊的故事，詳見2004年的大愛劇場《後山姊妹》，《後山姊妹》是一部改編李時、陳阿玉、謝玉妹師姊的真實人生電視劇，描寫她們各自經歷婚姻挫折、勞苦度日，卻依然跟隨證嚴上人從事慈善工作數十年不輟，這一路走來，活出慈濟史的一部分。

54 釋證嚴，〈無常的現身說法——大園空難證嚴上人開示輯錄〉，《生死皆自在》，臺北：慈濟文化出版社，2003年，頁55。

55 釋證嚴，〈無常的現身說法——大園空難證嚴上人開示輯錄〉，《生死皆自在》，臺北：慈濟文化出版社，2003年，頁58-59。

56 釋證嚴，〈無常的現身說法——大園空難證嚴上人開示輯錄〉，《生死皆自在》，臺北：慈濟文化出版社，2003年，頁56。

57 釋證嚴，〈無常的現身說法——大園空難證嚴上人開示輯錄〉，《生死皆自在》，臺北：慈濟文化出版社，2003年，頁56。

58 釋證嚴，〈傳承「靜思法脈」〉，弘揚「慈濟宗門」〉，《慈濟》月刊，481期，頁139，2006年12月25日。

59 釋證嚴，〈傳承「靜思法脈」，弘揚「慈濟宗門」〉，《慈濟》月刊，481期，頁139，2006年12月25日。

第十一章——
地藏經：利他實踐與六道救贖

證嚴上人講述《地藏經》是彰顯諸佛菩薩所應救助的不只現世間的眾生，而是一切器世間的六道眾生。《地藏經》強調因緣果報，惡因、惡緣、惡業、惡果，於地獄受無間痛苦，但是行善是出離之道，罪人一念慈心助人，亦能脫離地獄苦道。證嚴上人於講述《地藏經》強調「先救他人，再救自己」的利他宏願，一如地藏王菩薩的悲願，眾生不得脫度，絕不成佛。

宗教對超越界之描述總是神秘不可思議。證嚴上人以《地藏經》闡發佛法的輪迴因果觀，警惕世人現世間的苦樂非一次苦樂，而是生生世世的因果業報，於六道輪迴中無法出離，這給予世人更高的道德感。另外，證嚴上人更強調地獄就在人間，醫院的各種身體的磨難，不就如地獄般的苦嗎？因此他不只教示永恆修行之必要，更要在現世間將地獄化為天堂，將如地獄般的醫院、災難現場、髒亂的環保回收物，都轉化為清淨快樂的天堂。

《地藏經》體現了證嚴上人出世間的修行，及對現世間的救贖。

無量劫的器世間與六道眾生

佛陀的宇宙觀裡不是只有眼前的世間，《地藏經》一開頭，佛陀就告訴文殊師利菩薩：「三千大千世界，無量億劫的久遠時間，都是六道眾生——人、天人、惡鬼、畜生阿修羅、地獄，以及四乘修行人——聲聞、辟支佛、菩薩、佛所共處的世界。」佛陀說：

「譬如三千大千世界，所有草木叢林，稻麻竹葦，山石微塵，一物一數，作一恆河，一恆河沙，一沙界。一界之內，一塵一劫，一劫之內，所積塵數，盡充為劫。」[1]

佛陀所允諾眾生的不是一個世間，而是無窮數量的世間，無量劫的時間，無窮數量的宇宙時空中，都有不同的諸佛菩薩、天龍鬼神、六道眾生居於期間。這是一個宏大的生命觀。對世間的眾生言，這是一種對超越界的描述，亦即超越我們此三度空間的人間所能想像的無量億之世界。這種對超越界的描述，在宗教看來是一種信仰，在科學看來亦為可推演出來的物理世界。

除了太空望遠鏡看到的無量億的星球之外，物理學已經演算出宇宙有十個次方元的世界存在，只是人類的智慧還無法證明和企及。而佛陀所體悟的世界是多元的、重疊的、互相通達的，互為因果、輪迴不已、因緣生滅的器世間。這器世間雖然生滅不已，但佛性是不生不滅，不輪迴於此，又往返於此。往返於此的因緣是為度化眾生，脫度眾生覺悟此器世間之無常、苦，終至不落入世間之種種生滅，而契入佛道。

佛陀於《地藏經》一開始在忉利天位母親摩耶夫人說法，一時十方世界無量數諸佛菩薩，以及他方世界無量億的天眾、龍眾、鬼眾、神眾都來聆聽。齊聲「讚歎釋迦牟尼佛，能於五濁惡世，現不可思議大智慧神通之力，調伏剛強眾生，知苦樂法，各遣侍者，問訊世尊。」佛為母說法前，弟子們看到這種神聖祥瑞的景象，感到驚喜與詫異。所以佛陀告訴文殊師利菩薩：

「『汝觀是一切諸佛菩薩，及天龍鬼神，此世界，他世界，此國土，他國土，如是今來集會，到忉利天者，汝知數不？』

文殊師利白佛言：『世尊！若以我神力，千劫測度，不能得知。』

佛告文殊師利：『吾以佛眼觀故，猶不盡數。此皆是地藏菩薩久遠劫來，已度、當度、未度，已成就、當成就、未成就。』」[2]

佛陀告訴文殊菩薩，這麼多的諸佛菩薩、天龍鬼神齊聚，連佛陀本人的天眼都無法勝數，而這都是因為地藏王菩薩的悲願所致。佛陀把這種諸天眾齊聚的功德，歸向地藏菩薩累生累世，於無量劫中廣度無量眾生的願力功德。對此，文殊菩薩難免詫異，就進一步問佛陀，地藏菩薩以何功德得諸佛菩薩、天龍鬼神之讚歎護持？文殊師利白佛言：

「唯願世尊，廣說地藏菩薩摩訶薩因地作何行？立何願？而能成就不思議事。」

「地藏菩薩證十地果位已來，千倍多於上喻。何況地藏菩薩在聲聞、辟支佛地。文殊師利！此菩薩神誓願，不可思議。」

「文殊師利！是地藏菩薩摩訶薩，於過去久遠不可說不可說劫前，身為大長者子。時世有佛，號曰師子奮迅具足萬行如來。時長者子，見佛相好，千福莊嚴，因問彼佛：『作何行願，而得此相？』時師子奮迅具足萬行如來告長者子：『欲證此身，當須久遠度脫一切受苦眾生。』」[3]

所以地藏王菩薩以證得圓滿十地菩薩的果位，他於無量劫前的師子奮迅具足萬行如來之時，已許下宏願，要久遠度脫一切受苦眾生。從佛陀的悲心觀之，這三千大千世界裡的一切有情、無情的生命，在

「如是因、如是緣」的法則下，可以流落於六道輪迴，也可以修行至阿羅漢、菩薩、甚至佛乘。而這超越六道的關鍵，以證嚴上人的觀點言，就是為眾生不斷地付出；而這也正是地藏王的悲願。證嚴上人詮釋《地藏經》云：

「從娑婆世界一直到欲界六天可以稱為『凡聖同居土』。[4]又稱為『五趣雜居地』。各式各樣的眾生都在這裡。我常常說，娑婆世界很好，因為這裡有最複雜的舞臺，角色最多，有最壞的人，也有最善的人。欲界六天合人間一樣有男女之欲，不同的是他們只有享樂沒有痛苦。但是這些地方並不究竟，他們的天福享盡，同樣墮落輪迴。佛一定要在人間成，離開人間就沒有佛道可成，因為人間多惡又多苦，有苦才會想求解脫。所以佛一定要在人間成。我們要發願在五趣雜居地的地方付出，才能夠超凡入聖。」[5]

菩薩懷著「但為眾生得離苦，不為自己求安樂」的心，為眾生不斷地付出，終至成佛。這是地藏王菩薩修行之宏願，要讓一切眾生得脫度，自己才要成佛。而這種願力是累生累世的無窮願力所致。所以佛陀又說：

「文殊師利！時長者子，因發願言：『我今盡未來際不可計劫，為是罪苦六道眾生，廣設方便，盡令解脫，而我自身，方成佛道。』以是於彼佛前，立斯大願，于今百千萬億那由他不可說劫，尚為菩薩。」[6]

佛陀告訴文殊菩薩，修行成就千倍於「十地菩薩」的地藏王菩薩，其實是從過去、現在與未來的無量數劫以來，都是以方便法脫度一切罪苦眾生，其功德不可思議。

供養之功德得脫度眾生苦厄

《地藏經》中敘述在無量劫之前，地藏王菩薩曾作為一婆羅門女。這位婆羅門女的母親不敬三寶，殺害生命無數，命終墮入無間地獄。婆羅門聖女在夢境中看到鐵圍的重重大海，利刃如劍，惡獸夜叉，形狀萬類，地獄生靈於期間受盡不忍久視的諸惡無間苦。聖女的母親就在此地獄之中。聖女以念佛之力雖然無懼，於夢中與鬼王對話。知道地獄是真的，而敬愛的母親就在地獄之中。看到母親之苦，聖女要立願為母親超拔。但是聖女的願不只超拔母親，還推己及人，要超拔一切地獄受苦眾生。無毒鬼王對聖女言：

> 「無毒合掌，啟菩薩曰：『願聖者却返本處，無至憂憶悲戀。悅帝利罪女，生天以來，經今三日。云承孝順之子，為母設供、修福，布施覺華定自在王如來塔寺。非唯菩薩之母得脫地獄，應是無間罪人，此日悉得受樂，俱同生訖。』」[7]

無毒鬼王聽了聖女的孝順，不只讓其母脫離地獄，一切與其母親一起受苦的地獄生靈皆得脫度。為何聖女之功德如此之大？不僅救贖其母，連一起受無間地獄之苦的無量同伴皆得脫度？這是聖女的誠摯悲願，以及敬奉供養無數諸佛之功德所致。聖女知道母親生前種種輕蔑佛道之罪，生害之惡，就廣修供養功德。如經云：

「時婆羅門女，知母在世不信因果，計當隨業，必生惡趣。遂賣家宅，廣求香華，及諸供具，於先佛塔寺，大興供養。見覺華定自在王如來，其形像在一寺中，塑畫威容，端嚴畢備。時婆羅門女，瞻禮尊容，倍生敬仰。私自念言：『佛名大覺，具一切智，若在世時，我母死後，儻來問佛，必知處所。』時婆羅門女，垂泣良久，瞻戀如來。忽聞空中聲曰：『泣者聖女！勿至悲哀，我今示汝母之去處。』」[8]

聖女的至誠大覺，佛聽見了，她的虔誠禮敬供養之慇，諸佛菩薩感動了，所以能成就此無量功德，脫度母親及其一起於地獄受苦的諸眾生，這意謂著至誠孝順與供養諸佛之功德甚大。《地藏經》顯明此意，讓修行人都應禮敬父母，禮敬諸佛菩薩。敬，為修行之根本。

大孝者以脫度一切眾生為願

聖女的母親得脫度，一切與她同受苦的地獄生靈也脫度。於是聖女立下宏願，要在未來無數量劫的時間裡，脫度一切受苦的眾生。這是聖女的感恩之心，發願回饋更多的生靈。是經云：

「鬼王言畢，合掌而退。婆羅門女，尋如夢歸。悟此事已，便於覺華定自在王如來塔像之前，立弘誓願：『願我盡未來劫，應有罪苦眾生，廣設方便，使令解脫。』」[9]

如證嚴上人常常勉勵慈濟人，知福、惜福、再造福。菩薩以眾生為親，推己及人。聖女感念其母得救，視無量眾生為自己母親一樣的悲憫，遂發願要於無量劫脫度一切罪苦眾生。這正是佛陀告訴文殊菩薩，聖女為地藏王菩薩的前世因緣。在婆羅門聖女身上看到禮敬諸佛、供養三寶、供養一切眾生的大功德，能令母親與眾生皆得脫離地獄無間之苦惡。

先救他人　再救自己

在《地藏經》裡，佛陀又以光目女供養阿羅漢無數為題開示弟子。由於光目女思念往生的母親甚深，一位阿羅漢在定中看見光目女的母親正處於地獄，就問光目女，母親生前作了何事今日於地獄中？光目女說，其母生前喜啖魚鱉生無數。光目女聞母親於地獄受無間苦，虔誠救母之心，感動阿羅漢，將其母救拔出地獄，並告知光目女，其母不久將內生於其家。之後，光目女有一婢女產子，三日竟能說話。此兒告訴光目女，他就是光目女的母親，於無間地獄冥暗之中受苦，今日得以救贖。光目女感動母親得救於是發大願：

> 「光目聞已，啼淚號泣，而白空界：『願我之母，永脫地獄。畢十三歲，更無重罪，及歷惡道。十方諸佛，慈哀愍我，聽我為母所發廣大誓願：若得我母永離三塗，及斯下賤，乃至女人之身，永劫不受者，願我自今日後，對清淨蓮華目如來像前，卻後百千萬億劫中，應有世界，所有地獄，及三惡道，諸罪苦眾生，誓願救拔，令離地獄惡趣、畜生、餓鬼等。如是罪報等人，盡成佛竟，我然後方成正覺。』」[10]

光目女士要度化一切有情出離地獄，到究竟成佛，她自己才要成佛。這就是證嚴上人所說：「地藏菩薩的本願是先救他人，後救自己。」證嚴上人說：

「光目女為了救母親一個人，而立下救度眾生的誓願，像這樣的福力與功德才會大。這樣的願才是真正的大願。我們要為一個人祈福，一定要使令很多人都能得福，這樣才有助益。」[11]

「我們若想圓成菩薩道，一定使別人身心得安定；若想遠離世間的災難，首先要去解決別人的困難，這樣災難自然就會消除。」[12]

因緣果報的定律

光目女與婆羅門聖女的故事都是「如是願如是果」、「如是供養布施如是功德」；這是「如是因、如是果」的因緣生法之必然法則，「因緣果報觀」是《地藏經》反覆強調的核心理念。行惡墮入地獄，行善得以救拔，甚至救拔一切眾生。因緣果報的定律連佛陀、阿羅漢等大修行者都無法逆轉。證嚴上人在講述《地藏經》時也舉一個《百緣經》[13]的故事來強調因緣果報的必然性。[14]吾人將證嚴上人《佛門大孝地藏經》當中說的這個故事摘錄簡述如下[15]：

一位名叫梨軍支比丘，幼時貧窮，入沙門學習終得阿羅漢果。但出外托缽得不到食物供養。自行慚悔，在寺塔中打掃，結果當日出外托缽就得食物。但一日晚起，舍利弗將地掃好了，當日梨軍支比丘出門就得不到食物供養。後來阿難幫他托缽，結果被狗打翻，目犍連幫他托缽，結果食物被大鳥叼走丟到海裡。舍利弗幫他托缽，竟然梨軍支比丘嘴裡嚥不下去。就這樣七日未曾得食，結果梨軍支比丘吃沙喝水而入滅。眾弟子不解梨軍支比丘為何遭此厄運？佛陀於是告訴他們這因緣——梨軍支比丘過去無量劫前在帝幢佛時期，遊歷教化，有長者瞿彌供養布施。後來父親過世，其母親繼續布施供養佛及僧，結果兒子非常生氣，竟將母親關起來七天，不給食物。

「有一天母親告訴他：『我實在已經沒有東西吃了，請你給我一點糧食好嗎？』誰知他竟然頂撞母親：『我給你的東西，你還拿去供僧，那你乾脆去吃沙好了！』後來他的母親因飢餓而往生。以此不肯供養及不孝之罪，長者子死後墮入地獄，經過無量劫的時間才回到人間，卻還要受飢困之報。因為過去生長者在世時，父親供佛他沒有反對，所以今生得遇出家因緣，但是不孝之罪深重，所以他在生時每多飢乏，最後亦是吃沙而亡。這就是惡口之報，縱然他已出家，業報仍舊難逃，可見口業的罪報釋多麼可怕。」[16]

這就是梨支軍比丘，過去其父母供養佛及僧，所以今日他出家沙門，但其斷食其母，得此果報。因緣果報，真實不虛。即使身在沙門，過去種種業力，仍有果報。同樣地，即使身處地獄中，只要存慈心，能幫助他人，亦能脫離惡道。

證嚴上人講述《地藏經》時舉一個《愚賢經》的故事說明地獄行善生天的因果。釋迦牟尼佛未成佛前曾經下過地獄，當他看到一位老者拖著火車受苦，不由升起一念慈悲，發心替代老人拖火車，獄卒看見，持棒呵斥他：「你自己是罪人，怎麼可以替人受罪？」獄卒一怒，一棒敲碎他的頭，他就此脫離地獄，轉生為人之後開始修行。這是於地獄助人之功德。[17]

地藏王的大願能以種種方便法，脫度眾生離欲念、離貪念，復以種種身形救拔一切業報眾生。如地藏王菩薩白佛言：

「世尊！我承佛如來威神力故，遍百千萬億世界，分是身形，救拔一切業報眾生。若非如來大慈力故，即不能作如是變化。我今又蒙佛付囑，至阿逸多成佛已來，六道眾生，遣令度脫。唯然，世尊，願不有處。」[18]

地藏王菩薩的大願力，於無量數劫的歲月，以無量數身形，或沙、或塵、每一世界，化身百千萬億身，度化眾生直至涅槃。奉持此經之功德如經云：

「復次，虛空藏菩薩！若現在未來，天龍鬼神，聞地藏名，禮地藏形，或聞地藏本願事行，讚歎瞻禮，得七種利益：一者速超聖地，二者惡業銷滅，三者諸佛護臨，四者菩提不退，五者增長本力，六者宿命皆通，七者畢竟成佛。」[19]

《地藏經》有如此功德，能速至聖地，消惡業，增長本力，到終究成佛。證嚴上人以《地藏經》鼓勵慈濟宗門的修行者，要廣行布施，「先救他人，後救自己」。在關愛親人之際，能關愛天下人。亦即他所強調：「化小愛為大愛。」「以父母心愛天下子女，以菩薩心愛自己的子女。」

最後是要知因果，因緣果報是必然性。菩薩畏因，如是因、如是緣、如是果、如是報。行惡之果報，萬劫都必須償付，行善終至臻於佛道。

註釋

1 《地藏菩薩本願經上》，《大正新修大藏經》第 13 冊，No. 0412。

2 《地藏菩薩本願經上》，《大正新修大藏經》第 13 冊，No. 0412。

3 《地藏菩薩本願經上》，《大正新修大藏經》第 13 冊，No. 0412。

4 六天即《地藏經》中所言：四天王天、忉利天、須燄摩天、兜率陀天、化樂天、他自在化天。此六天都是天人的境界。五趣即五道眾生：人、惡鬼、地獄、阿修羅、畜生。

5 釋證嚴，〈忉利天宮神通品第一〉，《佛門大孝地藏經》，臺北：慈濟文化出版社，2003 年，初版一刷，頁 112。

6 《地藏菩薩本願經上》，《大正新修大藏經》第 13 冊，No. 0412。

7 《地藏菩薩本願經上》，《大正新修大藏經》第 13 冊，No. 0412

8 《地藏菩薩本願經上》，《大正新修大藏經》第 13 冊，No. 0412。

9 《地藏菩薩本願經上》，《大正新修大藏經》第 13 冊，No. 0412。

10 《地藏菩薩本願經上》，《大正新修大藏經》第 13 冊，No. 0412。

11 釋證嚴，〈閻浮眾生業感品第四〉，《佛門大孝地藏經》，臺北：慈濟文化出版社，2003 年，初版一刷，頁 314。

12 釋證嚴，〈閻浮眾生業感品第四〉，《佛門大孝地藏經》，臺北：慈濟文化出版社，2003 年，初版一刷，頁 314-315。

13 《大正新修大藏經》第四冊 No.0200 撰集《百緣經》第 10 卷

14 《撰集百緣經》卷 10，《大正藏》第 04 冊，No. 0200。

15 釋證嚴，〈閻浮眾生業感品第四〉，《佛門大孝地藏經》，臺北：慈濟文化出版社，2003 年，初版一刷，頁 321-325。

16 釋證嚴，〈閻浮眾生業感品第四〉，《佛門大孝地藏經》，臺北：慈濟文化出版社，2003 年，初版一刷，頁 325。

17 《賢愚經》，《大正藏》第 04 冊，No. 0202。

18 《地藏菩薩本願經上》，《大正新修大藏經》第 13 冊，No. 0412。

19 《地藏菩薩本願經上》，《大正新修大藏經》第 13 冊，No. 0412。

第十二章

四十二章經與清淨斷欲之道

《四十二章經》對於愛欲、忍辱與求道，有著非常根本的開示與啟發，對於學佛者是一本入門必讀的經典。尤其證嚴上人講述《四十二章經》有著深厚而清朗的情感；這種情感的透入，對於過度理性思惟的人，可以讓他們貼近佛陀啟發人們情感覺悟的慈悲本懷。慈悲，才是信仰的真正力量；當一個凡夫的智慧未必理解佛法的深義，但經由情感的透入，卻能感受佛陀不忍眾生苦的胸懷；這對引領人們接近佛法的喜悅，是一個非常契機的始點。

在行動中寂靜

《四十二章經》一開始就標示佛陀最終的生命狀態是「離欲寂靜是為最盛」。寂靜是成道的境界，也是證嚴上人強調的回歸清淨無染的本性，這清淨是通過離欲而造就。上人在其他開示中曾論及他修行的經歷，體會到《無量義經》的「靜寂清澄，志玄虛漠，守之不動，億百千劫」的絕妙境界，心到達絕對的靜，欲望就止寂了，靜寂之後，心就能清澈無比，就像水中無雜質，就能澄照萬物。「靜寂清澄」，就是離欲之後內心寂靜狀態。但人如何做到離欲呢？誦經？打坐？這都是法門。但是從上人的理解，我們要能時時保持靜寂清澄的心，是因為時時都無私地為眾生付出。慈濟人忙著為眾生思量，沒時間想自己，欲望就減少了。立志為眾生付出，心心念念為眾生，無私、大愛，所以常保內心的寂靜。能「靜寂清澄」，就是因為「志玄虛漠」的緣故。人的立志要高遠，也要虛懷若谷，同時廣漠無邊，能全心利益眾生，就能離欲。

有學者問，為眾生奔忙，心就能寂靜嗎？為眾生煩惱稱得上寂靜嗎？佛教不是說斷煩惱嗎？如果上人與慈濟人為眾生煩惱，如何能保清淨的心呢？其實《維摩詰經》說：「諸佛不斷煩惱，而入涅盤。」上人說菩薩的心像鏡子，眾生拿著苦、樂、惱、淨的各種境界來印照，都能清澈地反映他們的心境。但是鏡子沒有汙染，境界一離開，鏡子依然明亮，這就是不斷煩惱，而入涅盤。

離欲是寂靜的前提，寂靜是離欲的狀態。但是證嚴上人更多的時候用「清淨」一語，而非「寂靜」一詞。「清淨」是一種無染，是一種蓮花不著水，入塵世不染濁的境界。「寂靜」比較讓人感受到身心停留在靜止狀態，而非在行動中、在入世中保持不染濁的心。上人的思惟總是「以行動的、入世行的」為立基，在入世利他的行動中，心永遠保持無所求、無汙染的清淨。離欲，在慈濟的宗門是進入欲望世界，卻保持出離欲望的精神狀態，這狀態是「不即，亦不離」，這契合佛陀「原本不生，今亦不滅」，能動又超然的生命狀態。在現實的利他行動中「離欲」。而不是在靜止的狀態下「止欲」；越能付出，心越無私。無私付出之際，即離欲。心，只有在全然付出的那一刻，才見證它的無私狀態。

欲，在心中，不是用削除法，而是以行動去超越，特別是利他的行動。這相印印順導師所說的：「性空緣起，緣起性空。」導師認為「性空」是在緣起處把握；一切的存在都是因緣起，故性空。證嚴上人以「無所求的付出」一語，更具體地詮釋「性空與緣起」。「付出」是緣起，「無所求」是性空，付出那一刻無所求，就是在緣起處性空。上人以創造性的語言——「付出無所求」，讓「空」、「有」兩觀超越它表面的對立，並賦予它實踐的內涵。慈濟宗門，正是把佛陀的離欲、性空等教義，賦予真正的現實生命與實踐意義。

轉愛欲為大愛

《四十二章經》第二章說：「出家沙門者，斷欲去愛，識自心源。」從思想上理解，佛陀標示一個更超越的無色、無欲的生命境界，但是在情感上、在現實上，我們凡夫的確很難想像，如何能在三度空間的世俗世界，達到斷欲去愛的心靈狀態。

按儒家孔子的觀念，食色性也。食欲、色欲是人之自然本性與常情，如何能將這樣的欲望消滅呢？當年鳩摩羅什節譯佛法之精要，其用字譴詞表達了那個時代的思惟與實踐方法。其中許多的意含，特別是用「斷愛欲」來描述學佛的第一要義，應該是很代表印度的佛教思惟。到了東方中國，儒家講節欲，兩者逐漸融合，「斷愛欲」逐漸成了禪宗的「直指人心、見性成佛」的開悟，與宋儒的「明心見性」之修煉。到了今天的資本主義與科學昌明的世紀，要以「斷愛欲」作為普世價值，其實有它時空的距離與限制。證嚴上人的講述，用「清淨智」、用「拉長情、擴大愛」來詮釋人類被欲望捆綁的可能出路與最終的覺醒，是非常具有時代意義的創造性思惟。

斷欲，在上人的思惟裡，變成轉欲為愛。這「愛」，是無私的大愛。這「情」，是覺悟以後的有情。這是上人對於佛教傳統與語彙思惟的一種創造與轉化。

按心理學家佛洛依德對於人的意識與潛意識的研究，人的意識如果被刻意壓抑，它並不會消滅，而是會變成潛意識。潛意識會到處流竄，難以把握。因此，人的欲愛不能用壓抑來滅除，只能轉化。上人的思惟是用大愛這清流，來掏洗人的自我愛欲見著的小濁流。慈濟這個大團體提供清淨泉源，當人們接通這清淨的源頭，就能滌清困在小泥濘的自我之欲愛。

根本上說，欲望，特別是愛欲，是學佛過程中第一要戒除的習氣。因為愛欲，人才成為人身，因為愛欲，才墮入輪迴裡面。但是愛欲對於凡人卻又是如此的根本，因此戒除愛欲其實非常不容易，所以才要「斷欲去愛，識自心源，達佛深理，悟無為法」。心的本質與源頭是無常的、是無我的，是無為之法。其實人心被愛欲困住，就像大海中的水被困在一攤汙泥裡一樣，是一種蒙蔽與愚痴。

心的力量遠大於愛欲

人心的力量遠大於愛欲，但人卻拘泥於愛欲。人心的力量之寬廣像大海，愛欲卻引領人心擱淺在泥沙裡，成為一灘汙水，所以第二章要我們識自心源。而困在汙泥裡的水，儘管你再怎麼清，總是更深深地陷在裡面，這就是第十六章所說的：「人懷愛欲不見道，譬如澄水，致手攪之，眾人共臨，無有睹影者……心中濁興，故不見道。」「斷欲去愛，識自心源」，就像深陷汙泥的水，回歸清靜的大海，這也是證嚴上人對於佛經實踐的一個重大的創建與貢獻。因為人心是脆弱的，很難自拔。

生而知之者畢竟有限，學而知之者，已屬難能可貴，靠什麼學？就是境。境教，是最大的一種力量。環境的因襲薰染，讓人沉溺或超拔。證嚴上人創造慈濟世界，就是提供一個清靜的大海，讓人回歸這個集體的巨大知善的能量，讓薰染的心，得到清靜的力量。基督教常說：「你不能的，上帝能。」因此要大家禱告上帝，依靠上帝才能得到救贖。弟子演講時常與他人分享說：「你不能的，慈濟能！」慈濟，就是一個善的、清淨的大能量，它讓困在泥濘中的水，尋回清淨的大海。所以上人說：「一滴水能夠不乾涸，是因為它融入閃亮的大海。」

這大海，用心理學家榮格提出一個集體潛意識觀點來說明，榮格說集體潛意識存在宇宙中，也存在每一個人的心靈意識中。人的心其實能通向宇宙更大的力量。這能量基督教稱為上帝；佛教稱為「心識」——萬物唯心造；伊斯蘭教稱為真主阿拉；印度教稱為梵天。榮格說，每一個偉大的人都懂得運用這股集體潛意識；但是集體潛意識同時也是危險的，因為它的巨大能量可能也會撕裂無法承受的個人心靈的容器。集體潛意識對於個人來說，其巨大的能量形式，對於小小的心靈容器而言可以是混亂的、無秩序的、沉重的。因此如何引導集體潛意識成為重要的一種智慧。基督教透過《聖經》與教會去接觸聖靈，宗教的儀式與經典，都是讓凡人學會逐步去承載那巨大的潛意識之海的能量。

禪宗強調打坐，進入深沉的意識，很多文人趨之若鶩。這種思惟與做法難免會引領人走向追尋神祕主義的體驗。記得二十年前，吾人剛進慈濟，告訴證嚴上人說，弟子有時候會打坐。上人跟吾人說：「不要打坐，有時候容易走火入魔。」

在慈濟，以利他的實踐，遵行團體的誡律，體會證嚴上人的法，讓個人有一個實際的道路，去接近學習這分寬廣的共善之力。所以上人強調「在無所求的付出中體會無常，在團體的修行中體現無我。」

共善之力與個人心靈轉化

團體的愛與智慧是慈濟人的集體潛意識，是共善的大海，回到這大海，才能夠讓我們困在泥淖裡的水，重新獲得清淨與滋養。

在學佛前，人都困在愛欲之中。夫妻關係的依賴，經常演變成忠誠與背叛的情欲糾葛。所以《四十二章經》裡才說，夫妻為牢獄，牢獄有時盡，但夫妻的彼此捆綁無盡期。進了慈濟世界這善的大海，夫妻關係不再是愛欲的捆綁，而是轉變為法親、同修，彼此不再捆綁，而是一起投入大愛的善行，這使得兩人的世界更具價值。在世俗的職場、商場中，同事間或生意夥伴的情誼，容易在利益的分配中，變成競爭與忌妒。經過慈濟大海的淘洗，大家拋開商業私利，一起投入利他的善行與慈悲中。世俗世界的任何一項稍具理想的運動或組織，容易在有成果之後，演變成權力爭奪與見解的衝突鬥爭。進入慈濟之後，大家相互扶持、讚歎、成就彼此。

斷欲去愛，在證嚴上人創立的慈濟世界，是經由利他行動，轉化「欲愛」為「清淨無染的長情大愛」。《四十二章經》以：「斷欲去愛，識自心源，達佛深理，悟無為法。內無所得，外無所求，心不繫道，亦不結業；無念無作，非修非證。」這是終極覺悟之道，而上人的慈濟宗門正是通向這個覺悟之道的法門。

慈濟宗門提供利他實踐的場域，讓凡夫轉小愛為大愛。慈濟人在各種苦難的場所，體會世間無常，認識人生只有使用權，沒有所有權，應該把握良能為眾生付出，這就是「識自心源，達佛深理」。而這種利他的實踐，隨處皆可體現，每個苦難的現場都是修行最好的道場，每一個救災與利他的行動，都是全心的、智慧的考驗，也是最佳時機。這即是「悟無為法」，是慈濟人以具體行動實踐無為法的深理，所以是上人所說的「行經」。

體悟無為法就應該「內無所得，外無所求」，這是證嚴上人提醒我們的「無所求付出」的心境。不只付出無所求，付出還要感恩，這是「無受者，無給予者，也無給予這件事」，真正地做到三輪體空。對於無所求的功德，第十一章就說明：「飯惡人百，不如飯一善人。飯一善人，不如飯一持五戒者。……飯千億三世諸佛，不如飯一無念、無住、無修無證之者。」可見無所求的心，功德第一。

專注當下的無念無作

「心不繫道，亦不結業；無念無作，非修非證。」這種極致空無的境界，就很難想像是如何存在？心不執著道，也不造作業。沒有念頭，也無所作為，非為修行，也非為證悟。這種渾然忘我的無分別智的精神狀態，實在很美，但如何在現實中理解與體現？

想想慈濟的環保志工不就是如此，上人常常讚歎環保志工是真正的菩薩，他們做垃圾分類，其實已經渾然忘我，做到沒有煩惱。他們沒有繫著什麼大道理，也沒有造業，這不正是「心不繫道，亦不造業」嗎？他們聽上人的話要環保愛地球，就跟著做，做環保不用動腦，煩惱都是來自動腦太多，所以是「無念」，無念就不會造作不好的事。他們看到回收物就生歡喜心，幾乎愛上回收物，他們的工作不是為著要修行，不是要體證什麼境界，但是已經在修行，已經在悟證。無怪乎上人認為他們才是真正體現佛法真諦的草根菩提。

這種安住當下，無念無作的心境。吾人在尋找並製作一灘血的紀錄片之過程中，當時每天到山上，沿路看著大海、大山，每天與原住民在一起，每天心裡想著就是如何將一灘血的線索完整呈現，如何回歸真相。當時心中沒有別的念頭，沒有對未來的任何規劃與盼望，沒有任何人與事的糾葛，沒有生活的休憩或活動的想望，甚至沒有想到過去的任何不悅與喜悅，每天早睡、早起，時間好像就靜止在那裡，那是我生命中最快樂的時光之一。當然當時只是一種專注的狀態，還談不上心不繫道，亦不結業。但是，如果能把尋找一灘血的專注心，用於各種利益眾生的志業，無所求的、無私的、忘我的，連自己是否修煉成菩薩與否都忘記了。心心念念為眾生，那就靠近那種「心不繫道，亦不結業。無念無作，無修無行」的境界了。

可見修行的專注是非常的重要。專注才能精進道心。所以經裡面才說：「博聞愛道，道必難會。守志奉道，其道甚大。」什麼都想做，什麼都想學，其實心就會亂。吾人常常喜歡讀許多西方哲學書籍，讀完之後，有些時候仍然有許多啟發，思考更多元。但是這多元經常伴隨著更多的疑問與困惑，對於人生的目的，對於生命的價值，對於社會的體制都會有疑惑，這疑惑經常導致情感上的脆弱。這怎麼說？因為疑惑就會產生遲疑，行動力與情感投入的遲疑，這遲疑會讓道心退縮，難怪說知識是情染，情感受到汙染。而相反地，每當讀了證嚴上人的書，常常獲得一種喜悅，在情感上，在人生方向清晰的喜悅；這喜悅，讓我們在行動上更有力，思想上更單純。

思想會汙染清淨的情感

思想，是人脆弱的根源，這不是說思想不好，而是當代的各種思想體系十分多元、混亂。崇尚自由主義的人，相信各種思想的辯與證，才能產出最好的真理。但是，思想的探索與追尋，經常忽略情感的力量，而且經常以思想割裂情感。為何？因為思想會產生慢，產生批判，這就割裂了情感。我的見解比你透徹，我的見解比你高明；真理越辯未必越明，但人的關係常常越辯越壞。在這種情況下，批判性的思想也就帶領人走向孤獨的境地。遠離人，遠離群體，人也逐漸地失去了力量與快樂。所以很多學問好的人，其實很孤寂，很不快樂，甚至尼采這位被公認為二十世紀最大的哲學家之一，竟自殺以終，因此思想其實是「慢」與「疑」的肇始者。

而一位思想者批判他人與被批判，瞋，難免也會發生，所以愛、欲、見、著，是人苦的根源。現代人要多一點愛，少一點思；多一點行動，少一點辯，或許更能臻於快樂。清淨的心，絕不是迂愚的心智，它是覺悟生命的一種狀態；那狀態，接受生命的各種道路都只是通向最終無常、無我的一個歷程。那狀態，肯定各種追尋，接納各種追尋，但是卻以無比的耐心、用愛導引他們認識生命的困惑就在於追尋本身。佛教思惟早體認觀法無我，觀心無常的道理。

「博聞愛道，道必難會」，博聞不如守志。一法能入一切法，要尋一切法，反而「尋尋覓覓，終究到不了遠方」。一如證嚴上人於《靜思語》所言，以一法攝一切法，以更深入靜思法脈，更徹底地力行慈濟宗門，反而能夠有效地貫通世間之一切法，這就是「守志奉道，其道甚大」、「行道守真者善，志與道合者大」。這「道」與「志」，是何種「道」和「志」呢？上人在經中的講述就是，上求佛道，下化眾生的志與道。要自救救人，利他也能度己的菩提正道。在與一切宇宙眾生命運的緊密結合與關愛中，達到「視平等，如一真地」、「視興化，如四時木」。在這裡，如上人所講述，能認識「凡與佛」、「迷與覺」，其本質都無差別，而涅槃清靜，一如四時之花果落地一樣是修行自然的呈現。

但是要做到「凡與佛」、「迷與覺」本質無不同，這其實是一種很大的慈悲，這是我們每一個人生命的潛力與善的本質。自我行善是起點，而能接引更多人行善才是真大慈悲。經上說：「賭人施道，助人歡喜，福甚大。……譬如火炬，數千百人各以火炬來分取，……此炬如故，福亦如是。」證嚴上人提醒我們：

「我們學佛，要有『自做、使人做；自學，使人學』的精神。因為個人的力量有限，集合眾人之力成就事業，才有無量功德。」[1]

「我們做好事，別人歡喜贊助；別人做好事，我們也歡喜贊助，有時我們做不到的事，別人做到了，只要是善事，我們同樣歡喜讚歎，這樣的隨喜，也是功德。」[2]

慈濟這大道場，需要大家一起努力。團體才能成就個人修行。越是能「心包太虛」，越能有寬廣的心接引眾人走菩薩道，越是能「量周沙界」，將愛的能量遍及各處，連每一粒沙界都關照，這是菩薩。證嚴上人要我們不只是「自做歡喜」，教別人做也歡喜，即「教做歡喜」。見別人做，即便無須我們的參與，我們也是歡喜，這是「見做歡喜」，這是達到無分別心的一種清淨智慧。上人一次向所有的主管說：「我要求你們在座的每一位主管都要跟我一樣，要無私。不能少在座的每一個人的力量。」我們總是在愛、欲、見、著中，喜歡哪一位同伴，不喜歡哪一位同伴，都會有分別心，有私心，有愛欲見著之心。所以上人才如此感慨地告誡我們，要無私，要包含每一個人的力量。這種無私的清淨智慧，不是一個嚮往的境界，而是要在現實中歷練出來；而慈濟大道場，是最好歷練無私大愛的場域。

愛欲習性會轉化形式出現

在慈濟世界裡也必須注意，愛欲不見得會消失，只是轉個形態。這是證嚴上人說的，進入慈濟大家都是很善良有愛心，但是習氣難改。愛欲會轉型，愛欲的一念無明三千細，一不留意，就會在大愛的團體裡面，圈出小愛。跟誰比較投緣，跟誰不投緣，分別心出現了，愛欲浮現之後，見解執著也出現了。一樣行在菩薩道上卻出現不合心互愛，當然不能和氣與協力。所以上人才常常語重心長地說：「必須要愛我所愛的人。」我們不要只愛不相識的人，也要愛自己大家庭裡的家人。

一次證嚴上人對吾人說：「我是慧眼識英雄，但是如果心不開，我也會擔心。」這是上人對著吾人講的一段話，讓吾人很慚愧，吾人的心的確不夠開，無法更大幅度地接納與肯定一些同樣在為慈濟努力的人，與他們合作，並且協力與互愛。自傲心讓吾人覺得自己的做法與見解較有道理，對於某些人的做法覺得不好，因此就會逐漸地產生彼此隔閡，結果讓上人憂心受磨，也讓許多事不能更圓滿地得到解決。我們常認為接納是彼此的，是互相的；我們常覺得是對方不能接納自己，所以自己才無法與對方互愛協力。其實上人教導我們，如果是對方有錯，我們也要以身作則，不要做錯。人都是執著自己對的同時，去責怪他人之非。其實指責之念頭本身就不是修行者的心，大慈悲心是要能包容他人之過錯，不只不計較，還要付出善意與愛心，才能化解怨懟。

凡夫執著一己之見，生出傲慢心，經常會指責他人，執著放不開是我們眾生的心病。所以《四十二章經》第十九章才說：「觀天地，念非常；觀世界，念非常；觀靈覺，即菩提。如是知識，得道疾矣。」證嚴上人藉經文向我們開示：

「修行需要做觀想、分析事物。要時時刻刻觀物修行，好好思惟，佛陀說大部分的人遇事都有『執著』，因為執著放不開，無法解開心結，所以佛陀教導我們這些觀法。『觀天地，念非常；觀世界，念非常』，句中的『念』是警覺的意思，要我們警覺天地萬物沒有一樣是恆常的。一般人常會說『天長地久』，其實天不長、地也不久；因為天地的變化是無常的。」[3]

「『觀靈覺，即菩提。如是知識，得道疾矣。』靈覺即靈徹的本性，也就是本來的真性。一般凡夫的心中，常存有『我、法』二執，面對外緣即產生偏見。」[4]

這種執著有為法會讓人走進困惑與痛苦的深淵裡。其實「當念身中四大，各自有名，都無我者。我都既無，其如幻耳。」我都是無，還執著什麼？還指責別人什麼？

執著傲慢是大病根

以自我為中心的執著與傲慢，也是吾人最大的病根之一。

回顧全心投入慈濟近逾二十年之中，心境有很多的轉變。二〇〇二年初在製作骨髓移植紀錄片《清水之愛》的過程中，覺得很喜悅、很榮耀，也很感動。喜悅榮耀的是，吾人能採訪世界最優質的醫學家們、骨髓庫專家們，了解他們的專業研究與努力；感動的是能夠親自訪談許多病患、家屬、醫生、志工，他們都以寬廣無私的愛心，去搶救病患。那時內心感受到無比的喜悅，這喜悅不是吾人慣常以閱讀所獲得，也不是工作成就所獲得。特別在德國的一個深夜，內心突然有了深刻奇特的寧靜與喜悅。事後想起惠能大師的一句話：「動中靜。」或可以描述那一刻的奇妙寧靜之體驗。在愛的行動中，人可以獲致極為深刻的內心之平靜，這是證嚴上人要我們力行愛的大智慧。人不是經由靜中求靜，而是在生活的行動中，處處能體驗禪定之境界。只有時時力行愛的行動，人才可能體會「無所住而生其心」的境地。

接著尋找一灘血時期，心境很專注，沒有其他想法，也沒有任何的規劃，沒有讀其他書籍。每天在山上，與山、海、原住民為伍，很單純的快樂。內心想著就是讓一灘血能水落石出。

二〇〇四到二〇〇六年，處理許多法律與醫療糾紛期間，與醫療團隊與主管們一起努力，很有一家人的感覺。有壓力，但很快樂，也很充實，雖然心中偶然會有些許的悵然。可能是人文的工作還是吾人的渴望，可能是壓力的關係，每每覺得沒有力量的時候，總是在證嚴上人的指導，在慈濟大團隊的群體智慧與支持下，逐一得到頗為完善的解決。

在開始從事中國大陸事務期間，延續法律與醫療爭議事件的心情，與團隊合作尚稱愉快。但是一陣子後，卻開始出現自我定見與落入小群體的意識裡，已經無法真正把握無我的心情，也沒有將團體更大的能量放進自我的心靈與任務當中。傲慢心，造成自我煩惱的增生，也深化與他人的隔閡。而當與人開始隔閡，誤解就接著產生；即便事情沒有錯，也因為隔閡而無法被真正理解，而被某些人誤解了，自我煩惱就更為加重，疑惑之心亦不時萌生。

做慈濟做到自我又跑出來，實在很慚愧。一念無明，會不斷長大，傲慢心是那一念無明，使吾人不願意多與他人溝通，特別是與不了解的人溝通，與誤解自己的人溝通，更遑論化解歧見，總認為自己的見解才是對的，這是傲慢導致的自我極端的捆綁與煩惱，這是吾人生命中極為危險的一段時期。吾人讀了很多書，包括西方探討組織模式的社會學、心理學，包括東方的《易經》、儒家思想與道家思想等，但煩惱一樣存在。直到吾人重新將證嚴上人的經書仔細恭讀，包括《東方琉璃藥師佛大願》、《三十七道品》、《四十二章經》、《地藏經》、《無量義經》等反覆研讀，吾人才豁然開朗，原來純淨的心，才是一生最重要的使命，尋回清淨無染的心，才是吾人這一生追尋的目標，吾人才開始又快樂起來，也把偏差、孤寂的心打開。

忍辱是邁向無我的試煉

《四十二章經》是處世智慧最好的經典，特別是面對逆境，人應如何自處。《四十二章經》第十五章說：「何者多力？忍辱多力，不懷惡故。」證嚴上人的註解說明，當面對不善的人或惡人，我們要用善的方式回應，才不會造成惡的循環。當有人惡意批評我們，因應對待的方法就是把自己暫時地抽離，客觀化自己。上人說：「當我們聽別人被批評，我們不會起心動念、但是當我們自己是當事人，就很容易隨境界轉・因此被批評或侮辱的時候，不要把自己投入到那個境界裡，應該先關閉心門，不要受影響。反而要以客觀的立場去對待。批評別人的人，對自我的人格反而是一種損傷。」如經上說：「如醜人照鏡，彼容自醜，鏡何醜哉？」當我們以善回應惡，反而讓旁觀的人尊敬我們的人格。

有人毀謗佛陀，問佛陀怎麼回應？佛陀說：「不要接受它，謗的人自己就要接回去。」如人對天吐痰，痰自墮其臉，這是一種修行極高的功夫。人都是受人讚就起歡喜，受人謗就起瞋恨心，所以常在人世間的怨懟裡起起伏伏，不得清靜。證嚴上人有一次也對吾人說，關於起計較心，別人心中有，但我們心中沒有就不會有事，就自在。當我們與他人起計較心，會有所衝突，我們見到他總是很彆扭，這一彆扭對方也知道，也開始防禦起來，旁觀者也感受到這種無聲的張力，整體氣氛就會開始緊張。如果我們能夠心很清靜坦然，沒有瞋與怨，自然大方地與對方互動，對方看著我們自然善意的表現，也會慢慢放下心中的防禦與對抗之心。但這種修行很難，我們總是會將別人的態度放在心裡；當我們如此，其實我們正跟對方一樣，這是種互相的印照。手掌擊空氣，是不會有聲響，就怕我們也伸出掌，就會打出聲音來。但是要如何做到這種心境呢？

《四十二章經》上接著說：「心垢滅盡，淨無瑕穢，是為最明。」能不計較，能忍辱，是心中的垢已經去除。證嚴上人於《四十二章經》中講述說：

「心垢若能夠滅除，心就如同潔白無瑕的玉一樣清淨，如此必能明心而透徹一切真理。」[5]

心更是追尋真理的障礙。我們常覺得智慧不足，就是因為心垢未除，心垢未除，是因為不能忍辱，這其實是很弔詭的道理。凡人都自以為了不起，所以無法忍辱。其實無法忍辱正是心未明，心未明，智慧就不足，因此不能忍辱的人，其實就是沒有大智慧的表現。謙卑的人才是大智者。證嚴上人說：「心垢去除，才能得一切智。」可見忍辱是智慧的開始。尤其證嚴上人強調：

「用忍耐力來幫助我們的修行，忍耐是修行最大的力量。日常之中的雜念心，就是因為不能忍而產生，我們要以忍滌淨心垢，心才能清淨。所以『忍』力之大，能耐怨害、持心寂定、對境不動，不論是出世或入世，一切事業都不能沒有忍。學佛人要將世間的事物、人情是非提得起、放得下，才能心無掛礙，輕安自在。」[6]

讀到這一段文，就會想起自己常常煩惱，煩惱的都是人家對我怎麼樣；人家的想法不對；人家沒有尊重我；人家沒有看重我的能力；人家忽略我的貢獻等，充滿了煩惱。其實即使自己做對而人家不理解，也是要忍耐，何況我們自己可能真的做得不夠完美，還有空間。如果因此不能自明，心中有垢，不能忍耐，就會生退轉心。忍耐，包括接受別人對自己的批評與不諒解，包括接受自己的不完美，還要繼續努力與改善。這種返回內心的自省，才讓自己開始謙卑。謙卑，垢就除，心才能明。所以忍辱多力，忍辱才能使自己不斷進步，臻於完美。

愛欲是求道最大的障礙

明心的關鍵就是去除欲望。《四十二章經》的後半段又回覆前段所言，充滿了對於欲望妨礙人求道的警示話語。愛欲交錯，心就紛亂；紛亂的心想去撥開它，找更多的人撥開它，只有越混濁。如經上說：「譬如澄水，致手攪之，眾人共臨，無有睹影者。人以愛欲交錯，心中濁興，故不見道。」

愛欲，越深究，越要處理，治絲益棼。困在欲與愛的人，找許多人談，找許多人商量，越攪越混亂。不如斷除、揚棄，才能見道。如何見道？證嚴上人說：「就是要行。唯有身體力行，才能會見道諦、明心見性，無名就能消除。」所以慈濟人是透過行，透過大愛之實踐來去除小愛，透過團體的共善之力摒除欲。上人以一位趕經懺的尼師，罹患癌症，才驚覺自己未實踐佛法，這是鼓勵大家實踐的重要性。愛欲在人心牢固的根本性其實很難去除，《四十二章經》以濁水比喻，致手攪之越混濁的愛欲，也可以「持炬入冥室，其冥即滅」。可以如炬照明，瞬間即明。這火炬就是一種更寬廣的力量，照徹幽暗的自我斗室。這火炬即是靜思的法脈，慈濟宗門實踐的大愛。

榮格的心理學裡曾說，人性層面的心理的糾葛，無法被拔除，它必須經由另一種行動來轉化或昇華，這昇華的行動即是善的實踐。

在形容愛欲的捆綁之後，《四十二章經》第十八章緊接著提出「念無念念，行無行行」的境界。這是擔心凡夫看見火炬，看見善的實踐之光明，過度執著火炬，而看不清被照明的東西。如證嚴上人所言：「火點著了，眼睛不要執著於火。否則只看見火，而看不明的東西。」如果善的實踐是點燃自我幽冥斗室的火，那我們要時時注意的是，我們自心調整了多少？內心光明否？而不是執著在善行了多少，功德做了多大。

看著火，一如看著自我善行，忘了這只是一種通向清淨心的過程與手段。所以證嚴上人一直要我們無私，要付出無所求，就是不要執著在火，而忘了火必須點燃照亮的清淨光明之心。而這區別，上人提醒，差之毫釐，失之千里，當謹慎我們的心。即便已經親近光明，更應以「念無念念，行無行行」的空性，來追尋本質的清淨，才是上人期待我們的真修行。

在《四十二章經》十九章與二十章，佛陀進一步說明無常的生命觀。「觀天地，念非常。觀世界，念非常。」「當念四大身中，各自有名，都無我者。」以此告訴世人生命的不可常保，世界的成住壞空，自我並不實有，因此必須保持不執著的心。

證嚴上人詮釋此經的觀點是動態的，也是積極的。他說：「由於世間如此無常，必須把握時間，利益眾生。」上人的理念就是要我們知曉無我、無常，因此發願利益眾生。只有發願利益眾生，才能體會本性之清淨。當我們全心地把握時間利益眾生，就不會為己。不為己，則欲念滅；欲念滅，則清淨生，上人的思惟是具動態觀點的。清淨，不是靜止在哪裡的一種空的境界，而是透過不斷無所求地利益眾生之過程去體現與把握。

但是在無所求的利益眾生之願行中，由於我們凡夫處在塵世的氛圍裡，會有許多境界捆綁、困惑及誘惑我們的道心，這當中尤以色欲、愛欲為甚。在闡述生命的無常、無我之本質後，《四十二章經》從二十二章到二十六章用了幾個篇幅，說明愛、色、財、名、妻子之患。經上說：「愛欲如持炬逆風而行。而當色與愛同行，則無能為道者。」「財色如刀上蜜，舔之有割之患。」而妻子更是比牢獄還堅固地囚困凡夫的求道之心。解脫之道，還是要遠離色欲、愛欲，將一切女子設想成是我們的父母姊妹。《四十二章經》二十九章中所言：「處於濁世，當蓮華如，不為泥汙。」上人創造慈濟是一個大愛的家庭，就是把每一個人都當作法親，拉長情、擴大愛，就不致被小情小愛所困。

正面擴大法門

儘管《四十二章經》教導眾生離財欲、名欲、色欲、愛欲。但是如何離？如何能達到這種清淨？證嚴上人創立的慈濟是用正面擴大法，把善擴大，而不是一味地壓抑自己的惡。一如上人在《靜思語》所說：「心中布滿了善的種子，惡就無由所生。」時時把握為他人、利益他人的心，才能逐漸去除心中的惡，遠離各種名相與欲望。「不得少善根福德因緣，得生彼國。」覺悟之道，涅盤之境，必須從清淨心開始，清淨心則以利益眾生為法門。但是利益眾生是很艱難的，所以《四十二章經》形容學佛求道「如一人與萬人戰，挂鎧出門，意或怯弱，或半途而廢，或格鬥而死，獲得勝而還。沙門學道，應堅定其心，精進勇銳，而得道果。」可見道場如戰場，不是殺戮之氣，而是內心善惡的交戰，世俗正邪之拔河。求道要持戒、忍辱，必且精進不懈。但是佛陀也提醒世人，用力要適當，要走中道，一如學彈琴，不徐不疾，「於道若暴，暴急身疲。」

註釋

1 釋證嚴，〈第十章——喜施獲福〉，《四十二章經》，臺北：慈濟文化出版社，2013年，初版三十八刷，頁69。

2 釋證嚴，〈第十章——喜施獲福〉，《四十二章經》，臺北：慈濟文化出版社，2013年，初版三十八刷，頁72。

3 釋證嚴，〈第十九章——假真並觀〉，《四十二章經》，臺北：慈濟文化出版社，2013年，初版三十八刷，頁141。

4 釋證嚴，〈第十九章——假真並觀〉，《四十二章經》，臺北：慈濟文化出版社，2013年，初版三十八刷，頁144。

5 釋證嚴，〈第十五章——請問力明〉，《四十二章經》，臺北：慈濟文化出版社，2013年，初版三十八刷，頁121-122。

6 釋證嚴，〈第十五章——請問力明〉，《四十二章經》，臺北：慈濟文化出版社，2013年，初版三十八刷，頁123。

第十三章——三十七道品與慈濟人的精進行

佛陀開示覺悟之道是重視道德實踐，而非神秘的學說。古代印度在經歷三千年以上的婆羅門思想之影響下，神秘學說、諸神的崇拜，是婆羅門重要的信仰實踐之一。佛陀的教法帶領印度進入一個新的理性時代，如同軸心時代的蘇格拉底在希臘諸神的文化氛圍中，以理性思辨認識真理，孔子時代將祭祀天轉化為天道，佛陀將婆羅門的迷信咒術，轉化為理性的認知真理，並且以道德實踐，取代咒術與法術的崇拜，取得最終的清淨與覺悟。

佛陀的道德實踐以《三十七道品》為最主要的教法。佛陀以聖人的人格示現，並非以神的位格出現於世。至少在原始佛教之前，佛陀是一個聖人，而非神，不尚神通是佛陀重要的教示，弟子以日常生活的斷欲清淨，以達到身心的無染與無我，《三十七道品》就是邁向無染無我之道。

從證嚴上人的闡述，佛陀的教法始終強調佛陀之聖格，如同太虛大師所言：「人格成，佛格即成。」證嚴上人也是如此地詮釋佛陀的聖格與智慧。原初佛教的佛陀不要你信他，而是信他的教法，他的教法是實踐，不是哲理，不是神通，實踐三十七道品成為佛陀弟子修行的三十七種指標。

佛陀是聖格，如證嚴上人在《三十七道品》講述中所言：

「信仰佛法，為佛弟子，要將佛陀聖化，不是神化。因為佛陀也是人，只是他的智慧、毅力、勇氣超越了一般人，凡夫只差在這一點。只要有信心、毅力、勇氣，我們也像佛一樣。既然是佛弟子就不能迷信，要有智慧的信仰。『信』是用佛陀體悟的真理，洗滌自己的內心。向外付出無所求，每一個人都有豐富的力量，可以不斷付出。我們不該祈求佛的賜予，也不該向眾生索求利益。『求』是痛苦的事，『付出』才是快樂的泉源，我們要在佛法中產生智慧，才能在不斷付出中，得到無限快樂。」[1]

證嚴上人理解佛陀的三十七道品，不只是個人的品格修行，而是在付出利他當中，成就自我的人格，這是證嚴上人對佛教基本修行法則的體認。行於人群，付出於人群，才能成就個人的人格，而非如阿羅漢離開現世間，加入僧團，修習三十七道品，以成就人格。證嚴上人的修行要領是入俗世間，拔苦予樂，在救度一切眾生中，修習三十七道品的功德。

證嚴上人要求每一位慈濟人都必須熟讀《三十七道品》——四念處、四正勤、四如意足、五根、五力、七覺支、八正道。佛陀在說明諸法空相之際，強調正念修行之必要，為通向究竟覺悟的路徑。佛法不是斷滅一切，而是精進地修持自己與萬法合一，契達真如的本性。

《三十七道品》從善行出發，一直修到四神足（四如意足），亦即在一切善中，修得身心自在，無入而不自得，即自在三昧。善行的普遍化至遍滿十方，一切無礙。如果四正勤與四神足是偏向實踐，那麼四念處是強化佛法觀念的建立，以空性觀照修行者的實踐。

菩薩修持至無漏智慧，具足五根、五力，仍需心心念念為眾生，以七覺支令眾生超越生死輪轉，如良藥療治一切眾病，如甘露食無厭足。七覺支滌盡一切眾生病患，邁向正道菩提的覺悟。

《三十七道品》的最終修持為八正道。八正道以精進不懈的正修行，從正確見解、建立正思維、說正語、行正業、得正命、勤正精進、悟正念、住正定，這是邁向涅槃境界的大修持。三十七道品是佛陀引導弟子通向覺悟涅槃之境地的必須修持。

我們看到佛法以否證表述真理，可以理解佛法所示的真理，是通過統攝與直觀的證悟才能把握的真理。但佛陀的覺悟並非都是如此抽象思想，佛陀強調正思維、正念、正見等三十七道品，是修行者可資實踐無上大道的法門行入世間，慈悲利他，是修行的根本。因此證嚴上人講述《三十七道品》從「四念處」開始，「觀身不淨，觀受是苦，觀心無常，觀法無我」，這四念處不是離開身體，如苦行者折磨身體，以求解脫；不是離開世間的染濯，獨自修行；不是五蘊皆空，而是心不入五蘊，心即解脫。入世、出世本來不二，證嚴上人的觀身不淨是認為「有限身體」與「無限慧命」本是一體兩面，世間的染汙是我們修行慧命的資糧，有限的生命，是成就無限生命的載體。所以證嚴上人說：「我們在迷時，身體是造惡的根源，我們悟時，身就是載道器。」[2]

所以四念處，「不是修到無念，而是念念為眾生，是為無念。」證嚴上人是以眾生為念，是為四念處的根本。觀眾生的身苦、不淨，理解四念處。親身接觸眾生的身苦，而不是觀想自己的身之不淨。上人在講述四念處舉大量的慈濟慈善個案的關懷，描述志工如何在慈善中理解四念處的意義，同理眾生的身苦、心苦，然後付出無求，達到「觀法無我」。

「我去慈院看一位家住蘇澳十一歲的孩子，他是由慈濟委員送來住院，準備開刀，因為他出生時兩腳就已畸形，無法踏地。他的父母做小工維生，已有三、四個孩子，但愛子的心都很平等，雖然家庭困苦，但還是想盡辦法，希望孩子能整形，和別的孩子一樣正常走路。不幸的是開刀後，腳的傷口不曾癒合，一直流膿、流血，十一年了，這樣的狀況不曾斷過。

聽原先的醫生說，孩子雙腳的骨頭都是空的，所以轉送來花蓮，讓慈濟醫院的醫生想辦法，希望盡量保住孩子的腳，讓他能健康站起來。真不得已，可能就要鋸掉。儘管他的家庭很貧困，既然送來慈濟醫院，我們就希望他的雙腳不要鋸掉，恢復正常。能站起來走出去，將來在社會，可以依靠自己的力量生活。」[3]

從觀世間的不淨，體悟身的不淨，然後把握因緣去付出，無形的慧命在付出中不斷地增加。

「身體雖然不淨，但是都有一件非常清淨的寶物，那就是隱藏在內心的明朗智慧，不要為了不淨之身，用『我執』來浪費時間。修行也需要利用身體來當載道器，若能把握時間，利用不淨身，勤修明朗的智慧，就不會為了身體妨礙道業。希望大家多瞭解身體的構造，好好用心想，身體這麼髒，倒不如轉汙染為清淨，用身體把握時間完成道業。」[4]

在對苦難的付出中，觀法無我。無所求的付出，還引導受助者能體解慧命修持的永恆，這是觀法無我的體現。法是屬於一切眾生，不是屬於任何一人。觀法無我，能夠與眾生的苦難合一，是真無我。

「究竟什麼是我？若能看開人生無我，只有大我將小我的生命力、小我的時間，多付出給大地眾生，只留下一個名。人們常常懷念起『某個時候、某個人常常為我做什麼。』就是留在世間讓人懷念的名。就像牟尼佛二千多年來，他的精神永遠留存。耶穌基督、孔子、孟子、老子這些出現在世上的聖人，值得後世敬仰。因為留在世間無形的法。凡人帶得走什麼呢？業！『萬般帶不去，唯有業隨身。』我們的將來由不得自己，都是由自己的靈魂、業識牽著去輪迴。」[5]

證嚴上人對於無我是以大我來指稱，亦即兼顧著儒家現世間的不朽，結合佛教無始的輪迴之超越，以大我超越輪迴，以大我留名於後世，這是佛教的出世間與儒家的入世間生命理想的結合。

善念緣起四正勤

《三十七道品》之「四正勤」在於行善止惡。「已生惡令斷，未生惡令不生，未生善令生，已生善令增長。」四正勤討論的是惡與善的命題，人如何揚善，行善、止惡，然後包容惡，教化惡。《三十七道品》之四意斷（四正勤）在於行善、止惡。如《增壹阿含經》云：

> 「比丘！若未生弊惡法，求方便令不生；已生弊惡法，求方便令滅；若未生善法，求方便令生；已生善法，求方便令增多，終不忘失，具足修行，心意不忘。如是，比丘修四意斷。是故，諸比丘！當求方便，修四意斷。是故，諸比丘！當作是學。」[6]

未生惡令不生，已生惡令斷，未生善令生，已生善令增長。行一切善，斷一切惡，是修持佛法的實踐要義。佛法是什麼？

當迦葉尊者問：「何等偈中出生三十七品及諸法？」

阿難言：「諸惡莫作，眾善奉行，自淨其意，是諸佛教。」阿難還說：「尊者迦葉！增一阿含出生三十七品，及諸法皆由此生；且置增一阿含，一偈之中，便出生三十七品及諸法。」

佛陀的教義乃強調「行」，學佛不是追求出世間的斷滅，而是於生活中，行一切善，斷一切惡。這種道德的實踐在初期佛法的流傳中甚為重要。

如牛津大學 Richard Gombrich 教授所言，佛陀乃重視道德的實踐，而非抽象的理論思維。[7] Gombrich 比較當代慈濟功德會證嚴上人與原始佛教佛陀精神之相契，兩者皆強調道德生活的踐履，是佛教的根本，而不是鑽研抽象思維，或某種神秘的開悟。《三十七道品》是阿含經系的重要精神，也是佛教思想普世性的重要基石，相應於當代社會的科學文明樣態，亦提供吾人信仰佛教的理性基礎。

證嚴上人在《三十七道品》中述及的「四正勤」修持，強調在人群中、在人我中，實踐善念、善行與善緣。人與人已生的惡緣也立刻斷除，未生的惡緣，就得要靠自己的聲色柔和，以身口意的善，結更多的善緣。「未生善」，就要走入人群去付出，不要懼怕親近苦難與貧窮，那是培養善念最好的場所。行於善，才能生善念，善念時時生，就能結善緣。從這裡看見證嚴上人仍然強調在人群中體現這四正勤的修行方法。

證嚴上人在四正勤的開示中，例舉一位害怕親近病苦的弟子，師徒間的一段問答，鼓勵行善的重要性。

「有一位臺北的慈濟委員帶會員來精舍，會員告訴我：

『師父，我很感動，這個團體這麼好，叫我出錢，我覺得很有意義，我能做多少就盡量做。師父，我很希望能加入慈濟委員的行列，要勸募，我也願意，但是有一件事，我不要做，好嗎？』

我問：『什麼事？』他說：『看病人和貧戶，不要叫我去。』

我問：『為什麼？』他說：『我很有愛心，但是很怕看到病人，很怕被傳染，希望跟病人離得遠遠的。還聽說委員要去助念，我也很怕看到往生的人。師父，我可以不參加這些事嗎？』

他有愛心，但是還沒有生起『同體大悲』的善念，所以無法把病人當作自己的親人，也無法體會往生者是同體的親人之一。若是親愛的人斷了氣，難道能不接近他身邊嗎？其實很多人雖然有愛心，但是尚未培養出平等的愛心，越是這樣，我們越更要趕快鼓勵他。」[8]

慈濟人的修行是以眾生為道場，不局限於一寺廟，或一道場之中。時時刻刻，每一個我們接觸的人，每一刻升起的念頭，都是以善念，抑制惡念。不只是對身邊的人起善念，還要積極地面對苦難人，激發善念與善行。不請之師，是證嚴上人對慈濟人的期許。每一個人的苦難，都當作是我的苦難一樣對待。如能如此，即做到四正勤的境界。

善念緣起，以善面對一切緣起，每一個人都是我們修行慧命的資糧，每一個時刻都是我們覺悟的契機，這是證嚴上人帶領慈濟人的修行之道。

時時善念，以免墮入畜生道，證嚴上人在四正勤中也以一位天人，因為行善在天界，但是偶一心生惡念，五相色衰，本來是天人，剎那間卻投胎入馬廄，成為一匹馬。天人察覺到自己似乎墮入畜生道，硬是把自己撞死。結果又回到天界之中，現出光彩的天人身。證嚴上人述說這則佛典的故事，是給眾生的一項警惕。天堂與地獄、天人界與畜生界，這轉化可能都是剎那間而已。修行的果實非為次第的階梯，以為到了一個位階，不會往下。其實一惡念生，即使天人道在人道之上，卻也立刻降為畜生道。

包容心與四正勤

在四正勤中，證嚴上人特別強調包容的重要性，對於苦難的付出，對於同道修行人的包容。未行善者，經常是只關愛身邊的人，而冷漠以對不相識的需要被幫助人。而行善者剛好相反，行善者對於苦難與弱勢者展現慈悲，但是對於身旁的同修、同儕卻往往不能包容。這期間的理由可能是對於戒律與法則的信守有不同的見解，更是一種行善的比較心，亦即傲慢心所致。

我們自己善念生，然而面對一個有惡念者，我們應有何態度？證嚴上人闡述四正勤以一個《本生經》

的故事，說明佛陀如何包容一個有習氣的修行人一直待在僧團之中。證嚴上人說：

「《本生經》有一段故事，佛陀在給孤獨園，與很多比丘同住。有一天早晨，很多比丘圍繞在一起，議論僧團裡另一位比丘，說他平時巧言令色，說話很有道理，但私底下的行為是兩回事。他常常騙人，又做不法的行為，這群比丘覺得僧團中有這樣的僧眾，會汙染僧團的名譽，就推派人去向佛陀提起此事，不過大家互推『你去嘛！你去嘛！』誰也不願意由自己去提。

佛陀看到大家在議論、推辭，就走到那裡，問：『有什麼事要向我說？』這些比丘仍然互相推辭，佛陀說：『學佛、修行最重要的是坦誠，雖然不說人我是非，但也不能隱瞞錯誤。』佛陀鼓勵大家勇於面對現實，其中一位比丘說：『佛陀啊！您的教法是莫論人是非，而我們現在所談的這些都是是非；雖然大家知道這不對，但因不忍僧團有這樣的人，所以大家互相推派，由誰向佛陀請示。』佛陀說：『你們說說看，是什麼事？』

比丘說：『某位比丘在僧團中，表面上能言善道，但是私底下，私德行為讓人很厭棄。他言行不一致，在居士的心目中，有損比丘的形象啊！』

佛陀聽了就坐下來，向這些比丘說：『來！我跟你們說。』大家坐下來，佛陀說：『這是那位比丘的習氣，他有心想修行，但是習氣難改，不只這一世，過去生也一樣；不只在人道，即使在畜生道也是一樣。』比丘們一聽，很感興趣，趕緊問佛陀：『除了在人道以外，畜生道中，他的習氣是什麼樣呢？』

佛陀說，久遠劫以前，山林裡有一群山鼠，鼠群中有一隻鼠王，非常有靈覺，牠帶領這群山鼠，在山林中優游自在，鼠群清晨出去覓食，黃昏就入山洞，生活過得非常規律。

有一天來了一隻毛狸，這隻毛狸很驚惶，因為牠在其他的山區被人追逐，所以狼狽地跑到這裡。

毛狸想：『牠山不能住，來到這山要怎麼謀生呢？』牠看到一群山鼠非常有次序，鼠王在前面帶，鼠群在後一一列隊入山洞。毛狸靈機一動，想：『我要如何日日都有餐食？山鼠就是最好的餐食了！』但要如何取得這群山鼠的信任？牠想了一個方法。

隔天清晨，牠就站在山洞對面，臉向著太陽，縮起三隻腳，嘴張得開開，站在那裡如如不動；鼠王帶著隊伍，一早從山洞出來，看到一隻毛狸站著不動，大家想：奇怪啊！牠怎麼站在那裡都不動呢？怎麼不用四隻腳站，卻用一隻呢？臉怎麼向著太陽，嘴張得如此開呢？鼠王覺得很納悶，就走近問牠：『你叫什麼名字？從哪裡來？怎麼會用一隻腳站立呢？臉怎會對著太陽？嘴怎麼張得如此大？』

毛狸自我介紹：『我從東山來，名叫毛狸，我雖然有四隻腳，但是我擔心這塊土地要承載四隻腳的重量，所以不忍心土地上多我三隻腳的重量。我臉向著太陽，是因為我在修光明法，吸收陽光的靈氣；我嘴張得開開，是為了吃風，因為我什麼都不吃。』

鼠王聽了很感動，毛狸確實是一隻有德、有修行的動物，牠很有愛心，能夠關懷大地，不忍大地增加負擔；能長年累月吸收太陽的靈氣，甚至什麼都不吃、只吃風，真是修行者。牠的功夫很好，若吃風就能活，真讓人敬佩，所以鼠王就跟山鼠們說：『我們遇到的是修行者，大家要恭敬有德者。』之後山鼠們每天出門，都會向牠行禮；每天回來，也會向牠問安。就這樣，每天行禮、問安，鼠王都在前面帶隊走，後面整群也跟著走。

但是，每次走在最末端的那隻山鼠，會突然失蹤。時間久了，這群山鼠也覺得奇怪：過去在洞內，感覺山鼠數量很多，住起來很擁擠，怎麼現在住的地方愈來愈寬闊了，是不是鼠數減少了？鼠群向鼠王提起這件事，鼠王也感覺奇怪，究竟為什麼？牠稍微有感覺到：『難道是毛狸作怪？』隔天早上要出門時，鼠王就說：『今天我殿後，你們照常向毛狸行禮，然後向前走。』

鼠群走在前面，最後一隻是鼠王。毛狸重施故技，很快地要去抓最後那隻山鼠，但是鼠王的動作更快，一下就跳走了。毛狸就開始追逐，所有的山鼠聽到，回過頭圍著毛狸，共同攻擊、制伏了牠。這時候，鼠王向毛狸說：『你用這種欺詐的方式維生，用假的形態欺騙我們，是很可恥的事。』

佛陀說到這裡，就跟比丘說：『比丘啊！你們知道嗎？那隻毛狸就是現在這位愛說謊、時時欺騙別人、利益自己的比丘。那隻鼠王就是現在的我，我時時在教育他，也用愛感化他，但是習氣難改啊！』這位比丘有善根，在六道中都與佛同世，但是他的習氣難改，時時讓人厭棄。這個故事告訴我們，要把心照顧好、把習氣調好；養成自我警惕的習慣，就能將壞的習氣改成好的。」[9]

證嚴上人以這則《本生經》的故事說明修行人互相包容惕勵的德行，這是善念的最高涵養之一。提婆達多經常迫害佛陀，意欲殺害佛陀，但是佛陀都原諒他。一次，佛陀在路上行走，遠遠看到菩提達多走過來，佛陀竟要阿難改道行走。阿難之後很疑惑地問佛陀：「您為何避開提婆達多？您怕他嗎？」佛陀回答阿難：「不是怕，是不要與他結惡緣。」「哪為什麼不讓他離開僧團呢？」佛陀說：「無須趕走他，讓他繼續在僧團修行，彼此無礙即可。」

這是佛陀的氣度與對惡的態度。慈悲以待，包容以待，直到提婆達多成佛。《法華經》有〈提婆達多品〉，佛陀授記提婆達多成佛，惡的存在對於善是一種激勵與考驗。生生世世教化惡，是四正勤中，「未生善令生」的慈悲大愛的胸懷。佛教看的不是一生一世，是生生世世的因緣與修行，這是一個連續的、弘大的生命觀。這種生命觀當然不是從現世間的角度可以衡量，這超越界的觀點，從現世間的已知界如何理解，未知界對已知界的影響為何？如果這種生生世世對惡的度化是一種器度的養成，對於已知界的現世間仍具有很積極的影響與作用。這是大慈悲，絕對利他的表現。但是如果因此對於惡產生縱容，則對於現世間的影響變成負面導向。

與惡共處，卻不能短時間改變他，那會如何呢？提婆達多已經多次害佛，最後一次要以毒賜死佛陀，但是在路途上，地突然裂開，提婆達多就掉進深淵裡死去。這如果不是神蹟，多少代表現世間的正義，惡人得惡果。但是當惡人未被成功教化，持續為惡，四正勤如何看待？

以證嚴上人描述佛典故事的寓含，可以理解對於惡是包容，是持續地教化，這是對於個別的惡之態度。但是當惡結構化了，成為一種集體性，這時要如何應對？提婆達多號召一群僧侶逼迫佛陀退休，佛陀沒有答應。這是面對惡在包容中的一種勇氣與堅持。善或許不傷害他人，但是也不能軟弱。

包容惡，如果反而讓惡結構化，這就違背了「四正勤」的「已生惡令不生」的修行原則。提婆達多曾經影響五百多位比丘另立僧團，可見惡的結構化在當時正在形成中。佛陀的僧團畢竟穩固下來，而佛陀以大慈悲及智慧授記提婆達多將來成佛，可見佛的智慧之廣大恆久。

「破邪顯正」究竟是佛陀的理想，在破邪之際，不讓自己為惡，這需要有極大的智慧才能兼顧善惡的相容。擴大善，以預防惡的結構化，或許是在包容個別的惡之際，必須具備的智慧。擴大善，擴大愛，一直是證嚴上人的信念。

善遍十方如神足

《三十七道品》由增一所生，即萬法由一所生，這一法就是有為法，從無為法生出世間的萬法。但是萬法從行一切善、止一切惡開始。能修足四意斷（四正勤），就邁向四神足。四神足謂：「自在三昧、心三昧、精進三昧、誡三昧。」爾時，世尊告諸比丘：「有四神足。云何為四？自在三昧；心三昧；精進三昧；誡三昧行盡神足。」[10]

《三十七道品》從善行出發，一直修到四神足（四如意足），亦即在一切善中，修得身心自在，無入而不自得，即自在三昧。

善行的普遍化至遍滿十方，一切無礙。有情眾生之生命，無情眾生之物命，悉令普照，所以能無所掛礙，這是心三昧行盡神足。持一切善精進無懈，勇猛無畏，即達精進三昧行盡神足。誠三昧行盡神足意在知曉眾生心中之所念，眾生無量，習氣亦無量，修行者皆能了知一切眾生貪嗔癡及解脫之法，能達此境界已經是四神足行。這四神足之境界仍然從個人的道德修持與利益眾生著眼。

一切踐行住於三昧空處。

行善得無礙自在能力，這是實踐面向的修行，這些修行是通向更高的法界。四念處：

「觀身不淨。觀受有苦。觀心生滅。觀法無我。是小乘四念處。觀身如虛空。觀受內外空。觀心但名字。觀法善惡俱不可得。是大乘四念處。」[11]

四念處觀身不淨、觀受是苦、觀心無常、觀法無我，這四念處又回到空觀。如果四正勤與四神足是偏向實踐，那麼四念處是強化佛法觀念的建立，以空性觀照修行者的實踐。

五根力至無漏智

五根是通過有漏到無漏。四念處通達佛法的空性，此思想從理解到信持、精進，念念為眾生，而由此生慧，慧生定。五根的根源是三昧，亦即靜、定、慧的功夫。五根力之目的在引導修行者能盡一切有漏法，最後臻至無漏智。如《增壹阿含經》云：

「云何為五？所謂信根、精進根、念根、慧根、定根。若以愚意求三昧盡有漏者，是謂名為樂行跡鈍根得道者也。」

「彼云何名為樂根行跡速疾？或有一人無欲、無婬；然於貪欲，恆自偏少不慇懃，為瞋恚、愚癡極為減少，五根捷疾無有放逸。云何為五？所謂信根、精進根、念根、定根、慧根，是謂五根。然得五根成於三昧，盡有漏成無漏，是謂名為利根行於道跡也。」[12]

五根的實踐是根值於三昧，從有漏身，逐漸修持至無漏智，行於菩提大道。這五根的信持仍恐不足，因此五力乃強化此五根的願力，使其能達到盡有漏成無漏，利根行於道跡也。經云：

「五力為：『信力。進力。念力。定力。慧力。』前能掌後，目之為力。」[13]

能具備五根、五力，已經能逐漸去除有漏煩惱，漸次達到無漏智的境界。但是佛陀仍強調以七覺支邁向涅槃的境界。如《雜阿含經》所述：

「若有七覺支，能作大明，能為目，增長智慧，為明、為正覺，轉趣涅槃。何等為七？謂念覺支、擇法覺支、精進覺支、猗覺支、喜覺支、定覺支、捨覺支。為明、為目，增長智慧，為明、為正覺，轉趣涅槃。」[14]

七覺支令眾病皆除癒

學佛在正確的心念，選擇正法精進修行，乃至身心喜悅，清安自在。由此入定，達到捨的境地，這是七覺支的修持目標。最後邁向捨，捨一切惡，捨一切欲，對一切眾生皆能捨。佛陀告訴弟子修持七覺支能超越輪迴流轉之苦，對一切佛、法、眾都能堅信。七覺支對治所有疾患、所有眾病皆悉除癒。如《增壹阿含經》云：

「爾時，尊者均頭說此語已，所有疾患，皆悉除愈，無有眾惱。是時，均頭白世尊言：『藥中之盛，所謂此七覺意之法是也。欲言藥中之盛者，不過此七覺意，今思惟此七覺意，所有眾病皆悉除愈。』」[15]

爾時，世尊告諸比丘：「汝等受持此七覺意法，善念諷誦，勿有狐疑於佛、法、眾者，彼眾生類所有疾患皆悉除愈。所以然者，此七覺意甚難曉了，一切諸法皆悉了知，照明一切諸法，亦如良藥療治一切眾病，猶如甘露食無厭足。若不得此七覺意者，眾生之類流轉生死。諸比丘！當求方便，修七覺意。如是，諸比丘！當作是學。」[16]

由此可見菩薩修持至無漏智慧，具足五根、五力，仍需心心念念為眾生，以七覺支令眾生超越生死輪轉，如良藥療治一切眾病，如甘露食無厭足。七覺支滌盡一切眾生病患，邁向正道菩提的覺悟。

八正道證入涅槃

《三十七道品》的最終修持為八正道。八正道為：「正見。正思惟。正語。正業。正命。正精進。正念。正定。」

八正道以精進不懈的正修行，從正確見解、建立正思維、說正語、行正業、得正命、勤正精進、悟正念、住正定，這是邁向涅槃境界的大修持。如《增壹阿含經》云：

「爾時，世尊告諸比丘：『我今當說趣泥梨之路，向涅之道，善思念之，無令漏失。』

諸比丘白佛言：『如是。世尊！』諸比丘從佛受教。

佛告比丘：『彼云何趣泥梨之路，向涅槃之道？邪見趣泥梨之路，正見向涅槃之道；邪治趣泥梨之路，正治向涅槃之道；邪語趣泥梨之路，正語向涅槃之道；邪業趣泥梨之路，正業向涅槃之道；邪命趣泥梨之路，正命向涅槃之道；邪方便趣泥梨之路；正方便向涅槃之道；邪念趣泥梨之路，正念向涅槃之道；邪定趣泥梨之路，正定向涅槃之道。是謂，比丘！趣泥梨之路，向涅槃之道。諸佛世尊常所應說法，今已果矣！汝等樂在閑居處，樹下露坐，念行善法，無起懈慢。今不勤行，後悔無及。』爾時，諸比丘聞佛所說，歡喜奉行。」[17]

圓滿：菩薩十地

證嚴上人的菩薩十地，以慈濟人的實踐經驗為出發點，闡明為眾生付出的歡喜開始，從行善到善行，修持自我離欲，直到身心清淨的光明地。在接受世間的各種煩惱考驗，因此進入第四地焰慧地。如入火爐般地淬鍊己心，至細小煩惱與習氣皆能去除，進入第五地難勝地。眾生度不盡，入人群不為眾生煩惱所染，自我調伏心，依止正道、大法，是難勝地。能克服自己的煩惱，能濟度眾生不退轉，就進入第六地現前地，智慧現前，光明普照。

第七地遠行地，濟度眾生非一時之力，非一人之力，必須生生世世地行大願，引度更多的菩薩加入救助眾生的行列，所以是遠行地。第八地為不動地，這種修行與願力守之不動，億百千劫，行於定中，是不動地。能長時間的修行，內能清淨，外能度人，這是善慧，第九地善慧地。不只得涅槃清淨，說法度眾無礙，是善慧。如此清淨無礙，說法無礙，成就功德無礙，終至成佛的第十地法雲地。

佛陀也是經過無數量劫的修行，自度度人，經歷各種挑戰磨難，於世間法，出世間法，皆能具足，得一切種智，終至成佛。

註釋

1 釋證嚴，〈佛教修行的基礎與方法〉，《三十七道品講述》，臺北：靜思人文志業股份有限公司，2016年5月，初版一刷，頁14-15。

2 釋證嚴，〈第一章四念處〉，《三十七道品講述》，臺北：靜思人文志業股份有限公司，2016年5月，初版一刷，頁36。

3 釋證嚴，〈第一章四念處〉，《三十七道品講述》，臺北：靜思人文志業股份有限公司，2016年5月，初版一刷，頁38-39。

4 釋證嚴，〈第一章四念處〉，《三十七道品講述》，臺北：靜思人文志業股份有限公司，2016年5月，初版一刷，頁43。

5 釋證嚴，〈第一章四念處〉，《三十七道品講述》，臺北：靜思人文志業股份有限公司，2016年5月，初版一刷，頁102。

6 《增壹阿含經》，《大正新修大藏經》第02冊，No. 0125。

7 Richard Gombrich, A Radical Buddhism and Modern Confucian, Tzu Chi in Socio-Historical *Perspectives. Buddhist Study Review. BSRV 30.2*, 2013.

8 釋證嚴，〈第二章四正勤〉，《三十七道品講述》，臺北：靜思人文志業股份有限公司，2016年5月，初版一刷，頁108-109。

9 釋證嚴，〈第二章四正勤〉，《三十七道品講述》，臺北：靜思人文志業股份有限公司，2016年5月，初版一刷，頁114-120。

10 《增壹阿含經》四神足：「彼云何為自在三昧行盡神足？所謂諸有三昧，自在意所欲，心所樂，使身體輕便，能隱形極細，是謂第一神足。」「彼云何心三昧行盡神足？所謂心所知法，遍滿十方，石壁皆過，無所掛礙，是謂名為心三昧行盡神足。「彼云何名為精進三昧行盡神足？所謂此三昧無有懈惓，亦無所畏，有勇猛意，是謂名為精進三昧行盡神足。」「彼云何名為誡三昧行盡神足？諸有三昧，知眾生心中所念，生時、滅時，皆悉知之。有欲心、無欲心，有瞋恚心、無瞋恚心，有愚癡心、無愚癡心，有疾心、無疾心，有亂心、無亂心，有少心、無少心，有大心、無大心，有量心、無量心，有定心、無定心，有解脫心、無解脫心，一切了知，是謂名為誡三昧行盡神足。如是，比丘！有此四神足，欲知一切眾生心中所念者，當修行此四神足。如是，諸比丘！當作是學。」

11 《法門名義集》卷3，《大正新修大藏經》第54冊，No. 2124。

12 《增壹阿含經》，《大正新修大藏經》第02冊，No. 0125。

13 《法門名義集》卷3，《大正新修大藏經》第54冊，No. 2124。

14 《雜阿含經》卷26，《大正新修大藏經》第02冊，No. 0099。

15 《增壹阿含經》，《大正新修大藏經》，第02冊，卷33〈等法品〉（CBETA 2023.Q4, T02, no. 125, p. 731a29-b4）。

16 《增壹阿含經》，《大正新修大藏經》，第02冊，卷33〈等法品〉（CBETA 2023.Q4, T02, no. 125, p. 731b5-12）。

17 《增壹阿含經》卷30，《大正新修大藏經》第02冊，No. 0125。

第十四章——法譬如水經藏的思維與實踐：水懺演繹作為慈濟宗門內修法門

蒙塵的人生：懺悔與生命價值的重建

曾經有一位在美國的慈濟志工這麼說：「奇怪，進慈濟之前覺得自己好像都沒有什麼缺點，怎麼進慈濟之後，就覺得自己很多地方都不對了？」其實她這種心情很多人都有過。以前在欲望塵世的歲月不知道錯，不知道無止盡的貪念其實是無止盡地奴役自己；不知道對他人心懷瞋恨，其實是對自己最大的折磨；不知道所造的一切業因，都會有業的後果。直到接觸善與愛的團體，接近佛教慈濟之後，人生的體悟才不一樣。

從佛陀的教法看娑婆世界的人生，其實是一種蒙塵的人生。被厚重的塵埃蒙蔽的心靈，始終不覺自身的骯髒，反而甘願耽溺於這汙垢之中，因此佛陀常說眾生垢重、眾生顛倒、以苦為樂。而去除這被汙垢蒙蔽的心就需要水，需要法水，透過一層層佛陀的教法將汙垢去除，看到自己清淨的本性。所以證嚴上人說：「懺悔，就是用佛法洗自己的心。」

為何要懺悔

人為何須要懺悔？西方著名的聖者奧古斯丁的《懺悔錄》，描述他對上帝的崇敬與過去種種的過錯與迷惘。這位教宗年輕時也曾放浪耽溺酒色，但是他的悔改產生巨大的精神力量，成為一代基督教思想與精神的代表，似乎終極的覺悟與懺悔是緊密關聯的。懺悔，其實就是重新接受一種價值；這種價值的回歸，並不一定是發生在有屢屢過錯的人身上，而比較是會出現在修行者的身上。

俄國大文豪托爾斯泰也寫過《懺悔錄》，書中描述他在塵世生活的奢華與特權，他的財產、他的文學、他的農奴、他的一切聲名，都是他要擺脫的罪。這些罪在俗世的眼光是正向的、可欲的，是大家極力追尋的，是被社會推崇的；而如今，在一個更大的價值系統與生命境界中，顯得微不足道。托爾斯泰晚年最終選擇拋棄財產，放棄文學版權，他一心要與農奴一起過生活，他一心要歸向上帝。

聖徒之旅的前奏，就是懺悔。懺悔，與其說是凡夫或是罪人的省思與歸返，不如說是一位聖者邁向終極覺醒的必經歷程。

許多信仰的追尋者似乎以為聖徒總是天縱英明，毫無疑惑，毫無卑微的時刻。心理學家詹姆斯・威廉（James William）提供一個不同的省思。他在其《宗教經驗及其種種》[1]一書中曾指出，許多基督教聖徒都具備所謂的病態靈魂（Sick Soul），他們一生經常在掙扎、無望與感受不到上帝的惶惑中徘徊。宗教改革的先驅者聖馬丁・路德（Martin Luther）在一次宴會中，一位伯爵夫人向他致敬：「老博士，祝你長命百歲。」馬丁・路德竟回答說：「不，如果此刻上帝把我召喚回去，那會是何等幸福？妳不知道活著有多麼的掙扎與痛苦。」[2]這位跨越世紀的宗教改革者，竟然內心深處是常常處在掙扎的痛苦中。

這似乎印證法國著名的小說家羅曼・羅蘭在他的巨著《約翰・克利斯朵夫》一書中所說：「真正的

黎明絕對不是沒有黑暗，只不過永遠不被黑暗所吞噬罷了。真正的英雄也絕不是永遠沒有卑賤的情操，只不過永不被卑賤的情操所屈服罷了。」

以佛教的理解，娑婆世界原本就是堪忍的世界，不只是面對外境的考驗難，內在的愛、欲、見、著的降伏更是困難。聖與凡本來就不容易超越，但聖徒們正是要走這樣的一趟心靈旅程。

悟達國師就是另一個例子。悟達國師的《慈悲三昧水懺》與西方的奧古斯丁、托爾斯泰的《懺悔錄》有同樣的精神價值，只不過奧古斯丁與托爾斯泰是認知他們凡夫生活的過錯，最後選擇歸向上帝的福音作為悔改救贖的印記；悟達國師則是以前世之造業，結合今世之驕慢心，而升起無明業力。雖然彼此教義不同，但是其內心歸向真理的力量與意向都是一樣的。我們可以這麼說，有偉大的心靈，才會有真正的懺悔。懺悔多大，心靈的純淨就會有多大，懺悔多廣，心靈的境界就會有多寬。

懺悔的根源

從上述幾位東、西方的聖徒看來，宗教的本質並不是具備何種神秘的體驗，而是認知並接受一種全新的價值觀，並把這種價值觀注入在自己的生活與生命的全部當中（Lindbeck, 1984）。或者以保羅．田立克（Paul Tillich）的說法，「宗教乃是一種對於終極關懷的追求。」終極關懷在佛教應該作為終極覺醒。信仰，乃是認知這個終極覺醒的境界，並願意用全部的生命來企及這終極覺醒的心靈境界。

以佛教觀點來看，人的心本來就具足一切諸惡因。第八識裡的一切種識，涵藏著諸善與諸惡的因子，隨著環境的習染，就會造作惡或善。人有無限的可能，都是在第八識中產出造作而來。證嚴上人曾於早課開示中說：「涵藏一切善與惡的第八識，固然是一切因緣果報的源頭，但是當我們面對外在一切境界時，我們都以善與愛回應。不以第七識的自我來回應，而是以第九識的清淨智、佛性來回應，這就會逐漸地清淨我們的心識，讓一切種識，轉成一切種智，回歸單純、剔透、無染的佛智。」[3]

這種轉識為智的歷程，懺悔就是其中一個重要的關鍵。懺，就是認識我們心識中的惡因、惡念的種子；這惡因、惡念的種子，從佛教觀點來看是根植於自我的心念。

自我，在世俗的世界中是必須加以維護的生命體，甚至以當代自由主義與個人主義的信念下，自我是絕對唯一的、至高無上的、必須被維護的生命體。但是從佛教的眼光，自我是苦的根源，自我是封閉的心靈，自我會禁錮我們的思想，讓我們無法對他人付出無私的愛。在佛陀覺悟的思想中覺察到，自我是孤立的、有限的、苦的、不真實的、妄想的，因為在生命的最深處，一切都是相通連，沒有人或物體能單獨存在，而擁抱大我，生命才完美。佛陀教導眾生，生命沒有本質；沒有本質，哪來自我？一切因緣生、因緣滅。體現無我，才是生命的大樂。

因此，自我，在佛陀眼中是一切惡因、惡念造作的根源。有我就有欲，有我就有愛，有我就有惡，有我就有名，有我就有取，有我就有執，有我就有生，有生就有老死，有老死就有苦。因此佛教把這種自我的執著妄想，歸結為十二因緣。這十二因緣是苦的根源，認識這苦的根源，就是覺悟的開始。拔除這苦，就必須懺悔，所以證嚴上人在《法譬如水——慈悲三昧水懺講記》一書的第二章開宗明義地講：「如何才能從六道中解脫？如何才能遠離擾亂六道的修羅？應該先從人人的心中消除瞋恨，也就是要誠心發露懺悔。」這懺悔就是體認到自我的欲望原來是一切苦的根源，去除自我的欲望執著，生命才會有真正的解脫與喜樂。懺悔，正是把一個人從自我捆綁的小我中解脫出來，邁向大我的重要歷程。

懺，是知道自我欲念的卑微虛妄，欲望將導致生命的苦。悔，是知道不應該繼續耽溺、追尋欲念中的貪、瞋、愛，而轉向清淨的大愛，邁向真正自由寬廣的大我。

佛法如清水，但也要人知道自己身體髒了需要洗滌才行。即便佛法透徹的智慧存在已幾千年，一般人還是未必想接觸，接觸了也未必就能領受。證嚴上人以悟達國師偉大的體驗，懺悔自我過去生所造的業，在他這一生最驕傲的時刻，業力現前，長出人面瘡，後來經由他曾幫助過的一位病僧迦諾迦尊者相助，悟達國師才知道因果，才知道自己的傲慢是業的源頭，而讓他得救的，也是因果。他因為年輕時曾疼惜治癒那位遭人嫌惡的病僧，而最終當他有難，那位病僧也濟度了他。這故事再次說明佛教的因果觀是十分堅實的定律。

經藏演繹之情境實踐與心的覺悟

然而，一般人不會相信這種因果觀。眾生剛強難調難伏。因此證嚴上人就以經藏演繹創造一個「類現實」的「情境實踐」，讓人在演繹過程中，明瞭因果，明瞭是非，辨識善惡。證嚴上人以悟達國師的《慈悲三昧水懺》一書作為慈濟宗門的內修法門之一，其立意正是希望眾生將迷惘、顛倒、蒙塵的生命反轉、清醒過來；而心靈清醒體悟的關鍵就是要能發露懺悔。如何讓人發露懺悔？如何讓人從一個耽溺於自我欲望的蒙塵世界，逐漸過度到一個能自省、明是非、知因果的大我、大愛的世界？

什麼時候應該懺悔？

凡人在生活中大概只有兩種境界，一是順境，一是逆境。凡夫總是在順境時得意、驕慢、忘形；在逆境時怨天、尤人、充滿憤恨之心。證嚴上人講述《慈悲三昧水懺》，說明懺悔的時機無所不在，遇到好人、好事，要感恩；遇到壞人、壞事，也要感恩。

不只感恩，還要發願。「我已經在修行，已經做這麼多好事，為何還會遇到不好的事？」一切都是因緣果報。修行如悟達國師、目犍連尊者，乃至佛陀都難逃業報的因果定律。當果報現前，上人教導慈濟人，不管是善報或惡報，都必須虔誠懺悔，並心懷感恩，只有欣然地接受業報，業報才會消弭。許多宗教信仰人士，一碰到厄運來時，信仰就會動搖。信仰好像萬靈丹，會為自己消災解厄。這當然是迷信，正信的思維是認知自己的惡念，惡念滅，福就增；擴大自己的善念，善念增，惡業滅。

證嚴上人以《無量義經》教導慈濟人行善念，以《慈悲三昧水懺》識惡因，作為慈濟宗門內修與外行的兩大支柱與力量。

厄運來時懺悔發願

證嚴上人在《法譬如水：慈悲三昧水懺講記》一書中以慈濟資深志工蔡寶珠的故事，闡述遇到厄運要感恩並發願。感恩發願就能消業、轉命。蔡寶珠師姊在七十多歲的時候，兒子搭飛機遇空難往生。早上孩子出門時還好好地，下午就接到噩耗。蔡寶珠遇到慈濟人，進入慈濟，上人要她心安，兒子才能靈安。「斷線的風箏，讓它自由地飛吧！」蔡寶珠領悟投入慈濟。

就這樣，二十多年後，九十多歲的她，一天晚上向媳婦清楚地交代會員們的資料，要她接棒，洗完澡後，蔡老菩薩就往生了。她走得如此自在，她的奉獻如此之廣，結好緣如此之深。上人以此故事說：「大家不要認為我又沒有錯，為什麼苦難接踵而至？其實這是自身過去所造諸業。」面對業力，不管是疾病、逆境，或人我是非，證嚴上人要眾生發露懺悔，還要感恩。「面對業緣，要歡喜接受，業才能消除。」明白因緣果報，應該懺悔，然後發願。發願不是求自身的福氣，而是發願為眾生。把自己的命運，投向更大的善，讓共善之力，轉自我的業力。

惡念成業報　轉念即清淨

前世之業可怕，今生之惡念仍然使今生受無限苦楚。在《法譬如水——慈悲三昧水懺講記》一書中，美蓮師姊一念無明，淪落紅塵為酒女，婚後又耽溺菸、毒、賭與酒，直到罹患癌症，生命才開始醒悟，與慈濟人投入環保資源回收工作，生命有了大清醒、大轉變。這是當下一念無明所造的苦果，但是因為遇到慈濟貴人，終於解脫苦惡。因此，證嚴上人要世人多結善緣，「一念偏差和環境的緣」所造成的命運，由於善知識牽引而改變。所以時時警惕當下一念心，勿墮惡趣，廣結善緣，讓惡業消弭。

轉念發願成菩提

證嚴上人在講述《慈悲三昧水懺》中，再舉中國大陸馬野莊殘疾人馬文仲辦學的故事。馬文仲的父親一句無意中的口業被貶職為工友，為了殘疾兒子要興學的心願，用盡一切的心力蓋了一所學校，讓兒子能完成心願，為村裡孩子的教育奉獻心力，直到兒子馬文仲往生。馬文仲與父親的生命，隨著因緣被貶職，隨著因緣得重疾，但是他們至誠發願，為孩子教育的心讓他們的生命價值全然改變。轉念發願不只消除業障，更能轉因緣，成就菩提大業。

在人與人之間懺悔

證嚴上人認為，「懺悔不是到廟裡向佛像懺悔，真正的懺悔是人對人的懺悔。」同時舉大林慈濟醫院的一個例子，一位阿公因為生氣打了阿嬤，打得遍體鱗傷，阿嬤被送到醫院時情況十分危急。這位阿公從年輕開始就不斷地打阿嬤，阿嬤心中有怨，一口氣欲斷不斷，大林慈濟醫院的護士與志工們要阿公趕快向阿嬤道歉，不然他一定會後悔，還用上人的話告訴他，人生最大的懲罰就是後悔。阿公進到病房，看到阿嬤傷重，嚎啕大哭，求阿嬤原諒。阿嬤眼中滲出淚水，兩天後就往生了。即時悔悟、轉念，罪障就逐漸地消除。

同樣地，有一位參加水懺經藏演繹的志工，曾經因為婆婆的一句話不中聽，就與婆婆冷戰了將近三十年。直到參加水懺經藏演繹，她覺得自己很不對，於是向婆婆懺悔，與婆婆和好，一起參加水懺共修與演繹。當這位師姊與婆婆的相處正感到很幸福快樂之際，她的婆婆突然往生了，這給她帶來很大的震撼。如果婆婆往生前她還持續懷恨婆婆，還與婆婆繼續冷戰，那會是什麼樣的悲慘人生？她很後悔，也很欣慰，欣慰自己及時在婆婆生命的最後放下內心的怨懟，與婆婆共度一段短暫而美好的時光。

及時的悔悟與懺悔，並以具體行動改變，是化解怨懟、消弭業障的智慧。懺悔不是在寫日記，不是在自我內心知道就好，而是必須表達出來，用行動取得對方的諒解，化解內心長久積習的罪愆。消業障，除果報，沒有別的神秘法門，就是在行動中，懺悔；在人與人之中，消弭業報。

懺悔微細之明　應在人群中求

我們常聽說，菩薩畏因，眾生畏果。在心念初發之際，如果能即時收攝心念，即時起懺，便能轉念消業。但煩惱是一切業的肇因，「時時將自己的凡夫心，煩惱心，轉為佛與聖人的清淨境界。」證嚴上人認為，由凡轉聖的樞紐就是懺悔；懺悔是認識內心煩惱的能力，懺悔的當下，煩惱就去除了。但是何謂煩惱？一念煩惱三千細，很多人在煩惱中而不自知。這種心念的認知是極細微的智慧，一個人要很用心，才能察覺細微的念頭；能消除這些細微的意念，就能消除煩惱。因此《慈悲三昧水懺》作者悟達國師竭盡心力，梳理出煩惱的種類、業障的原因、果報的可怕，希望眾生在認識自我細微的煩惱之後，能懺悔改過。

《慈悲三昧水懺》一書裡闡述人心上百種煩惱的項目，每一個煩惱項目都會造業，造業就會有果報，因此消除煩惱才能消除業障；業障消，果報才能除。煩惱、業障、果報是三大緊密相聯的罪業。水懺所羅列的各種煩惱中，以貪、瞋、癡為三大煩惱。證嚴上人說：「一切的煩惱均從貪、瞋、癡三毒心念開始。」因此去除煩惱，是學佛的關鍵，必須從生活中做起。

但是人很難看到自己哪一部分是貪？哪一部分是瞋？哪一個時候是癡？原因不是缺乏智慧，而是被太多塵勞蒙蔽的結果。如何逐步解開塵勞，看見自己的貪瞋癡，是一種情感的智慧。首先是不能覆蓋罪愆，犯錯還覆蓋，不只永遠不會悔改，還會不斷地加大造業，加深果報。看見自己的人格問題，才是改正的開始。「裂口留在生命裡，死亡的哀歌就從裂口流出來。」這是印度詩聖泰戈爾智慧的話語。細微之明，必須時時刻刻認真地面對，留意自己的心念，在《慈悲三昧水懺》上百種罪愆的列舉中，就是一種提醒與對照。

在慈濟，這種對照是以人為主。每一個人都是一面鏡子，每一個人都是一部經典，人與人之間都是考驗。深入人心，就是深入經典；向他人學習，就是讀經；謙卑感恩他人，就是造福；包容善解他人，就是消業。一切境界在人群中都可以看到，一切錯綜的因緣果報都在人群中；解縛之道，就是與人人結好緣。如果我們將每一個傷害我們的人都當作是因緣果報，並感恩能因此消業，自然無怨無尤。如果把每一個我們幫助的人都當作是還業報，那就不會有所求，這種心境自然清淨無染。因此，因緣果報不離人群，懺悔罪愆也在人群中，與人人和睦無爭，煩惱自然消。

入世間體會三苦　覺三慧　發三願

證嚴上人希望慈濟人能開啟三慧滅三苦。三慧是聞、思、修，三苦為苦苦、壞苦與行苦。眾生修習佛法，慈濟人是在各種貧窮與災難的救濟中，聞世間苦難，看透「色、受、想、行、識」五蘊皆苦。一場三一一大地震，將繁華絢麗的日本東北瞬間夷為廣漠的廢墟，這是親身體驗壞苦。看盡一切有，都是了不可得的行苦。

所以慈濟人是從立願為眾生著手，在利他實踐中「聞」世間苦、「思」五蘊皆不實有、「修」內心的清淨智，終達三朗慧，三朗慧亦即宿命通、漏盡通、天眼通。慈濟人的宿命通，是看到眾生貪念，究竟造成地球的崩解，加速災難發生。貪瞋癡三毒，究竟造成家庭與個人之厄運。能從人的習性知其未來，這何嘗不是天眼通？為眾生付出，看見縮小克服自己的我，直到無煩惱，這亦是漏盡通。

許多學佛者都希望能達三通、五淨。五淨，亦即肉眼、天眼、慧眼、法眼、佛眼。肉眼能見萬物，天眼知因果未來，但是慧眼知道如何運用智慧，不捲入因緣果報，法眼能透徹宇宙真理，而佛眼慈悲平等愛，廣照一切生。佛眼是最終的覺悟，最終的覺悟不只是預知未來之天眼，看透因果之慧眼，照見真理的法眼，更需具備慈悲的佛眼。慈悲心是一切的根本，也是修行最終的目的。因此斷煩惱，致神通、精神感通，必須以入世的慈悲心為最高的觀照。

慈濟宗門強調以四無量心「慈、悲、喜、捨」之實踐，從利益眾生中轉化自我的煩惱，所謂「見苦知福」，「以苦為師」。證嚴上人在《法譬如水——慈悲三昧水懺講記》裡闡明，人要滅苦，不只是行三慧，達三朗——亦即宿命通、漏盡通、天眼通。還要三願滿，這三願分別是「無邊方便智慧」，「無量眾生受用不盡」，「勿令一人有所乏少」，修行的最終仍須以這種大願力來斷除一切的煩惱。

慈濟資深志工陳金發在一九九四年認識證嚴上人，雖然他當時在太太的要求下捐了千萬元給慈濟做國際賑災，但是那時他對慈濟不了解，也不相信。他酷愛喝酒，那是他最大的嗜好。他為了了解慈濟怎麼花他捐的錢，於是他向證嚴上人發願，要投入國際賑災。當他發願的一刻，竟然只花了一天，就將喝酒徹底戒除。一九九四年之後至今，他滴酒未沾。陳金發師兄投入的大型國際援助包括北朝鮮發放、中國大陸賑災、日本三一一大地震救濟等工作。發願，能斷煩惱，能洗罪愆，這是一個例證之一。

有了這樣利益眾生的發願後，就必須開始修習「戒、定、慧、解脫、解脫知見」等五法身。證嚴上人要慈濟人以戒作制度，人人以十戒要求自己，才能逐漸達到不被煩惱、欲望、見解與執著捆綁的定之功夫；心不被貪、瞋、癡、慢、疑五毒入侵，就是解脫；最終連智慧知見都超越，就是解脫知見。解脫知見是一種大謙卑與大慈悲，這即是慈濟宗門修行的次第。因此，證嚴上人言：「日日洗滌己心，不被煩惱遮蓋……修行若能修得像佛一樣清淨無染，解脫煩惱的纏縛，心靈輕安自在，就是涅槃。」[4]

因果業報為絕對論或相對論

修行到如佛一樣的覺性圓滿，還有沒有業報？《慈悲三昧水懺》裡說：「凡有造業一定有果報。」佛陀雖然修行已經到無量功德，但是過去生中因為仍有業之造作，所以仍有業報。不管是提婆達多意圖謀害佛陀，或是琉璃王滅佛陀祖國，都是過去生中佛陀有造作業因，才得到業果。但是佛陀的修行圓滿，所以重業輕受。

關於有業因一定會有果報的說法，是否意謂著只要一種絕對的機械原理，不可改變，不可逃避，不可削減？如果業因果報是必然的，至少以《慈悲三昧水懺》所描述的，以佛陀之大修行仍不能免，它看似機械式的真理，一種天平原則，這邊放多少物質，另一端就會要多少的砝碼。但是，這種絕對的機械式的因緣果報觀，卻可能剝除了人心的主動造作與能量。既然懺悔即清淨，業因與果報就不會是遵循機械式的原理；只要人發露懺悔，就不會繼續造作，不會受制此刻之造作，得未來之果報。

但是已做的業因，如何能除？除去業因的力量可能不是來自於自己的發心立願、發露懺悔、植功德田，就能免除業報，而是曾受害的對方，不再以冤冤相報的態度，加諸於加害者，使之受果報。佛陀過去生曾傷害提婆達多與琉璃王，所以今生提婆達多與琉璃王要傷害佛陀以作為報應。但是如果提婆達多與琉璃王認真修行，不再以傷害對方為應報的方式，而是選擇放下、原諒、包容、給愛，那佛陀之應報自然消除。業報不只是因為佛陀過去生曾經造作業，更是提婆達多與琉璃王的瞋心不滅。這一如悟達國師——當年的晁錯，如果知道自己報復的心態與行為也是再造業，那就不會再造作加害悟達國師，悟達國師就不會長出人面瘡。同樣地，如提婆達多與琉璃王認知因果相報永不止息的道理，而以修行的心選擇諒解、善解，不再加害佛陀，佛陀便不會有此業報。因此如果人人修行，發露懺悔，不再造業，不只將幫助現在與未來的自己，不受果報，也能消除彼此的業報。如人人都不報復，就不會有受害者，也就不會有果報。因此共懺，才能消共業；人人懺悔，才能消自己與他人的業力。

從這觀點來看，《慈悲三昧水懺》所言之「懺悔消業障」，其觀點是一種團體、群體的意識。人人發露懺悔，讓一切的恩恩怨怨被斬斷，都不再計較，都不再造業傷害他人，則人人就能免除業報的追討。緣此之故，個別的懺悔不只無法改變自己的業報，也改變不了共業之果報。懺悔必須是群體一起發動，其消業障、免果報的力量才會加大。因此，證嚴上人啟發慈濟人，從社區開始，到全臺三十多萬人，從志工開始到慈濟主管，從學生到教師，上千場的經藏演繹之彩排與正式之法會演繹，人人入水懺，人人發露懺悔，人人放下彼此的生生世世的怨懟，就能消除彼此生生世世原應受報之業果。

因此，《慈悲三昧水懺》一書裡闡述的因緣果報不是絕對的，而是相對的。懺悔消業不是個人的，而是群體的。我們無法因為相信佛教的因緣果報觀之後，看到貧困，就說這是業報，而不思濟助；看到不幸，就說業力而不給予關懷；看到災難，就說這是共業，而不思救援，不思集合共善之力，轉化共業。我們不能閉門思過，就能懺悔消業；我們必須入群，啟發人人的懺悔心，共同修行，共同懺悔，共同消業。

無怨為懺悔之境

懺悔，是消除過去至今所積累的各種貪、瞋、癡，內心清淨，不再造業。甚至遇到過去生所造業，而今生受報，仍能以感恩心面對，無怨、無瞋，就能消除業障。證嚴上人言：

「佛的本性清淨，內心沒有一絲煩惱，雖然因為依報未盡而必須面臨九惱等障礙，但不論遇到什麼困難，內心完全不起煩惱……不只沒有煩惱，還能把一切當教育。」[5]

因此，「面對業報，必須感恩。」感恩我們的業已盡，惡緣已消，能知懺悔，能知都是自我造業所致，能即時觀照自己，警惕自己，果報即菩提。無怨，才是懺悔要達到的境界。

修行須通過現實的考驗

修行者不要以為離群索居就不會有業報。《慈悲三昧水懺》裡對於執常、執斷都是不健康的心態。證嚴上人以一則佛陀的故事說明一位修行者，在深山裡修行很久，有一天無意中看到強盜所埋的寶藏，這位修行者起了貪念，偷偷地把這批寶藏藏起來。

佛陀知道這情景，在這修行者必經的路上，化作一位比丘尼，濃妝豔抹，走路招搖，與這位修行者迎面走過。這位修行者受不了，責備這位濃妝的比丘尼，既然修行，為何還如此放蕩？這位濃妝比丘尼回答說：「既然修行，還起貪心藏財富。」修行者大驚，佛陀於是現身為修行人說法。

這說明修行不會因為離群索居而不受果報，境界現前，果報立即兌現。這故事也告訴我們業報力量之巨大，不受果報，業永遠就不會消。哪怕躲到深山裡，業報仍會找到你。因此，我們必須勇敢地面對業報，以感恩心面對果報，化解果報。

實踐作為修行的根本

終究人的一生，「不足」苦，「失去」苦，「有求」苦，「得著」也苦。如何能尋得清淨心？在慈濟創辦人證嚴上人的思惟裡，人唯有在實踐利他的那一瞬間，才能清淨。給予的那一刻，心是富足、無所求、自在無牽掛，所以清淨就是無所求的付出；真正去苦，就是實踐無所求的付出，才不會背負人生這四種苦。實踐，做，是一切修行的根本。

消滅業障的七個心

消滅業障是修行的目標。如何消滅業障？《慈悲三昧水懺》以七個心來敘述，分別為慚愧心、恐怖心、厭離心、發菩提心、怨親平等、念報佛恩與觀罪性空，這七個心環環相連。

「懺悔心」是建立起一種新的生命觀，把過去的世俗之見打破，重新來過。宗教學的意涵裡亦即獲得新生、重生、復活。基督教認為，在基督耶穌裡，人得以復活，得以永生。而佛教是教導世人學習佛陀的覺悟，認知人的本性是不生不滅，本自清淨，這種本性，佛與眾生無差別。既然無差別，就應慚愧自己迷惘於短暫須臾的欲望世界中生起慚愧心，生起願意重新過一個不一樣的人生，而這個不一樣的新生命，其核心觀念就是因果觀。

知因果業報之必然，就會生恐怖心。恐怖因果，因此厭離身口意之欲望與造業的生活，此為「厭離心」。厭離之後，可以只是消極的修行，但是修行不是斷絕世間，而是要有精進心，因此要「發菩提心」。發菩提心之際，最不容易跨越的就是小愛的藩籬，因此「怨親平等觀」對修行人顯得格外重要。怨親平等觀如能達成，就真正地大捨無求，而無求的心，才是真正的念報佛的恩惠。「念報佛恩」，讓眾生逐步進入佛性的境界。最終的境界「觀罪性空」，一切罪本自空寂、無相，是人的無明造作而來。因緣滅，果報就滅。以證嚴上人的觀點，這種罪性的空寂，是屬於人間的，造業、果報，在人世間都有，因此必須與眾修行，懺悔罪愆，廣結善緣，才能滅除果報。

滅障第一心　懺悔心之是非觀

為什麼第一個心是懺悔心？懺悔佛陀都已得道，而我們眾生仍迷失在塵勞中。既然佛與眾生清淨本性相同，為何我們無法企及佛境？因此生慚愧心。這是一種看重自己的心情，認為自己的佛性本自具足，因此當思即時修行。

慚愧心其實是找到自己方向的一種覺悟與反省。這種覺悟是從過去以自我為中心的生命觀，過渡到以因果為中心的生命觀。相信因果，相信自性佛。因此懺過去，悔未來。從證嚴上人的觀點來看，每一個人心中都有無比的能量，只是被遺忘，被塵世的各種煩惱捆住。證嚴上人經由實踐的力量與境教的力量，讓人們找回他原本具有的力量。

慈濟醫院的蘇足師姊過去是一位女強人。她在市場賣豬肉，打扮得很美麗，生意非常好。她很愛她先生，對先生很好，先生不用做事，都靠她養。但是她先生每天在外拈花惹草，她說，光捉姦就捉到十三次，沒抓到的還不只這些。每次抓到先生外遇，先生都會說，我最愛妳，要不我怎麼會每天回家。先生的甜言蜜語讓蘇足每次都原諒他。最後，蘇足再也受不了了，她崩潰了，她尋求自殺以了脫一切。在一次因緣中，蘇足認識了慈濟，見了證嚴上人。蘇足敘述她的故事給上人聽，她對上人說：「我怎麼那麼沒有福氣？」上人頓了一下手說：「不是妳沒有福氣，是妳老公沒有福氣！」這句話把蘇足頓時敲醒了，原來沒有福的是先生不是自己。她認真做事，顧好家，愛先生，是先生不珍惜這分福報。

蘇足聽上人的話，到慈濟醫院當志工，她成了醫院的終身志工。在醫院裡，蘇足照顧病人，她看到各種不同社會地位的人，都一樣要歷經生老病死的苦楚。她在照顧他們的過程中，發覺自己有很大的愛的能量，原來自己內心有如此豐沛的愛，想想過往，卻一直要求某一個人來愛她。一如富翁擁有無比的財富，卻要一位無業遊民濟助他一樣荒謬。原來自我心中有無限的愛，過去卻一直在祈求愛。這就是佛陀所說的眾生顛倒，忘記自己的清淨佛性，沉淪在欲望的苦海中，以苦為樂。

蘇足透過這種愛人的實踐，理解生命的真諦不是求一個小愛，而是回歸與啟發內心無限的大愛。她超越了過去因為先生花心的折磨，她自己是一個有福的人、有愛的人，不必耽溺於小情小愛的捆綁。利他的實踐，讓她體悟了生命的價值與自我的面目。這是一種從欲念為中心，過渡到以清淨心為生命價值的覺醒，所以慚愧過往的迷失，學習以佛陀的本懷開始修行。因此，《慈悲三昧水懺》教導消滅業障的第一心就是懺悔心；懺悔以世俗、欲念、自我為中心的生活是錯誤的，是不究竟的、是苦的，因此開始相信轉念成菩提，相信清淨本性乃是生命最高的追求，而這種生命的轉向，一如蘇足師姊的經歷，是必須通過實踐才能真正體悟。

滅障第二心　恐怖心之因果觀

以慚愧心建立一種新的生命追求方向，這個生命方向的追求所必須建立的第一個信念，就是理解因緣果報觀。恐怖心，就是相信因緣果報觀。佛陀教導眾生一切都是因緣生、因緣滅，種如是因，得如是果，因此身口意的業因必須拔除。《慈悲三昧水懺》書中描述佛陀經過市集，看到老人哭泣兒子的往生，看到魚的垂死掙扎，看到豬的惡臭，也只能搖頭嘆息。因為他們分別都是前生造作業，今生得果報。連佛陀的慈悲願力都難以超拔他們的苦難。「修行，最重要的就是瞭解業報輪迴之後，內心升起恐怖心，因為開口動舌，語默動靜，舉手投足無不是業，無不是罪。」證嚴上人說：「因此，時時提高警覺，一失人身墮入三途是可驚可怖。」

《慈悲三昧水懺》經藏演繹在「類現實的情境」中，包含法會場中的影像、人物造型、手語動作、音樂、詞句等，都讓許多參與者彷彿置身因緣果報的恐怖心之中。一位參與《慈悲三昧水懺》演繹的慈濟同仁曾慈藝師姊回憶說：「明明看到走過去的那一位死神羅剎是大愛臺的演員，但是在演繹中，當他從你旁邊過去，看了還是讓人心生恐怖。」這種畏因果的恐怖心，透過《慈悲三昧水懺》的演繹更具體地被詮釋與活化，期望讓參與者反省過往的造業，立定行善與善行的志向。證嚴上人就是透過這種演繹的行經，讓人更深刻體悟經文的道裡，深信因果觀，深信修行的目的是回歸清淨心。

滅障第三心　厭離心之不淨觀

有了因緣果報觀之後，理解一切身口意都會造業，因此必須重新建立一種超越因果業報的生命實踐。這種超越因果業報的生命實踐，絕不是建立在身口意之上，而是應該遠離身口意，這就是厭離心。

厭離心是理解了世俗欲望的無常與苦之後，產生厭離心，並開始培養內心的清淨觀。觀身不淨，證嚴上人在《慈悲三昧水懺》言及，在大林慈濟醫院看到一位老婆婆送進急診室，當醫生剪開老婆婆緊裹著腳的布，發出陣陣惡臭，老婆婆的腳化膿，且長滿了蛆。醫生一隻一隻將蛆揀出來，小心處理傷口，這是身不淨。吾人在慈濟醫院急診室也看到過，一位中年男子上山做農，不小心滑倒撞到頭，昏迷後醒來無法動彈也無法言語。頭上的傷口很大，一星期後才被找到，送到醫院急診，頭上的大傷口已長滿了蛆，其狀甚為恐怖，這就是觀身不淨。慈濟人到慈濟醫院做志工，經常就可以體會觀身不淨的道理。

此身不淨，也不久長，理解如此，產生了厭離心，厭離欲望與身物的追求。但是修行不是棄絕身，身是載道器，我們卻可以藉假修真，一如證嚴上人教導慈濟人，以有限的身體，修無限的慧命。這是一種中道的觀點，不是棄絕身，而是把握作為人的因緣，把每一刻都當作覺悟的契機，把每一個生命的存在處所，都當作修行的境地。

滅障第四心　發菩提心之智慧精進觀

以厭離心起清淨心的追求，清淨心並不是一蹴可幾，必須發菩提心。菩提心的養成以證嚴上人在《法譬如水——慈悲三昧水懺講記》一書裡的開示，必須以六度行，循三十七道品，不斷地精進。六度行裡，「布施」為第一，慈濟人在證嚴上人的教導下，以無所求的心付出，不只無所求，付出還要感恩，這是一種積極的精進心。用積極的感恩，達到無求的境界。無相布施是佛陀的教導，無論財施、法施、無畏施，慈濟志工濟貧是財施，濟貧之後還教導並啟發自我內在的愛與慈悲之能量，以達到上人的理想濟貧教富，這是法施。任何苦難，深山峻嶺，慈濟人無畏地進入災難處所，如日本三一一大地震後，輻射災害威脅日本東北地區，全球僑民都在撤離，慈濟志工卻前往災區救援。又一九九八年印尼排華，華人紛紛逃離雅加達，慈濟志工聽從證嚴上人啟發，卻紛紛回到雅加達接續規劃救濟發放，以愛回應仇恨，這是無畏施。

無相布施的精神是無我的精神。布施要無相，就必須從縮小自我的功夫修煉起。如果一個人一方面布施，另一方面自我仍然很大，就很難真正無所求地奉獻，因此守戒律十分重要。「持戒」，是一種生命的智慧，是一種修行的關鍵；持戒，才能真正從自我到大我，從大我到無我。持戒後還忍辱，行善也會有人批評，善行也仍有各種因緣果報必須面對，因此必須「忍辱」，證嚴上人說是「忍德，忍得」，忍得住修行的各種磨難，是德；忍受曲解，忍受不諒解，忍受批評，忍受委屈，是德。而如證嚴上人所言，忍而無忍，則必須「精進」；連侮辱我們的人都要度化，這是精進。到最終，與每一個人相處都是好緣，都是圓融無礙就靜定，「禪定」是與人結好緣的境界。如果一切境、一切人、一切緣，都圓融無礙，都無入而不自得，這就得了大「智慧」。

滅障第五心　怨親平等之慈悲觀

證嚴上人教導的行善，是以無分別的心，為天下人付出。不論宗教、種族、膚色、文化、國籍之不同，都無分別地布施奉獻大愛。人對於眾生之苦，容易無分別；但是對於其他周邊的人，一起共事的人，或一同追求信仰的人，都難免會產生親疏的分別。這人與我投緣，那人與我不投緣；我比較欣賞那人，我比較不喜歡那個人，因此怨親平等觀對於修行是一大考驗。證嚴上人所言：「天下沒有我不愛的人，沒有我不相信的人，沒有我不能原諒的人。」他身體力行，做典範給弟子看。

弟子當中偶爾被問及，證嚴上人如何教導他們？弟子們會回答上人如何愛他們。有些弟子會過度依賴上人對他們的讚歎與疼愛。如果當弟子問意見或有不同，弟子們總希望上人是支持他的，因此迭生煩惱心。所以證嚴上人偶爾也會說：「我被你們愛得很『苦』……」「我被你們磨得……」以吾人親身體認，證嚴上人是對每一個人都愛，他不會特別愛誰或不愛誰，只有自己願意以多大的願力認真修行，他就會回應你多大的啟發與智慧，這是證嚴上人展現聖者品格的怨親平等觀。

滅障第六心　念報佛恩之大捨觀

佛陀來人間之一大事因緣是為眾生開示悟入而來，成就眾生，是佛陀的大願力。因此學佛，就是為成就眾生。證嚴上人說：「承擔如來家業，就是報佛恩。」以慈濟人的實踐，利益眾生，救助苦難，最終還要成就眾生的慧命，這就是念報佛恩。報佛恩「廣化眾生」、「同入正覺」。證嚴上人說：「欲報佛恩，最好的方法就是珍惜一生的壽命，提起勇猛精進的心，成長慧命。」這種願力雖歷經累生累世仍不退轉，而自我慧命的成長，是在廣化眾生的過程中培養。

「廣化眾生」，必須忍受各種勞苦。「來到世間，如果怕苦，就難以走入人群。」證嚴上人以慈濟環保志工歷經寒暑的勞苦，資源回收，愛護地球，啟發人愛惜物命的心，自我的慧命也跟隨增長，這就是以生命換慧命，以環保工作成就道心。慧命的成就仍須歷經累世修行，不是一生一世可及。因此累生累世的無量功德成就，才是報佛恩。

滅障第七心　觀罪性空之畢竟空觀

一切的罪性都是來自人心的欲念與無明，而且都是在人與人之間造作。心是因，緣是果，業是報。有欲念存在，遇上境，業就造作。因此證嚴上人於《慈悲三昧水懺》中強調，「罪是從因緣成就，福業也一樣。」而業，「既從因緣生，亦從因緣滅。」「罪無自性，犯罪的人不會永遠帶著罪業，只要有心悔改，罪就能消。」而證嚴上人也特別強調，懺悔要從人與人之間懺悔起，消業要在人群中消業；既然在人群中造了業，就在人群中彌補，發露懺悔，回饋人群。因此，證嚴上人的懺悔觀是在人群中體現的。業因是起源於自心與人群，懺悔消業自然也在人與人之間，在人群中消業。因此上人要大眾一起虔誠地入水懺演繹法會，大眾一起齊心懺悔。懺悔，不是閉門自省就足夠，而是要在人群中化解；消業障，不是反思己過即可，而是在回饋利益群生中，消弭業障。

當人人懺悔，人人守戒，人人從行善入門，到日常生活體現善行，則人人不會思及應報他人，或傷害他人，那麼，人人所造的業，自然逐漸消弭。果報是被傷害的他，應報於己，他方修行漸進，不再冤冤相報，自然惡因惡緣滅；惡因惡緣滅，一己的惡果就滅。因此，他人之修行，或將消弭自己的業報。因此，懺悔必須是群體的，以群體的共懺，消弭共業；以群體的共善，滅除生生不息的因緣果報。

註釋

1 William James. *The Varieties of Religious Experience*. Harvard University Press, 1985.

2 威廉．詹姆士，《宗教經驗之種種：對於人性的探究》，蔡怡佳與劉宏信翻譯，立緒出版社，2001年。

3 證嚴上人於2011年曾開示：「人的意念思考分為心、意、識。」上人解說：「『識』——眼、耳、鼻、舌、身等『五根』，對應色、聲、香、味、觸等『五塵』，而產生見、聞、嗅、味、觸等『五識』。第六識為『意根』對應『法塵』而有所認知，能判別種種境界；由第七識起愛、憎、貪著之心念，起於動作爭取或排斥；前七識的起念、造作，一切善惡業因都容納在第八識；而第九識是最清淨的佛心。前六識不再起念，第七識不再造作，第八識靜寂清澄——『意滅識亡心亦寂』，就能回歸『心』的本來面貌，即正等正覺的佛心境界。」詳見以下《慈濟》月刊內容。

釋德仉，〈證嚴上人衲履足跡（二〇一一年十一月）二至三日——有所求，莫如自我要求〉，《慈濟》月刊541期，2011年12月25日。

4 證嚴上人於2012年4月12日的《靜思晨語法譬如水——五分法身》的開示：「五分法身之四，如來之心身，解脫一切繫縛，謂之『解脫法身』，即涅槃之德也。佛陀是身心解脫，這叫做涅槃德，佛已經到達這種輕安自在、逍遙無礙，那種心的境界。」

5 釋證嚴，〈正宗分：第三章 懺煩惱障〉，《法譬如水：慈悲三昧水懺講記》，臺北：慈濟文化出版社，2005年，頁473。

第十五章——法譬如水經藏的思維與實踐：水懺經藏演繹的創造與影響

行經 以演繹為門

證嚴上人以《慈悲三昧水懺》經藏演繹創造一個「類現實」的「情境實踐」，讓人人能夠在演繹中親身體驗各種貪瞋癡的無明，進而能去除無明煩惱，回歸清淨。

在《慈悲三昧水懺》演繹的過程中，從經典的改編、音樂的著作、經藏演繹的排演、先前的讀書會、社區的彩排，到最後的上萬人齊心入懺的法會，每一層都是讓慈濟人能深深體會感受到自我深埋的罪愆，這些罪愆不離六根、六塵、六識的結合染著，而不自知。在莊嚴優美的音樂薰習中，在雋永經典改編文字的啟迪中，在學習手語的沉浸中，在與他人合和互協的演繹中，人的心靈得到巨大的覺醒，人的心性得到無限的清淨。演繹，作為一種行經，是慈濟人內修的法門，這種身心靈境都融入其間的法會，是慈濟宗門開創的一種內修智慧。

在本篇章中，吾人將闡述這種身形的行動演繹經典，是如何被開創出來？經由身心的演繹經典，人心如何被洗滌，人如何揭開自我的罪愆，並重新獲得清淨的本性？

《慈悲三昧水懺》作為神聖經典

「所有神聖的經典都是覺悟的靈魂寫的。」這是宗教學者對於宗教經典的觀點總結。不同於寫散文，不同於寫論文，編撰經書必須根植於自身對生命的體驗與覺悟。愈是覺悟的心靈，愈能詮釋捕捉經文的要義，愈是能撰寫出傳世久遠的篇章。《聖經》、《佛經》、《可蘭經》，莫不是聖者、成道者覺悟後的話語。

時至今日，重新編撰詮釋佛教經典，是讓佛教相應現代性必要的工作。經文所傳達的究極真理，經常不是表面的字義，也不是有神秘的力量藏於文字之間；經文的力量經常是透過詮釋者的生命體驗，再造或再現經文所蘊含著的、亙久不變的真理。

攀越須彌山的願力

《慈悲三昧水懺》經藏演繹的偈文作者王端正先生，作為慈濟基金會的副總執行長，也是人文志業的執行長，他的文筆雄渾、優美，用字遣詞深刻俐落，可以論述，可以抒情，可以詠嘆，可以反諷。其撰述之偈文，精練雋美，義理嚴謹，敘事分明，情感通透，當代似難以出其右者。王先生撰述之佛教偈文，從《三十七道品》、《父母恩重難報經》、《地藏經》、《無量義經》、《慈悲三昧水懺》經藏演繹，讓佛教重要經典的義理，再現其當代之文風，勾勒時代共同之經驗，刻劃人類永恆的掙扎，契入生命清淨之本源。

王端正先生撰寫的《慈悲三昧水懺》經藏演繹文稿，不僅融入證嚴上人對佛教經典義理通透的思惟與體悟，也涵攝慈濟人力行菩薩道後的經驗與洞見。沒有慈濟半個世紀的入世實踐，經藏演繹文辭篇章就不會如此地深刻、大氣，如此地滿懷慈悲與不捨，如此地潔淨與精微，如此地寬博與精進。王端正先生作為證嚴上人的弟子，長期投入中國大陸慈善與致力各項重要的人文與教育志業之推動，其心靈之涵養與歷練，巍然成形。其撰寫之經藏演繹，正是他一生追隨上人，行入菩薩道真真實實的生命歷程。

曾經作為報社總編輯，他看盡世俗世界各種人事的傾軋，深悟各式欲望的底層之虛妄，知曉欲念之造作最終將匯成因緣業報。單純的秉性，加上歷練慈濟的菩薩行止，使他契理契機地讓偈文呈現慈濟實踐的內涵與意義。在他誠然不覺的恬淡心情裡，匯流出的是屬於一個偉大時代的偉大智慧，其所再現的經文義理，精要洗練，磅礴縝密，體韻生動，必將永傳於後世，成為不朽時代的不朽印記。

慈悲三昧水懺演繹之〈開經偈〉

暮鼓晨鐘，在中國古代的佛寺中，是用來提醒世人一日的早晚時光。鐘是屬於早晨的，對於法會，鐘是不可少的，一如靜思精舍的〈爐香讚〉，是師父們每日早課必誦的經句。「爐香乍熱……誠意方殷，諸佛現全身……」誦經者必須誠意殷切，諸佛才與之相會。暮鼓自然是晚間的，但是在《慈悲三昧水懺》經藏演繹的開場，卻是結合在一起。靜思精舍的早晨，早課之前就是擊鼓，諭示大家集合、誦經時刻已至。鐘鼓齊鳴，黃昏與清晨的界線似乎消融了，鐘聲的清朗，伴隨著振動的鼓聲，既表現一種清醒，也表達一種精進。這是《慈悲三昧水懺．開經偈》給大家的感受。

特別是在〈爐香讚〉之後，當數萬人沉浸在神聖、優美、柔和、靜謐的氛圍中，心靈深處一切的欲念似乎都停止了，圓明的心，照見內心重重蒙蔽的汙垢；接續著，進取昂揚的鐘鼓聲，振盪著、敲擊著，抖落無數浮現的層層塵垢。一位在場的基督徒，從來沒有參加過佛教法會，在這時刻，斗大的淚水，直直落下，難以抑制。心中一切隱藏著的、壓抑著的、蒙薰著的，一切被〈爐香讚〉淘洗出來的塵埃，隨著擊鼓聲，聲聲抖落。那抖落的是悲、是喜？悲欣交集後的淚水，如激動後的清醒，如負重後的釋懷，如清淨後的自在，如懺悔後的法喜。

在歷經沉靜又警醒的雙重力量拉動下，緊接著，〈生生世世都在菩提中〉的樂曲，引領著眾人歷經生命的須臾、無常、短暫。感受生命的卑微與壯碩並存，愁苦與喜樂同在，一切都在一念間，發心立願，追隨地藏王菩薩的願，在娑婆世間，救度眾生，清淨自己，行住在覺悟的智慧中，生生世世都要在菩提中。

如此滌盪心靈的樂曲之後，〈序曲〉終於開始了。王端正先生的詞，大氣磅礡，氣勢凜然，其馭文字之力，如盤於九山之上，藏於陲天之雲，低盪山谷溪澗之間，沉吟湖光映天之影。其詞絕妙，其意高遠，其情真切。在精要的字詞中，顯喻佛教終究的哲思，在抒懷生命短暫之際，辨明永恆不朽的覺悟之理。「風平不起波瀾，靜寂法界充滿，一性圓明自然。」在虛渺的自我生命裡，其實涵藏著充塞天地間長存的法性。人只要發露懺悔，明因緣果報，收攝造業的心，終能尋獲圓明自然的本性。

「一性圓明自然」，直指人心之本懷，契入佛陀究竟之法。在浩瀚的宇宙中，人只是一個虛微的存在，隨著亙古的秩序生滅循環。心何所止？又何所依？一切造作都是徒然，都不離因緣果報的必然。然須臾的一念，可以超越生滅，可以洞見因果，可以不入果報，可以清淨無染，終至一性圓明自然。

〈序曲〉的音樂輕柔、莊嚴、曼妙，如宇宙飄落的天花散落在會場，如佛陀神靈般的步伐，輕盈莊重地踏上舞臺，細訴著眾生追尋的悲、愁、喜、樂，歷經的苦、集、滅、道。短暫的生命啊！儘管如此地渴望，如此地纏綿，如此地無助，如此地虛妄，如此地蒼茫，如此地悲壯，終至隱沒在宇宙不變的生命循環之中。覺悟的時刻已經來到，懺悔的人們抬起頭，打開心房，捨棄生命的虛妄，迎接著生命的大喜悅，成就生命的大自在，臻至功德圓滿的大歡喜。

當音樂遇到經文

經藏演繹最重要的是偈文，之後就是音樂。李壽全先生是聽見內心聲音的人，他只要一看到經典文詞，內心立刻湧出一堆音符。他創作《慈悲三昧水懺》的時節，剛好他的夫人住院，許多旋律是在醫院寫出來的。對於無常與脆弱的體驗，在醫院裡面，在親人生病之際，尤顯得真切。李壽全老師的音樂有史詩般的氣魄，但也每每呈現吟詠詩人的炙熱，及詠歎歌者的親和。這對於廣大地來自不同社會背景的慈濟人，具有很大的攝受力。

李壽全的樂曲與歌聲經常出現一種淡然的悲戚，但又飽含豁達的欣喜，這是他音樂動人之處。同時與他創作的李子恆老師，謙抑沉斂的性格，融入樂曲中，更顯得樸質無華。《慈悲三昧水懺》演繹中清朗、悠遠的旋律，頗似陳志遠老師的樂風。這三位音樂創作者，在佛教深刻義理與王端正先生雋美文辭的雙重激盪下，呈現莊嚴而曼妙、親和而內斂、雄健又深密的情境，令聽者感受悲而不苦、憂而不愁、喜而不恣、嚴而不拘，一種輕柔又莊嚴、軒昂又清淨的情感，被層層的樂音激發出來。

經藏演繹包含偈文、音樂與動作。動作的設計要配合音樂、舞臺燈光，它也是一項精密的藝術創作。這場結合多元藝術的法會，負責的導演呂秀英師姊，是一個在自我心內翱翔的創作者。

當經文找到身形

呂秀英師姊說，從小自閉的性格，導致她愛幻想，幻想她會飛翔，幻想她馳騁在一片大草原。這幻想在慈濟轉化成藝術舞臺的創意，幻化成音樂手語演繹。她的承擔不只是舞臺上藝術的設計，與演繹動作的創意；她深知證嚴上人的悲心與願力，那是攀爬須彌山的願力。她將自己的心，貼緊上人的心；她感受上人的感受，這使她在種種繁雜的舞臺演繹創作中，能度過層層的難。設計的難，動作到位的難，國劇與歌仔戲融合的難，決定誰入經藏的難，工作團隊協和的難，演繹菩薩相互搭配的難，場地尋找的難，電視轉播的難，符合上人完美呈現的難。這些難如萬斤鼎，如須彌山垮下來要隻手撐住的難，都在愛上人的法、愛上人的心念中溶解了，超越了。

宗教處團隊、靜思清修士，以及各地志工與專業演員的合心努力，使得這種種難都如微塵般地在清風中消散了。慈濟人用心、用愛的願力加成，創造不可思議的力量。畢竟這是眾志成城的使命，這是慈濟宗門內修法門的奠定之作。在強大使命感的召喚下，在群體力量的匯聚下，一場世紀性的《慈悲三昧水懺》經藏演繹就逐漸地成就了，次第地開展了。

行經之前　法髓入心

在演繹彩排之前，各地就推動《法譬如水：慈悲三昧水懺講記》的讀書會共修，各地慈濟人不分老少，勤讀經藏，透過分享、導讀，讓大家法入心。這很像耕種稻子之前，必須將泥土鬆軟，必須先將灌溉稻田的水源具備。讀書會就是這經藏演繹的前奏曲，讓法滋潤心地，讓心柔軟，緊接著就可以入群，經由群體的演繹彩排，讓善種子深耕發芽。

慈濟《慈悲三昧水懺》讀書會是經由靜思精舍、慈濟志業體同仁的率先帶動，進而引導各社區的讀書會，聞法若渴的志工，把握因緣共讀、彼此分享，場地規模由大到小，包括分支會所、聯絡處、環保站、師兄師姊家，甚至是提著電腦到府導讀；人數從個位數、幾十人到兩、三百人，甚至曾有高達七、八百人的場次。透過法喜的分享，很快形成一股善循環的讀書風氣。

與此同時，為經藏演繹的演練在全臺慈濟的每個會所如火如荼展開。然而，證嚴上人告訴慈濟人，經藏演繹是道場，並不是劇場，因此深入經文之後，才能有破釜沉舟全力以赴的願力，才有足夠的能量與道氣，引領廣泛的社會大眾進入水懺經典的內涵。

無數的慈濟志工在讀書會的過程中，開始領略《慈悲三昧水懺》所闡述因緣果報的必然。讀書會的成員蘇訓英師姊，十五年前購買房產，向父親的同居人借了一筆錢，不料在還清借款多年後，因為父親與這位阿姨決裂了，這位阿姨竟然向法院提起告訴，謊稱沒有收到蘇訓英的還款，要求本金加利息一起還，這筆數目是當初的數倍之多。這件事對蘇訓英師姊和先生簡直是晴天霹靂，十幾年前的證據幾經搬家早已遺失，法庭講的是證據，夫妻無奈地來回進出法院、聘律師寫訴狀，生活的步調因為訴訟全亂了，夫妻倆幾乎瀕臨精神崩潰邊緣。

複雜的官司延宕多年，起起伏伏，當蘇訓英全家人入經藏後，一個關鍵證據突破這官司的瓶頸，金融機構幫忙查到，對方已停用的戶頭內有匯款紀錄。就在《慈悲三昧水懺》演繹的當天，他們接獲律師的電話：「你們勝訴了！你可以對多年來所受到的精神及名譽損失，向對方提出索賠告訴，而且我有把握幫你們打贏官司，並獲得高額賠償。」

聽到勝訴的判決，蘇訓英與先生李學林並沒有很喜悅的感覺，半年多來浸潤在《慈悲三昧水懺》的洗滌中，他們逐漸了解因緣果報的可怕。悟達國師十世修行嚴謹，貴為國師也逃不過因緣果報，因此蘇訓英與先生當下就決定放棄提出控訴，律師聽到他們這個決定覺得不可思議。訴訟過程中經歷更多人性的醜陋與是非的顛倒，為了利欲無所不用其極，這些無奈不堪回首。他們的心情彷彿終曲所述：「懺悔才能洗眾罪，免受苦難再輪迴。」《慈悲三昧水懺》演繹讓蘇訓英深信唯有真心懺悔，放下所有的不滿與怨懟，才能真正解脫業力的牽絆。

《慈悲三昧水懺》演繹與齋戒素食

證嚴上人用各種的善法，讓慈濟人能行於菩薩道中，從力行實踐中體會法、領悟法、攝受法。在《慈悲三昧水懺》經藏演繹過程中，參與演繹的菩薩必須齋戒一百零八天，藉由演繹因緣，讓大家真正力行齋戒，清淨口欲。平常都知道，吃葷不好，但是都不會真正去實踐，往往隨波逐流，即便知道佛法，卻不能真正攝受佛法於生活之中，因此上人以各種因緣，方便大家力行道法。從演繹籌備開始，大家發願茹素，因為演繹要彩排演練，一週有三、五次，每次見到面，師兄師姊會互相分享齋戒、水懺經文讀書心得，這形成一種同儕的相互學習與勉勵，也是社會學理論強調的場域的力量，群體對個人的約制力量。所謂的 social conformity，人們都是透過他人的行為學習並強化自我的行為。

在世俗中生活的一些慈濟人，雖然有愛心，雖然喜歡佛法，雖然深愛上人，但是自我習性未必能改。周遭商場上，或世俗社會生活中的人，都是葷食，自己受不了同儕的約制，跟著吃葷。現在參與經藏演繹，大家約定發願茹素，善的同儕與群體善力，引導心性比較脆弱、人云亦云的人，有新的力量引導自己茹素，而一旦開始行動，人就會改變。陳明澤師兄是一位企業家，他參與《慈悲三昧水懺》經藏演繹彩排，平常就喜歡吃山珍海味，吃過象肉、熊掌與貓頭鷹肉，一次他在市場買了一條鰻魚，帶回家處理之際，將鰻魚剁成一塊一塊，頭也剁掉了，不料剁下來的鰻魚頭卻狠狠地「咬傷」他的手指頭。入水懺後，經歷《慈悲三昧水懺》裡的一幕「山珍海味欲遍嚐」，就想到過去的自己。陳明澤不諱言，以前比較少接觸佛法。不過，《慈悲三昧水懺》演繹法會之後，原有的慧根被激盪出來，在一場經藏演繹中，他飾演「夢歷六道」中，一條要被取下魚翅的鯊魚，他被觸動了，他發願終身茹素，離開他最喜歡的美食。

陳明澤還放棄他另外一項最愛，就是七部名車。他將其中六部賣掉，只留一部代步，賣得的錢拿到證嚴上人面前，捐給慈濟做慈善。身心的演繹，是一種行經，行才會覺知。行入水懺之後，陳明澤的人格得到嶄新的啟悟與改變。

這個例子再次證明，人是經由行動而改變思想，不是因為思想改變而改變行動。因此，如何造成一種善的行動，產生善的思想，進而建立善的心性，是慈濟實踐法門重要的思維。佛陀的智慧在教導世人認識欲望是一切苦的來源，除非我們重新尋回自我清淨的心，否則終其一生，苦都是生命的必然。

創造共善的清淨道場

《慈悲三昧水懺》經藏演繹，從讀書會共修、手語學習、社區演練，到團隊彩排，將近半年的時間。齋戒、茹素、研讀經典；不只研讀，還以身體力行演繹，這是一種行於經典的方法，通過行，而入法。一如先前所言，人是經由行動，才真正建立觀念。所以，演繹其實是一種以行經的方式，陶冶人的思想與性格。這種行經的法門還不只是個人行經，而是團隊的行經。一種群的概念，在群的行經中，透過每一個參與者的虔誠，創造一種共懺、共善的場域，透過大家一起入法，產生的共善場域，一種道氣滿盈的道場，個人的習性、脆弱，都在大能量的善力中，得到轉化與淘洗。一如水滴回到清淨大海，得以喘息、滋養、淨化、回復其能量。

《慈悲三昧水懺》經藏演繹的過程，是從個人在家練習，再到固定地點做團體的練習。個人將手語練好還不夠，必須與大家配合，人人身心口一致，才能將經藏演繹完美地呈現。為了尋找團隊演繹彩排的地點，大家大費周章尋找地點，有分會的用分會，沒有分會的借公園，無論何種地點，都必須創造一種善的共振場域。

在二〇一一年慈濟舉辦的水懺經藏演繹法會過程中，一位臺南志工企業家謝榮坤將他的大成鋼鐵廠房，打造成經藏演繹的彩排地點。「我希望提供的不只是一個彩排的場地，而是一個淨土。」謝榮坤知道參與演繹的志工都必須茹素一百零八天以上，謝榮坤也號召全廠員工響應茹素，還請購了七百多套的《法譬如水：慈悲三昧水懺講記》套書贈與員工，並邀請慈濟志工到公司舉辦讀書會。

大成鋼鐵公司的主管陳茂松說：「公司借場地給慈濟練習手語入經藏，讓公司有了道氣；因為慈濟人的帶動，如今員工洗碗時，水龍頭如果不小心開很大時，我都會提醒他們要省水，要惜福，他們也都能接受規勸，參與的員工的心靈也得到淨化，家庭也更圓滿。」[1]

工廠即道場，《慈悲三昧水懺》經藏演繹的法會形塑過程，超越了神聖處所與世俗處所的區別。不是一定得在廟宇、教堂才能感受到神聖性的氛圍，無處不是道場。即心是道場，心念虔誠，善念共聚之處，就是道場，就能轉化人心的罪愆。

水懺經藏演繹所體現的平等觀

慈濟的《慈悲三昧水懺》經藏演繹呈現一個多樣又平等的世界。不同群組的演繹菩薩必須扮演好自己的角色，做對動作，或唱誦、或比手語、或運用各種肢體動作來詮釋演繹偈文。自己做對，還要群組一起做對；群組做對，還要與其他各群組配合，力求和諧完美無缺。不只群組間配合無瑕，還要與音樂、與偈文、與臺上的專業演繹人員的演出章節相應合；不只相應合，還要呈現道氣。

知音，是一些種子老師們排在隊伍之間，在每一處關鍵的音樂點或手語點做一些提醒。一些年紀較大的菩薩，跟著整日跪、蹲、起、坐，非常辛苦。但是愈是練習到後來，每一個人的心靈卻都是滿滿的歡喜，甚至有不識字的志工，也參與經藏演繹。不識字，如何背偈文？如何比手語？

臺南慈濟志工阿筆師姊就是一位不識字的入經藏志工。參加比手語的彩排中，不僅手痛，也因記不住，頭更痛。有一次排練，因為一直學不會，臉色發青，練到一半撐不住了，只好請假回家。沿途阿筆一直哭，心中萌生退轉的念頭。事後師姊鼓勵她：「上人希望大家不要半途而廢。」阿筆也想到這是此生唯一的因緣，一定要把握，於是決定拚到底，再度提起勇猛心，絕不認輸。「別人十遍能學會，我學一百遍也一樣會。」在這樣的信念下，阿筆不斷地苦練著。看著阿筆練得那麼辛苦，先生蘇原吉心有不捨，急中生智，他拿出一張空白紙，將每一句偈文畫成圖形。就這樣，阿筆師姊照著先生蘇原吉的圖畫比劃，終於無誤差地學會手語，參加《慈悲三昧水懺》演繹法會。先生蘇原吉說：「她真的很勇敢，好幾個不識字的菩薩已知難而退，她卻愈挫愈勇，她是我們整個安南區唯一不識字的入經藏菩薩。」[2]

無上臺、下臺的法會

《慈悲三昧水懺》經藏演繹是一場沒有上臺、下臺之別的法會。每一場演出或彩排開始之前，有大工作必須完成。舞臺搭設前，志工必須對巨蛋或體育場進行打掃，以彰化為例，近千位志工將彰化體育場打掃得潔淨清雅。多年未見體育館有如此清新的風貌。接著搭設舞臺，大愛臺同仁盡心鋪設管線，架起燈光。

然後精心規劃的地標開始貼滿了舞臺上的每一處，這些地標是演繹志工遵循的走位標誌。地標是由高雄的志工發起，他們在電腦上先設計好每一次的走位，每一個音樂變化時必須轉化的隊形。先在電腦上構圖好，然後印出，發給大家。志工按著規劃好的圖形、距離，精準地畫上地標，只要有一處地標錯誤，很有可能在正式法會時，某一場景的演繹就會出錯，甚至產生極大混亂，所以精準度是志工必須遵循的。

看著地板上五顏六色的地標，其實很難想像這些來自各行各業的演繹志工們，是如何記住它們的。每一個排列有序的各種地標，就像人生的軌道，每一個人都必須遵循軌道行走，變化方向與姿勢。每一個變化都與其他人有關，每一個人都必須在特地時間、特定地點，做出特定行為，才能莊嚴有序地將法會完美呈現。這即是與人生一樣，我們都必須與其他人配合，其他人也必須與我們配合。彼此都必須做對，否則整體就會紊亂。地表的標誌就像戒律，人人守好戒律，並與他人協力，才能譜出莊嚴和諧的樂曲。

表現生命的關鍵一刻，是被事前無數的準備所決定的。沒有人能單獨存在，沒有人能單獨完成莊嚴優美的演繹，它是群的力量，群的和諧。誠如證嚴上人所言，個人美決定群體，群體美個人才會美。

無臺上、臺下之分的法會

證嚴上人為了擴大大家的參與，讓不同身體狀況的菩薩們，都能身心安適地參與演繹活動，因此除了手語之外，廣設妙音、輕安與大愛之光等演繹區。所有參與在看臺上觀看經藏演繹法會的人，其實也都是參與者。他們跟著唱誦，跟著演繹菩薩比法船，讓每一個人的心念都在那一個當下，虔誠、莊嚴、潔淨。共善之力，共懺之願，隨著聲波，隨著動作，傳送到每一個人的心靈之中，把每一個人的心靈都交織融會在一起。

「日出東方消昏暗，浪子迷途能知反，我今一一誠發願，淨如琉璃在人間。」接著法船啟航，上萬人跟著法船前後擺動，讓這千千萬萬人都置身在無邊的法海與堅定的渡舟之中。

《慈悲三昧水懺》演繹正是一場沒有臺上、臺下之別的音樂手語演繹，這是人人都能啟迪內心懺悔、清淨的法會。入經藏不是經由傳統閱讀的形式，而是希望能夠透過群體的共同一念心，凝聚共善之能量，合心協力地以身行演繹，讓每一個個人在經藏演繹中得到心靈的大法喜。

演繹做為慈濟宗門的內修法

這場經藏演繹實現了證嚴上人長久期待的慈濟宗門的內修法門，這內修法門是經由身心演繹，經由團體協力，獲致個人之修行，是經文、樂音、肢體美的表現及現代影音藝術共同形塑而成，它是經由生活中力行簡欲素食，深入經文，克服現實種種困難與挑戰，面對身體的疲憊，考驗心智縮小與耐力，才能由外行達成心靈的內修。

雖說內修，但是終曲仍是大回向，仍是發願為眾生，「回自向他」，以慈悲喜捨，無緣大慈，同體大悲利益眾生。並且「回向因果」，惡念消，善念生。惡念消除了，業力自然消。不管前世今生有造多少惡念、惡因、惡緣，在當下起的每一刻，每一個因緣裡，都能以善念與感恩心回應，自然能成就無量功德。隨著《慈悲三昧水懺》經藏演繹告一段落，也正式宣告慈濟宗門的內修法門已然確立。

註釋

1 方玉葉，〈走下模擬舞台 人生正精彩〉，《慈濟全球資訊網》2011年9月3日。網址：https://tw.tzuchi.org/featured/% E5% A4% A7% E5% 9E% 8B% E6% B4% BB% E5% 8B% 95/% E5% A4% A7% E6% 87% BA% E6% 82% 94% E7% B6% 93% E8% 97% 8F% E6% BC% 94% E7% B9% B9/item/14142-% E8% B5% B0% E4% B8% 8B% E6% A8% A1% E6% 93% AC% E8% 88% 9E% E5% 8F% B0-% E4% BA% BA% E7% 94% 9F% E6% AD% A3% E7% B2% BE% E5% BD% A9。截取日期：2024年4月17日。

2 黃惠珠，〈蘇原吉圖解經文 助妻阿筆入經藏〉，《慈濟全球資訊網》2011年9月6日。網址：https://tw.tzuchi.org/featured/% E5% A4% A7% E5% 9E% 8B% E6% B4% BB% E5% 8B% 95/% E5% A4% A7% E6% 87% BA% E6% 82% 82% 94% E7% B6% 93% E8% 97% 8F% E6% BC% 94% E7% B9% B9/item/14087-% E8% 98% 87% E5% 8E% 9F% E5% 90% 89% E5% 9C% 96% E8% A7% A3% E7% B6% 93% E6% 96% 87-% E5% 8A% A9% E5% A6% BB% E9% 98% BF% E7% AD% 86% E5% 85% A5% E7% B6% 93% E8% 97% 8F。截取日期：2024年4月17日。

第十六章——

四弘誓願普世行：慈濟跨宗教慈善與佛教普世價值

前言

「四弘誓願」是佛教重要的精神內涵，對於眾生的慈悲，對於去除煩惱、對於清淨智慧的追求、對於成佛的願力，都在四弘誓願的精進中得其成就。「眾生無邊誓願度、煩惱無邊誓願斷、法門無量誓願學、佛道無上誓願成。」

四弘誓願的第一願就是「度眾生」，度化眾生是諸佛菩薩的第一願，是大乘佛教的根本精神。度眾生包含對眾生身體的救助、環境的豐足、心靈的潔淨等三具足，這三具足在原始佛教《阿含經》中都已具備如此之義理。

原始佛教的教導，修行者不只是求自我解脫，《增壹阿含經》中充分表達學佛者要度化眾生，不只是給予眾生佛法，不只是救助心靈，而是要濟度眾生，達到身、境、心三者的具足圓滿。佛陀原始的教義不管對聲聞、緣覺都是如此教導，不只自淨其意，還要布施眾生，達到物質與心靈的豐足清淨。

大乘佛教的教理承繼原始佛教的精神，具體提出四弘誓願作為行菩薩道的根本。行菩薩道不只是引導眾生認識佛法清淨之道，更是要在人群中付出，以眾生為本，在度化眾生中斷自我煩惱，也斷眾生的煩惱，在人間的混濁中修得一切智慧，最終成就佛道。

證嚴上人領導的慈濟宗門承繼原始佛教及大乘佛教的四弘誓願的精神，將佛法普施於世。四弘誓願讓慈濟人在每一個眾生受苦難處，聞聲救苦，然後苦既拔已，復為說法，不只安身、安生，還要安心，期望給予眾生身、境、心的豐足圓滿。慈濟秉持的四弘誓願已經擴展至全球不同的國度、宗教、文化的領域，許多基督徒、天主教徒、伊斯蘭教徒、無神論者都成為慈濟志工，都能一起為眾生的苦難付出中，感受佛陀的智慧與慈悲。

慈濟宗門力行弘誓願

證嚴上人強調四弘誓願為諸佛、菩薩共同之本願，從度無量眾生開始，發大慈悲心，「眾生無邊誓願度」；在度無量眾生的煩惱中，也清淨自心，所以「煩惱無邊誓願斷」；每一個眾生都是經典，在度眾生中得一切智慧，所以「法門無量誓願學」；精進學佛道，從四聖諦、十二因緣、四無量心、八正道法、到六度萬行，直至「佛道無上誓願成」。

為眾生而成佛，是大慈悲，為眾生才能成佛，是大智慧。無量眾生有無量苦，慈濟人在每一個苦難處現身，就像無數的觀世音菩薩現身苦難，救贖苦難，無分宗教、種族、文化、國籍的差異，哪裡有苦難，哪裡就應該有菩薩的慈悲智慧現前。

二〇一七年四月，天主教國家厄瓜多發生嚴重水災，有七個省份都受到嚴重的波及，其中聖塔安娜市整座城市陷入一片泥濘之中，對原本生活就頗為困苦的市民，此刻更是雪上加霜，坐困愁城。來自美國、加拿大及多明尼加等八國慈濟志工前往濟助，進行災後重建。慈濟發起以工代賑（Cash for

Relief），在災後十多天的時間中，啟發一萬七千多位災民，共同清掃大水之後泥濘的街道及校園，在大家群策群力的努力下，校園恢復上學，城市也恢復生機。

來自八個國家地區的慈濟志工共同投入這次的救災，從與當地政府協商場地，重型機械的支援，直到圓滿以工代賑，慈濟以四弘誓願的大愛之心，耐心協調，克服各種難關，終於完成恢復聖塔安娜市的生機。慈濟人也在當地開啟竹筒歲月，發放賑濟金的同時，也啟發受助者能捐出口袋裡的銅板，回饋給更窮苦的人，這是慈濟濟貧教富的理念。

五月三日，適逢農曆四月八日佛誕，慈濟人在聖塔安娜市的天主教教堂舉辦浴佛。當地天主教徒與佛教慈濟志工們，共同於佛誕日在天主教堂浴佛，神父也一起參加，耶穌像與佛陀宇宙大覺者像並立。大眾虔誠向耶穌及宇宙大覺者的聖像禮敬，這的確是一個殊勝莊嚴的場面，這景象呈現出宗教本來「慈悲一體，大愛共榮」的本質與和合。

無分別宗教、種族、國界一直是慈濟的慈善理念，眾生無邊誓願度，佛教的本懷無非就是濟度眾生而已，如證嚴上人所言：

> 「四弘誓願第一願就是眾生無邊誓願度，度眾生，付出無所求，付出還在想自己得到什麼，就是福，而非善，求福而不求善，不是度眾生的本願，發心為眾生，行菩薩道，在無量數的時間累積，不退轉，真正體解出世法及四弘誓願都做到了，就已然成佛。」[1]

慈濟人在證嚴上人的啟發下，在全世界像千手千眼的觀世音菩薩的化身，聞聲救苦，哪裡有災難，就立即馳援，這就是四弘誓願的「眾生無邊誓願度」。在利他的實踐中斷自我的執著、煩惱，成就煩惱無邊誓願斷。在救助一切眾生中，得無量智慧，成就法門無量誓願學，最終契入無上的佛道。

原始佛教之無願與弘願

佛教教理中的願

佛陀成道之時，所證悟的真理是天地萬物本是一體，本無差別，一切眾生都具備如此的覺性，因此，他成道後的第一個說法是四聖諦，苦集滅道，此苦可滅，此集可滅，此道可證，證何道？證入世間為假有，心不役於無明之緣起，即證入涅槃空性。

我們如果把佛陀這種修行的方法及目標理解為理性的證悟，其實並不為過，佛陀在《增壹阿含經》告誡弟子，「要自熾然，勿他熾然，自皈依，勿他皈依」[2]，自求解脫，勿求助於他人，是佛陀重要的教戒。那麼對於成佛者而言，或求佛者而言是何種的意涵？願，在佛教教義中的重要性為何？

覺悟的佛，精進的菩薩為何發四弘大願？

佛陀的證悟之境絕對是理性的，是絕對的實在，即所謂一真實法，真實不虛，就不會是非理性的；但是佛陀的覺悟也是絕對情感導向的，那是一種情感徹底的清淨與無染，及貪瞋痴慢疑五毒永斷離，阿羅漢修得有餘涅盤也是斷欲清淨，情感無所染，無所染的情感內於心，那願何來呢？願，不就是情感嗎？願相對於愛，如證嚴上人所述，是一種覺清淨的情感。

情感的覺悟與度眾生之願力

佛陀的覺悟不是去除情感，而是將情感淨化，如將汙水滌清，汙泥盡除，但水仍然清澈可用，水可以洗滌眾生的汙垢，這洗滌就是願。

我們不能忽略，佛陀的覺悟從來就不只是思想的、理性層面的，更是情感面向的絕對徹悟，所以涅槃意為清淨智，清淨的智慧；清淨是情感的面向，去除煩惱，去除私欲，這並不是沒有情感而落入斷滅之空無，而是覺有情，覺悟後的長情大愛，如證嚴上人所述，佛陀是長情大愛的體現者。我們從佛陀覺悟後出定，第一個想到度化的對象，都是與他有甚深因緣的有情人。

他想到他的外道老師羅勒迦藍[3]以及鬱頭藍弗[4]，想到一直隨他出宮學法的五比丘皆未證道，所以出離禪定，向五比丘說四聖諦，佛陀出世間正是為「開、示、悟、入」眾生，亦即「開佛知見，示佛知見，悟佛知見，入佛知見」，世尊在《法華經．方便品第二》語舍利弗：

> 「舍利弗！云何名諸佛世尊，唯以一大事因緣故，出現於世？諸佛世尊欲令眾生開佛知見，使得清淨故，出現於世，欲示眾生佛之知見故，出現於世，欲令眾生悟佛知見故，出現於世，欲令眾生入佛知見道故，出現於世，舍利弗！是為諸佛唯以一大事因緣故，出現於世。」[5]

不只佛陀，十方諸如來皆是回到人間，以無量方便，度化眾生，佛陀所體之道，要讓眾生都同得此道，這是佛陀的大慈悲。印順導師在《藥師經講記》一書中言：

> 「願是願欲，本願即菩薩因地所發的弘願，修學佛法，以發願為先，可說為成佛的根本，菩薩在因地所發誓願，有通有別，如願成佛道，願度眾生；及『眾生無邊誓願度』等四弘誓願，名為通願，是每一菩薩都如此發的，如阿彌陀佛在因地中發四十八願，藥師佛因地的十二大願，便是別願。」[6]

佛教中的願，其本質是上求下化，上求佛道，下化有情，沒有這個願，無法成就佛道，沒有這種願，只是修個人之清淨，無法投入眾生的苦難中，佛覺悟的本體是眾生本一，自他不二，他人即是自己，救助他人，如救助自己，這是諸佛、菩薩的本願。

原始佛教中的無願與願力

在原始佛教經典中，願的闡述有無願三昧，無願三昧意指清淨無求的無願，與佛度化有情之弘願有別，如《增壹阿含經》所言：

「云何為三？空三昧，無願三昧，無想三昧，彼云何名為空三昧？所謂空者，觀一切諸法，皆悉空虛，是謂名為空三昧，彼云何名為無想三昧？所謂無想者，於一切諸法，都無想念，亦不可見，是謂名為無想三昧。」

「云何名為無願三昧？所謂無願者，於一切諸法，亦不願求，是名為無願三昧。如是，比丘，有不得此三三昧，久在生死，不能自覺寤。如是，諸比丘，當求方便，得此三三昧。如是，諸比丘，當作是學，爾時，諸比丘聞佛所說，歡喜奉行。」[7]

印順導師詮釋無願之意時言：

「無相故於未來生死相續，無所愛染願求，就是無願三昧，空三昧中具足了無相、無願三昧，所以是王三昧，這偏重在觀察空義上。」[8]

原始佛教提到的無願是指斷生死煩惱，不厭求世間之意，並不是對眾生的無願；相反地，正是因為聲聞、緣覺弟子能了脫無願三昧，所以才能立為眾生之宏願，如《中阿含經》所述：「尊佛尊為師，尊無著牟尼，尊斷諸結使，自度度眾生，覺者第一覺。」[9]

《中阿含經》的「自度度眾」，「斷諸使結」，「尊佛為師」，「證第一覺」，已經具備四弘誓願的修行旨趣，「眾生無邊誓願度」，「煩惱無邊誓願斷」，「法門無量誓願學」，「佛道無上誓願成」。

阿含部的《央掘羅摩經》亦云：

「諸佛世尊亦復如是，種種變現以度眾生，而彼眾生莫能知者，譬如幻師於大眾中，自斷身分以悅眾人，而實於身無所傷損，諸佛世尊亦復如是，如彼幻師種種變現以度眾生，文殊師利，如來一切智知一切，觀察世間一切眾生，無始已來無非父母兄弟姊妹，昇降無常迭為尊卑，如彼伎兒數數轉變，是故如來淨修梵行。」[10]

如來修淨梵行但為眾生故，一如證嚴上人所言，佛陀是為眾生而成佛，非成佛而後為眾生。眾生第一，乃成佛之願，所以四弘誓願的第一願，眾生無邊誓願度，才是煩惱無邊誓願斷，斷眾生煩惱，所以才能成就佛道。

度化眾生與身心境具解脫

度眾生的理想在原始佛教當中未必只是偏向心的解脫，對於物質布施，身體、物質的救助、布施，在原始佛教中仍是被強調的，如《阿含經》中，佛陀告誡弟子，從布施成就佛道。《增壹阿含經》云：

「一時，佛在舍衛國祇樹給孤獨園，爾時，世尊告諸比丘，當云何觀檀越施主？……爾時，諸比丘從佛受教。世尊告曰，檀越施主當恭敬如子孝順父母，養之、侍之，長益五陰，於閻浮利地現種種義，觀檀越主能成人戒、聞、三昧、智慧，諸比丘多所饒益，於三寶中無所掛礙。能施卿等衣被、飲食、床榻、臥具、病瘦醫藥，是故，諸比丘，當有慈心於檀越所，小恩常不忘，況復大者，恒以慈心向彼檀越，說身、口、意清淨之行，不可稱量，亦無有限。身行慈，口行慈，意行慈，使彼檀越所施之物，終不唐捐，獲其大果，成大福祐，有大名稱，流聞世間，甘露法味，如是，諸比丘，當作是學，爾時，世尊便說偈曰：

『施以成大財，所願亦成就，王及諸賊盜，不能侵彼物，施以得王位，紹繼轉輪處，七寶具足成，本施之所致。布施成天身，首著雜寶冠，與諸妓女遊，本施之果報，施得天帝釋，天王威力盛，千眼莊嚴形，本施之果報。布施成佛道，三十二相具，轉無上法輪，本施之果報。』爾時，諸比丘聞佛所說，歡喜奉行。」[11]

原始佛教對於度化眾生的理想，不偏廢身與心，不偏心或境，而是求其圓滿身心境。當然，在身境具足之後，最重要的還是心的解脫自在。佛教教義最終是要眾生歸向心的解脫，以及對於法的透悟，因此《增壹阿含經》中又說：

「謂無放逸行於諸善法，云何無放逸行，所謂不觸嬈一切眾生，不害一切眾生，不惱一切眾生，是謂無放逸行。彼云何名善法？所謂賢聖八道品，等見、等方便、等語、等行、等命、等治、等念、等定，是謂善法。爾時，世尊便說偈曰：施一切眾生，不如法施人，雖施眾生福，一人法施勝。」[12]

雖然布施予諸眾生，不如向一人布施法，可見布施法的境界更高。

不只布施法，還要眾生與自己等見、等行、等命、等定等，亦即一切眾生與佛都能同等覺悟，才是度化中生的理想。度化眾生總是通向佛道的，所以才說「煩惱無邊誓願斷、法門無邊誓願學，佛道無上誓願成」。

斷眾生煩惱中清淨自心

成佛的佛陀在人間，是不會被人間的一切種種所染著，因此對佛陀而言，他化身人間只為度化眾生。與菩薩的次第不同，菩薩是度化眾生中修習佛道，度化眾生中斷自己與斷眾生的煩惱。但佛陀是入淤泥而不染，因此四弘誓願在佛道的確立中具備著雙重次第性。

一是諸佛都是以四弘誓願、行菩薩道而成佛；菩薩邊度眾生，邊成就佛道；[13]二是諸佛成佛了，仍發四弘誓願入人間；與菩薩有別，菩薩自度度人，利他度己；佛已經全然了悟了，無須再自度，但為利他。諸佛入人間度化的對象是眾生，斷煩惱對象是眾生，精進學佛道的對象是眾生，最後引導眾生與佛同入覺悟。

如《增壹含經》云：

> 「如來出現世間，又於世界成佛道，然不著世間八法，猶與周旋，猶如淤泥出生蓮華，極為鮮潔，不著塵水。諸天所愛敬，見者心歡，如來亦復如是。由胞胎生，於中長養，得成佛身。亦如琉璃之寶、淨水之珍，不為塵垢所染，如來亦復如是。亦生於世間，不為世間八法所染著。是故，比丘，當勤精進，修行八法。如是，比丘，當作是學。爾時，諸比丘聞佛所說，歡喜奉行。」[14]

布施為先，然後精進八法，即八正道法，精進於佛陀的教導，才能邁向成佛之境。

我們從《阿含經》的義理已經可以看到完整的四弘誓願的修行理想。這四弘誓願是佛的境界，也是佛陀引導聲聞、緣覺必須修習的功課。

到了大乘佛教四弘誓願則偏向是菩薩道的修習法門，這是更強調向世間的迴向，修行人在度眾生中斷一切煩惱，在五濁世間修習一切法，在人間證入佛道。實則這些義理在原始佛教阿含經典中已經具足。

大乘教法的四弘誓願

諸佛菩薩大願度眾生

「四弘誓願」一詞的真正之提出，當然是源自於大乘教法。《佛說佛名經》具體表述：「學大乘心學四弘誓願，煩惱障永盡無餘。」[15]《無量壽經》中的阿彌陀佛發四十八大願，願願都是為度眾生：[16]

「無量無數劫以前，有世自在王佛，出化度眾生，是時有大國王，往聽說法，遂有覺悟，乃捨國王之位，而往修行，號曰法藏比丘，即阿彌陀佛也，對世自在王佛，發四十八大願，願願皆為濟度眾生。」[17]

阿彌陀佛在無量劫之中，發此大願，每一願都是為度眾生，所以才能了生死，入菩薩地。發大願度眾生是大乘行菩薩道的第一義，如淨土思想所陳：

「發此願已，乃精進以了生死，次入菩薩地，了生死者，乃生死自如也，入菩薩地者，內則修慧，外則修福也，修慧者，便慧性日廣，於一日至成佛時，則慧性含虛空世界，無所不知，無所不見也，修福者，乃託生於一切眾生中，同其形體，通其語言，以設教化，故上自天帝下至微細虫蟻，皆託生於其中，如此無量無數劫來設化眾生。」[18]

度無量眾生中內修慧，外積福，才能終至佛境，無所不知。這就是度眾生，斷自我煩惱，得無量法，成佛道。眾生是上自天帝，下至螻蟻，一切萬物都是眾生，都是有情，都需關照度化。

四弘誓願的次第在阿彌陀佛的大願中次第皆以分明，四弘誓願是菩薩成佛之道，而同樣地，四弘誓願以度眾生為先，這是修行佛道的前提。

如印順導師所言：

「初發菩提心，重在立定上求佛道，下化眾生的大誓願，名為『願菩提心』，廣說如四弘誓願：眾生無邊誓願度，煩惱無邊誓願斷，法門無邊誓願學，無上佛道誓願成。但是發菩提心，並非偶然想起成佛利生，而是要一番修習，達到堅固成就的。菩提心的修習，為修學大乘道，趣入大乘道的第一要著。」[19]

「菩提心從慈悲心起；或是緣慈母的孝敬救度，擴大到願度一切眾生，而上求佛道；或是設想他人與自己一樣，利濟眾生應如愛護自己一樣，進修到願意為利他而犧牲自己，修菩提心的動機，方法，近於儒家的仁道、恕道，但菩提心修習圓滿成就，深廣是與世間法大大不同的，這是大乘道的基石，修學大乘道的，應先多多的修學！」[20]

菩提心是成佛根本，菩提是智慧；智慧的根本，從導師看來是慈悲，慈悲為首。佛教始終是強調情感的向度，覺悟的情感，清淨的情感，慈悲的情感，不忍眾生的情感，才是菩提智慧，才是菩薩道，亦即成佛的根本。

在眾生的穢土中得智慧

佛陀的教法是世出世不二，生死涅槃不二，染汙清淨不二。穢土中修清淨心是菩薩行。如《悲華經》中言及釋迦牟尼佛捨淨土，於穢土中，發五百大願，終究成就佛道。

《佛說觀彌勒菩薩上生兜率天經》中彌勒菩薩不修禪定，不斷煩惱，就是因為悲心深重而發十個大願，誓度一切眾生，如印順導師所言：「彌勒菩薩『不修禪定，不斷煩惱』，可作初學菩薩行的模範，因為如悲心不足，功德不足，急急的修定，不是落於外道『味定』，就落入聲聞『證實際』的窠臼。」[21]《菩薩瓔珞經》中更言明，菩薩在度眾生中能得三通六明：

> 「復有菩薩發弘誓心，我本誓願求無上正真道，使我國人盡同一行，國土清淨同一形像……復有菩薩發大弘誓心，如我後成佛時，諸有眾生在我國者，一日成道盡取滅度……復有菩薩發弘誓心，若我後作佛時，使我國土一切眾生同日成佛，如此等菩薩便得定眼識通定耳識通。」[22]

這說明度眾生的能力與願力，決定了菩薩的修行果位，不是先有定眼識通、定耳識通，才去度眾生。而是能度眾生才具備定眼識通、定耳識通。

因此不行菩薩道，不發弘願度眾生，斷一切煩惱，無法學一切智，自然也難成佛道，因此，四弘誓願以大乘經典的精神，是以度化眾生唯一修行的前提。

眾生身心境圓滿的理想

何謂度化眾生？僅僅給予佛法，讓眾生自修自得是一種見解。然而真正度化眾生應涵蓋三個面向的圓滿，一是身的圓滿，二是境的圓滿，三是心的圓滿，這三種圓滿在《藥師經》中充分體現。

《藥師經》中藥師如來發十二大願，願願皆為眾生離病苦，得身心安樂，藥師如來的大願悉欲眾生達到身、境、心的具足圓滿，是菩薩於人間能實踐的具體典範。

《華嚴經》中普賢行願代表的是精進佛道，無量法門是願學，如善財童子遍訪五十四賢，學習一切智，文殊菩薩的十二大願就是大乘般若智慧的總集成，如此圓滿修行，才到達毗盧遮那佛圓滿佛果的境界，就是佛道無上誓願成。

《地藏經》中地藏菩薩發願：「地獄不空、誓不成佛，眾生度盡，方證菩提。」是先眾生，後自己，如同證嚴上人在講述《地藏經》時所言：「菩薩先救他人，再救自己。」地藏王菩薩的無上功德，如光目女救母親，使地獄一眾生得救，其他地獄生靈也同時得度。太虛大師即云：

> 「本願：有願望、願欲，則有所行及所作結果，有志必成，難行能行，難忍能忍，故願為一切萬行之根本，也為修成佛果之源泉，普通諸佛菩薩都有四弘誓願，所謂『眾生無邊誓願度，煩惱無盡誓願斷，法門無量誓願學，佛道無上誓願成』，然各有特別注重的地方：阿彌陀佛以淨土攝受一切眾生，執持名號乃至十念皆得往生；藥師佛十二大願，聞名禮念可以消除災病，延壽健康；觀音大士是『弘誓深如海』，尋聲救苦難最切，一心稱念，有求必應的；此地藏菩薩誓願度空罪障極重的阿鼻地獄，這是特別悲愍願力所成。」[23]

菩薩發四弘誓願濟度眾生，其無量功德甚廣、甚深，因此願力是菩薩成就道業的關鍵。願力不只是情感的層面，也必須從智慧的層面修持。四弘誓願除了心慈眾生，智慧的增長仍必須以弘願學習無上道。願多大，慈悲就有多大，願有多大，智慧就有多廣。因此四弘誓願與四聖諦的體悟息息相關。

四弘誓願體證苦寂滅道

以四弘誓願來體解四聖諦，知苦、知苦集、知滅苦、至證道。智者大師在注釋四弘誓願中，以《瓔珞經》經義詮釋四弘誓願與四聖諦理的關係云：

「一未度者令度，此弘誓緣苦諦而起，故《瓔珞經》云，未度苦諦，令度苦諦，今明苦者即是生死也，若一切未度二種生死苦者，菩薩發心，願令得度故云未度者令度。」[24]

「二未解者令解，此弘誓緣集諦而起，故《瓔珞經》云，未解集諦，令解集諦，今明集者，即是煩惱潤業，若一切未解此二種集者，菩薩發心，願令得解，故云未解者令解。」[25]

「三未安者令安，此弘誓緣道諦而起，故《瓔珞經》云，未安道諦，令安道諦，今明即是能通涅槃之正助道也，若一切未安此二種道者，菩薩發心，願令得安，故云未安道者令安也。」[26]

「四未涅槃者令得涅槃，此弘誓緣滅諦而起，故《瓔珞經》云，未得滅諦，令得滅諦，今明滅諦者，若一切未得此二種滅諦者，菩薩發心，願令得滅，故云未得涅槃者令得涅槃。」[27]

四聖諦是學佛的開始，也是學佛要了悟的最終境界，知道世間苦，知道苦集造業報，知道此苦集可滅，此道可證，這過程當然需要四弘誓願，知曉四聖諦理的關鍵仍在於行，於行中體解四聖諦，發弘誓願，體無上道，這當然是生生世世力行菩薩道之修行理想。

菩薩十地與四弘誓願

《法華經》中觀音菩薩聞聲救苦，依一切眾生所需，施醫施藥，拔苦眾生，圓滿菩薩十地的修行，以力行四弘誓願體解四聖諦，以菩薩行體現四弘誓願，如太虛大師言：

「從初地起，宇宙真相完全證明，但智慧還有可以充實之處，一重一重再進步，到第十法雲地，盡十方世界一切諸佛所說法，一剎那心中全能了知；到了菩薩最高地位，如觀音菩薩等、離佛甚近，十地圓滿，即到佛位，佛不是相對的，也不是單獨的，是不思議的，既不是一，也不是多，既不是異，也不是同，無論出現何種自體，而此自體都遍滿全宇宙，以全宇宙為佛；而佛之全宇宙，究竟安樂光明清淨完善。」[28]

每位菩薩都有無限的誓願，成就佛道的修行，每一尊佛都有別願，但四弘誓願是諸佛、菩薩共同之本願，這共同的本願是悲智雙運，以悲契智、以智顯悲，悲心才得大智慧，智慧必須從能同理眾生，其本質是悲，因此悲智不離，悲智一體，雙修雙行，如證嚴上人所言：

「我們於救度一切眾中，修得無量智慧。」

「觀世音菩薩也倒駕慈航，文殊菩薩在《法華經》開講之前，引述了二萬位的日月燈明佛，文殊菩薩本身過去也是七佛之師，過去也已成佛了，有這麼多的佛，就是要來印證，入涅槃不是就完全無生滅，同樣還要倒駕慈航來人間，倒駕慈航不是因緣果報牽來的，是他的弘願——四弘誓願、四無量心，佛陀自法身菩薩就是不斷不斷往來人間，就是要度眾生。」[29]

慈濟宗門的四弘誓願

誠正信實與四弘誓願

證嚴上人對四弘誓願的體會是結合四無量心「慈悲喜捨」，以及「誠正信實」。靜思法脈、慈濟宗門之「內修誠正信實，外行慈悲喜捨」，都須以四弘誓願為核心。四弘誓願是慈悲的根本，以四弘誓願為願力才能精進地修習正道。因此證嚴上人說：

「誠心誓願度眾生，正心誓願斷煩惱，信心誓願學法門，實心誓願成佛道。

靜思弟子發四弘誓願，『眾生無邊誓願度，煩惱無盡誓願斷，法門無量誓願學，佛道無上誓願成』，這是靜思法脈，人人既發心就要有四弘誓願，這是行大道；要用『誠心誓願度眾生』，要有誠心，才能度化眾生，你沒有誠心，你的話人家不會聽，你要有誠懇的心意，要有正念的心，才能度眾。

『正心誓願斷煩惱』，我們一定要煩惱斷，才能脫離煩惱無明之苦，有時候，有錢了，煩惱也很多，用錢切不開煩惱，還是以佛法才能撥開煩惱，法，讓我們歡喜、法喜，所以我們要以『正心誓願斷煩惱』。

還要有『信心誓願學法門』，我們若沒有信心，法門無法，不知道方向在哪裡。信為道源功德母，長養一切諸善根，有『信』心才能堅定守志，不動搖，精勤學法門，信，是自己對內心的要求；『信』，非常重要，做人要有自信，也要能讓人相信，要『實心誓願成佛道』，我希望人人都可以成佛道，你們也很期待自己能真正地成佛道，希望所有我的弟子都一起成佛道。」[30]

「真誠之心，即是真如本性」，證嚴上人如此說。以誠以勤度化眾生，則眾生無不能啟發。正心才能斷除煩惱，信守八正道法，正念、正精進才能得清淨無染的心。上人希望慈濟人入群，人群的煩惱是我們慧命的養料，不只不染，還成就我們的智慧。這是成佛道的根本。

慈悲喜捨與四弘誓願

誠正信實為靜思法脈、慈濟宗門重要的內修之法，一切的外行與願力都根植於此，四弘誓願是內修的動力，也是外行慈悲喜捨的願力，以發弘誓願，恆持四無量心。證嚴上人說：

> 「我們走入慈濟宗門，要先發四弘誓願，開始要身體力行了，要慈悲喜捨，大慈無悔，大悲無怨，大喜無憂，大捨無求。」[31]

見苦知福是慈濟慈善志業的根本法門，在濟助他人之中，啟發自我的悲心，啟發對四聖諦的體會，苦集滅道，知苦的源頭是欲，是業，在滅他人的苦之中，滅除自我的欲念與業力，那就要付出無所求，付出是造福，無所求是功德，是消除自我欲念後的清淨心，慈善作為修行的方式其關鍵自此。

四聖諦與四弘誓願

慈濟人在一切的付出中，維持清淨心，自我醒悟四聖諦因緣果報之理，因此能度他度己，如《瓔珞經》所言，菩薩在度化一切眾生中證悟三通六明之智慧，眾生無邊誓願度，就能煩惱無量誓願斷，然後能法門無上誓願學，一切眾生都是我們的經典，都是我們學習的對象，如證嚴上人所述：

「四諦三轉始知苦集滅道，弘誓願成慈悲緣苦與樂，因見苦諦所以立弘誓願，度化無邊眾生咸成覺道。

人生苦來自於『集』，種種因緣果報，知道了，要如何修才能夠滅除苦，所以我們要修道於行，要身體力行，人間有很多紛紛擾擾，處處陷阱，時時讓我們的心起落不平靜，起心動念，修行真的是不容易，所以我們才要立弘誓願，四弘誓願我們就是要修習的法。

四弘誓願，眾生無邊誓願度，要發大心、立大願，我們自己體會到苦，想要脫離這個苦難，也希望其他人同樣懂得這個道理，也能一起修行，脫離這個苦。」[32]

處眾和合與四弘誓願

行善以團體的力量為大，慈濟行善強調合心協力，付出無求不只對被幫助者是無求，對於同為助人者亦無求，不執著自己付出，內能自謙是功，外能禮讓是德，不執著自我的見解，不執著行善功德，才是真正地付出無所求，因此慈濟宗門的團體修行中，必須以合和互協為最重要的修行，合和互協的關鍵仍是慈悲心。

證嚴上人說：

「在行四弘誓願的過程中，就是要不斷培養我們的慈悲心，以慈悲心來緣苦眾生，苦難眾生偏多，所以要入人群中解除眾生的苦，這叫做『緣苦』；他有苦，我們為他拔除，看到多少人因為接觸了法，瞭解了，放下了，看開了，改變人生，將惡緣變成了善緣，將怨憎會變成了善知識，像這樣，就是要在弘誓願中來培養慈悲，緣苦，讓他快樂。」[33]

慈濟人從行善到行一切善，必須在人與人之間學得圓融無礙的智慧，度眾生不只是針對受苦的人，周圍有貪嗔癡慢疑的人，我們也必須包容，必須度化，遇有周圍的人加諸我們的批評、毀謗、瞋恨、忌妒，也是要忍辱，忍辱要忍而無忍，連侮辱我們的人都要度化，才是真精進。直到一切的人與事都能圓融無礙，才是真禪定，禪定才能德大智慧，通達諸法。

愛護物命與四弘誓願

因此，在付出中無求，在人群中禪定，自一切境中生慧，這是生生世世的願力，六度萬行與四弘誓願的緊密通連，度眾生不是為求成佛，不是成佛才為眾生，是為眾生而成佛，因此證嚴上人說：

「一邊度眾生，一邊佛道無上誓願成，生生世世，這就是菩薩。當然，到了成佛，佛就是在十法界中的最頂端，已經完全解脫了，完全透徹了解。所以，十法界中，除佛之外，那就是九法界，皆名眾生。佛已經超越了九界，所以已經在無上正等正覺，就是阿耨多羅三藐三菩提。」34

證嚴上人度化眾生的理想是從人間擴及到一切萬物，蠢動含靈皆有佛性。證嚴上人推動環保愛大地，慈濟志工從事資源回收，以行動珍惜物命，從回收、減量、再利用，這是對地球無量眾生的珍惜與愛護。「做環保，沒煩惱」，是環保志工常掛在嘴邊的話語，這是在愛物命之際，能斷自我煩惱。這即是因為「眾生無邊誓願度」，然後能「煩惱無邊誓願斷」。環保站就是道場，災難現場也是道場，醫院更是生老病死苦的道場。在付出中，慈濟人體會佛法的苦集滅道之理，一切生滅變化都在四大志業中得到體認，這是「法門無量誓願學」。這樣行於世間的菩薩行，恆持無量時劫，終能證入佛智。

慈濟跨宗教的行善弘願

跨宗教的愛與四弘誓願

證嚴上人對於宗教的見解是：「宗教是大同小異，大則同，小則異。」從證嚴上人的角度言之，宗教的本質就是愛，愛是共同的基礎，愛要付諸行動才有力量。

慈濟在二〇一三年重建被海燕颱風襲擊的獨魯萬市及奧莫克市，在三週之內，動員近三十萬災民進行以工代賑，重建了原本幾乎要棄城的獨魯萬與奧莫克。慈濟並修建獨魯萬當地的教堂，證嚴上人認為，信仰是市民生活不可或缺的一部分，應該即刻重建，以恢復居民的正常生活。教宗方濟各於二〇一五年拜訪獨魯萬，特別邀請慈濟人參加他主持的彌撒。現今，包括在馬尼拉、獨魯萬、奧莫克市已經有許多當地本土志工投入慈濟，為社區服務，利他助人之心各宗教皆同，因此證嚴上人說：

> 「眾生苦難偏多，我們去幫助之後，讓他的生活安定，我們就要開始引導他再回饋眾生，幫助他去度化，不要再帶業，我們要帶法，我們生生世世就帶著法，駕慈航，在人間度眾生，安頓眾生。」[35]

除了菲律賓，同樣是天主教國家的海地，慈濟在二〇一〇年大地震之後，從緊急救難到援建三所天主教的學校，慈濟無分別地在不同的宗教國度進行救濟與扶貧。臺灣八八風災後，慈濟在援建的大愛村為原住民的基督徒興建教堂；慈濟印尼分會在南亞海嘯過後，也為災民興建了五座清真寺。

度無量眾生圓滿身心境

慈濟在賑災濟助的同時，也協助恢復各宗教的信仰，「眾生無邊誓願度」。度，之意為濟助，脫苦，然後苦既拔已，復為說法。慈濟的「說法」是以佛陀慈悲等觀之心，相信人人皆有慈悲清淨本性，所以引導他們去幫助人，成為社區志工，佛教徒與天主教徒一起協力為共同美好的社區家園而努力。

慈濟的目的不是把他們都轉化成佛教徒，而是啟發他們的愛心與智慧，將信仰的力量付諸行動，在行動中體認宗教的共同核心——無私的大愛。在無私大愛的付出中，斷自我的煩惱，斷身苦、境苦、心苦的種種煩惱。無私就是誠，以誠就能跨越各種差異的宗教、文化的藩籬，所以證嚴上人說：「誠心誓願度眾生」，就是以無私的誠心去付出，去啟發千差萬別的眾生能體解大道，從行善中了達四聖諦，乃至發四弘誓願，在付出中了達苦集，然後滅苦，證道，證入清淨與智慧的道路。

在南部非洲國家，慈濟人的足跡踏上南非、莫三比克、賴索托、史瓦濟蘭、納米比亞、辛巴威等國。在南非，經由慈濟潘明水居士十多年的帶領，濟貧教富，讓原本受助者的南非祖魯族婦女，成為慈濟志工。上萬個祖魯族婦女從受助者，如今成為助人者，他們仍是基督徒，但是受證成為慈濟志工。他們說：

「耶穌與佛陀都是一樣，祂們都是愛！」

「我們要做好證嚴上人要我們做的事，否則以後回去對不起耶和華。」

「我們是作上帝的工，通過慈濟，我們更接近上帝。」

南非志工近年又遠赴賴索托、納米比亞等國家，向當地居民推展慈濟理念。他們拜訪照顧戶，提供各種濟助，這是「眾生無邊誓願度」。他們曾經也是受助者，生活困苦，心理煎熬，如今，雖然他們還不是富有，但是心富最大富。他們在幫助他人中，斷自己的無量煩惱，證嚴上人期待慈濟人要「正心誓願斷煩惱」，正心就是以清淨虔誠之心，為人群付出，真能拔苦，而無所求，所以能拔眾生苦以及自己的種種貪愛之苦。

非佛教徒之精進佛道

莫三比克的本土黑人志工，經由視頻觀看證嚴上人開示《法華經》，他們以非常簡易但虔誠的方法演繹《法華經》中的〈譬喻品〉，佛陀長者以三車，羊車、鹿車、大白牛車示喻諸子勿沉迷三界火宅，當思大乘菩薩行，自度度人，利他度己。他們以一座簡易的屋舍為道場，雖然裡面都是一片泥土地，但他們畫線為界，線內為聖地，人人脫鞋，在聖地內虔誠禮拜。他們是受洗的基督徒，但同樣禮拜法華，禮拜佛陀，以佛陀之心，自度度人，濟助苦難人，這即是「法門無量誓願學」。

證嚴上人以「信心誓願學法門」，勉勵慈濟人在一切難行能行之處，必須堅定對佛法的信心，佛法能普世行，能度一切差異之眾生，能除一切諸相之苦。

印尼慈濟人援助雅加達的伊魯曼習經院已經十多年，上萬名習經院學生在學校讀《可蘭經》，也讀證嚴上人的《靜思語》。他們學習靜思精舍自力更生的精神，數年前學生們開始作農，做麵包，以協助學校的營運所需，伊魯曼習經院院長從哈比比長老，到現任校長都以慈濟為楷模，以慈濟為其最重要的生命夥伴。現任校長是哈比比長老的夫人烏蜜·瓦黑達說：「我們的子子孫孫都永遠要作慈濟的夥伴。」這是宗教共容、共榮的體現。

緬甸是一個悠久的佛教國度，在佛陀時代就有商人將佛法傳到這塊美麗的土地，緬甸境內佛寺林立，僧伽眾多，佛法普及，二〇〇八年的一場風災讓慈濟人踏上這塊人間的佛土，當地的居民生活清簡，然而大災難逼臨，頓時無所依侍，慈濟人發物資、稻種、生活必需品、義診以及援建學校，受助的村民們，用慈濟給予的稻種，在災後重新播種，豐收了，他們要跟慈濟人一樣付出，因此，從旦蒼先生等人開始，他們每天煮飯前，先抓一把米，說：「這個要給比我更貧窮的人。」如此，一戶、十戶、百戶、千戶，家家戶戶每餐捐一把米，集合起來，一起跟著慈濟人再去幫助比他們更窮苦的人，這是慈悲等觀的體現。這些農民是佛教徒，他們從慈濟身上看到了布施助人的行動之重要。度眾生，即是以行動幫助眾生身體健康，衣食無虞，心靈清淨。從風災之後，慈濟的發放、義診，讓災民身體恢復健康，物質無虞，然後還能付出無求，長養清淨心，這是度化眾生的三具足。

愛的付出與四弘誓願

眾生佛性本具，慈濟以行動啟發人人本具的慈心，並付諸行動，將佛陀的平等大愛之心，普遍天下蒼生，這是「佛道無上誓願成」。慈濟的志業就是利他中修行，慈濟的慈善強調無相布施，能對治貪念；醫療志業對治生死為常的癡念；教育需循循善誘差別的眾生，所以對治嗔；人文對治疑，通透真理，即不疑；環保對治慢，放下我慢及卑劣慢，平等愛一切生命。

而證嚴上人以「實心誓願成佛道」，啟發眾生以實心，以及腳踏實地用愛付出，以情鋪路，讓人間處處都能富足清淨，祥和圓滿，行動中的愛是成佛道的關鍵，有佛種在心裡，要去付出、去行動，才能證悟清淨與智慧具足的佛道，無所求是清淨，能付出者具足智慧，付出無所求是成就佛道之鑰，所以證嚴上人云：

> 「未證滅諦者令證滅諦涅槃，若還沒到這個環境，我們就趕快再訓練，堅定我們的弘誓願，這就是佛道無上誓願成，得涅槃就是得佛果，就是安住在安樂處，這就是我們要學的地方。」[36]
>
> 「苦集滅道要如何行？就是立四弘誓願，『眾生無邊誓願度』一直到『佛道無上誓願成』，這樣

就是到達安穩處，希望人人時時要多用心。」[37]

當今世界有各種因為利益與觀念、甚或信仰造成的衝突，然而宗教不能、也不應成為衝突的一部分，或是淪為衝突的本身。宗教的本質就是愛，無私的愛能使世界成為一。

慈濟以四弘誓願的平等心，跨宗教的藩籬，是佛陀慈悲等觀的體現。佛陀並不是要我們「信他」、依賴他，或成為他的門徒；佛陀所示現給我們的是真理，他要我們信他的真理；這真理即是在因緣生法的真理中，萬物是一，每一個眾生都是息息相關，愛他人就是愛自己。這種「自他不二」的真理，是佛陀帶給當代人類社會最寶貴的福祉。

自他不二的佛道真理是在行動中，在付出無求的清淨中，在度化一切有情的大智慧中圓滿。慈濟的利他精神遍及跨越的宗教藩籬，正是這種精神的實踐與驗證。

註釋

1 證嚴上人晨語開示，2016 年。
2《長阿含經》卷 2 第 2 經遊行經：「云何自熾燃，熾燃於法，勿他熾燃；當自歸依，歸依於法，勿他歸依？阿難！比丘觀內身精勤無懈怠，憶念不忘，除世貪憂；觀外身、觀內身外身，精勤不懈怠，憶念不忘，除世貪憂。受、意、法觀，亦復如是。」（CBETA, T01, no. 1, p. 15, b7-12）
3「羅勒迦藍」又翻譯為「阿羅邏迦藍」、「阿羅羅加摩」，是佛陀出家後第一位跟隨修學的老師。
4 鬱頭藍弗是佛陀時代的一位外道，他在水邊的樹林下修定。被水裡的魚和樹林裡的鳥驚擾，讓他禪定一直不能成就。他生了瞋恨心，發個惡願：「我以後要做飛狸，盡殺魚、鳥。」這個惡願發了之後，他又平心靜氣，找了一個更安靜的地方修定。最後這個定功成就了，生到非想非非想天。等到八萬大劫的天福享盡後，他就投生成了飛狸。
5《妙法蓮華經》卷 1〈方便品〉，《大正新修大藏經》第 9 冊。
6 印順《藥師經講記》，臺北：正聞出版社，1993 年 4 月，頁 17。（CBETA 2023.Q4, Y04, no. 4, p. 17a5-8）
7《增壹阿含經》卷 4，《大正新修大藏經》第 1 冊。
8 印順，《性空學探源》，正聞出版社，1992 年，頁 79-80。（CBETA 2023.Q4, Y11, no. 11, pp. 79a13-80a2）
9《中阿含經》卷 33，《大正新修大藏經》第 1 冊。
10《央掘魔羅經》卷 4，《大正新修大藏經》第 2 冊。
11《增壹阿含經》卷 4，《大正新修大藏經》第 2 冊。
12《增壹阿含經》卷 4，《大正新修大藏經》第 2 冊。
13 證嚴上人晨語開示，2016 年。
14《增壹阿含經》卷 39，《大正新修大藏經》第 2 冊。
15《佛說佛名經卷第三》，《大正新修大藏經》《大正藏》第 47 冊。
16《佛說觀無量壽佛經》，宋西域三藏畺弓良耶舍譯，《大正新修大藏經》。
17《龍舒增廣淨土文卷第二》淨土總要，《大正新修大藏經》《大正藏》第 47 冊。
18《龍舒增廣淨土文卷第二》淨土總要，《大正新修大藏經》《大正藏》第 47 冊。

19 印順，《成佛之道》，臺北：正聞出版社，1993年4月，頁261-262。（CBETA 2023.Q4, Y12, no. 12, p. 277a8-11）

20 印順，《成佛之道》，臺北：正聞出版社，1993年4月，頁262。（CBETA 2023.Q4, Y12, no. 12, pp. 277a11-278a3）

21 印順，《佛法概論》，臺北：正聞出版社，1993年4月，頁256。（CBETA 2023.Q4, Y08, no. 8, p. 256a9-11）

22 《瓔珞經》卷4，《大正新修大藏經》《大正藏》第16冊。

23 《地藏菩薩本願經講錄——太虛大師于民國二十四年十月在上海雪竇寺分院講》（會性法師講述，弟子性文謹記）。

24 智者大師：「生死有二種，一分段生死，謂六道眾生，所稟陰入界身，果報既麁，有形質分段之成壞也，二變易生死，謂羅漢辟支，及大力菩薩，三種意生身，雖無分段麁報，猶有細微因轉果移，變易生滅之所遷也。」

25 智者大師：「能招聚生死，煩惱潤業有二種，一四住地煩惱，潤分段生死業，能招集分段生死苦果也，二無明住地煩惱，潤變易生死業，能招聚變易生死苦果也。」

26 智者大師：「有二種正助道，一偏緣真諦，修正助道，此道但得至小乘盡苦涅槃，二正緣中道實相，修正助道，此道能到大乘大般涅槃。」

27 智者大師：「即是業煩惱滅，生死苦果滅也，有二種業煩惱生死，一分段生死業，四住地煩惱，滅，則分段生死苦果滅，即二乘所得滅諦也，二變易生死業，無明住地煩惱滅，即變易生死苦果滅，諸佛及大菩薩所得，不共究竟滅諦也。」

28 太虛大師，《佛法總學概論 第一編 佛法總學》（CBETA 2023.Q4, TX01, no. 1, p. 253a8-12）。

29 〈法華經方便品．愍念眾生開智慧門〉，《靜思妙蓮華》，189集，大愛電視，2020年3月5日。

30 證嚴上人於慈濟五十周年入經藏演繹開示，2016年6月26日。

31 證嚴上人晨語開示，2014年4月13日。

32 證嚴上人晨語開示，2015年3月17日。

33 證嚴上人晨語開示，2015年3月17日。

34 證嚴上人晨語開示，2015年4月10日。

35 證嚴上人晨語開示，2015年3月17日。

36 證嚴上人晨語開示，2015年3月17日。

37 證嚴上人晨語開示，2015年3月17日。

第十七章
靜思語與慈濟宗門之實踐

前言

任何一個宗教之確立，必然會有其神聖經典，作為它發展之根基，度化信眾之明燈。《靜思語》作為慈濟宗門最重要的經典，它以一種詩意般的文體，闡述證嚴上人之現代佛教生命觀。由於其文體之優美，其寓意之雋永，其範疇之寬廣，其閱讀之平易，影響數百千萬人之心靈，因受其感召、啟發，而加入濟貧扶困之行列。

綜觀《靜思語》全書，有富含佛教生命思惟的終極關懷——這關懷引領信眾不再追求邈遠之來世與往生後的極樂世界，而是以菩薩道作為其生生世世之職志，並經由救助他人之苦難，亦同時淨化自我心靈與慧命。證嚴上人亦於書中闡明生命的無常與人必須具備的勇氣，凡入世行必然遇到的阻礙，上人以他獨特超然的見解，為眾生的怯懦興起大無畏的勇氣。《靜思語》中亦囊括我們生活中與人相處的智慧，讓眾生在人我是非中修行，在大團體的協力中，淬鍊個人的智慧與包容。書中亦深妙地剖析人性情感的種種欲望與弱點，並輕柔有力地指出情感覺悟之方向。

總結《靜思語》一書中，包含了生命的終極關懷，群體生活的智慧，面對困境的勇氣，人我是非的出路，以及情感覺悟之道。它無異是慈濟宗門之神聖經典，其可傳之久遠的深厚影響，應可與東方之《論語》、西方之《聖經》、印度之《吠陀經》等，同為總結人間智慧與情感之歷史巨著。

《靜思語》作為慈濟宗門的聖經

《靜思語》是證嚴上人之思想精華最重要的總結，亦是慈濟宗門最重要的一部書籍。《靜思語》涵蓋了慈濟宗門與思想裡所具備的人和人的關係、人和社會的關係、人和自我的關係、人和終極價值的關係，以及慈濟宗門和佛教的關係，這些關懷都在《靜思語》一書中闡述得十分詳盡。《靜思語》影響範圍深遠，它已經是所有慈濟宗門的信仰者——會員、志工、主管們人人都必讀的書籍，也成為慈濟人立身處世最重要的神聖經典。

《靜思語》出版的年代與社會文化背景

《靜思語》在一九八九年出版，當時的年代，臺灣正面臨一個新體系的誕生，在政治上是後蔣經國時代，臺灣的文化自主意識逐漸提高；在經濟上，它是一個繁榮而奢華的年代，當時股票曾飆到一萬多點，全臺每年喝掉的XO酒可以蓋好幾條高速公路。美國的《時代》雜誌（*Time*）說臺灣是貪婪之島。當時的臺灣社會很富裕，但是另一方面，文化價值卻十分不確定。

相對於臺灣的環境，當時中國大陸的政治仍較為封閉，經濟正在起步。而一九八九年發生舉世震驚的六四天安門事件，這事件激發臺灣人更長遠地思考自己的政治與文化之處境，更深沉地思索自己與對岸命運之差距。這在一定程度上，讓當時的臺灣人對於自己做為一個新時代的代表，必須要有自己的想法與自我的觀點，這思索與反省正逐漸蓄積尋求其出路。

加上政治民主化快速開展，各種的政經文化勢力在政治場域與價值場域中相互競逐，它一方面表現出頭角崢嶸的景象，但另一方面，價值的衝突與紊亂又成為社會中普遍的現象。知識分子與企業領袖，在富裕自由的生活之後，對於生命終極價值的追尋有很深地渴望，這時候亟需一種新的價值觀來引領人心。《靜思語》就產生在多元、富庶、璀璨、又虛浮世界裡的芸芸眾生。而證嚴上人他那如詩人、如哲人、如覺者、如導師般的話語，警醒了許多迷途在這樣的年代裡，

《靜思語》的創新語彙

第一次讀到《靜思語》的人，大概都會被它直指人心，既精煉又溫柔的語言所穿透。「心要像明月一樣，有水就有月；心要像天空一樣，雲開見青天。」[1]「用寧靜的心，觀大地眾生相，聽大地眾生聲。」[2]《靜思語》的語彙和傳統佛教之深奧、晦澀的語言截然不同。它如詩的語錄形式，使得人們經由簡單優美的字句，得以一窺佛法的圓融、精妙和剔透。

此書的編輯過程中，編輯者包含慈濟基金會的王端正副總、著名的文化人高信疆先生、慈濟的洪靜原師姊等人，他們用心地在證嚴上人諸多開示文集之中，擷取精華之辭句，將它們編修成像詩一般的字句，又不失證嚴上人原本獨特的語言表達風格。《靜思語》第二集與第三集的編輯德傳師父也沿襲著這樣的理念來編纂，《靜思語》所含富的現代化語彙，大大降低世人對佛教深奧文詞之懼怕，打開人門企盼進入其堂奧之障礙。

除了語彙的創新與貼近人心之外，《靜思語》是強調實踐的、它亦富含科學理性的精神，而它更是佛法的現代化言詮。它的表現形式像《論語》一樣，是大家從小讀書就很能接受的表現方式。每每在言

簡意賅的談話中，蘊含著深刻的社會實踐之經驗，其背後透視著一股和遠古佛教相輝映的深秘體驗。特別是它對話錄的內容，能夠啟發人們在不同的生活情境中，獲致不同的應機之智慧。對話錄中闡述人們所面臨種種生命的困惑與處境，證嚴上人的回答，不是當頭棒喝，而是如臨甘露般地洗滌人們混亂的心思，它一種直接點化的智慧，引領著不同根機的人，體悟絕妙的靈性之光。「一般人說：『理直氣壯。』師言：『理直氣要和。』」[3]「……人是需要愛的，太嚴則沖失了愛。有『理』的時候，氣度要更寬和，才能圓融了『愛』，烘托了『理』。……」[4]

證嚴上人的話語，無疑地對富裕社會中正尋尋覓覓的芸芸眾生，提供了終極透徹的出路。這出路，以書中所強調的，是用利他的實踐，去除生命的苦。整部《靜思語》的思想重點就是強調「行經」，它確立了慈濟作為入世宗教的本懷。證嚴上人說：「經者，道也。道者，路也。經是給人走的，不是給人念的。」與其他佛教宗派不同之處是它強調入世行，不只是我自己修行，而是在闡明對社會的奉獻對社會具體的改善中，啟發自我原本具足的靈敏佛性。這跟傳統中國佛教以寺廟為修行的道場是不同的。一如牛津大學宗教人類學者彼得・克拉克（Peter Clarke）教授所述，它是一種非宗廟式心靈（Non Church Spirit）；非宗廟式的心靈強調無處不是道場；災難現場是道場，醫院是道場，環保回收也是道場；在這種「行經」的理念下，吸引許多人得以進入佛教的信仰。「行經」，在《靜思語》書中直接明瞭地標明出來，它指引著一種利他度己的實踐典範。不論是「慈、悲、喜、捨」之四無量心，抑或是「無緣大慈，同體大悲」的偉大胸懷，都是《靜思語》一書中所欲傳達之精神義理。

人格成佛格即成　學活禪

《靜思語》提出一個「人格成，佛格即成」的理念，這是證嚴上人不斷強調地不要把佛神化，我們不是要拜佛，也不是要求佛，而是要學佛，學習佛陀偉大的精神人格。佛陀做為一種覺悟的人格，做為一種利度眾生的人格，我們要學習他、跟隨他，而不是只是求他，有求都是苦。所以，《靜思語》強調要無所求的奉獻，從修為、言語、行動，三者要合一。而這裡強調之行動，當然指的是利他的行動。

另外，證嚴上人也在《靜思語》強調「活禪」；「禪」，不只是打坐，不只是一些參話頭，重要的是在生活中，能夠意誠、能夠氣靜、能夠心靜，才是真正生活的禪。書中闡述應在人世間體會禪的境界，就是在「動中靜」，在人我是非中修到心不亂，就是禪。

證嚴上人也要弟子們「止惡持善」，他說：「靜坐不能離此意，是真修行。」我們不只是要止惡，還要持善，要行善才能達到如此靜定的禪境。這是企盼把整個佛教帶向入世的修行，帶向一個走入人群、改善社會、同時淨化自身的實踐思惟。

在《靜思語》一書中，證嚴上人也提到人心的欲望，以及對治欲望之道。《靜思語》涵蓋佛學的智慧，這智慧引領人們明瞭，人最感困擾的就是「欲」，苦的來源亦是「欲」。書中有許多這樣的智慧，教導我們去理解「求」就是煩惱，要去貪就簡。

慈濟人都能琅琅上口的一句話：「有捨才有得。」[5]記得二十年前開始接觸慈濟，那時候在慈濟世界裡遇到的所有企業家都會說：「有捨有得，捨得、捨得，有捨才有得。」很簡單的話語，卻深刻地打動人心，而且這道理是可以被具體實踐的，從這種實踐中，去除個人欲望。直言之，在「苦、集、滅、道」四聖諦裡面，能夠先把苦超越掉，再逐步地走向正道。

從迷信到信仰

《靜思語》對所有佛教的信奉者而言，亦提供一個非常重要的新思惟，亦即「轉迷為信」。例如人們常認為住就得要找一個福地來居，證嚴上人卻說，你就是福人，你住的地方就是福地；福人居福地，而不是福地福人居。不要相信「命運」，而是要「運命」，不必迷信看風水、選吉祥日。上人希望人們把握生命的主動權。

一九八九年臺灣一份商業雜誌曾做了一個的企業成功調查，其結果顯示，多數的企業界人士都認為「成功多半是靠運氣」、「成功，取決於命運的成分大於計畫與執行。」二十年前臺灣百分之九十的企業家幾乎都會認為，成功是Lucky，是一種Luck。成功不是來自於自我的智慧與主導，而是命運與福氣。這也因此助長了社會求神問卜之風。證嚴上人透過《靜思語》把企業家的這種迷，從喜歡算命、看風水的習性，逐漸轉化過來，引導他們去「知福、惜福、再造福」[6]。他也說：「時時好心，就是時時好日；時時保持心中的正念，任何時間、任何方向與地理都是吉祥的。」[7]《靜思語》用這麼簡單的字眼，將迷信的思維轉為正信，轉到自己才是生命的主宰，努力造福他人，比看忙著看風水、算命要更充實、積極與快樂。

覺有情的人生

《靜思語》強調覺悟的人生，其實只要是人，都會有情。證嚴上人的理念不是去否定掉人的情感。證嚴上人所講的是「覺有情」，是覺悟後的有情；而他理念下的「愛」不是小愛，而是「長情大愛」。這也是把人的情感不是經由否認，不是經由苦修滅掉自我，而是把「我」放大，這是一種更務實的思惟，可以引領更多的人加入行善的行列，由可實踐的善門進入，經由利他去除小我，再次第進入「大我」、甚至「無我」的境地。

《靜思語》一書中闡述，修行是在眾緣中修。傳統的佛教裡修行的法門之一是打坐、念經，修行在個人，這自然是一種法門。證嚴上人卻強調將人我是非當作是「增上緣」，人我越多，越會有一些衝突，越會有一些不和諧，而這才是考驗修行的真功夫。如何在人我中一心不亂，於群體中修煉個人的圓融與理念之堅持，這都在《靜思語》中有深入的闡述。當然看到人我是非，人們多半會產生挫折，所以上人在書裡說：「道德是提昇自我的明燈，不該是呵斥別人的鞭子。」[8]這是回到自身、自省、反求諸己的理念，這也跟我們東方的傳統思維相應和。

靜思語中的人際智慧

《靜思語》也教導我們人際的智慧，包括在和人的相處中「要勇於縮小自己」，證嚴上人說：「逆境、是非來臨，心中要持一『寬』字。」[9]因此，不要太苛責於他人。書中提到對人有疑心，就無法愛人；最重要的一句話：「缺角不見，是為圓。」人的苦，在於老是看著別人的缺點。《靜思語》的話語根本地改變了我們對人際關係的視野。如果從西方的批判思惟模式看事情，任何事情難免批判，任何的人與事，難免都有負面。但是，上人要我們轉過來，看正面，強化正面。所以這一句話：「缺角不見，是為圓。」是極為深刻與高妙的智慧。二十年前吾人所知道的慈濟世界到今天，它已是每一個慈濟人修行很重要的一個準則。

關於人際智慧，證嚴上人更在《靜思語》一書中標舉出——「理圓、事圓、人圓」三個要項。他說：「理及事的中間需要的是人，理圓、事圓，則人圓。」[10]上人所提出的關於有「德」之人的定義，亦是要三者兼具之人。當然我們也必須認知，任何事都只能盡力而為，上人說：「如果不能改變別人，那就先改變自己。」因為佛陀也有「眾生定業不能轉，無緣眾生不能度，不能度盡眾生業」的感慨。因此凡是隨分隨力地去做。「道德是提升自我的明燈，不該是呵斥別人的鞭子」[11]，圓融透徹的人際智慧盡揭櫫於《靜思語》中。

《靜思語》與生命的勇氣

《靜思語》也教導世人一種柔韌且有力的生命智慧與態度，包括「理直要氣和」、「聖人是既強且柔」。證嚴上人告訴我們：「善用力氣的人，不疾不徐；善守理想的人，不猛不馳。一志向前、堅定不移，終可達成目標。」[12]

而對於工作與生活，證嚴上人深信，休息就是換個角度工作。正如他在《靜思語》所言：「換個方式工作，就是休息。」這是一種絕對的勇氣與悲心，將工作與休息等同起來。如果工作中充滿了喜悅，何來需要休息？如果工作中充滿了愛，職場中充滿了家的溫暖，又何來需要另一個處所獲致憩息？所以每個慈濟人都是兢兢業業地為人群努力，志工是永不止息的一群菩薩。因此常有人問上人：「慈濟賑災速度這麼快，你們是如何組織與動員？」上人說：「為什麼需要動員？慈濟人的愛從來都沒有停止過，每天時時刻刻都在付出，何來動員？」正是從一種「天行健，君子以自強不息」[13]的生命觀所發出的情懷。

《靜思語》涵蓋的範圍從佛教的義理、生命的態度、人際的智慧、情感的超越等，它把人所需要的自我修行、群我關係、生命的勇氣、人生的終極目標等各方面似乎都點化到了。特別是生命的勇氣經常是凡夫所不願意承擔的，證嚴上人在《靜思語》中鼓勵大家：「善門難開，好事多磨。」做好事也會受辱，也會有阻礙，所以上人在《靜思語》中提到了很多的生命勇氣。「逆境是增上緣。」[14]「普天下沒有我不愛的人，沒有我不相信的人，沒有我不能原諒的人。」這是一種生命的勇氣，為什麼要把這樣的話放在生命的勇氣？因為這是要大勇氣才能夠去相信人，才能夠無所不愛，無所不能原諒。它給我們一種視野，生命的勇氣竟可以如此巨大。

這勇氣來自於一切反求諸己，這是菩薩道的前提。既然行菩薩道，就要承擔眾生的苦，就要去除眾生身與心的苦。即便遇到重大障礙，仍必須努力往前絕不終止。所以證嚴上人說：「不求事事順利，只求勇氣倍增，不求事事順利，只求信心毅力和勇氣。」「在絕境中還要感恩。」這是一種很重要的思惟，他教導我們生命的勇氣要從這裡出發。

從利他行動中去除私欲

從上述提到的這些面向，吾人可以這樣總結，《靜思語》有這麼多的面向，有佛學的面向、生命態度的面向、人際的面向、自我修行的面向、人我關係的面向、生命勇氣的面向，所以我們可以確立《靜思語》這種入世的佛教思惟，這種生活化的佛教教義，它教導我們理性來主導生命，同時指出生命根本的苦是一種欲望，去除苦的關鍵在於利他。在宗教裡有很多道理教導我們何謂苦？怎麼去除苦？《靜思語》一書所展現的就是要在利他的行動中，去除自我的欲望，這是非常重要的觀點。「多求則多生，多生則多變，多變則多苦，多苦則多滅，生生滅滅，歲歲年年。」[15]

人不可能無求，但是可以求中安樂，求為眾生拔除苦。這亦是證嚴上人在書裡說，「不為自己求安樂，但願眾生得離苦。」重點不在消滅，而是轉化與超越。將人之「常情與小愛」，轉化為「長情與大愛」，而轉化的力量就是依靠愛的團體，與善的付出實踐。

《靜思語》作為神聖經典之未來影響

《靜思語》所點出的利他實踐之佛教精神，已經成為慈濟組織中最重要的信念。它的入世間法，它強調的無所求付出的理念，亦是慈濟宗門的核心價值。它強調在群體中成就個人的智慧和提升個人心靈的境界，亦是慈濟宗門裡，包含組織與個人，所致力奉行的最重要之理念。這種理念其實修正了當代個人主義與自由主義，比較專注個人成就與欲望的滿足之集體盲點，也為人類未來之生命出路提出一個更為透徹寬廣的道路。

《靜思語》所指出的人格範型，是期盼人們經由利他而度己，以致逐漸達到一種「大我、乃至無我」的生命目標。它與資本主義社會中，追逐欲望的擴大與無止盡地追求個人私利是相反的。書中揭櫫的利他之終極關懷，與佛教的終極目標——企求眾生成佛，邁向極樂世界之目標，有著極為深刻的關聯與淵源。大乘佛教的入世行、不忍眾生苦、亟欲引領眾生行菩薩道之理念，都是《靜思語》所提倡的利他主義情懷之展現。然而，這利他之終極關懷，是在教導世人的心念，不再企求藐遠的往生極樂世界，而是確信極樂世界在當下，在眼前；淨土在眼前，淨土在此刻人間，在當下之心境，在當下心心念念，不間斷地為他人無所求的付出與奉獻。這種以行菩薩道的精神所確立的宗門目標與實踐之理想，在書中深刻地闡述與演繹。這種自信自力，無所求付出的利他精神，為世人指出一條最終的覺悟之道，它亦是社會能邁向終極和諧的唯一法門。

深信《靜思語》所承載之大智慧與大慈悲，將使它不只是慈濟宗門最重要的一部經書，亦是將長遠地流傳於後世的一部神聖經典。

註釋

1 高信疆，〈上卷第二篇——如月．如鏡．如水 點燃我們的心燈〉，《證嚴法師靜思語 第一集》，臺北：九歌出版社，1999年（2版6印），頁30。

2 高信疆，〈上卷第二篇——如月．如鏡．如水 點燃我們的心燈〉，《證嚴法師靜思語 第一集》，臺北：九歌出版社，1999年（2版6印），頁30。

3 高信疆，〈下卷第一篇——即境問答人事篇．談寬柔〉，《證嚴法師靜思語 第一集》，臺北：九歌出版社，1999年（2版6印），頁227-228。

〔談寬柔〕

一般人說：「理直氣壯，得理不饒人。」

師言：「理直要氣『和』，得理『要』饒人。」

若是「理直氣壯」，會有什麼問題呢？

師言：「我們若認為自己有道理，什麼都要爭到贏，這樣就太剛強了，太剛強就會破壞人與人之間的和睦。所謂『得理不饒人』，即凡事有道理就要跟人爭到底。因為執著於自己的理，反而會使自己與眾生皆造業，這是錯誤的行徑；因此，為使眾生培養善業，我們必須『理直氣和』。」

4 高信疆，〈下卷第一篇——即境問答人事篇．談寬柔〉，《證嚴法師靜思語 第一集》，臺北：九歌出版社，1999年（2版6印），頁229。

〔談寬柔〕

又問：何謂「理直氣和」？

師言：「人需要愛，太嚴則會沖失了愛。有理的時候，氣度更要寬和，才能圓融愛，烘托『理』；所以做人宜『外和內正』。」

弟子問：「做人做事要如何才能圓融？」

師言：「圓就是圓滿。待人處世要用圓的方法，不要用尖的方法。因為尖銳會傷害到人，同時也會扎到別人的心。」

5 高信疆，〈上卷第四篇——開啟智慧．播善種 清淨的蓮花〉，《證嚴法師靜思語 第一集》，臺北：九歌出版社，1999年（2

版6印），頁53。

同樣一個「得」字，有「捨得」，也有「得失」，兩種心境完全不同。有智慧的人能捨，能「捨」就能「得」，得到無限的快樂；不能「捨」的人就會有「失」，失去心境的安寧。

6 高信疆，〈上卷第二十六篇——飲一杯智慧的水 渡、無常、精進〉，《證嚴法師靜思語 第二集》，臺北：九歌出版社，1991年（初版），頁167。

福要怎麼造就呢？知福、惜福、造福，成就大福田。大福田為恩田、敬田、悲田。「恩田」是孝養父母，尊敬師長；「敬田」是尊重佛、法、僧三寶；「悲田」是看顧病人，救濟貧困，憐憫眾生。

7 高信疆，〈上卷第二篇——如月．如鏡．如水 點燃我們的心燈〉，《證嚴法師靜思語 第一集》，臺北：九歌出版社，1999年（2版6印），頁36。

8 高信疆，〈上卷第十三篇——在生命的白紙上〉，《證嚴法師靜思語 第一集》，臺北：九歌出版社，1999年（2版6印），頁159。

9 高信疆，〈上卷第七篇——逆境．是非觀 無明草與增上緣〉，《證嚴法師靜思語 第一集》，臺北：九歌出版社，1999年（2版6印），頁82。

10 高信疆，〈上卷第十四篇——工廠即道場〉，《證嚴法師靜思語 第一集》，臺北：九歌出版社，1999年（2版6印），頁170。

11 高信疆，〈上卷第十三篇——在生命的白紙上〉，《證嚴法師靜思語 第一集》，臺北：九歌出版社，1999年（2版6印），頁159。

12 高信疆，〈上卷第十二篇——成功．願力與持志 一粒種子的力量〉，《證嚴法師靜思語 第一集》，臺北：九歌出版社，1999年（2版6印），頁134。

13 語出《易經．乾卦．象辭》：「天行健，君子以自強不息。」表示天體的運行，晝夜不息，周而復始；君子應當效法天的剛健不已而自強不息。

14 高信疆，〈上卷第七篇——逆境．是非觀 無明草與增上緣〉，《證嚴法師靜思語 第一集》，臺北：九歌出版社，1999年（2版6印），頁83。

逆境在佛教中稱為「逆增上緣」，碰到逆境時，應心生感激——可遇不可求啊！

15 高信疆，〈上卷第八篇——煩惱菩提 自貪欲說起〉，《證嚴法師靜思語 第一集》，臺北：九歌出版社，1999年（2版6印），頁93。

證嚴上人佛教思想研究

2024年8月初版　　定價：新臺幣600元

著者	何日生
內文排版	李偉涵
校對	吳美滿 吳瑞祥
封面設計	莫炳燊 蕭明蘭

出版者	聯經出版事業股份有限公司	編務總監	陳逸華
地址	新北市汐止區大同路一段369號1樓	總編輯	涂豐恩
叢書主編電話	(02)86925588轉5303	總經理	陳芝宇
台北聯經書房	台北市新生南路三段94號	社長	羅國俊
電話	(02)23620308	發行人	林載爵
郵政劃撥帳戶第0100559-3號			
郵撥電話	(02)23620308		
印刷者	文聯彩色製版印刷有限公司		
總經銷	聯合發行股份有限公司		
發行所	新北市新店區寶橋路235巷6弄6號2樓		
電話	(02)29178022		

行政院新聞局出版事業登記證局版臺業字第0130號

本書如有缺頁，破損，倒裝請寄回台北聯經書房更換。　ISBN 978-957-08-7470-9 (平裝)
聯經網址：www.linkingbooks.com.tw
電子信箱：linking@udngroup.com

國家圖書館出版品預行編目資料

證嚴上人佛教思想研究/何日生著．初版．新北市．
聯經．2024年8月．512面．17×23公分
ISBN　978-957-08-7470-9（平裝）

1.CST：釋證嚴　2.CST：學術思想　3.CST：佛教哲學

220.11　113011755